# LA CRÉATION
## CHEZ
# STENDHAL

JEAN PRÉVOST

# LA CRÉATION
## CHEZ
# STENDHAL

ESSAI SUR LE MÉTIER D'ÉCRIRE
ET LA PSYCHOLOGIE DE L'ÉCRIVAIN

*PRÉFACE DE HENRI MARTINEAU*

PARIS
MERCURE DE FRANCE
XXVI, RUE DE CONDÉ, XXVI
MCMLXXI

# PRÉFACE

*A mon sens, le beau livre de Jean Prévost sur Stendhal n'a nul besoin de préface. L'auteur, dans son* Introduction, *indique excellemment les questions que lui-même, romancier, critique et esthéticien, s'est posées en relisant l'œuvre abondante et inégale qui va du* Journal *et de la* Correspondance *à la* Chartreuse de Parme *et à* Lamiel.

*Autant de problèmes complexes, délicats et qui ont passé longtemps pour insolubles. Le lecteur de la* Création *chez Stendhal verra que Jean Prévost les a abordés avec sincérité et définis de façon précise. Il a répondu à toutes les interrogations en projetant sur la technique littéraire, objet de ses recherches, une lumière imprévue.*

*Ce sujet difficile l'a préoccupé longtemps. On en voit poindre les lointains linéaments dans ce* Chemin de Stendhal *si pénétrant, si dense, déjà si riche et qui fut un de ses premiers ouvrages. Il résolut ensuite de l'exposer avec tous ses aboutissants et dans toute son ampleur pour en faire une thèse de doctorat èslettres. Il la mûrissait à loisir, quand les événements l'amenèrent à la soutenir, en 1942, devant la Faculté de Lyon.*

*Le présent livre n'est autre que cette thèse. Il n'est donc point inédit. Mais, tiré à petit nombre, il a été à l'époque mal distribué du fait de l'occupation allemande et de la division artificielle de la France. Il est demeuré jusqu'à aujourd'hui plus célèbre que connu.*

*Dans la pensée de son auteur ce livre inaugurait une enquête*

*qu'il avait décidé de poursuivre en étudiant Baudelaire après
Stendhal.*

*Après Stendhal, naturellement. D'abord parce que sur celui-ci
il réfléchissait depuis de longues années, et sans doute parce que
Stendhal était romancier et que lui, il l'était également. Je ne
suis pas le seul à avoir signalé en son temps, entre l'auteur du
Rouge et Noir et l'auteur du Sel sur la plaie et de la Chasse du
matin, une indéniable affinité d'esprit. Ce dernier pouvait espérer que sa connaissance du métier littéraire lui permettrait de
saisir chez son illustre devancier quelques-uns des secrets d'un
art qu'il avait, non sans maîtrise, lui-même pratiqué.*

*Il classait les écrivains en deux groupes. Le premier compre-
nait un Balzac, un Flaubert, tous ceux qui portent leur œuvre
en dehors et au-dessus d'eux-mêmes et ne la portent si haut que
grâce à une reprise incessante, à une refonte perpétuelle qui
exige une somme énorme de ratures. Le second groupe, à qui
allaient toutes ses préférences, réunissait les improvisateurs qui
ont l'air d'écrire à la diable, et chez qui la vie est si inséparable
de l'œuvre qu'elle s'y épanche, au prix d'un acquis considérable
certes, mais avec un naturel inimitable. En tête de ces écrivains
qui pensent et créent devant nous, il plaçait Stendhal, Nerval,
Gobineau. Leur allure et leurs bonds, disait-il, « déconcertent
ceux qui sont habitués aux grandes routes de la prose, aux
ornements symétriques, aux montées en pente douce vers les
conclusions ; tant qu'on ne se prête pas à eux, les improvisateurs semblent des êtres bizarres, des monstres — et d'autant
plus qu'ils sont plus originaux. Ils ont besoin d'un crédit ; il
faut qu'ils soient célèbres pour être lus. Voilà pourquoi des
auteurs si limpides pour nous ont commencé par un maigre
public et par une gloire de chapelle. »*

*A ne considérer que Stendhal qui, seul, fait l'objet de cette
étude, comment approcher des ressorts de sa technique, pénétrer
les arcanes de son métier, surprendre son inspiration ? Nous
avons à notre portée, bien entendu, des renseignements précieux
qu'il faut utiliser avec un discernement sans défaillance. Ce
sont les aveux qu'il a prodigués dans ses écrits intimes. Un
commentateur avisé est à même de les interpréter. Nombre*

*de ses manuscrits au surplus ont été conservés. Leurs corrections, repentirs, développements, remaniements, ainsi qu'en d'autres endroits leurs élans sans bavure, trahissent également une grande part de sa méthode de travail. Jean Prévost a connu tous ces indices, ainsi que les pages d'exégèse de ses contemporains. Il a appuyé sur ces données certaines une critique externe et de tout point excellente. Mais surtout il a lu, comme bien peu l'avaient su faire avant lui, toute l'œuvre publiée. Il l'a scrutée avec application, sûreté et bonheur. Il s'en est si parfaitement imprégné qu'aucun rouage de son mécanisme littéraire n'est demeuré caché pour lui et qu'il a pu nous révéler* comment c'était fait. *Et cette critique interne, émanant d'un homme du bâtiment, est incomparable.*

*Je relève à ce propos sous sa plume des lignes bien révélatrices de la méthode qu'il a appliquée à Stendhal tout au long du livre qui nous a tant appris sur la psychologie de cet écrivain :* « La critique classique jugeant les œuvres du dehors, ou d'après les lois communes d'un genre, néglige d'observer d'assez près l'artiste en train de créer, et ne note pas à l'intérieur d'une œuvre, l'âge de telle page, de tel chapitre et de tel caractère par rapport à l'ensemble de l'œuvre. Ces nuances se distinguent mal tout d'abord : une fois aperçues elles semblent souvent essentielles. [...] L'instant auquel les sources apparaissent à l'auteur a très souvent plus d'importance que les sources mêmes. Ces notions d'âge relatif aident à comprendre l'inégal travail d'écrire, où alternent ces chutes, ces rebonds qui semblent marquer la réflexion, la conscience, l'effort et qui pourtant les récompensent. »

*Ce problème personnel de la création chez un écrivain aussi original que Stendhal, Jean Prévost l'a cerné de traits précis, l'a éclairé d'un jour franc. J'admettrais qu'il l'a résolu à force de vues ingénieuses et fécondes, si on ne se heurtait toujours en ce domaine à une part de conjecture, à un halo impénétrable et mystérieux qui barre la route du chercheur parvenu au cœur même de son exploration.*

*L'auteur de cette étude, du reste, ne dissimulait en rien la part incommunicable de l'inspiration. Mais avant d'en arri-*

*ver à ce centre ou à ce sommet du métier littéraire, il y a, pensait-il avec raison, pour chaque auteur envisagé, bien des obscurités à dissiper, bien des étapes à franchir, bien des degrés à atteindre. Il s'était ainsi rendu compte dès ses premiers sondages que chez le meilleur Stendhal l'art d'écrire se ramène à l'art d'improviser. Mais quel que fût en puissance le génie de l'improvisateur, jamais il n'eût donné de résultats appréciables, s'il ne s'était nourri, fortifié, épuré par un lent et constant travail. Stendhal n'est arrivé à être Stendhal qu'à la suite de son acharnement systématique pour trouver des recettes et des supports indispensables à ses dons d'improvisateur. Il lui a fallu conduire sa vie et son œuvre jusqu'à une unité et une cohésion telles que chez lui « l'art d'écrire, l'art de vivre, l'art de penser, se sont fondus en une seule création ». Nous l'avons surpris s'appliquant avec opiniâtreté, dans son* Journal, *à se définir gauchement, tâtonnant à l'aveugle durant des années, gâchant en apparence tout son temps à vouloir en vain rivaliser avec Molière. En réalité rien n'a été perdu des dialogues pénibles et des scènes maladroites, ni des formules arides, ni des portraits figés qui lui servirent d'exercices, de gammes préliminaires. Sa mémoire enregistrait à tour de rôle ses déconvenues, ses erreurs ou ses demi-réussites, de même que son œil gardait les lignes des paysages et des tableaux que ses voyages plaçaient sur sa route, de même que son esprit n'oubliait aucune lecture, que son âme était encore prête à vibrer au rappel des sensations anciennes. Et le moment venu il retrouva tout naturellement devant son papier blanc le détail significatif, la phrase expressive, le mouvement de son émotion. La création devint chez lui la mise en œuvre du souvenir, l'utilisation d'un engrangement continuel, en un mot : l'art de tirer parti de soi-même.*

*Si l'on se garde d'admettre au sein de cette alchimie les éclairs subits de l'Olympe, dont l'origine demeure la part et le secret des dieux, on n'en aura pas moins dissipé bien des obscurités. Et Jean Prévost, pas à pas, a su s'approcher assez près du véritable Stendhal pour découvrir les formules de sa magie. Écoutons-le, — quand il arrive au point culminant de son art d'improvisation, — résumer en un jugement récapitulatif d'une étonnante*

*portée l'aisance et la grâce d'allures de la Chartreuse de Parme,
écrite et dictée en cinquante-deux jours. L'improvisateur,
énonce-t-il,* « *conçoit à mesure qu'il écrit, s'identifie en même
temps avec ses personnages :* le mouvement de l'invention
chez lui est le même que le mouvement de la passion chez
le héros, et que le mouvement de sympathie chez le lecteur.
*En lisant, nous nous sentons vivre avec le héros et créer avec
l'auteur.* »

*En quelque autre endroit le critique fait encore très pertinemment
remarquer que* « *la technique d'un écrivain est toujours,
pour une part, fondée sur les goûts qu'il suppose au public* ». *Le
mérite exceptionnel et la chance de Stendhal est de n'avoir jamais
écrit que pour* un public idéal.

*Si* la Création chez Stendhal *est un livre neuf, patient,
solide, et en son temps assez inattendu, ne pensez pas qu'il le
doive à une présentation en dehors des normes. Rien de plus simple
que son plan où chacun des livres de Stendhal est étudié à sa
place chronologique. Après avoir été présentée de façon concise,
chaque œuvre est démontée avec une précision exemplaire
grâce à ce qu'ont appris les expériences antérieures de son
auteur. Et ce que ce dernier ouvrage apporte à son tour va servir
à mieux comprendre les œuvres qui suivent. Tout s'enchaîne
exactement comme en une suite de lemmes, d'axiomes et de
théorèmes. Rien de sec ni d'abstrait cependant dans cette méthode
qui nous a valu la présentation d'un Stendhal en partie original.
Et qui, s'étendant à tout un champ de la littérature à peu près
inexploré, aboutit à chaque instant à des notations d'une
extrême fécondité. Qu'il me suffise de rappeler comment à propos
des* « *plagiats* » *de Stendhal, Prévost montre qu'ils sont en premier
lieu le résultat d'un mode de composition.* « *La méthode des
cahiers suivis entrave l'érudit et l'essayiste, elle oblige à introduire,
dans le texte définitif, des morceaux trop gros et trop
reconnaissables de l'ouvrage qui sert de source.* » *L'usage des
fiches aurait donné à Stendhal, comme il le permet aux érudits
modernes, plus de facilité pour éparpiller et escamoter ses
larcins.*

*De même, ayant fait observer qu'en rédigeant l'*Histoire de la
Peinture en Italie *Beyle travaillait beaucoup plus d'après les
gravures que d'après les originaux, son analyste est conduit par
cette constatation à des vues d'un haut intérêt sur les rapports
des arts plastiques et de la littérature.*

*De nouveaux exemples pourraient être empruntés à chaque
page, tant ce livre éminent est un livre d'idées. Et ces idées on
peut les approuver, les discuter, les rejeter. Mais pour paraître
avec le temps moins abruptes, plus familières, ces idées
ne deviennent ni meilleures ni pires qu'au moment où elles
furent émises. L'ouvrage qui les contient est assuré de sa sta-
bilité : il ne vieillira pas plus que les études de Taine ou de
Bourget sur ce même Stendhal.*

*Les détails mal étayés de la biographie, les hypothèses chan-
celantes des sourciers se transforment souvent en faussetés
évidentes qui déparent bien vite un travail valable la veille.
Jean Prévost s'en est tenu sur tous ces points à l'essentiel, à ce
qu'il importait strictement d'avancer. Aussi lui reprochera-t-on
peu d'erreurs matérielles.*

*Il a eu le tort, il est vrai, d'accorder plus de créance à une
note de Romain Colomb, dans la* Vie de Henry Brulard, *qu'au
récit de Stendhal, et il a nié imprudemment les prisons de
Chérubin Beyle sous la Terreur. Peut-être également, au sujet
de la* Chartreuse de Parme, *a-t-il pris trop au pied de la lettre
une phrase de l'auteur affirmant que les dernières pages de son
roman avaient été abrégées pour complaire à l'éditeur qui ne
voulait pas d'un troisième volume. Très probablement ces pages
supprimées ou résumées n'existèrent jamais que dans l'imagination de Stendhal. Tout au plus celui-ci avait-il pensé
développer sur épreuves la fin de son roman, ce qu'il appelait*
faire de la substance, *et le libraire l'en a-t-il empêché.*

*A peu près tout le reste de ce travail minutieux demeure à
l'abri de la critique des faits. Tant il se présente, de la première
à la dernière page, comme le fruit des seules méditations de son
auteur sur les écrits de Stendhal. Et rien ne peut mieux attester
la valeur de ces méditations que d'en avoir souvent découvert le
reflet, parfois même plus que le reflet, dans des essais loués*

*pour leur originalité où Jean Prévost était à peine nommé, ou même pas du tout.*

*La présente réédition au Mercure de France rendra moins clandestins de semblables dénis. Elle répond au désir fervent de tous ceux qui ont connu Jean Prévost, de tous les lecteurs de ses livres, de tous les cœurs qui ne cessent de déplorer une mort qui fut, au cours de la dernière guerre, une des plus glorieuses mais aussi une des plus lourdes pertes des lettres françaises. Tous voient aujourd'hui dans la réapparition tant attendue de son dernier message leur amitié satisfaite et leur souci de justice en repos.*

HENRI MARTINEAU

# INTRODUCTION

# I

Voici une étude sur le travail littéraire, sur le métier
d'écrire, Stendhal m'a servi d'exemple.

*Lamiel* excepté, j'apporte peu de neuf sur les sources de
mon auteur. L'histoire littéraire, dans ses recherches sur les
sources, a obtenu d'amples et sérieux résultats. Nous avons
profité ici, non seulement des études sur les sources de
Stendhal, mais des travaux du même genre sur les autres
auteurs du xixe siècle. Sans recherche préalable des sources,
l'étude de la technique d'un écrivain serait impossible.

Mais il nous semble qu'on a tiré jusqu'à présent, de l'étude
des sources, des conclusions hâtives et incomplètes. Réduire
un auteur à ses sources, c'est en faire un « *plagiaire* ». De fait,
au moment où l'étude des sources était dans sa première
ferveur, les plagiats de Stendhal, de Chateaubriand, de bien
d'autres encore, semblaient réduire à presque rien la part
d'invention de ces auteurs et intenter à leur mémoire un
déshonorant procès. Si nous connaissions mieux les anciens
poètes grecs et latins, Virgile et Horace seraient plus dés-

honorés encore : leurs œuvres nous sembleraient réduites à
des centons. Beaucoup de critiques des sources, quêteurs
sagaces et grands travailleurs, semblent avoir partagé
l'erreur populaire sur la création littéraire qui dòit partir
du néant.

En réalité, le créateur dans les lettres, comme l'inventeur
dans les sciences, comme tout esprit humain, ne fait rien avec
rien. Ils continuent et ils transforment. La création n'est pas
où on la met : dans la conception première. Elle intervient
plus tard. L'originalité, la nouveauté, se marquent d'autant
mieux que l'auteur avance davantage dans l'exécution.

L'étude de la technique littéraire permet d'approcher de
plus près ce problème de la création. Elle ne peut pas s'isoler
ni se suffire à elle-même. Non seulement elle dépend de l'étude
des sources, mais elle emprunte aux études biographiques,
aux essais psychologiques, ou elle les accompagne.

L'écrivain apprend, comme tous les écrivains et les artistes,
à user de ses instruments. *Mais il est à lui-même son propre
instrument*. Aussi la méthode de Sainte-Beuve, expliquer
l'œuvre par l'homme, si incomplète et si indiscrète qu'elle
soit, reste créatrice et maîtresse de la critique moderne.

## II

Certains critiques modernes, et M. Gustave Lanson lui-
même, ont abordé les problèmes de la technique littéraire.
Ses *Conseils sur l'art d'écrire*, les ouvrages de M. Albalat sur
le même sujet, étudient l'art des écrivains, pour enseigner à
l'étudiant ou au débutant l'art de la prose. A notre avis, ces
ouvrages ne pouvaient être qu'insuffisants. Pour deviner,
pour situer les problèmes de la création littéraire, il faut en
avoir pratiqué soi-même les difficultés. Un simple forgeron
est un meilleur guide, pour le débutant en ferronnerie, que
le plus éminent critique d'art. Un écrivain, même médiocre,
sent mieux que le plus grand critique la difficulté réelle
d'occuper la scène d'un théâtre, de « traiter » telle ou telle

histoire, de remplir, en paraissant neuf et facile, un cahier de papier blanc.

L'art d'écrire est-il ce qu'autrefois on appelait la rhétorique ? A notre avis, c'est le contraire, ou à peu près. La rhétorique est à peu près morte officiellement ; elle est, en tout cas, reniée. Elle semble avoir entraîné dans son discrédit toute étude du travail littéraire. Il faut montrer comment le véritable art de la prose la dépasse et la contredit.

La rhétorique est l'art des orateurs. L'essentiel pour l'orateur c'est de ne pas rester court, de ne pas s'embrouiller lui-même dans ce qu'il dit, de parler pour tout le monde ; enfin et surtout il doit prouver quelque chose par tous les moyens.

On comprend que cet art fut le premier dans la cité antique, et si enraciné qu'il a survécu aux conditions qui l'avaient fait naître. Le plus grand éducateur qui nous reste de l'antiquité, Quintilien, enseignait encore l'art oratoire sous l'Empire. Plus tard, et jusqu'à notre époque, les éducateurs, qui étaient les prêtres, étaient en même temps les prêcheurs. La rhétorique leur restait précieuse. L'Université au XIXe siècle avait, elle aussi, des habitudes oratoires. Cousin ou Quinet attachaient le même prix que le bon Rollin à la facilité de la parole. Même le plus grand apôtre de la précision scientifique contre les vanités de la rhétorique, Auguste Comte, est tout imbu d'habitudes oratoires. C'est l'existence de la prose, le plaisir que prenait le public aux textes sans divisions annoncées, sans tropes ni lieux communs trop visibles, sans armature logique et sans but apparent, qui ont mis la rhétorique en discrédit. Elle avait été un art d'acquérir la facilité. De plus en plus, on confondait les notions de talent et d'originalité. Le véritable art d'écrire a paru bien plutôt un *art de la difficulté*.

Il reste à la rhétorique une utilité négative. C'est un art dépassé, une mine vidée qu'il faut connaître pour ne pas y tomber par mégarde. Personne ne savait si bien la rhétorique que Voltaire. Cela se voit dans ses tragédies et dans sa *Henriade*. Personne ne la fuyait si bien dans sa prose. De nos jours, les préliminaires, les divisions trop marquées, les récapitulations, les énumérations, les cadences parallèles, certains tours comme la prosopopée, laissent deviner un auteur peu cultivé. On est rhéteur pour avoir mal fait sa rhétorique.

La prose est au delà. De tous les talents que la rhétorique tentait d'inculquer aux orateurs, elle n'en garderait qu'un seul, l'invention — si la rhétorique l'avait jamais vraiment enseignée. La prose diffère de l'éloquence autant que de la poésie, et on ne peut pas juger Voltaire ou Stendhal par les mêmes règles que Bossuet.

La rhétorique a fourni des préceptes. L'étude des techniques littéraires n'apporte que des observations. Il n'y a pas de règles pour inventer à coup sûr. Les seules règles, qui conseillent la *variété* et la *concision*, l'emploi de menus détails caractéristiques, conseillent simplement d'inventer davantage.


## III


Quand on connaît d'un auteur ses sources et sa culture, sa vie, le but qu'il se proposait en écrivant, son métier et ses habitudes de travail, on est encore loin de pouvoir dire, à coup sûr, comment chaque idée lui est venue.

Pour Stendhal, par exemple, l'on peut dire, en gros, que telles lectures, tel spectacle, telle anecdote entendue, agissent sur lui comme des *excitants* à écrire, mais faibles encore et de peu de portée ; l'idée de *transposer*, de changer de lieu, d'époque, l'anime à créer un cadre, à ébaucher un plan. Quand les personnages ou les faits de *deux sources différentes* se rencontrent, quand il commence à géminer (à *contaminer*, disaient les anciens), toute son invention romanesque et dramatique est éveillée. Il faut encore que ces combinaisons frôlent son expérience intime, réveillent des sentiments vifs pour qu'il soit tout à fait lui-même et aboutisse au chef-d'œuvre. Mais tout cela n'est vrai qu'en gros, n'est vrai que pour lui et change en lui à chaque époque et avec chaque œuvre.

Dans ce qu'un auteur invente, bien des idées, des projets ou des détails sont jugés par lui-même indignes d'être écrits. Toute œuvre suppose un choix. Aussitôt après l'étude de l'invention, la technique littéraire doit chercher comment l'auteur se critique. Sommes-nous plus près ici de règles générales ? On pourrait le croire, et l'auteur même croit se juger selon les règles de la critique commune. En réalité les règles ordinaires ne servent à l'auteur que s'il juge un projet encore vague, une ébauche encore informe. Les goûts, les préférences et les préjugés personnels modifient pour chacun les lois de la critique. En réalité chaque œuvre ébauchée suscite, dans la tête de l'auteur, des règles particulières, des lois intérieures qui ne s'appliqueront qu'à cette œuvre même. Il ne s'agit pas de rester fidèle à un plan comme Flaubert (Stendhal par exemple déborde toujours hors de son plan) ni seulement de rester dans un même mouvement et dans un certain ton.

Des exclusives sévères interviennent. Les nobles et les riches, dans le *Rouge*, ne sont vus que du dehors, et avec ironie. De même les pauvres dans la *Chartreuse*. Telle lenteur de rêverie et de progrès sentimental serait exclue de partout ailleurs que de *Lucien Leuwen*. Les crudités (si fréquentes dans les écrits personnels et les lettres de Stendhal) sont exclues des romans et parfois contre le projet que l'auteur avait conçu à froid. Ainsi pour *Armance* et *Lamiel*. Tout cela est spontané et ressemble assez à la tenue qu'imposerait à l'auteur, dans un salon, la présence de ses personnages. Des enrichissements, des affinements imprévus et momentanés dans l'art du dialogue — surtout du dialogue féminin — apparaissent quand un personnage est créé, qu'il a séduit l'auteur, qu'il acquiert de plus en plus d'être. La *cristallisation* du romancier sur l'héroïne est une méthode stendhalienne. La copie d'un modèle vivant et proche gêne cette création au lieu de l'aider.

Plus délicate encore à trouver, la loi qui permet ou qui

borne les apparitions et les interventions de l'auteur en
chacun de ses livres. Les dissertations dogmatiques, mêlées
de gravité et de fantaisie, ne sembleraient à leur place que
dans les romans étendus ? On ne les trouve pourtant que dans
les *Chroniques italiennes*, auxquelles elles donnent, par leur
mélange d'autorité et d'impertinence, un charme inattendu,
aigu, nécessaire peut-être pour les élever au-dessus du
mélodrame.

La technique des essais et des articles est sans doute moins
mystérieuse. Mais là encore, la qualité des développements,
leur rebondissement, sont subordonnés à l'apparition d'une
idée, d'un détail imprévus — nous disons imprévus à l'auteur lui-même au moment où il commençait. Même les
insuffisances de l'enchaînement logique, le fait que Stendhal
expose mieux ses pensées à propos d'un voyage ou d'un
tableau que dans un article d'idées, nous font mieux comprendre les ressources de son art.


## IV


Il y a trente ans, le projet d'étudier la technique de Stendhal aurait pu passer pour un paradoxe. Il passait pour
n'avoir aucune technique. C'était sa faiblesse, selon ses
ennemis. Et selon ses amis c'était son charme. Aujourd'hui
la publication de nombreux inédits a renouvelé le problème.
En dehors de l'admiration que je lui voue j'avais plus d'une
raison de le choisir comme exemple.

La technique de Balzac ou de Flaubert semble bien plus
facile à étudier. Devant les brouillons et les aveux de l'artisan au travail, devant ces marques de l'outil, l'apprenti
peut croire qu'il s'initie devant le spectacle même du travail.
Ce que l'on peut suivre chez ces deux auteurs, c'est surtout
l'élaboration lente et progressive des descriptions. Ils voient
et nous font voir plus de détails que ne fait Stendhal, et c'est
en travaillant qu'ils les ajoutent peu à peu. Mais la création
de leurs personnages est plus mystérieuse que celle de

Stendhal. D'ordinaire on connaît une *source*, un modèle et rien de plus. Comment passent-ils au type ? Comment préparent-ils leurs dialogues, plus riches et plus originaux que leurs descriptions ?

Du point de vue de la technique, on peut distinguer les prosateurs, surtout les romanciers, en deux grandes classes. Les uns se consacrent en artisans à leurs œuvres, se sacrifient à elles, tâchent que cette œuvre vaille mieux qu'eux, la mettent au-dessus d'eux par des recommencements acharnés.

Les autres, au lieu de travailler sans cesse leurs manuscrits, travaillent sur eux-mêmes, raturent le vif, s'affinent par la culture et par l'expérience, s'exercent à tout propos, fût-ce par des badinages ou par des œuvres inégales, et deviennent enfin *capables d'improviser*. Chacune de leurs pages, fût-elle dictée en quelques minutes et échappée de leurs mains sans ratures, peut résumer autant de travail que la page de l'artisan minutieux ; mais c'est un travail plus lointain. Le Voltaire de Ferney, Stendhal, Gobineau, Gérard de Nerval, sont des exemples de cette sorte d'hommes, qui peuvent exprimer en quelques pages écrites à la diable les longs progrès et les affinements de leur esprit.

Ces écrivains ne passent peut-être pas, comme Balzac ou Flaubert, pour des saints de la littérature. Ils n'offrent pas, à qui veut les étudier, la ressource sûre des ratures, des variantes et d'abondantes collations. Mais ils ont aussi une technique, plus incorporée à eux-mêmes, plus liée à leur vie intime et par là plus délicate peut-être, mais moins mystérieuse. Leur talent est une habitude qu'ils prennent d'eux-mêmes ; et les habitudes sont plus faciles à suivre à la trace que l'inspiration.

De Stendhal, nous connaissons la vie (et la vie littéraire) mieux que celle de nulle autre personne au monde. Nous avons le journal de ses initiations, ses commentaires et ses études théoriques. Habitué, comme personne ne l'a jamais été, à penser la plume à la main, il nous a légué, à côté des œuvres achevées, toutes les ébauches, tous les projets demeurés à l'état informe, tous ces premiers moments dont rien ne subsiste chez les autres écrivains. Les lettres, les articles de journaux, les notes jetées en marge des livres nous donnent mieux encore peut-être que le Journal intime, des « instantanés » de sa pensée. De plus, critique lui-même, et galant homme à recevoir et à discuter les critiques d'autrui, il est, de tous les auteurs, celui chez qui nous pouvons le mieux suivre cette autocritique qui est la moitié de l'invention.

Dès les débuts, Stendhal a entendu par *vérité* et par *beauté* une seule et même chose. Les premières lignes de sa première œuvre préfèrent déjà les fautes au manque de sincérité. Avec lui nous touchons de près l'expression spontanée (plus spontanée que la conversation même qui tombe toujours dans les expressions toutes faites et les lieux communs). Si l'essentiel de la création du style est dans le premier jet, il est ici presque toujours pur. Les « *plagiats* » du début nous montrent le premier moment de l'invention, le plus humble, où la « *source* » reste l'élément essentiel, et où la pensée de l'auteur esquisse de temps à autre un commentaire sur les marges. Les grands romans comme les moindres écrits de l'âge mûr nous montrent un auteur enfin transformé par son œuvre, un homme devenu, par cet incessant exercice, celui que tout jeune il avait rêvé d'être. Montaigne disait que s'il avait fait son livre, ce livre, en retour, l'avait fait. Cette action réciproque est plus vraie encore de Stendhal, qui a commencé plus tôt et produit davantage. La psychologie de l'auteur reste inséparable de l'étude de sa technique — surtout dans la création des personnages stendhaliens. Le métier littéraire comporte des influences réciproques entre l'auteur et ses héros. Il ne suffit pas de dire qu'il prête son âme à ses personnages. Là comme pour les plagiats, la création commence l'instant d'après.

La critique biographique est surtout sensible aux *ressemblances* entre la vie et l'œuvre d'un auteur ; la critique des sources examine les analogies entre les lectures d'un auteur et ses écrits. En revenant sur les mêmes sujets et en se ser-

vant des mêmes documents, la technique littéraire devrait
être surtout sensible aux *différences*.


V


Cette étude du métier des écrivains peut-elle aider à
écrire d'autres écrivains et des débutants ? Peut-être, mais
non pas d'une manière aussi simple que le pensent M. Lanson ou M. Albalat. La meilleure part de la technique, celle
qui achève enfin la création, est surtout pour l'auteur un
art de tirer parti de lui-même.

Cela découragerait plutôt d'imiter. De même les règles de
l'autocritique sont capricieuses, dangereuses ou nuisibles
pour autrui, elles varient d'un auteur à l'autre. Un imitateur
qui voudrait s'appliquer les lois et les exclusives de son auteur
favori, se stériliserait presque à coup sûr. Contrairement
aux blâmes qu'impliquaient, dans la critique des sources,
les accusations de plagiat, il est presque toujours bon de
prendre à un prédécesseur ses idées ; il serait mortel de lui
emprunter sa manière. « *Sur des pensers nouveaux faisons des
vers antiques* » est contraire à tout ce qu'enseigne l'étude
technique des lettres. Chénier lui-même n'est grand que
pour avoir fait tout le contraire. Pour qui veut écrire, l'étude
du métier d'écrivain ne pourrait servir qu'en aidant le nouvel auteur à chercher sa propre voie, son métier personnel.
Par là encore, l'étude des techniques littéraires est bien le
contraire de cet art des lieux communs, de cette chaussure
à tous pieds qu'était la rhétorique.

En dehors des études sur les sources et sur la vie de Stendhal, et des travaux qui m'ont aidé à connaître le métier
d'autres écrivains, je dois beaucoup aux essais et aux confidences de certains écrivains sur leur art.

On nous excusera de citer parfois des contemporains et
leurs œuvres ; quand il s'agit d'analyser la création littéraire,
il est des choses qu'il faut surprendre sur le vif.

# PREMIÈRE PARTIE

# LES ANNÉES D'APPRENTISSAGE
# DE STENDHAL

## LA PREMIÈRE FORMATION

I. Deux apprentissages opposés. — II. La première formation :
travail de tête, recherche d'un certain naturel, influence du
style mathématique. — III. Les idéologues n'influent pas sur
le style de Stendhal.


### I

Peu d'hommes se sont préparés à écrire avec autant d'effort
et de conscience que le jeune Beyle. Mais il s'est donné deux
apprentissages différents.

Il a voulu apprendre le théâtre par la théorie des passions humaines. Logique, théorie du tragique et du comique,
analyse critique de toutes les pièces qu'il lit et qu'il entend,
traduction de ce qu'il pense pouvoir adapter, leçons de
déclamation, fréquentation des gens de théâtre : cet apprentissage a dû commencer vers sa quinzième année ; il en
reste la substance de cinq ou six volumes, mais aucune œuvre
achevée, pas une seule belle scène. Parfait échec.

Par la pratique assidue de son *Journal*, des notes de voyage
et de lecture, il apprend, sans même s'en douter, son métier
de critique et d'essayiste, son métier aussi de romancier
analyste, qui fait courir l'intrigue, comme un journal,
d'imprévu en imprévu et au jour le jour. Triomphe inattendu.
Pourtant l'échec même n'est pas inutile, et l'apprentissage
du théâtre, s'il ne pouvait mener l'auteur à produire des
pièces, contribuait à créer le romancier.

## II

La première formation, nous pouvons la reconstituer à peu près, d'après la *Vie de Henri Brulard*. Elle n'était pas nulle ni même médiocre. Son grand-père Gagnon, les précepteurs domestiques, plus tard les cours de l'école centrale, la bibliothèque familiale lui avaient donné une culture ; il y avait choisi d'instinct ce qui lui convenait. Plutôt la prose que l'éloquence : le style de son grand-père, « homme à la Fontenelle », opposé à celui des prêcheurs qu'il déteste. Dante en souvenir de sa mère, Corneille par sympathie pour sa grand-tante, le théâtre parce que les dévots de sa famille en ont horreur. De cette première culture il gardera dans ses plus belles années plus d'une habitude. De Corneille, le goût de l'héroïsme, mais aussi certaine manière d'inventer, sur les premières données d'un drame, des péripéties de détail. De Dante, la première notion du style nu, grave, un peu solennel, dont il usera pour peindre l'énergie italienne. De son grand-père, opposé aux autres membres de sa famille, il gardera le goût de la litote et la manière tranquille de tout dire.

En tout cas, ses premières années d'étude ne lui avaient procuré aucune facilité. Quand il devra écrire des lettres dans un bureau, il sera plus embarrassé qu'un autre. Son manque d'orthographe, défaut moins grave alors qu'aujourd'hui, prouve le peu d'attention aux détails, la négligence apparente que confirmera plus tard la mauvaise écriture. Beaucoup d'écrivains ont besoin de voir les mots, leur phrase, leur page. Les habitudes de scribe de Jean-Jacques Rousseau, les habitudes de prote de Balzac servent de base et de support à leur technique d'écrivain. Flaubert, par contre, travaille de la voix et de l'oreille. Beyle, qui écrira tant, n'est pas scribe. Il n'est pas davantage typographe, et encore moins déclamateur. Nous ne pouvons distinguer ce qu'il a dicté de ce qu'il a écrit de sa main. Sa phrase est toute faite dans sa tête. Peu importe le moyen quelconque qu'il emploiera pour la jeter sur le papier.

De ses habitudes et de ses sentiments d'enfant, un autre encore influera sur sa manière. Il a conscience et horreur d'être un provincial. En même temps il ne tient pas à passer pour un Parisien. Emphase, affectation et mauvais goût lui paraissent, dès qu'il est sorti de Grenoble, des provincialismes à éviter. La personne de sa famille qu'il a le plus respectée, son grand-père, était la moins provinciale aussi. Dans l'air parisien, il trouvera, par contre, l'afféterie et le ridicule de la mode. Contre ces deux défauts opposés, la ressource dans la vie et le style, c'est d'être simple. Mais tous les écrivains veulent être simples ; chacun comprend ce mot selon ses goûts. Pour Rousseau la simplicité c'est l'épanchement naturel, pour Diderot c'est la verve. Pour Beyle c'est le dépouillement, l'exemption, la sobriété sévère.

L'autre grande influence, précoce et durable, que subira son style, c'est celle des mathématiques. Il y a plus d'une manière d'éprouver cette influence, et là encore les confidences de Henri Brulard aident à la préciser.

Le jeune Beyle avait mal débuté en géométrie et en algèbre, avec des maîtres qu'il n'aimait pas. Quand il rencontra le géomètre Gros, qui devait être, avec son grand-père, le plus important de ses éducateurs, il était déjà loin des éléments. Il ne se donna pas le temps de tout reprendre à partir du début. D'autre part nous savons, par les difficultés qu'il trouvait à se démontrer à lui-même comment *moins par moins égale plus*, qu'il était un intuitif en mathématiques. Beaucoup de nos grands écrivains ont eu la géométrie comme maîtresse de style. Ceux qui l'avaient étudiée régulièrement, et qui voyaient en elle le plus solide et le plus limpide édifice de l'esprit humain, en ont gardé le goût des discours suivis, mais très divisés, des progressions régulières, l'habitude des récapitulations, le goût aussi des pensées liées entre elles à l'intérieur de larges phrases, et des phrases soudées l'une à l'autre par des articulations logiques. Presque tous enfin ont aimé reprendre les mêmes idées, et presque le même ouvrage, en des formes et des *progressions différentes*. Tels sont Descartes, Malebranche, Leibniz et Auguste Comte.

2

Les intuitifs, au contraire, ont été plus touchés par la rigueur des formules que par celle des développements ; c'est la concision frappante des théorèmes qu'ils admirent par-dessus tout. Leur style tente de donner, de temps à autre, par des sentences serrées, cette même sorte d'illumination de l'esprit. Ainsi Pascal, Napoléon si on l'étudie comme écrivain, et, à un moindre degré, notre Stendhal. Il adore la logique, mais sa logique n'est pas progressive. Elle consiste surtout à ne pas altérer la netteté, le tranchant de la formule par la noblesse des lieux communs. Sa rigueur n'est pas dans le développement, mais seulement dans la sentence.

La rigueur mathématique, en des sujets où elle est arbitraire, sera chez lui, dès le début, une ressource de style. Elle remplacera l'emphase et les grands mots qu'il s'interdit. Dès le *Journal* de 1801, il donne au bonheur une forme arithmétique ; trente fois plus ou moins de bonheur. Nous retrouverons *cent unités de bonheur* dans *De l'Amour*. La mesure thermométrique de l'état de l'âme est déjà aussi dans le premier *Journal*, elle réapparaîtra dans le *Rouge et le Noir*, quand Julien Sorel comparera la température de son âme au niveau de courage nécessaire pour monter à l'échafaud. Cette rigueur arbitraire, que l'auteur lui-même ne prend pas à la lettre, touche à l'humour.

Toute sa vie Stendhal gardera cet humour mathématique, ces sentences en forme de théorème général. Voltaire jouait avec la logique ordinaire et avec le raisonnement théologique (« Comment veux-tu, disait Candide, que je mange du jambon, quand j'ai tué... » ou encore : « Candide se résolut, en vertu du don de Dieu qu'on nomme Liberté, à être passé trente-six fois par les verges »).

D'habitude, nos moralistes procèdent par jugement personnel, Voltaire par rapprochement de deux idées éloignées ou contraires, là où Stendhal lance son axiome mathématique. La Rochefoucauld aurait dit : « Ceux qui raisonnent bien nous offensent toujours » et Voltaire : « Comme il raisonnait bien il offensa » là où Stendhal dit : « Tout bon raisonnement offense. » Humour plus abstrait. Peut-être aussi sa

manière de peindre doit-elle quelque chose aux définitions
géométriques, qui se bornent à la propriété la plus générale.
Il aimera à peindre les choses et les êtres d'un seul trait et du
trait le plus fort. Bien entendu cette cause n'est pas la seule.
Les besoins esthétiques de l'essayiste et du romancier, le
besoin du mouvement surtout, renforceront toujours ce goût
de la définition brusque. Et l'esprit de conversation se servira du même moyen pour surprendre, pour *couper* l'adversaire sans discours.


## III

Une influence a peut-être accentué, un peu plus tard, celle
des mathématiques. C'est l'influence dont on a le plus parlé
à propos de Stendhal : celle d'Helvétius, de Condillac, plus
tard celle de Destutt de Tracy. Sensualistes et idéologues
ont certainement fourni au jeune Beyle des thèmes de
réflexion, des cadres commodes pour son observation des
hommes. Quand nous les relisons aujourd'hui, après tout ce
qu'un siècle et demi a changé dans nos modes philosophiques,
nous retrouvons pourtant une partie du plaisir et même
de l'enthousiasme qu'il a éprouvés à leur lecture. En effet
leurs principes sont si généraux, si abstraits, si correctement
tirés de notre langue classique, qui semble en eux se penser
elle-même, qu'ils servent aisément à classer et à confirmer
toutes nos idées, à mettre une apparence d'ordre dans notre
expérience. Mais leur influence sur le métier d'écrivain de
Stendhal semble à peu près nulle. On n'en retrouve de traces
(souvenirs d'admiration mis à part) que dans la *Filosofia
Nova* et dans quelques développements de l'*Amour*. Condillac
(qui enchantait H. Taine) a un grand talent, Helvétius
et Tracy ont le même talent à un moindre degré : c'est
l'ordre dans les idées, la progression douce et continue,
l'insinuation calme d'une doctrine personnelle parmi les
lieux communs aisément admis. C'est, en un mot, le don
d'exposition scientifique dont Stendhal lui-même a toujours

manqué. Quant à leur style, ils diffèrent entre eux. Condillac rappelle les pages graves de Voltaire. La forme d'Helvétius fait songer tantôt à Fontenelle, tantôt aux dissertations les plus froides de Jean-Jacques. Destutt de Tracy, dans ses meilleurs moments nets et décharnés, fait songer parfois à Hobbes et parfois à Montesquieu. Le plus souvent ils sont plats ; tous trois expliquent les choses claires, prennent des précautions inutiles. Ils préparent et émoussent à l'avance chaque trait. Ils développent des idées intermédiaires et des conséquences que le lecteur trouverait immanquablement de lui-même. Voltaire auprès d'eux semble coupé et abrupt ; plus exactement, en cette fin du classicisme, ils ressembleraient à Buffon, sans l'art qu'avait Buffon de fondre le détail étrange dans l'ensemble classique, sans les beaux effets de masse des *Époques de la Nature.* Stendhal a dû à sa nature intuitive et prime-sautière de ne pas les imiter. Peut-être aussi l'éducation théâtrale qu'il se donnait, en le ramenant aux grands classiques, lui a fait dépasser de bonne heure l'influence de ces froids précepteurs. Il a su de bonne heure qu'il s'agissait de *peindre.* Helvétius, Condillac et Tracy ne lui offraient que des épures.

# LE JOURNAL DE 1801

I. Extrêmes différences dans le *Journal* : 1801 année d'énergie ;
respect du premier jet. — II. Analyse de la première belle
page de Stendhal : travail de tête et rythme intérieur. —
III. Le *Journal* modèle futur pour l'auteur. — IV. Lieux
communs et silence de la sensibilité.

## I

La plupart des critiques ont parlé du *Journal* comme si ces
cahiers gardaient tous le même ton. Ils ont pris aussi à la
lettre les mots par lesquels débute pour nous le *Journal*
(18 avril 1801) : « J'entreprends d'écrire l'histoire de ma vie
jour par jour. » Comme si un auteur de cet âge pouvait faire
du premier coup exactement ce qu'il veut ; et comme si dans
ce *Journal* il avait voulu faire la même chose durant plusieurs
années. C'est par la variété du ton, par les différences extrêmes
de niveau, que le *Journal* peut nous instruire sur le jeune
Beyle à la recherche de lui-même et son métier littéraire.

En 1801, et pendant les années suivantes, il hésitera (selon
les carrières qui lui semblent les plus aisément ouvertes ou les
plus agréables) entre deux conceptions de la littérature. Il
n'a jamais rédigé ce débat comme un monologue d'Auguste,
mais voyons chaque tendance l'emporter à son tour :

Ou bien la connaissance est le but dont la littérature n'est
qu'un moyen. M. Beyle, officier ou homme d'affaires enrichi,
ou fonctionnaire, en tout cas amant heureux, devra son
succès dans la vie active et sentimentale à sa parfaite connaissance des hommes. Le théâtre comique ou tragique, la littérature en général, l'idéologie en particulier sont les instru-

ments de cette connaissance. Beyle, étudiant de l'homme à travers la vie et les livres, note ses expériences, ses critiques et ses réflexions pour lui-même.

Ou bien le seul métier possible est de faire des comédies comme Molière. Mais pour acquérir le talent au théâtre, il faut d'abord acquérir une profonde connaissance des hommes. C'est ainsi que l'auteur philosophe pourra semer ses pièces, par réflexion et à coup sûr, de ces mots de caractère que les auteurs ont trouvés avant lui par chance et par verve.

En 1801, quand commence pour nous le *Journal* (déjà entrepris auparavant à Paris par le jeune Beyle), une certaine ambition militaire ne le quitte guère. Il songe à faire des pièces. Beaucoup de militaires, et le général Laclos, qu'il voit sur son déclin, ont eu des succès littéraires, mais publier, se faire jouer, sont des buts plus vagues qu'une place d'aide de camp.

C'est son esprit, encore plus que son talent, que le jeune sous-lieutenant s'efforce de cultiver durant cette année 1801, qui est une année d'énergie.

Ce projet d'écrire un *journal* durant des semaines entières reste sans substance. Il le remplit alors comme le plus banal des agendas, des nouvelles militaires et politiques, du relevé de ses comptes et de ses purges. Mais dès la première page il a posé le principe qui le guidera toute sa vie : *sincérité totale*, aussi bien pour se connaître que pour bien écrire ; il n'y a qu'une seule manière de ne point sortir du naturel, c'est de ne rien changer au premier jet.

« Voilà déjà une faute de français ; il y en aura beaucoup parce que je prends pour principe de ne point me gêner et de ne changer jamais. » Mais ce qu'il entreprend (écrire l'histoire de sa vie jour par jour) il ne l'exécute pas à la lettre : après les deux premiers jours d'exactitude, onze jours d'abstention. Puis trois jours d'exactitude, suivis d'une semaine d'abstention. Puis une belle régularité durant le mois de mai et le début de juin. Mais il n'y dit pas tout : il ne parle que trois fois, du 27 mai au 12 juin, du gros travail littéraire qu'il poursuit à ce moment : une adaptation de la comédie *Zélinde et Lindor* de Goldoni, qu'il achève le 12 juin — malgré une fièvre quotidienne et des médecines qui le font vomir, malgré de mauvaises nouvelles de la carrière militaire — tous détails qui rendent assez sombre le récit de cette quinzaine.

Ce sera une habitude de toute sa vie et qui l'oppose à Flaubert. Des œuvres qu'il mène à bien, ses journaux et ses lettres parlent à peine. Au contraire il se parle abondamment de pièces comme les *Deux hommes* qu'il n'achèvera jamais. Ce tempérament critique éprouve sans doute plus de plaisir à écrire l'œuvre qu'à la commenter pour lui ou pour les autres. Ou l'élan de sa plume l'emporte si vivement qu'il n'a plus le loisir de se regarder faire. Suivre le général Michaud, faire malgré la fièvre des armes et du cheval, se perfectionner en italien et apprendre la clarinette, devaient lui laisser seulement les nuits pour faire sa pièce et son journal. Une période étudiante succède à la période productrice : après la jolie anecdote de la conspiration de Salvadori (18 juin) le journal ne contient plus que de sèches énumérations jusqu'au 4 juillet, où il résume de verve une comédie de Gozzi — puis quelques lignes banales, jusqu'au 12 juillet, où tout à coup, sans préparation ni introduction, éclate la brève profession de foi où Stendhal, sa philosophie et son génie sont déjà tout entiers.

## II

Ce fragment si court comporte pourtant deux parties totalement différentes. Voici le premier paragraphe et la première phrase du second :

« Hâtons-nous de jouir, nos moments nous sont comptés.

« L'heure que j'ai passée à m'affliger ne m'en a pas moins approché de la mort.

« Travaillons, car le travail est le père du plaisir, mais ne nous affligeons jamais.

« Réfléchissons sainement avant de prendre un parti, une fois décidé, ne changeons jamais.

« Avec l'opiniâtreté, on vient à bout de tout.

« Donnons-nous des talents, un jour je regretterais le temps perdu.

« Un grand motif de consolation c'est qu'on ne peut pas jouir de tout à la fois. »

Chaque phrase ou plutôt chaque sentence, a son rythme (plus de pensée que de nombre). Les deux parties de chacune s'opposent en se balançant. Toutes ces phrases, nettement closes sur une syllabe masculine, presque sans syntaxe, d'un mouvement ferme et sans évocation d'objets extérieurs, montrent un style tout formé dans l'esprit avant d'être jeté sur le papier ou exprimé tout haut.

Bien des parties de l'*Imitation*, des *Pensées* de Pascal, des fragments de Marc Aurèle *A lui-même*, ont cette même allure du rythme intérieur ; si chacun le modifie selon son tempérament, quelque chose en subsiste d'identique en tous et que la traduction même n'efface pas. (Nous pensons, entre autres exemples, à la Bible, et aux aphorismes de Nietzsche.)

Cette première belle page de Stendhal était donc rédigée dans son esprit, au moins phrase par phrase, avant d'être transcrite dans son *Journal*. Le ton change aussitôt après : pensées échafaudées l'une sur l'autre, syntaxe lourde, tours gauches : « *Il faut cependant tâcher de se donner cette supériorité parce que, quoique...* » L'écriture, au lieu de noter au vol une pensée déjà parfaite, se cherche et tâtonne. Nous retrouvons jusque vers 1830, dans le *Journal*, dans les essais idéologiques et critiques ou les articles de journaux, cette pensée tâtonnante. *La difficulté pour Beyle n'a donc pas été d'atteindre son vrai niveau, mais d'y rester.* Ce travail de tête, l'auteur peut n'en avoir pas conscience ; c'est une occupation trop active, trop exclusive, pour qu'on s'observe au même moment ; quand la page est mûre, il ne reste rien des pages imparfaites qui l'ont préparée. Au moment où on l'écrit, on s'imagine improviser. *Improvisation, premier jet* et même sincérité, sont des termes à double sens pour des auteurs qui travaillent de tête. Et l'étude des ratures risque fort de tromper le critique. Les pages notées le plus hâtivement ont chance d'être les plus mûrement préparées ; les pages hachées et raturées sont peut-être celles que l'auteur a commencées impromptu ; nous les avons plus près de l'état naissant.

Cette inégalité d'aisance et de niveau, il la sent dès le début. Il a, dès le début, la bonne fortune de comparer ses bons et ses mauvais moments : vraie source de l'autocritique.

Il n'en fait pas seulement une question de style écrit : la conversation, l'allure de tout l'homme suivent ces sautes d'humeur. Et s'il veut être naturel, il n'en veut pas moins choisir, pour faire effet, les meilleurs moments de son naturel : « L'homme du meilleur esprit est inégal (écrit-il le 13 août 1801) ; il entre en verve, mais il en sort. Alors, s'il est sage, il parle peu, il n'écrit point, il ne cherche pas à imaginer : ses plus grands efforts ne seraient que des réminiscences ; ni à plaire par des traits brillants : il serait gauche... »

C'est le contraire de la fameuse maxime, la plus significative de toutes les recettes et de tout le métier de Stendhal : *Écrire tous les jours, génie ou non*. Mais s'il a déclaré qu'il avait pratiqué trop tard cette maxime, il lui avait donné, dès 1801, plus qu'un commencement de pratique. Nous devons étudier ce journal sous deux aspects : Que Beyle savait-il écrire en telle ou telle année ? Quels dons annonçait-il déjà ? C'est sans doute la première question à nous poser.


### III


Mais Beyle s'est relu plus tard. Ses cahiers l'ont aidé à se découvrir lui-même. Si le *Rouge*, *Leuwen* et *La Chartreuse* sont d'incomparables études de jeunes gens, on doit se rappeler que l'auteur avait gardé trace de ses sentiments, de ses idées depuis l'adolescence. Lorsqu'un écrivain relit quelques pages de lui-même qui lui plaisent et qu'il avait oubliées, il est tenté de prendre ce ton ; il se croit sûr, en le reprenant, de plaire aux autres comme à lui-même.

Cette auto-fécondation demande des années d'intervalle ; l'oubli entre temps est une condition essentielle. Il fallait que Hugo eût passé par le théâtre et l'éloquence lyrique des années 1830, par la prose de décor de *Notre-Dame de Paris* et du *Rhin*, pour que *Claude Gueux*, œuvre obscure de jeunesse, devînt le germe des *Misères*. Il fallait un long intermède d'orgueil et d'éclats politiques, pour que les *Misères* fussent remises en chantier et devinssent les *Misérables*. De même le germe de *Faust* a longtemps dormi dans les papiers de Gœthe.

Quant à Beyle, ce n'est pas un vain jeu que de chercher, dans le premier cahier conservé du *Journal*, les germes des œuvres futures. Car c'est un jeu qu'il a joué lui-même.

Cette habitude qu'aura Julien Sorel d'achever chaque souffrance par un retour sur soi-même, cet emploi du verbe où le présent semble toujours transitoire, où le futur seul semble stable et définitif, ce rêve où l'espoir se fait passer pour l'avenir et écarte la réalité chétive, il pouvait les trouver dans un de ses sursauts d'adolescent :

« La manière dont elles sont conçues (les lettres qui le rappellent) m'a accablé un instant. Je n'ai point de conseil, point d'ami, je suis affaibli par la longueur de la fièvre ; je me suis cependant déterminé, persuadé qu'à force d'adresse et de persévérance, je parviendrai à être aide de camp du général Michaud. Alors je ne devrai ce succès, comme tous les autres, uniquement qu'à moi-même. »

En 1801, Stendhal n'avait pas lu les *Lettres d'Italie* du Président de Brosses. La désinvolture dans la description, la variété qu'y mettent des traits opposés, des contrastes renforcés par un rapprochement brusque, ne peuvent encore lui venir que des grands écrivains du XVIIIe siècle. Elles ne peuvent être imitées de son prédécesseur en Italie :

« Tout ce que j'ai vu de Voghera, c'est un homme qui jouait très mal de la clarinette. De Voghera à Tortone, la route est belle ; on a presque toujours les montagnes en perspective. On y attaque souvent les voyageurs. »

Ces lignes du 27 septembre, vives d'allure, sautant d'une

idée à l'autre, ne sont pas correctes : *on* désigne d'abord les voyageurs, puis, à la ligne suivante, les brigands. Peu importe. Le ton de *Rome, Naples et Florence*, des *Promenades dans Rome*, ce ton qui n'aura qu'à mûrir pour devenir le grand style des *Mémoires d'un Touriste*, apparaît ici en quelques lignes. Et le goût de décrire les villes en urbaniste flâneur, si vif dans le primesautier *Voyage de 1838*, lui appartenait déjà, avec le don de peindre en trois traits, le 9 novembre de la même année, quand il peignait Saluces.

Dans le Président de Brosses, il trouvera plus tard le mélange de ce ton primesautier avec l'érudition des idées et des anecdotes. Mais, dans le style, il se continuera lui-même plus qu'il ne suivra le Président.

Si le style d'un homme et sa maîtrise technique sont une habitude qu'il prend de lui-même, il est normal que la critique découvre, dans les écrits de jeunesse, des fragments déjà parfaits. Mais nous avons le reste de l'œuvre pour nous guider. Beyle pouvait, en relisant son *Journal*, y choisir son ton personnel. La tâche, consciente ou inconsciente, de toute sa vie d'artiste a été de se rendre *toujours égal* à ses meilleurs moments.

## IV

Ce qu'un critique de 1801, un La Harpe ou un Geoffroy, aurait jugé de plus tolérable dans le *Journal* de cette année-là, ce sont les fragments d'analyses de pièces. Le style compassé, les mots pompeux, se ressentent de l'époque sans annoncer l'auteur :

« Une jeune princesse brûle encore pour son époux défunt, elle refuse toutes les consolations et ne sort jamais de son château, où elle n'a d'autre occupation que de se repaître de ses larmes et de considérer le portrait de son époux. » Sans doute il subit et il reproduit naïvement, en ces quelques lignes, les poncifs de la comédie qu'il analyse. Mais durant cette année et les suivantes, dès qu'il s'agit des lettres contemporaines, où fait-on mieux ?

Nous n'avons pas de raison de nous méfier de *Henri Brulard.* Beyle tout jeune dut avoir une sensibilité très vive. Mais il ne pouvait la manifester que par le silence et la stupeur. Et ses grandes difficultés jusqu'à quarante ans, dans son art comme dans la vie, seront d'exprimer les sentiments. Nous retrouverons, dans l'*Amour,* quand les souvenirs personnels sont en jeu, des lignes presque aussi gauches. Dans les grandes œuvres nous retrouverons cette inhibition même employée à signifier les passions vives. Si d'autres que lui ont décrit cet anéantissement de l'être sous l'émotion forte, lui seul montre du dedans ce néant. Lui seul nous fait sentir ces bonds aveugles et muets. Pour en arriver là, pour exprimer les sentiments qui ne savent pas s'exprimer eux-mêmes, il faudra le passage par les Beaux-Arts. Au départ, s'il dit fort bien ce qu'il veut et ce qu'il voit et s'il répète vivement ce qu'il a entendu, il éprouve devant ses émotions une timidité de plume et un silence insurmontables. Sa plus grande conquête d'artiste sera de les surmonter.

La victoire, le triomphe de la *Chartreuse de Parme* seront en proportion de ces difficultés, qui auront retardé ses débuts véritables et l'auront empêché, jusqu'en 1830, de mettre dans ses écrits le meilleur de lui-même.

Un autre caractère de ce style du début vient encore de cette sensibilité excessive, qui n'ose plus développer. Le jeune Beyle est sensible à la nature ; il note brièvement le plaisir qu'il en tire. *Il ne la décrit jamais.* Si ample et si vif sur l'aspect et les détails d'une ville, il devient muet au delà des faubourgs. Il ne trouve plus que les épithètes morales qui peignent non les choses, mais ses impressions. « Le pays (de Bergame) est superbe et a des aspects enchanteurs (7 juin). Les bois dans les collines derrière B. sont tout ce qu'on peut imaginer de délicieux. Ils sont presque tous disposés en chasse avec la cabine de chasseur. » (16 juin.)

Plus caractéristique encore, car elle se borne à dire que la vue existe, et quelles en sont les bornes, est l'allusion du 2 mai au sujet de Canonica.

*Il pose le cadre, et n'y met pas le tableau.*

Ce n'est pas impuissance, c'est refus. Dès le *Journal* apparaît ce principe qui l'arrêtera dans *Henri Brulard*, au seuil du bonheur. C'est que l'image insuffisante gâche le beau souvenir, « on gâte des sentiments si tendres à les raconter en détail ».

Beaucoup décrire est une imprudence si l'on a senti, et un charlatanisme si l'on est resté froid. Des allusions, les détails voisins, une impression nue laissent seuls intact le souvenir essentiel et permettent d'imaginer.

Ainsi la notion de sincérité littéraire qu'il forme d'après lui-même ne comporte pas seulement des aveux mais des silences.

# LES TENTATIVES THÉATRALES EN 1801

I. L'excès de principes et de critique, cause d'échec. — II. *Selmours* ; plan emprunté ; l'effort d'invention des personnages. — III. Les vers de Stendhal : sa tendance naturelle aux rythmes impairs ; influence de Corneille. — IV. Ébauches théâtrales d'après l'italien ; travail sur l'intrigue et contaminations ; excès d'exigence.

## I

Le théâtre manqué de Stendhal est une source aussi précieuse que le *Journal* et les Souvenirs pour qui étudie de près l'histoire de son caractère. Les pièces sont plus précieuses peut-être que les œuvres achevées et réussies pour qui étudie la genèse de sa technique. Elles sont à *l'origine*. Un échec avoué donne la contre-épreuve des ressources d'un écrivain. Mais surtout les plans, les brouillons, les divers états et les autocritiques de ces pauvres textes surabondent.

A prendre la *technique* telle que la rhétorique classique nous la présente, ou telle que l'exemple d'un Flaubert la suggère à M. Albalat, Beyle dramaturge est un grand technicien. Jamais il n'a si bien connu, si bien pratiqué les méthodes traditionnelles que pour préparer ses échecs. Chose plus curieuse encore, jamais il n'a mieux su ce qu'il voulait.

## II

Le projet de *Selmours* est antérieur à 1799. Dès quinze ans, libre de son temps et de ses choix, il empruntait des sujets et démarquait les ouvrages d'autrui ; l'emprunt n'est donc pas pour lui une ressource de littérateur besogneux et à court d'idées. C'est une manière au contraire d'ouvrir sa chasse aux idées et à la peinture des caractères. Malheureusement le premier texte tel que l'a publié M. Martineau a été dicté ; nous ne savons pas quelles corrections sur le texte primitif peut comporter cette dictée.

Nous ne pouvons préciser ce que pouvait être Stendhal auteur dramatique avant dix-sept ans.

En classant comme l'a fait l'éditeur les versions et ébauches de *Selmours*, nous trouvons d'abord, comme avant-projet, une simple analyse de la nouvelle de Florian. Puis vient une ébauche (purement descriptive) des caractères ; enfin un début de prose, assez poussé, du dialogue. L'auteur comptait finir l'œuvre en mettant cette prose en vers.

Un des personnages de Florian, Howaï le quaker, est totalement inutile à la marche de la pièce (mais Voltaire avait mis vers 1740 les quakers à la mode, et Franklin en avait parlé vers 1780). Florian n'en avait fait qu'un hors-d'œuvre amusant. Mais le jeune Beyle, après avoir mis son quaker sur sa liste de personnages, ne sait que lui faire dire. Dans les ébauches qui suivront, il supprimera le quaker. Car il y a déjà dans la pièce un Anglais prêchant, qui doit suffire.

L'autre défaut du sujet, c'est la douceur de Florian. Il ne mettait pas de loups dans ses *Bergeries*, et il n'a pas mis dans *Selmours* de personnages ridicules ou odieux. Le jeune adaptateur a été séduit par cette intrigue : un jeune amoureux, à qui un testament apporte la fortune à condition d'épouser celle qu'il n'aime pas, n'hésitera pas entre l'égoïsme et la générosité, mais entre l'amour et le devoir ; défié en duel, il hésitera entre l'honneur et l'amitié, puis entre ses serments à une jeune veuve et la reconnaissance envers un bienfaiteur défunt. Conflits cornéliens, donc bien d'accord avec son premier modèle, mais d'un Corneille bourgeois. Et ce conflit ne fait pas une comédie amusante.

Aussi l'effort d'imagination porte-t-il tout entier sur les personnages secondaires. A défaut de héros ridicules, il aura des valets badins, un peu fripons, dans le style de Molière et de la Comédie italienne. Il y aura une soubrette. Enfin le rival et son père, avant d'être dangereux ou touchants, seront risibles par leur préoccupation ou par de menus travers.

Scène comique et scène grave devraient autant que possible *alterner*. Ce rythme, Stendhal y reviendra, de temps à autre, et toute sa vie. Mais si cette variété plaît, elle est infiniment difficile à atteindre. Car pour traiter les scènes amusantes, il faut interrompre l'intrigue principale. Or c'est une autre loi de l'art dramatique, et connue même des plus novices, que l'intrigue principale doit aller *crescendo*.

C'est bien sur cette difficulté-là que le jeune Beyle a buté dans *Selmours*. Après avoir voulu faire avec les deux valets « une scène très comique qui ne doit pas ralentir l'action et qui doit être pour cela placée dans un moment favorable pour qu'on puisse la goûter », il reconnaît dans un premier examen : « Au moment où l'on est ému de la scène de Selmours et de Pike et du monologue de celui-ci, on n'est guère en état de goûter le commencement du quatrième acte qui est comique. » Et un peu plus loin il remarque : « Les scènes de valets, ce n'est pas le vrai comique. » La critique ne saurait pas mieux dire. Ce jugement impitoyable nous annonce le vrai Stendhal mieux que la pièce elle-même. Cette remarque tombe d'ailleurs juste sur tout le théâtre du XVIIIᵉ siècle, où les bouffonneries de valets étaient devenues, comme il dit, « trop lieu commun ».

Le défaut ordinaire des intrigues plus combinées qu'inventées c'est que le mouvement de chaque scène paraît mécanique au lecteur. L'auteur pense tant à son intrigue que les personnages ont l'air d'y penser aussi. Ils ne prononcent que des phrases *utiles* à la marche de l'action, pour rendre service à l'auteur ; le même zèle officieux les fait apparaître ou s'effacer à point nommé. Dans le premier acte de l'ébauche dialoguée, c'est un : « Ah ! vous voilà » qui nous fait passer de la première scène à la seconde ; de celle-ci à la troisième c'est un : « Ah ! le voici justement » et Selmours dit :

« Je vous laisse un moment seule... je vous reverrai dans peu »
uniquement pour faire place au bref monologue de sa dame,
qui fait la scène 4.

Il ne s'agit pas de nous moquer d'une gaucherie excusable
chez un dramaturge de seize ans (et d'ailleurs plus visible
aujourd'hui qu'en 1800, car les conventions du théâtre ont
changé). Il faut voir que cette sorte particulière de gaucherie
tient au plan trop bien combiné. S'il avait tenté de faire une
pièce, non pour conter une histoire, mais pour montrer un
personnage, les gaucheries auraient été différentes : bavardages, hors-d'œuvre, digressions, piétinement de l'action.
Les héros l'emporteraient sur la pièce. L'auteur et le romancier doivent toujours choisir. De nos grands auteurs Racine,
après *Britannicus*, jusqu'à *Esther* incluse, est sans doute celui
qui suit le mieux ses plans, et dont les personnages débor-
dent le moins des cadres qu'il se trace. Chez Molière, au
contraire, nous voyons des personnages vivants jouer tout
à coup, au cinquième acte, au jeu convenu et puéril de finir
la pièce. Stendhal sera plus tard de ceux chez qui les héros
dépassent le plan. Mais durant ses premières années, quand
il veut « faire une pièce » il s'intimide lui-même de ses propres
projets.

Une esquisse du plan, une esquisse des personnages ; une
première ébauche du dialogue ; un second puis un troisième
plan resserrés et améliorés ; entre ces divers efforts créateurs
des répits probables, des examens critiques : Beyle à seize
ou dix-sept ans employait les méthodes les plus sûres et les
plus approuvées du bon élève littéraire. Ce n'est donc pas
faute de les connaître, ni faute de patience ni faute d'acharnement qu'il y renoncera plus tard. Ce n'est pas même faute
d'en profiter. La seconde et la troisième version, éliminant le
rôle du quaker, trouvaient dans le père du rival un rôle
demi-comique de *père noble* et dans le héros lui-même un
élément de comique agréable : l'homme qui « les veut tous
contenter » serait tourmenté non plus par ses devoirs, mais
par sa soumission naïve à l'opinion publique. L'identification
(inconsciente) du jeune auteur avec son héros s'atténuait

ainsi. Presque toutes les grandes œuvres de Stendhal conçues en plusieurs fois nous montreront de ces *unions atténuées* entre l'auteur et le jeune premier. Au lieu de s'éloigner de son héros, il s'en rapprochera.

Le dialogue évite l'emphase puérile ; chaque phrase est sèche. Comme tous les apprentis qui développent un plan, l'auteur se répète. Et tout cela serait naturel et banal si un trait presque physique, une forme presque spontanée du style ne se montraient dans sa première ébauche : coupes binaires, phrases formées de deux éléments à peu près égaux et parallèles.

### III

Un mot enfin sur les seize alexandrins qui nous sont restés d'une ébauche de Selmours. Trois d'entre eux sont incorrects, deux autres défigurés par des hiatus grinçants, et les onze autres sont encore pires, par la platitude :

> *Ce retard imprévu autant que singulier*
> *A de justes raisons a droit de m'étonner*
> *Depuis deux ans entiers que mon époux est mort*
> *Qui seul me consolait de mon bien triste sort.*

(Je suppose qu'il faudrait lire *Lui seul ; lui* est logique, *qui* est un lapsus de l'auteur ou de l'éditeur.) N'importe : c'est aussi mauvais que l'unique vers parvenu jusqu'à nous de l'*Inca* de Balzac, et aussi mauvais que les vers de Gobineau.

Il ne s'agit pas de l'âge : beaucoup d'enfants, au XVIII⁰ siè-cle plus encore qu'aujourd'hui, faisaient des vers avec aisance. Il ne s'agit pas de dispositions poétiques. Chamfort et Rivarol avaient dans l'esprit moins de poésie et dans le cœur moins de sensibilité que Stendhal : leurs vers sont aisés, souvent pres-que beaux. Non : il s'agit d'une pensée, d'une diction incom-patibles avec le vers français. Sa diction naturelle va par nombres impairs — sept, neuf et onze syllabes. Pour faire un alexandrin, il était obligé de compter sur ses doigts. Les

vers où il rend compte de ses exploits dans un mauvais
lieu sont tout aussi médiocres, malgré la crudité des expressions. Qui pis est, ils sont mornes, à la plus grande époque
de la *libido* poétique française. N'est pas obscène qui veut.

Finissons-en avec les vers de Stendhal. L'ébauche versifiée
des *Deux hommes*, beaucoup meilleure, n'est pas exempte de
vers faux. Il les a notés lui-même pour la plupart. Il était si
prosateur, si parleur, que les syllabes muettes lui échap-
paient toujours. Il a mis dans ses vers de la verve, parfois un
peu d'esprit. Nulle originalité.

Au lieu de pasticher Racine, comme tous les auteurs de son
temps, au lieu d'imiter Molière, d'une versification si aisée,
d'une verve si voisine de la parole, Stendhal poète calque les
effets et jusqu'aux expressions du vieux Corneille. L'effet en
est singulier dans une tragédie bourgeoise. C'est que Corneille
est le seul auteur qu'il ait goûté comme poète :

> « *Oui, mon cœur est charmé de cette noble ardeur*
> *Qui le porte avant l'âge au poste de l'honneur ;*
> *Et je tiens un jeune homme au faîte de sa vie*
> *Quand il est employé pour servir sa patrie.*
> *Mais ce devoir rempli, lui trouvez-vous ma sœur*
> *D'un parfait courtisan le génie et le cœur.*
> *Croyez-vous asservir ce bouillant caractère,*
> *De la pure vertu cet amant si sincère ?*
> *A la blessure utile à qui veut s'avancer...* »

On croirait une parodie du *Cid* et de *Cinna* : c'est que les
antithèses de Corneille conviennent aux phrases binaires de
Stendhal ; c'est qu'il ne pouvait écrire en vers qu'en mimant
le poète qu'il avait le mieux senti.


IV


L'année 1801 voit Stendhal former trois projets : les
*Quiproquos*, le *Ménage à la mode*, une adaptation des *Amours
de Zélinde et Lindor* de Goldoni.

Le théâtre italien gagnait du prestige à ses yeux — une part du prestige qu'avaient pris plus légitimement la musique et l'opéra. Il en goûtait l'intrigue, la gaîté, l'aisance sentimentale surtout. Il mettait très haut Goldoni.

Nous ne connaissons pas le modèle italien qui put lui donner l'idée des *Quiproquos*. Il dut traiter ses modèles sans façon, car il songeait, dans l'esquisse qui nous est parvenue, à introduire un personnage nouveau : Beaumarchais (assez proche de la musique qu'il aimait) lui trottait en tête à ce moment ; il voulait faire de la Mère de la comédie « un Bartholo femelle » et certaines scènes des désappointements auraient rappelé le *Mariage*. Deux détails de métier sautent aux yeux dans ce projet si vite abandonné : quel que soit le modèle, l'auteur s'est en même temps souvenu de deux comédies au moins de Molière : le Valère des *Quiproquos* aurait rappelé l'*Étourdi*, et l'imbroglio de l'enlèvement manqué ressemble à celui de l'*École des Femmes*.

Molière avait puisé durant toute sa jeunesse dans ce riche fonds d'intrigues comiques qu'est la Comédie italienne. Beyle, en reprenant les mêmes modèles, était nécessairement influencé par la manière de son grand prédécesseur français.

L'intrigue des *Quiproquos* est fort réussie : l'analyse des pièces qu'il voyait, le jeu séduisant et facile que procurent à l'intrigue des personnages connus d'avance : le jeune amant, la mère noble, l'oncle, l'ingénue, le valet, l'intrigant subalterne, font que très vite il a appris le jeu. Ce plan n'est pas neuf, mais il est riche d'incidents, plein de mouvement, d'une progression sûre.

Dans ce genre agréable (dont notre théâtre léger n'est pas si loin) la pièce est possible et faite pour réussir.

En notant (fort crûment) qu'elle ne valait rien, l'auteur a eu pourtant raison. Il n'était pas fait pour les jeux de marionnettes. Ces lieux communs de situations et de personnages sont au théâtre ce que la rhétorique classique est à la littérature. École de facilité, contraire à la véritable invention.

Ayant vu jouer *Zélinde et Lindor* le 19 mai 1801 au théâtre de Bergame, le jeune Beyle aussitôt songeait à adapter la pièce pour le public français. Toute une partie de cette comédie, faite pour amener la digression de la cantatrice, avait peu de chance d'être goûtée à Paris, et il la supprimait. L'adaptation achevée le 12 juin devait être selon lui « regardée comme échafaudage et non pas comme ouvrage. » De fait elle est incorrecte jusqu'à garder le *si* de l'italien pour le *oui* français ; la légèreté sautillante, mais un peu longue de l'italien est lourde dans la version de Beyle ; chaque fois que le texte servait sa jeune manie des phrases doubles, il s'en est donné à cœur joie :

« Donnez par charité le peu d'argent que j'ai, donnez-moi mes effets par charité. »

Vers la même époque sans doute, il analysait une autre pièce de Goldoni, *Il Bugiardo ;* d'un comique plus gros, trop gros pour lui. Mais ne s'est-il jamais servi de l'échafaudage que représentait l'imparfaite version de *Zélinde et Lindor ?*

Il nous semble qu'un autre projet, le *Ménage à la mode*, conçu un jour après l'achèvement de cette traduction de *Zélinde*, en est fortement inspiré.

*Le Ménage à la Mode* me semble une *contamination*, un projet fait de deux autres et changé de lieu pour donner plus de détails originaux.

« La scène est à Paris dans le temps présent. » M. d'Armanche, homme mûr, marié mais amoureux d'une jeune fille qui dépend de lui, la jalouse madame d'Armanche, le Chevalier leur fils, Pauline l'ingénue, Velson le jeune et fougueux amoureux, rival de M. d'Armanche, et Dumas homme d'affaires du même d'Armanche, sont exactement dans les mêmes situations que don Robert, marié, mûr et amoureux de sa femme de chambre, que sa jalouse moitié, que don Flamino, fils de don Robert, Lindor l'amoureux et trop vif secrétaire, et Fabrice le maître d'hôtel. De même le sage de la pièce, Ariste ou don Frédéric, jouera le même rôle de conciliateur. Mais le nœud de l'action, l'imbroglio de l'enlèvement, devrait être, non sans retouche, adapté des *Quiproquos.*

Ainsi l'on ne peut accuser le débutant Beyle de former tant

de projets pour les abandonner tous. Il s'efforce, au contraire, de les faire fusionner, de les enrichir l'un par l'autre. La contamination des deux premières pièces et le transport de la scène à Paris l'obligeaient à éclaircir, avant de se mettre décidément à l'œuvre, les caractères et leurs rapports. C'est ce qu'il fait, dès le début du plan qui nous reste. Détail important : pour la première fois il avive sa peinture par un peu de satire politique. La satire devait être chez lui un des plus puissants auxiliaires de la création des personnages, et sa principale ressource dans la peinture des milieux. Dans sa dix-huitième année, pour faire de don Robert un M. d'Armanche, il lui donnait « une charge d'avant la révolution, la galanterie de l'ancienne cour ». Le fils, au lieu du très italien don Flamino, devait être « un jeune fat outrant tous les défauts actuellement à la mode parmi nos jeunes gens, parlant sans cesse de sa noblesse de vingt-quatre heures et de la religion de nos pères... » Ce dernier trait imprévu et bien assené ne déparerait pas les grandes œuvres. Ainsi le jeune Beyle de 1800 et 1801 peut bien avoir des engouements naïfs et des gaucheries de son âge. Du moins il reprend trois fois *Selmours*, travaille longuement par analyse, par critique, par combinaisons nouvelles, ses emprunts italiens. Il ne se satisfait pas d'une heureuse intrigue : dès qu'il l'a trouvée, il la dédaigne. Il veut déjà s'élever à la comédie de mœurs et de caractères ; c'est par ambition, par acharnement à exiger davantage de soi qu'il n'achève pas ces premiers ouvrages. Cet écrivain naissant qui pose si bien tous les problèmes de l'action et des caractères, qui reçoit et corrige Goldoni aussi sûrement que ses propres ébauches, n'ignore rien du métier d'écrire.

Excepté lui-même.

# LE THÉATRE MANQUÉ

## I

Après la tension et l'audace de 1801, l'année suivante marque un recul chez l'écrivain comme chez l'homme. Il a subi l'influence d'un milieu bourgeois et tout classique. L'Italie n'apparaît plus dans ses préoccupations. A Grenoble, dans sa famille, il croque un bref tableau de mœurs. A Paris, son intrigue d'adolescent avec Adèle Rebuffel est notée en toutes petites phrases, où l'on peut voir la concision d'un jeune homme partagé entre la mère trop mûre et la trop jeune fille. Le compte des dettes, des crédits, la récapitulation des adresses d'amis se succèdent en quelques lignes, et après deux mois de silence n'ont occupé qu'une journée d'automne.

Le *Journal* n'est plus qu'un calendrier.

Quant au théâtre, le plan d'*Ulysse* n'est qu'un projet d'écolier. La vertu de Pénélope, le jeune courage de Télémaque, la prudence d'Ulysse et l'ambition des prétendants, tout cela aurait paru, à Racine lui-même, trop classique pour une tragédie. Heureusement l'autocritique subsiste : « Tout bien considéré, je ne me crois aucun génie pour la tragédie. » Il ne reste du texte que deux tentatives d'alexan drins : l'un a onze syllabes, l'autre treize. C'est toujours le nombre impair qui réjouit l'oreille de l'auteur.

## II

La seule chose importante cette année-là c'est la prise de contact avec la littérature anglaise.

Les leçons d'anglais notées dans le *Journal* aboutissent à un projet d'*Hamlet*. Déjà les emprunts de Beyle aux écrivains britanniques sont ce qu'ils doivent être toujours : admiration sans réserves critiques, emploi du fond, mais aucune influence de la forme.

Curieux effort, non d'imagination, mais de technique pure que celui qu'il tente pour renouveler *Hamlet*. Il le transporte en Pologne, par une note ajoutée à l'avant-scène et au plan (qui tous deux parlent de Danemark et d'Elseneur). C'est pour s'écarter du plagiat littéral, et se donner à peindre « les mœurs les plus chevaleresques ». En même temps, il essaye de concentrer l'action, et de la ramener aux conventions de la tragédie française. Car les conventions classiques sur le vraisemblable admettent bien les songes prophétiques, mais n'accepteraient pas l'échange des épées au cours d'un duel. Et s'il prend le même point de départ que Shakespeare, il se réserve de changer la péripétie. Il applique donc à *Hamlet* la même méthode, la même combinatoire théorique qu'à *Zélinde et Lindor*, quand il voulait en faire le *Ménage à la mode*.

Ces plans, les seuls qu'il nous ait laissés d'un drame, sont curieux à étudier selon le métier dramatique.

Les règles mécaniques, comme les trois unités, ne gênent guère. Il n'était pas difficile non plus d'effacer les rôles de comparses. Le jeune Beyle a cru faire une économie de personnages, donner plus d'intérêt à Ophélie (ou Gertrude), la fille de Claudius, la cousine d'Hamlet. Mais c'était arriver trop vite au centre du drame. Après un premier acte où le spectre est apparu pour demander vengeance, et a laissé

Hamlet troublé, il faut pour créer une *progression d'effet*
une seconde apparition plus explicite, une sorte de post-
scriptum du fantôme, qui nomme les coupables, et prescrit
au jeune Hamlet d'épargner sa mère.

La transformation du rôle de la mère, qui, complice du
meurtre de son premier mari, devait dans l'*Hamlet* de Beyle
être prise de remords, devenir l'alliée de son fils et mourir
victime du traître, n'est pas une idée d'homme de métier.
Pourquoi et comment rendre sympathique un personnage
d'abord odieux ? Ce n'est possible à tenter que sur un protagoniste. « J'avais le dessein, dit-il, de rendre Régane intéressante, et de la faire très peu paraître. » Projet imprati-
cable. Claudius ne pourrait pas, en tuant sa complice, signer
son premier meurtre et se perdre sans profit. Le projet de
fuite de la mère et du fils est une pauvre invention, qui gêne
l'action principale. Il semble que Beyle, ému par le souvenir
lointain de sa propre mère, et s'identifiant lui-même avec
Hamlet, ait fait passer ici les sentiments avant les besoins
de son art.

Ophélie folle l'a aussi gêné cruellement : il a réduit cette
folie à une courte scène de son projet de cinquième acte. Une
note témoigne de son hésitation : en abandonnant provisoi-
rement le drame, le 8 décembre 1802, il écrit : « Il faudra voir
si l'on ne pourrait pas montrer Ophélie folle. » Mais, tant
qu'il songeait vraiment à écrire sa pièce, il y avait renoncé :
la grande idée du dénouement tirait parti d'une Ophélie
raisonnable.

Cette grande idée, qu'il croyait pouvoir emprunter légitimement aux *Mémoires d'un Homme de qualité* de l'abbé
Prévost, il y voyait si bien l'essentiel de sa pièce, qu'il laissa
tout là, en apprenant que cette idée figurait déjà dans
l'*Hypermnestre* de Lemierre. Claudius le traître, sur le point
d'être tué par Hamlet, devait, pour s'échapper, menacer
de tuer Ophélie (le même chantage, dans un plan précédent,
devait s'exercer sur la mère d'Hamlet). Ce chantage devait-
il réussir ? Il n'aurait pas donné à la pièce un vrai dénouement
et nous ne savons pas ce qu'eût été la dernière scène.

Cette difficulté n'était pas la seule. La plus grande était à l'intérieur de l'auteur. C'était la naissance, dans sa tête, d'un Hamlet envahissant, qui déjà se battait avec l'intrigue ingénieuse, se battait avec les expositions (par questions et réponses) dont l'auteur se servait pour donner à chaque acte un second degré de développement (pour faire son *découpage*, dirions-nous aujourd'hui).

Hamlet devait avoir toutes les vertus que se souhaitait le jeune Beyle. Au lieu de rêver et d'hésiter sans fin, il devait travailler, par de vigoureux raisonnements et des plans bien conduits, à résoudre ces insolubles conflits. « Combat de l'amour filial et de l'amour, passions premières de l'homme que chaque spectateur a ressenties », dit la note du 8 décembre où il abandonne le projet. Où sont le trouble et la merveilleuse complexité du personnage de Shakespeare ? Dans une des notes qui préparent le dialogue, Hamlet disait : « Je ne veux plus rien tièdement. Une fureur secrète m'anime, je me sens entraîné, j'ai soif du sang de Boleslas. » Crébillon peut-être, sûrement l'Alfieri et l'Italie, sont complices du tempérament de Beyle pour nous éloigner du héros anglais. C'est la première apparition du *boucher italien*. Au lieu du gros homme blond qu'y voyait Gœthe, Hamlet devenait un gros homme brun. L'adaptation devenait impossible. Il fallait tout créer à nouveau. Très sagement l'auteur s'ajourna : « Dans six ans d'ici, quand je serai sûr de mon style. »

A l'école de l'Angleterre, et malgré l'éloge du naturel Shakespeare, il n'a donc pas appris la liberté du plan, qui donne aux pièces l'aspect un peu plus naturel, plus jardin anglais, plus « tranche de vie ». Il n'a pas appris non plus le mélange intime du comique et du tragique, ni le lyrisme des expressions, ni la fantaisie des sentiments ; s'il a, dans ses quatre premiers projets de pièces, rédigé ou ébauché une foule de scènes, il n'a pas encore une seule fois abordé le problème essentiel : celui de l'expression des sentiments. Ainsi sa technique reflète la même timidité qu'il met dans sa vie. Mais c'est par une technique et un apprentissage littéraires qu'il va tenter de se délivrer.

## III

L'apprentissage de la déclamation, les rôles de jeune premier, la fréquentation des actrices et des acteurs, le contact d'un petit public de salon, l'observation du vrai public au théâtre l'aident à sympathiser avec les sentiments communs et à s'épancher d'abord sous le masque. Le *Journal* des années 1803 à 1805 nous fournit une des notions les plus importantes sur l'art de Stendhal : c'est en déclamant des passions de comédie qu'il s'approche peu à peu de la confidence sentimentale.

Les *Deux Hommes* nous fournissent la contre-épreuve : c'est sous le voile de la comédie, sous le masque du premier héros qu'il avait créé, qu'il exprime pour la première fois ce qui, dans la réalité, le paralyse.

Pour sortir de l'inhibition étouffante du sentiment, de la sincérité muette, cet homme si sincère a eu besoin de Talma, de la Duchesnois et de Dugazon. C'est là sa grande école.

Il n'est pas surprenant que la sincérité semble reculer d'abord : au lieu d'un journal véritable, nous n'avons pour 1803 qu'un récit romancé. Pour la première fois, il cède au goût du pseudonyme, et ne nomme pas madame Rebuffel.

Ses premiers succès dans la déclamation de salon lui apportent la menue monnaie de ce qu'il cherchait : la gloire. Les petites actrices devaient lui donner mieux que la monnaie de l'amour. Mais son amour pour Adèle Rebuffel, à force d'être mimé dans les scènes d'amour des comédies, devenait inexprimable.

Dans *Les Deux Hommes*, à condition de tout changer dans les situations du héros et de l'héroïne, il osait y créer une Adèle. La lutte entre l'intrigue et les héros, mieux que dans les ébauches calquées sur les œuvres étrangères, lui pose enfin clairement les vrais problèmes de l'art.

*Il part des caractères*, et l'intrigue ne doit plus servir qu'à les mettre mieux en valeur ; il sait, pour la première fois, que le héros doit être son portrait idéalisé : « Ce qui, je pense, me donnera beaucoup de facilité pour peindre Charles, c'est qu'en quelque sorte c'est mon portrait que je ferai », se dit-il, le 24 janvier 1803. Et le même jour, il s'épanche dans son rêve de Charles mieux qu'il n'a jamais fait dans son journal : « L'enchantement qui saisit cette âme ardente et bonne à l'aspect du bonheur que tout lui offre dans ce moment de délire. Il aperçoit cependant les grandes masses du mal, l'hiver qu'il vient de passer à Paris les lui a laissé entrevoir. Rien n'est au-dessus de l'amour qui le transporte, aucun style trop fort, trop passionné, trop brillant pour peindre les transports qui agitent ce jeune homme nourri des grands exemples de l'antiquité et de la lecture des poètes. » En même temps, il sait bien qu'il idéalise et qu'il combine son propre personnage avec un héros de roman : un jeune homme de vingt ans dont le développement physique a été retardé comme le conseille Rousseau. Il n'avait pas oublié à ce point les aventures de 1801 et les piètres conséquences de sa précocité.

## IV

Autre élément autobiographique, la haine entrait en jeu. Delmare, prédécesseur de l'abbé Castanède, du grand vicaire de Frilair, du médecin Poirier, commence la série des bigots scélérats, dont la peinture venge Beyle de « la tyrannie Raillanne ». Sa rivalité avec Cardon auprès d'Adèle Rebuffel lui donnera le début du caractère de Chamoucy. Il pouvait y ajouter, ayant à peindre un séducteur aimable, de peu de scrupules et de peu de fonds, des traits pris à Martial Daru ou aux plus brillants de ses compagnons d'Italie.

Mais la peinture de Chamoucy va lui donner bien plus de peine. L'esthétique du théâtre, le plan, le goût des partis pris tranchés, voudraient que Chamoucy fût méchant, que son bon ton et son élégance ne fussent que des affectations ridicules. Il ne le peut ; il retouche ; il change les actions du personnage, il ne pousse guère la grande scène où Chamoucy devait être dépité et furieux. C'est que sans le savoir, *il*

*s'était mis aussi lui-même dans Chamoucy.* Chamoucy devait
être un jeune officier peu soucieux de ses devoirs d'état,
occupé à parvenir par l'intrigue. Il devait être aussi un séducteur de femmes, capable même de ruses pour les obtenir,
plus en accord avec la mère de sa belle qu'avec Adèle elle-
même, manquant sans cesse d'argent, malgré son désir de
paraître, et réduit aux expédients. Tout cela est de Beyle
lui-même, comme l'indifférence à son propre père, et le cou-
sinage avec le ministre de la guerre. Depuis les notes du
6 et du 10 février 1803, il se proposait de peindre la supériorité de l'éducation philosophique sur l'éducation dévote.
Or, l'élève de Delmare-Raillanne, c'est encore Beyle. Beyle
grâce à son grand-père, à ses lectures, au géomètre Gros,
s'était donné aussi l'éducation philosophique. Il était ainsi,
à lui seul, les Deux Hommes.

Dans beaucoup de fragments de plan, dans les scènes
épisodiques où Chamoucy montre son esprit, sans agir, nous
voyons s'amorcer une autre pièce, peut-être la vraie pièce :
le duel intérieur entre l'ambition mondaine, conformiste,
soucieuse des bonnes grâces du pouvoir, et le rêve de gloire
républicaine, d'amours pures, de vie indépendante.

Beau drame, au moins pour nous, que ce conflit de conscience de Beyle à vingt ans. Mais le débordement des soucis
techniques, l'excès des recettes et des recherches de métier
allaient le détourner de ce dialogue sincère, et peut-être
douloureux.

Les personnages secondaires devaient être créés par l'observation objective, ou par la combinaison logique d'éléments livresques : à la véritable Adèle, la jeune fille qu'il
aimait, il ajoutait un peu de Julie d'Étanges. Le sage Valbelle
devait combiner le militaire, l'homme d'esprit âgé (le grand-
père Gagnon ?) avec le précepteur de l'*Émile*. La mère de
Charles, qui l'aime selon elle et non selon lui, devait être
copiée d'après nature. (Ce thème de l'amour égoïste, qui
nuit aux amours et à la vie de l'enfant trop aimé, se retrouvera, très tard, dans l'*Abbesse de Castro*.) En fait, tous ces
personnages sont restés vides de substance ; ils sont nuls.

## V

Plans, préparations, discussions des plans, additions aux préparations, nuances aux portraits préliminaires, retours aux principes : l'auteur y dépensa autant de travail, presque autant de talent, et couvrit plus de papier qu'il n'eût fallu pour écrire la pièce. La plupart du temps, ces méditations, toutes tournées qu'elles soient vers les *Deux Hommes*, battent la campagne : « Je puis ranger mes méditations sous deux ordres différents :

« 1º Philosophie, ou art de connaître et de peindre... »

Il faut se rappeler cette page, les critiques des premières esquisses, les réflexions morales barrées ou conservées, les indications de pièces ou d'articles critiques à relire avant d'entreprendre une scène ou de poser un personnage (l'article *Regnard* de Palissot, etc.), les additions au nombre des scènes selon les personnages présentés ou les actions mises en œuvre, pour apprécier la justice de cette critique :

« Quand j'ai fait un plan, je me mets à lire toutes les poétiques, cela me distrait. »

Mais, au lieu de laisser là les « poétiques », il ajoute :

« En faire une pour moi, toute de choses, les phrases séparées par des tirets » (15 avril 1803).

Il avait eu pourtant, en mars, le bon sens de se dire : « Il faut d'abord composer une intrigue, quelle qu'elle soit, pour guider mon imagination. C'est fait, 18.V.XI. Je commence à écrire le 5 germinal » (9 et 26 mars 1803).

Toutes ces préparations lui avaient nui. Il y a de l'élan, de l'invention, quelquefois du bonheur et de la jeunesse dans les fragments préliminaires où l'auteur rêve ses personnages : « Cet enthousiasme de vertu et de bonheur, la chose la plus touchante qui existe. Ma pièce peignant le printemps de la vie, et rappelant ainsi les spectateurs à leur jeunesse, je veux la placer dans le plus pittoresque des villages qui entourent Paris, et au printemps, jeunesse de la nature. »

Rien, pas même cette belle fraîcheur d'intention, ne survit

dans la pièce, où ce printemps des êtres et des choses a
comme séché. Dès les premiers plans, le scélérat Delmare
devait achever son rôle sur un mot superbe : « Je n'ai plus
qu'une ressource : allons faire un journal. » Dans l'ébauche
en prose, ce mot se retrouve, mais il est tué entre une phrase
déclamatoire qui l'amène et la réplique attendrie et banale
de la fin.

Ce n'est pas la difficulté des vers qui arrêta l'auteur. Nous
avons déjà montré que le demi-pastiche de Corneille l'élevait
presque jusqu'à la médiocrité ; cela eût suffi en son temps.
Et, au pis-aller, les pièces en prose (sauf les tragédies)
n'étaient pas mal reçues du public. L'ébauche, ou plutôt la
pièce, quand il l'eut achevée, lui déplut. Elle n'était plus ce
qu'il avait rêvé de faire, elle était tuée d'intentions.

Il avait cru se préparer à créer par la critique. Or, en
pratiquant la critique, on n'apprend bien qu'à critiquer.

Le véritable inconvénient du travail des vers, c'est qu'il
détournait l'auteur du travail utile et fécond de refondre,
d'améliorer chaque scène et chaque réplique, et en somme
de s'instruire, non plus devant ce qu'il voulait faire, mais
devant ce qu'il aurait fait : c'est la seule autocritique qui
vaille. On n'apprend pas l'escrime dans les livres, ni même
en regardant tirer des maîtres : ces leçons ne sont bonnes,
ne sont précieuses que pour qui a déjà manié les armes.

S'il s'agit, non pas de découvrir soi-même, mais d'aller au
succès, la critique des autres vaut mieux que la nôtre. Un
directeur de théâtre, un acteur intelligent et amical comme
Dugazon, auraient pu, en quelques conseils clairs, aider assez
le jeune Beyle pour qu'il fît des *Deux Hommes* une pièce
jouable. Telle qu'elle est, elle vaut bien du Picard ou du
Collin d'Arleville. Des conseils *négatifs*, de simple bon sens :
supprimez ceci, abrégez cela, auraient mis en valeur le
mouvement, l'intrigue vraiment riches et vifs de cette pièce.
Il fallait réduire les raisonneurs à quelques sentences, trouver
de ces jeux de scène, gais et faciles, qui naissent d'une colla-
boration entre l'auteur et l'acteur. Il fallait escamoter ou
assouplir, au début et à la fin de chaque scène, les répliques

trop visiblement faites pour nouer l'intrigue ; ajouter, sans peine, les menus détails matériels : vêtements, souper, saison, domestiques, dont l'effet concret ajoute à la vraisemblance du reste. Plus heureux que le romancier, l'auteur dramatique n'a pas à créer vraiment ces détails : il les prend au magasin des accessoires ou dans le jeu d'un acteur connu.

### VI

Par sa timidité, Beyle, au lieu d'être traité par Duchesnois et Dugazon en jeune auteur, a dû passer à leurs yeux pour un acteur amateur et un coureur de coulisses. Il est assez remarquable qu'il n'ait jamais vu « monter » une pièce : la besogne grossière et indispensable qui pose les chaises à leur place, change une réplique pour ne pas laisser un acteur trop près de la porte, supprime une scène où l'actrice favorite aurait le dos tourné, tout cela lui aurait plus appris que les récitations de salon, les leçons de diction, et toute la critique.

La timidité arrêtait ainsi l'apprentissage au moment décisif : celui du contact avec les exécutants. Beyle ne voulait rien montrer que de parfait. Outre la timidité, le *goût de l'éternité* tenait déjà une curieuse place dans son esprit et dans ses projets. Il ne voulait pas écrire une comédie dont le succès n'eût duré qu'un siècle. Pour les *Deux Hommes*, avant de les écrire, il supputait qu'une comédie prouvant la supériorité de l'éducation philosophique aurait un succès d'actualité ou de combat pendant deux siècles, puis, la victoire de la philosophie une fois assurée, huit siècles de succès de reconnaissance. Mille ans étaient son minimum.

Toute sa vie, ce souci de la gloire posthume devait animer sa conscience d'ouvrier. Mais il y a autant de façons de supputer ses chances devant la postérité qu'il y a de tempéraments littéraires.

Pour les classiques, qui voient l'avenir semblable au passé, il s'agit de rester fidèle aux anciens modèles, et de peindre ce qu'il y a de plus stable dans l'homme.

Pour les romantiques, au contraire, qui croient au progrès, il s'agit d'avoir été une étape, de passer plus tard pour un prophète ou un précurseur.

Beyle unit les exigences des deux. A vingt ans il exige de soi de trouver du nouveau sur l'homme — mais une nouveauté qui demeure éternelle. Il ne pense pas à une durée purement esthétique ; il veut une gloire de découverte, une gloire de mathématicien. La mathématique de l'esprit est la plus difficile à démontrer de toutes. La découverte fait le génie. Voltaire n'ayant rien inventé n'est que bel esprit (*Filosofia nova,* p. 96).

Ces exigences inouïes vis-à-vis de soi ne faussent pas l'autocritique, le jugement relatif, le *choix* de ce qu'il y a de meilleur dans une œuvre ébauchée.

Mais elles empêchent absolument de trouver suffisante une œuvre quelconque. Ce n'est pas une nature velléitaire, ni une technique d'ouvrier incapable de finir son ouvrage, qui laissent inédite une pièce, pour ainsi dire achevée. Lui remettait, attendait le génie. En la relisant maintenant pour comparer tant d'efforts, de projets et de combinaisons avec le résultat, nous sommes surpris de l'inégalité des scènes, et de l'infériorité (si évidente qu'elle n'est plus question de goût personnel) des scènes bien préparées.

La grande comparaison des deux éducations, les scènes d'amour entre Adèle et Charles, sont faibles. Les scènes entre madame Valbelle et Chamoucy, la scène surtout où la mère trompe son fils, lui fait croire que sa fiancée en aime un autre, sont excellentes. Le jeune Beyle, qui n'aime point Marivaux et qui songeait beaucoup à prêcher la morale, a réussi à être dans les *Deux Hommes,* et presque sans y penser, un Marivaux de la traîtrise.

La réussite de telles scènes, préparatoires et intercalaires, prouve-t-elle qu'à vingt ans l'improvisation lui convenait déjà mieux ? Pas encore, car il ne s'agit pas d'improvisation. Dans de telles scènes, il a d'avance les personnages, leur ton ; il sait où il va, et il a une petite difficulté précise à résoudre : beaucoup dire en peu de mots, faire que Charles, malgré sa confiance et son amour, change en quelques minutes d'avis sur Adèle. Ces difficultés, qu'il juge secondaires, l'excitent au lieu de le rejeter dans les réflexions. Il se trouve donc placé, à ces moments-là, dans les conditions les plus favorables à la création véritable. S'en rendait-il compte en se relisant ?

C'est peu probable. Nous avons trop beau jeu, devant ces ébauches, à juger de ce talent d'après son avenir, et à prédire après coup. Il dut s'apercevoir, en tout cas, qu'il ne devait ni trop idéaliser, ni trop finir à l'avance le plan de ses pièces, ni trop raisonner.

## VII

Pour ne pas idéaliser, il reprit une idée qui lui était venue à la traverse, pendant qu'il rédigeait les *Deux Hommes* : faire la satire de Geoffroy, de La Harpe et des journalistes antiphilosophes. Il s'aperçut que cette idée pouvait nuire à la première pièce, et la reprit à part, l'année suivante : c'est *Letellier*.

C'était décidément Geoffroy qu'il adoptait comme modèle. Il commença par une scène alerte, presque vraiment comique, calquée sur l'entrée des faux marquis dans les *Précieuses ridicules*. Mais cette première scène se suffisait à elle-même ; le modèle manquait, dans Molière, pour la seconde scène, qui n'est plus qu'un dialogue assez froid. Beyle revint aux préparations, étudia le plan de la pièce, et, en même temps, son modèle. La pièce était condamnée, dès lors, à n'être qu'une suite d'esquisses incohérentes et détachées. *Le modèle bougeait trop pour le peintre*. Un personnage si particulier se prêtait mal, en dépit des apparences, à une stylisation. Même Molière, malgré tout son génie et son métier, ne pouvait peindre Vadius et Trissotin d'après nature qu'en leur donnant un rôle de comparses. Et Molière avait plus de gloire que Ménage et Cotin. Il pouvait être gai contre eux.

Beyle pauvre et obscur ne pouvait se gausser, sans un air de
jalousie, du critique à succès de son temps.

Les leçons des *Deux Hommes* redoublaient d'ailleurs sa
méfiance contre le *Bon parti*, première forme de ce qu'il
devait, plus tard, appeler *Letellier*. « Étudier l'art de rendre
ridicules les absurdités que je vois », se disait-il le 24 août 1804.
Erreur technique : une telle étude et une telle transformation
sont impossibles. Pour être comique, il faut trouver les
choses ridicules *avant* de les trouver absurdes. Les plans du
6 et 20 fructidor (24 et 28 août 1804) ne vaudraient que pour
un pamphlet sur Geoffroy, Chateaubriand et de Bonald
(qu'il voulait appeler Letellier, M. de Saint-Bernard et
Patouillet). Et, même pour un pamphlet, les réflexions sont
trop loin de l'exécution. Quelques mois après, en les relisant,
Beyle trouvait des formules plus justes et la meilleure
condamnation de ses techniques préalables : « Il n'y a pas le
mot pour rire dans tout cela. J'aurais pu composer des
scènes plus ou moins bonnes, cette dissertation ne dit rien.
Elle peint seulement un homme qui a envie de faire une
bonne pièce » (26 germinal XII) (14 avril 1805).

Cette même année où se ralentissaient les travaux de son
*Letellier,* il prononçait un vœu solennel contre tous les travaux d'approche, qui l'avaient paralysé jusque-là : « A compter de ce jour, 3 vendémiaire an XIII, je n'écris plus de plans
ni de réflexions sur l'homme ; j'arrête de n'écrire que des
scènes. » Et il ajoutait en italien : « Il est temps désormais,
sinon d'avancer, du moins de partir pour la gloire. Arrêté.
Henri. » Malgré l'allure royale de ce décret, il allait quitter
pour quelques années ses tentatives théâtrales.

# LA TECHNIQUE THÉORIQUE : LA FILOSOFIA NOVA

## I

A ne lire que les fragments relatifs aux pièces, de 1800 à 1805, on peut déjà estimer que l'auteur s'étouffe et s'encombre de théories, de préliminaires, de préparations. Ce n'est pourtant pas encore tout. Ses cahiers de journal, de Pensées, ce qu'il a nommé sa *Filosofia nova* contiennent l'ébauche d'une œuvre plus générale ; bien moins une philosophie ou une psychologie qu'une technique générale de la littérature.

Ces notes jetées sur ses cahiers, pêle-mêle avec des extraits de ses lectures, des faits personnels ou des fragments destinés à ses pièces, vont de 1802 à 1805. Elles commencent donc après les premières tentatives théâtrales, et finissent avant elles.

Quand on les tire de leur désordre pour en reconstituer la suite logique et la cohérence, on s'aperçoit d'abord qu'il a moins tiré de Condillac et d'Helvétius qu'on ne le pense habituellement. La forme insipide et abstraite de ces deux philosophes n'empêche pas Beyle de les approuver, de les louer, mais l'empêche de s'en nourrir.

Par contre, il doit beaucoup à Mirabeau et à Hobbes, même comme écrivain. La phrase de Mirabeau, ample mais brusque et pleine de surprises, parente de Saint-Simon, l'aide à ne pas trop admirer le style *menu* de Condillac et des Voltairiens de son temps. Il doit davantage encore à ses lectures et à ses extraits de Hobbes. Cette forme imagée et dure, ce cynisme sentencieux rejoignent chez lui le goût du théorème bien énoncé, et ses ardeurs mathématiques.

Quelques autres écrits nous rappellent la *Filosofia nova*, ou plutôt ce qu'elle devait être. Le *Codicile d'un jeune habitant d'Épone*, par Hérault de Séchelles, réimprimé plus tard sous le titre *Théorie de l'ambition*, est le plus proche. Beyle a pris quelques formules à Hérault. Mais on peut penser surtout qu'ils avaient les mêmes maîtres, le même tempérament et les mêmes illusions.

C'est le discours de la méthode le plus personnel qu'on ait écrit, que la *Filosofia nova*.

S'il a pensé par moments à le publier, il a pensé aussi à en réserver une partie, comme doctrine *secrète* : « Rien de bête comme de donner jeune ses principes en littérature. C'est convertir son génie en science pour les autres (I, 64). » Il croyait, au fort de son goût pour ce philosophe, qu'il lui serait avantageux que personne, sauf lui, ne connût Helvétius. Il dira encore (II, 68) : « Est-il de l'intérêt d'un grand écrivain de faire une poétique ? »

## II

L'hygiène, l'emploi du temps, les exhortations à soi-même abondent dans ce livre, comme ils feront plus tard dans les *Carnets* de Baudelaire. Fruit sans doute des soirs où il n'a rien fait, de l'émulation de la gloire d'autrui, ruse aussi de la fatigue ou de la paresse qui remplacent le travail par le conseil de travailler : « Il faut que je sois parvenu au comble de l'insouciance pour ne pas faire tout de suite les *Deux Hommes*, je manque de tout. Cette pièce faite j'aurai tout en abondance. Société, argent, gloire, rien ne me manquera. J'aurai mes entrées. » Il se disait encore, le 10 mars 1803, d'après un de ses modèles : « Que me manque-t-il pour être heureux ? Société et argent avec considération. Prendre exemple sur Mirabeau. Combien il était plus malheureux que moi, au donjon de Vincennes !... Conduisons-nous de manière à être content de moi quand je serai riche. Je manque de courage... »

Avec un piquant mélange de vigueur d'esprit et de puérilité, il croyait essentiel de ménager les heures, les minutes. « Il importe de ne pas perdre son temps. Pour cela il ne faut pas consacrer aux actions de chaque jour plus de temps qu'il n'en est nécessaire. Il faut s'habiller vite, ne rester à table que le temps nécessaire pour manger, et marcher rapidement... » Ou un autre jour : « M'accoutumer à creuser des sujets lorsque je suis forcément oisif, comme à la queue pour le théâtre par exemple. »

Dès le début de son *Journal*, il avait noté ce mot d'un médecin que sa maladie habituelle était l'ennui. Il faut que la vie de l'âme, le travail et le goût de la gloire le conjurent ; ressources plus sûres même que l'amour : « Le vide d'une grande âme ne peut être rempli que par un être, des êtres, ou des choses. Les êtres changent, les choses morales ne changent jamais. Donc le bonheur de celui qui désire vivement une chose morale est assuré. Car il l'obtiendra et une fois qu'il l'aura rien ne pourra la lui ravir. Il en est ainsi de la vraie gloire... »

Un autre argument en faveur du travail (inattendu chez un auteur si jeune) c'est le *Memento mori*. Il est vrai que les migraines ou d'autres souffrances l'empêchaient souvent de travailler, et qu'il avait souvent la fièvre le soir : « La mort pouvant m'arrêter à chaque pas, travailler toujours mes plus beaux sujets. Commencer à écrire l'histoire à quarante ans, dans vingt ans. »

Car ses plans, qui changent souvent, exigent toujours toute son existence. En voici un autre où les projets d'histoire (histoire romaine ou histoire de la révolution) semblent omis : « Quel est mon but ? D'acquérir la réputation du plus grand poète français, non point par intrigue comme Voltaire, mais en la méritant véritablement... Voilà de quoi occuper une longue vie. Une comédie et une tragédie pour me donner mon entrée dans le monde, de la confiance en mes talents, l'art de faire des vers.

« Ensuite la *Pharsale*, œuvre du reste de ma vie. »

« Éviter d'être amoureux d'une femme du monde... »

On ne s'étonne plus devant cette ferveur ascétique, si l'on connaît le goût très vif qu'il eut un moment pour Chateaubriand, qu'il ait eu ce projet : « Faire pour m'amuser un petit livre de piété en quelques chapitres, dans le genre suave de l'*Imitation*. » Ainsi il avait saisi, bien avant Barrès, que tous les ascétismes se touchent. Ce qui nous importe ici davantage, il se considérait, à vingt ans, comme le premier outil de son métier, comme l'instrument d'une chose plus grande que lui. Aux heures où il sent sa propre insuffisance, il espère que plus tard l'outil sera plus parfait. Helvétius lui promet (page 317) que c'est entre vingt-cinq et trente-cinq ou quarante ans, qu'il sera capable des plus grands efforts et de vertu et de génie (I, p. 51).

Plus que par sa ferveur, il atteint déjà à la grandeur par sa lucidité. Il sait déjà qu'un grand moyen de supériorité, c'est de ne s'appliquer qu'à un seul objet (I, p. 15). Il a pris dans la conversation de Buffon avec Hérault de Séchelles (où Emerson le reprendra plus tard) ce principe simple et essentiel. Il s'est répété un autre principe, utile pour un temps, dangereux à la longue, et qu'il a heureusement modifié plus tard : « Se tirer de son siècle, se faire citoyen de celui qui a été le plus favorable aux productions de génie. Ce siècle est probablement celui des grands hommes, il faut donc devenir contemporain de Corneille. » Au passé modèle (vue de classique) il ajoutait dès 1802 l'avenir comme but : « Me sortir entièrement de mon siècle et me supposer sous les yeux des

grands hommes du siècle de Louis XIV. Travailler toujours
pour le xxᵉ siècle. » Cela n'est pas classique ; au lieu de voir
les hommes immuables, fidèles à un type éternel, il les voit
tels qu'ils changeront.

A la ferveur et au dépaysement qui l'exaltent dans la
solitude, il ajoute l'excitation verbale et l'émulation : « Il
faut converser et disputer, car Helvétius dit : c'est à la chaleur
de la conversation et de la dispute qu'on doit souvent ses
idées les plus heureuses. » Il a beaucoup discuté avec Mante
et Crozet (dont les opinions ressemblaient aux siennes) les
détails de ses lectures et de son expérience. Avec son oncle
Gagnon, le Don Juan de Grenoble, et avec Martial Daru
(le Pacé du *Journal*) il prend contact avec son contraste,
la frivolité voulue de la pensée, le goût des plaisirs vulgaires,
l'esprit du public.

Ces ferveurs, naturelles ou acquises, ne donnent pas le
génie sans travaux. Quand ces travaux préliminaires empêchent Beyle de continuer une pièce de théâtre, nous sommes
tentés d'y voir une paresse de créer, une peur de se mettre à
l'épreuve. Dans les fragments plus généreux, les refrains
insistants de la *Filosofia nova*, nous apprécions mieux l'effort
qu'il fit pour se créer lui-même avant de créer son œuvre.


### III


Tous les écrivains conscients de leur tâche oscillent, comme
lui, d'un extrême à l'autre : ou bien tout tirer de ce qu'on
sait déjà, par raisonnement ou analyse, par effort abstrait ; ou
bien ajouter d'autres expériences à ses expériences et devenir
non plus l'interprète, mais le miroir ou le mime de la nature.

Selon la première inspiration, il veut se faire une sorte
d'atlas bibliographique des passions humaines, « un cahier
où elles auront chacune leur place, y rassembler les notions
que j'aurai sur chacune d'elles, ou les indications des lieux
où je pourrai les trouver. » (19 février 1803, *Filosofia nova*,
I, 75).

Un peu plus tard (le 16 mai) il voulait prendre tous les caractères en particulier pour en faire les protagonistes d'autant de tragédies, ce qui aurait fait de lui le « Molière tragique ». C'est l'idée d'une encyclopédie ou d'une Somme pour le théâtre — mais abstraite. Balzac réalisera une telle somme des caractères et des mœurs dans sa *Comédie humaine*, mais ce sera un projet complet qui lui sera proposé par l'œuvre déjà faite.

« Chercher (se disait le jeune Beyle au même moment) à me donner le pouvoir d'analyse. Ce sera un grand pas qu'aura fait mon esprit. J'aurai le pouvoir d'analyse lorsque me faisant des questions : qu'est-ce que l'homme, qu'est-ce qu'un nom ? qu'est-ce que le rire ? qu'est-ce que la faim ? qu'est-ce que le remords ? je pourrai répondre exactement. »

Le pas en effet est si grand que nul ne l'a jamais fait. Ailleurs il forme des projets d'analyse en commun : « Analyser de concert, chacun rapportant ses observations pour les examiner en commun avec son compagnon d'analyse ; et on finit si l'on est de bonne foi, par porter le même jugement ou par remarquer qu'il y a quelque chose de contradictoire dans les observations primitives. » Fragment important : il nous montre que l'analyse est une *recherche de l'objectivité parfaite*. C'est par une longue pratique et malgré l'auteur que l'analyse stendhalienne est devenue un instrument d'art si personnel.

Analyser, sans expériences, ou quand nos expériences ne sont que nos souvenirs, c'est vite aller à l'arbitraire ou plaider pour des idées préconçues.

Le jeune Beyle ne pouvait pas toujours échapper à ce défaut : « Si je veux jamais réussir dans la société, il faut analyser tout ce qui s'y fait. *Je trouverai alors...* » (I, 206). Analyse vaine si elle sait d'avance ce qu'elle trouvera. Et non moins vaine l'illusion que toute la réalité se met d'accord avec nos théories : « Hier j'ai beaucoup médité sur l'homme. Aujourd'hui, j'ai lu une histoire. Cette méthode est excellente : tous les faits que je lisais confirmaient mes principes »

(II, 209). Voilà qui est d'un homme très jeune et d'un philosophe autodidacte.

Transformer nos connaissances sur l'esprit en une « combinatoire » hasardeuse est plus tentant et plus dangereux encore : le grand nombre de combinaisons possible fait croire que combiner, c'est inventer : « Appliquer les mathématiques au cœur humain, comme j'ai fait dans les *oppositions de caractères* et de passions. Suivre cette idée avec la méthode d'invention et le langage de la passion. C'est tout l'art » (*F. N.*, I, 125).

Par bonheur, il savait le contraire : il faut tout voir, tout éprouver, faire un recueil d'anecdotes (51, 18). C'est le programme de vie qu'il a rempli. Le premier danger de l'analyse, c'est de pousser l'auteur à l'arbitraire, il croira créer lorsqu'il déforme seulement ses lectures. Un jour qu'il cherchait des vérités désagréables sur lui-même (« *Il faut chercher ces idées... et me forcer à les méditer* »), il trouvait en une page triste et lucide de quoi condamner ses essais de jeunesse :

« J'ai vingt ans passés ; si je ne me lance pas dans le monde et si je ne cherche pas à connaître les hommes par expérience, je suis *perdu*. Je ne connais les hommes que par les livres, il y a des passions que je n'ai jamais vues ailleurs. Comment puis-je les peindre ? Mes tableaux ne seraient que des copies de copies :

« Toute ma science ou du moins une grande partie est de préjugés. Si tous les auteurs que j'ai lus s'étaient accordés à supposer une passion qui n'existe pas, j'y croirais. »

(Ce sentiment est la source de la méfiance qu'éprouvera Julien Sorel à l'égard de tous les livres, sauf les *Confessions* et le *Mémorial de Sainte-Hélène*.)

« Encore un an ou deux et j'ai pris mon pli, il faut renoncer à être un grand peintre de passions. »

De même, le 22 décembre 1804, après une discussion avec son ami Mante, il s'aperçoit que les passions ne sont pas rendues tout entières par le discours, et que l'analyse n'atteint pas les vérités particulières, qui sont les seules vérités. Les seuls sentiments vraiment communs ne seraient que les sentiments *imités* et qui tournent aux lieux communs :

« Une cause de ressemblance serait les idées préjugés. Dix
hommes peuvent s'imaginer que pour aimer il faut être comme
Saint-Preux, et alors ils pourront se procurer des idées dans
le genre des siennes. »

Il devine donc déjà que le conformisme des sentiments est
le seul moyen de trouver un large public, mais qu'il faut
éviter d'être conformiste. Il sait aussi qu'on ne peut pas
emprunter de diverses mains les faits du cœur : « On ne
saurait comparer des faits qu'après les avoir connus, dit très
bien Tracy (et Beyle qui le cite continue). Les passions sont
divergentes, chacune suit sa route... Chacun a ses idées à
lui de tout ce qui est tombé sous ses sens. » Ainsi l'unité
esthétique (un même sujet sentant, un même style pour exprimer ses sentiments) est nécessaire pour donner *une commune mesure* à des expériences morales. De la science nous
sommes ramenés à l'art. Ce même 22 décembre 1804, le jeune
Beyle, qui croit commenter Tracy, découvre ce que sera sa
propre « psychologie ».

Il prédit le grand Stendhal : « Tracy lui-même, avec son
excellente manière de raisonner, ne pourrait jamais devenir
poète. Il faut avant tout que le poète ait senti un nombre
immense d'émotions, depuis les plus fortes, la terreur de voir
un revenant, jusqu'aux plus douces, le bruit d'un vent
léger dans le feuillage. La plupart des hommes, par exemple,
sont indifférents à cette dernière circonstance, qui m'a
souvent donné un plaisir exquis...

« Sans ce trésor d'émotions senties que l'étude non seulement
ne forme point mais empêche de former, on fait des fautes
comme d'Alembert. Dans ce cas, d'Alembert était comme
un homme qui voudrait écrire en anglais sans dictionnaire,
en n'entendant que le sixième des mots... »

## IV

Ce besoin d'une langue plus précise, d'un usage plus net et
plus pur du langage lutte avec le besoin de noter sur-le-

champ, qu'il avait affirmé dès les débuts de son journal. Il écrivait par exemple le 26 août 1804 : « Quand je relis ces mémoires, je me siffle souvent moi-même ; ils ne rendent pas assez mes sensations... C'est un homme qui, en parlant du teint d'une femme, dirait : " Il est couleur de chair. " » Et le 16 novembre, tout au contraire, il aimait mieux noter, que différer et oublier : « Pensées sur l'art dramatique pour la plupart mal exprimées, parce que quand je veux les bien écrire, la paresse me fait différer de jour en jour et je finis par les oublier. »

De même, après une lecture de Plutarque, il se reproche de n'avoir pas noté aussitôt ses pensées sur Brutus. Il a peut-être tort cette fois, car les quelques lignes qu'il écrit de souvenir sont étonnamment belles.

Il subit là le tourment de l'esprit qui veut exprimer ses inventions toutes pures ; non seulement tous les écrivains mais tous les artistes épris de vérité ont dû le connaître. Delacroix disait de même à Baudelaire qu'il faudrait pouvoir peindre un homme tombant, pendant qu'il tombe. Tourment de l'instantané, pour qui toute technique, à certains moments, semble un péché contre l'esprit ; tourment dont seule la technique délivre ; par trente ans d'exercices elle accorde enfin d'improviser aussi bien que l'on composerait ; elle se dépasse et se fait oublier dans la transparence du style.

En travaillant à se rendre si direct, si loin du conformisme, si particulier dans ses sentiments, le jeune Beyle sait déjà ce qu'il risque. Les « Happy few » et les appels au siècle suivant ne sont pas des coquetteries ou des consolations d'auteur invendu. C'est une libération, un relèvement de ses buts littéraires qu'il s'accordait parfois, dix ans avant d'avoir publié une ligne : « Public choisi et peu nombreux à qui il faut plaire ; le cercle part de là, se resserre peu à peu et finit par moi. Je pourrais faire un ouvrage qui ne plairait qu'à moi, qui serait reconnu beau en 2000. » (31 décembre 1804.)

Par l'indépendance sentimentale, par la culture de l'esprit, il s'éloigne du succès, et il le sait. Souvent, aux heures les plus nobles, il l'accepte. Personne, parmi les artistes, ne peut tout à fait renoncer d'avance à la renommée. « La comédie doit plaire d'abord et ensuite instruire », se dit-il parfois. Mais bientôt après (sans doute en mars 1803) : « Plus je deviens différent des autres, plus il faut qu'un homme sorte de lui-même pour m'approuver ; donc plus je m'approche du vrai, bien moins je dois être loué. »

Il s'agit ici de morale autant que d'art. Mais c'est surtout par la singularité de sa morale que Beyle a plus tard déplu. Il est vrai qu'un stoïcien, un adorateur de Brutus, luttait encore en lui (comme s'affrontaient les *Deux Hommes* de sa pièce) avec l'épicurien qui devait triompher ensuite. C'est par curiosité, condescendance à l'expérience humaine, qu'il s'accordait les joies communes. Il se donnait de la vulgarité comme on se met à fumer ses terres : « Tu rentres dans le vulgaire par tes amours de la société et des plaisirs. Il faut pourtant les voir le plus tôt possible pour l'expérience et pour t'en dégoûter. » Nous voilà loin du « *trésor d'émotions senties* » qui devait sortir d'expériences mieux aimées. C'est qu'il voulait être d'abord auteur comique, remettre à plus tard la poésie personnelle. *Comique* parce qu'il n'aimait guère le théâtre de Diderot ni celui de Marivaux (à cette époque le public parisien réagissait contre eux, et revenait au théâtre classique avec fureur) ; *comique* parce que c'était la seule technique disponible pour la peinture des caractères et des mœurs (c'est l'époque aussi où *Gil Blas* n'est plus à la mode).

Tous les efforts de la *Filosofia nova* pour définir le rire et le ridicule, comme une bonne part des combinaisons trop savantes des intrigues, montrent le tourment du jeune Beyle, satirique par goût, mais comique malgré Minerve et malgré lui. « Tout me faisait trouver du charme dans cette étude (celle des héros) mère et nourrice de douces rêveries.

« Il n'en est plus ainsi du comique dans lequel j'entre. Je me dévoue à étudier des caractères essentiellement bas et ridicules. Il n'est pas étonnant que je ne m'échauffe point.

« C'est l'amour de la gloire seul qui peut pousser à cette

dissection repoussante : je serai de sang-froid. Mais c'est peut-être la seule disposition où l'on puisse faire du bon comique. »

Lourde erreur : c'est l'état d'esprit du critique que ce sang-froid et Beyle en étudiant Molière s'est rendu critique, non comique ; le comique est sérieux, mais non pas froid ; il fait, en composant, se heurter et se succéder en lui des mimiques différentes avec une sorte de dur emportement ; il est plus calculateur, il fait plus appel à ses forces mauvaises que le poète lyrique, mais si l'effort comique lui est pénible, l'auteur n'est pas moins chaud.

Faute de modèles, Beyle aurait commis plus d'une erreur avant de créer une comédie sentimentale selon son cœur. Il croyait impossible d'écrire des romans d'amour avant un siècle : la *Nouvelle Héloïse* de Jean-Jacques occupait la place, créait un poncif. Et Beyle, sans le savoir, empruntait à Jean-Jacques lorsqu'il écrivait (27 juin 1804) : Transporter la naïveté dans la comédie.

« Je puis faire de cela deux ou trois caractères de femmes inimitables. » C'est plus tard et dans un autre genre qu'il devait créer les naïvetés nobles et inimitables de madame de Rênal et de Clélia.

C'est par le goût de bien peindre les sentiments qu'il échappait, en tout cas, aux défauts de son propre système. Aux moments de système, il croyait aller de la philosophie au théâtre, du général au particulier. A d'autres moments, il savait qu'une combinaison même complexe ne ramène jamais à l'individualité vivante ; l'intelligence seule peut combiner et elle ne peut sortir de son domaine : « On peut connaître la tête des autres par leurs opinions qu'ils expliquent, mais on ne connaît jamais bien que son cœur. »

Ou encore, le 8 août 1804, il jugeait Dugald Stewart meilleur philosophe que lui-même et mieux doué du froid génie d'observation. Mais en se jurant de le lire avec attention, il prenait sa revanche : « Il faut cependant remarquer que le froid philosophe ne sait plus ce qu'il dit lorsqu'il veut analyser ce qu'il n'a jamais senti. Je ne crois pas que je fasse jamais de grandes découvertes dans l'analyse des sentiments ordinaires de l'homme. Ce n'est pas mon génie. Mais je puis décrire les sentiments que j'ai éprouvés, analyse qui sera neuve. » Un autre jour il notait : « Les philosophes les plus constants diseurs de vérités peuvent se tromper quand ils parlent de passions violentes... Dans ce genre-là il ne faut en croire que soi.

« Helvétius et Buffon disent qu'il n'y a que l'amour physique de bon. »

Il avait assez joui de ses rêves de jeunesse pour savoir le contraire. Et il devinait que sa gloire et sa nouveauté seraient par là.

Les sentiments qu'il se donne à peindre sont l'amour sans doute, mais aussi les émotions nobles qui devaient être son domaine. Son amour d'enfant est muet, il allait parvenir à l'exprimer par son long stage dans le monde des acteurs ; en déclamant lui-même il s'exerçait sur les grands thèmes généraux des sentiments classiques ; les acteurs qui, par don ou exercice, savent exprimer plus qu'ils ne sentent le guérissaient de sa timidité — guérison qui ne devait être complète que bien plus tard. Et la timidité (dans l'expression des autres émotions nobles) ne devait jamais disparaître tout à fait. Il se croyait près de la gloire en songeant : « Il faut sublimer pour plaire au théâtre et j'ai une âme toute sublimée. » Sa timidité devait faire de ce sublimé un éternel secret pour tous ceux qui n'ont pas lu Stendhal plus d'une fois.

## V

Malgré le système, la recherche de son propre esprit et de ce que Beyle doit exprimer progressent à force d'intuitions justes, de victoires du goût et du sentiment. Par contre les principes du style, nourris par la lecture et la critique assidue des classiques, prouvent un jugement rassis et déjà mûr. Exceptons-en bien entendu l'art des vers. Ses idées sur la prose, il les professera et les pratiquera toute sa vie. Pour le

vocabulaire et la syntaxe, il reste un classique : « Un homme
qui veut bien parler sa langue doit prendre son langage
uniquement dans le petit nombre d'écrivains regardés géné-
ralement comme des modèles. Il doit toujours prendre les
mots dans le même sens qu'eux. »

Les défauts qu'il note après chaque livre ou chaque pièce
qui lui déplaît — platitude et poncif de néo-classiques, enflure
et redondance du groupe de Chateaubriand — le jettent dans
l'excès contraire, comme il fera toute sa vie : « L'enflure est
un défaut très commun dans ce siècle, et un défaut très
ridicule » (II, 34).

Mais c'est calcul autant que mouvement d'humeur :
« Il faut reconnaître les vices du siècle et se jeter dans les
défauts opposés, je croirai être bien loin de mon siècle et je
serai encore tout près » (I, 21).

Il n'est pas nécessaire de rapporter ici toutes les remarques
pour le *style vrai*. Tous les écrivains au début de leur carrière
jugent faux et artificiels les styles des auteurs trop différents
d'eux-mêmes. Il faut du temps pour reconnaître en chacun
sa vérité, qui donne à chacun son style. Beyle jeune semble
avoir cru à une vérité du style, qui serait adéquate à la chose.
Il en dit fort joliment : « Il faut que si le lecteur était dieu il
pût refaire d'une chose tout ce que vous lui en avez dit. Et
qu'alors sa création et l'objet qui vous donne l'idée soient
identiques sous ces rapports.

« Voilà la première qualité d'un écrivain, c'est de faire du
*style vrai*. La deuxième est de savoir choisir les vérités.
C'est-à-dire choisir celles qu'il faut dire et trouver l'ordre où
il faut les dire pour donner telle jouissance au lecteur. »

Il ne s'aperçoit pas que le choix et l'ordre ramènent déjà la
personne et le goût de l'auteur dans cette vérité ; nul dieu ne
pourrait créer d'après un choix, il lui faut tout pour faire un
monde. Même difficulté sur le mot *naturel ;* Beyle juge Corneille un modèle de naturel ; parce qu'il peint avec force
l'élan d'une passion ; à d'autres moments il juge aussi
Shakespeare naturel : « Cet homme-là ne m'ennuie jamais et
est la plus parfaite image de la nature » (I, 227). Jugement

sincère mais contestable ; la *nature* ne parle pas toujours par images hardies et jeux de mots forcés. Et le jeune critique est obligé de s'en apercevoir ; lui-même goûte peu les images, les *figures* : « Les personnages de Shakespeare parlent toujours par figures. Ce n'est point là le langage actuel des affaires. Mais cela est aisé à concevoir, ne fatigue pas la tête, parle toujours au cœur, enfin doit être senti du peuple » (II, 340). Et, séduit par cette idée d'imagerie populaire, il voulait chercher un sujet dont ce style fût le style naturel.

C'était mal voir où était la difficulté. Il jugeait plus sainement, restait plus près de ses propres dons quand il se méfiait des figures et se vouait au style direct : « Les figures affaiblissent le sentiment. Cela est si vrai qu'on se sert des figures pour annoncer une mauvaise nouvelle à un malheureux qu'on veut ménager. M. D. n'est plus est moins dur que M. D. est mort. » Cette *figure* n'est qu'une périphrase ; cette pensée ne vaut pas contre les images inventées de Shakespeare ; elle vaut contre Delille ou Marie-Joseph Chénier, et en faveur de Beyle.

Il notait, après avoir relu le *Cid*, en mai 1804, que tout est figuré dans le style de Corneille : « On ne voit pas le métaphysicien, on ne voit que le personnage. C'est là le vrai style. » Il semblait croire encore que Corneille passait comme lui-même de la théorie à la pratique, de la métaphysique à la tragédie.

S'il doit peindre les sentiments plutôt que les idées, s'il se refuse obstinément aux images, quelles ressources se propose-t-il ? Dès vingt et un ans il en étudie trois : ordre ou choix du point de vue, vitesse et rythme.

On a vu quel soin il mettait à construire ses pièces, il jugeait que Corneille a parfois mis trop de soin et de détails dans ses plans — pour *Héraclius* par exemple. Mais le plan de *Cinna* lui semblait une grande raison pour préférer Corneille à Racine ; tout le métier de *Tom Jones* lui semble dans le plan. L'ordre varie selon les genres ; il l'applique mieux à propos de la comédie et du roman, où nous le retrouverons.

Pour la promptitude, effet si contraire aux préparations des prosateurs classiques, il y est amené par ses recherches sur le comique. Il pense aussitôt à transférer au tragique cette esthétique de l'inattendu : « Le *soudain* ne serait-il pas la chose *sine qua* il n'y a ni rire ni pleurer ? »

Très juste pour le rire ; pour le tragique, en appliquant la même soudaineté, Beyle obtiendra plus tard un résultat inattendu : cet éclair pathétique sans rien de pénible, ce passage presque escamoté de la joie à la mélancolie, dans la mort de Julien ou dans celle de Fabrice.

La soudaineté des effets veut la brièveté du style, et presque celle des mots. Beyle remarque que *narrations* allongé pour la mesure du vers en quatre syllabes, alourdit un vers de Boileau qui voulait être vif. « Nos mots, se dit-il encore, ne sont-ils pas plus courts que ceux des Latins et si cela est, n'est-ce pas un bien ? » Erreur, car la phrase latine, sans articles ni pronoms, est plus dense que la nôtre. Par contre il sait déjà que l'allure du style doit s'accélérer au cours de l'ouvrage : « On doit supprimer vers la fin d'un livre les *pour ainsi dire, si j'ose ainsi parler* et autres tours semblables. »

## VI

Même le rythme, dont il fait dans la *Filosofia nova* une étude insistante, lui semble surtout fait (à de certains moments) pour donner un plaisir de vitesse à l'esprit :

« L'origine du plaisir que nous donnent le rythme, la rime et d'autres choses semblables ne serait-elle point dans les moyens de compréhension que ces choses nous donnent ? en nous faisant comprendre plus vite, c'est-à-dire en nous montrant plus rapidement la chose. » (I, 77.)

Cette *compréhension* ne pourrait être plus rapide que les sentiments. Il semble, d'ailleurs, que la rime mesure le temps sans l'abréger. Presque toujours, c'est pour peindre les sentiments que Beyle, ennemi du pathos, pense au rythme :

« En fait de style... la forme fait partie de la chose ; une transposition de mots montre l'objet d'un autre côté. Pour le sentiment, le rythme le montre. Le rythme doit donc entrer dans un ouvrage en proportion des sentiments qui y sont. »

Le même jour, allant au bout de ce système, il jugeait que peindre les sentiments par le rythme seul et sans les exprimer serait délicieux. Voilà qui peut surprendre, et on songe à se demander d'abord s'il ne s'agirait point des rythmes que lui offre la versification classique. Non, il s'agit d'un rapport que son goût exige comme essentiel dans l'œuvre ; ce contemporain de Chateaubriand dénie le rythme aux auteurs de son temps : « Peut-être la postérité regardera-t-elle ce siècle comme barbare (en littérature) à cause du manque absolu de *rythme*, cet *accord entre les pensées et les tournures et les sons* qui a seul le pouvoir de compléter le charme » (II, 4).

Quelquefois même, il semble que cette exigence de rythme s'applique au ton moral plus encore qu'aux sons ; en tout cas, il s'agit bien de la prose autant que de la poésie : « Le rythme, dit-il, chose entièrement ignorée des mauvais poètes et des mauvais prosateurs, qui dans le même sujet, à côté l'une de l'autre mettent une phrase requinquée à la Dorat et une phrase simple et large à la manière de Bossuet » (I, 247).

Le 14 juin 1804, se posant à lui-même cette question du rythme, Beyle se demandait s'il pourrait trouver, parmi les auteurs anciens, le modèle de ce qu'il cherchait. Il ne posait ce jour-là que quelques différences fondamentales, pareilles aux divisions de rhétorique de Rollin. Il s'écartait de la phrase voltairienne pour se rallier, en principe, à un rythme plus large : « Le style coupé employé continuellement fatigue bien plus vite que le style périodique employé de la même manière. Le style périodique, qui doit peindre tout, emploie parfois le style coupé pour peindre les mouvements rapides. »

« Il emploie le style tombant pour peindre le désespoir... » Il nous semble malgré ces distinctions un peu jeunes, que la musique italienne lui avait déjà donné l'idée d'une autre musique plus intérieure et d'un rythme nuancé, dont les nuances suivraient celles de l'âme : « Quand on a des interlocuteurs, se dit-il en songeant au théâtre, marquer par le rythme la différence des caractères. Rechercher le rythme de chaque passion. » (Ce rythme ne se trouve sans doute qu'à condition de ne pas le chercher.)

Alternances, allure, accord de la personne physique et du discours seraient donc les éléments de ce rythme qui varie selon tous les caractères individuels. Il n'y a pas de principe que Stendhal ait mieux suivi que celui du rythme, à l'époque de ses grandes œuvres. Lois de l'alternance des personnes ou des scènes, changements souples ou foudroyants de l'allure, cadence invisible et sûre de la phrase, qui met toujours le mot essentiel à la place principale, il en formait l'idée alors obscure ; il devait l'appliquer plus tard dans le *Rouge* et dans la *Chartreuse*. Son propre style, celui de ses essais, est déjà pour l'oreille ce qu'il sera toute la vie de l'auteur, une suite de cadences impaires qui tombent souvent à côté d'un octo-syllabe, d'un décasyllabe ou d'un alexandrin sans se confondre jamais avec ces vers. Par là Beyle est plus voisin de Pascal malgré la différence des époques, que de contemporains comme Chateaubriand, dont le rythme est toujours redon-dant. C'est une des raisons aussi qui l'éloignent des vers français, tandis qu'il continuera d'aimer la poésie anglaise et l'italienne.

C'est la raison encore qui fait de ce rythme presque un secret. Le lecteur ne sait même pas que le rythme contribue aux effets, à la soudaineté des émotions. Le rythme de Pascal ou de Beyle, c'est le contraire du rythme de Molière, de Cou-rier, de Flaubert, qui semble toujours retomber sur les lon-gueurs classiques des vers français ; l'art s'y cache mais n'en a que plus de force.

VII

Le goût du rythme s'est développé en lui par l'audition de l'opéra-bouffe. Son goût de la précision sans métaphores, pittoresque fait de détails choisis et groupés, s'avive par l'éducation plastique, qu'il continue au musée. Rien sur les tableaux en 1801 ; il lui a fallu s'affiner et cuver ses premières impressions pendant quelques années avant d'en tirer parti. C'est la littérature, c'est la doctrine sensualiste où les images intérieures sont comparées à des tableaux, qui lui font souhaiter d'utiliser les arts pour son œuvre (1).

Il cite et justifie (contre Palissot) la pensée de Voltaire, que toute métaphore doit pouvoir se traduire par un tableau. Il mène plus loin le vieil adage *Ut pictura poesis*, et veut appliquer à des projets de pièces l'ordre suivi par des peintres : « Il faut travailler un poème dramatique comme un tableau. Esquisser, ébaucher, en faisant toutes les scènes dans leur ordre. Finir en faisant un rôle après l'autre, sans égard aux scènes... »

Singulière méthode, qu'il n'appliquera jamais et où disparaîtrait tout l'à-propos des répliques. Un autre jour, il prend de nouveau modèle sur la peinture, cette fois selon un des problèmes inquiétants de son esthétique : comment idéaliser tout en restant vrai ? Il ne s'est jamais posé le problème comme une lutte de contraires : le choix et la transposition lui semblaient aller de soi dans les lettres comme dans les arts : « Il me semble qu'un peintre qui voudrait emporter le prix de son art devrait étudier les belles formes antiques et l'expression des passions dans les figures vulgaires pour ensuite s'efforcer de peindre des figures aussi fortes que possible, animées des plus fortes passions. »

C'est bien la méthode de *l'Idéal dans l'art* et aussi celle qui tirera le *Rouge* d'un procès criminel et Julien Sorel de Berthet. Il précise, dans la même page, les rapports entre les deux arts : le coloris répond à l'art des vers, donc au style, et la beauté des personnages, chez l'écrivain, répond à la beauté des formes chez l'artiste plastique. Cette même tendance à confondre les méthodes lui fait rêver d'une pièce qui serait une galerie de portraits : « Dans cinq ou six ans faire une pièce qui serait comme le tableau de Monsiau où je

(1) P. ARBELET, dans sa thèse sur l'*Histoire de la Peinture*, a ignoré les études plastiques de la *Filosofia nova*, alors presque inédite.

peindrai très ressemblants tous les grands hommes du siècle de Louis XIV. Mais il faut les peindre très ressemblants et fortement. »

Les arts plastiques, on le voit, offrent à l'écrivain des modèles tentants et dangereux. Cette pièce, froide énigme pour les spectateurs sans culture, aurait paru au public lettré un sac de citations, une révision de ses études.

Beyle a tiré, dès 1804, des profits plus réels de ses visites aux musées. (Les Musées français étaient plus riches qu'aujourd'hui en tableaux italiens.) Quels étaient en 1804 ses goûts et ses préférences parmi ses contemporains, nous le savons par une note du 14 juillet 1804 : « Je conçois la peinture bien autrement perfectionnée qu'elle ne l'est. Je conçois peints les tableaux que j'ai dans l'imagination. Développer ces sentiments... »

Ce *perfectionnement* était donc le contraire du progrès qu'a accompli notre peinture moderne en retrouvant la sensation primitive. Au contraire son goût le porte à l'*illustration* en peinture (nous entendons ce mot comme M. Berenson, qui fait de Raphaël le prince des peintres « illustrateurs »). Le même jour, après cette visite au Musée, il formait ce projet de tableau pathétique : « Tancrède baptisant sa maîtresse Clorinde qu'il vient de tuer. C'est peut-être là le plus beau tableau possible. Écrire à Guérin à Rome. »

Il ne fournit pas à l'ingénieux, tendre et délicat Guérin un sujet de tableau. Mais son goût pour ce peintre devait rester vif. Les types de femmes de Guérin, créatures souples mais posées, saines et indolentes, allaient l'aider, beaucoup plus tard, à imaginer ses héroïnes.

Dans le même esprit, il imaginait Guillaume Tell taillé par un sculpteur avant l'épreuve de la pomme : « L'arbalète sur l'épaule, son fils ayant à la main la pomme qui devait être placée sur sa tête. » Une statue réelle plus tard devait le décevoir et l'attendrir. Ce sujet n'est beau que d'une beauté morale et ne tenterait pas un sculpteur d'aujourd'hui.

Le jeune Beyle a été souvent mieux inspiré ; il ne s'est pas dit en vain : « Quand j'en serai aux peintures de détail, aller consulter les tableaux des grands maîtres au Musée. » Il ne manque vraiment rien à tel court tableau dont on ne sait s'il reproduit une toile contemporaine ou s'il est une ébauche pour le poème épique de la *Pharsale :* « Pompée dans l'éclat de la jeunesse, de la beauté, et d'un triomphe refusé, se présentant aux censeurs tenant son cheval par la bride, et descendant la montagne par un beau soleil de printemps, au bruit des acclamations du peuple romain. »

De même si Beyle doit aux peintres la scène du raccommodement à la fin des *Deux Hommes*, il n'évoque pas pour nous David (ni aucun autre contemporain) dans cette *illustration du Brutus le jeune* de Plutarque et de Shakespeare. Il ferait plutôt songer à Poussin. En vérité il ne fait penser qu'au plus grand Stendhal. Il arrive déjà à rendre par de menus détails l'admiration et l'enthousiasme : « Sa mort près de cette petite rivière aux bords très élevés, en deçà des grands arbres, sous le ciel très étoilé de la Macédoine, près de cette grande roche où il s'était assis d'abord, est la plus touchante pour moi de toutes celles que je connais. Elle a quelque chose de divin. Le corps n'y triomphe point. C'est une âme d'ange qui abandonne un corps sans le faire souffrir, elle s'envole. » (Ici par un miracle rare avant la *Chartreuse*, les petits détails ouvrent enfin la route au chant d'amour.)

Ajoutez une syllabe à chaque membre de phrase de cet hymne à Brutus : c'est du Chateaubriand. Ajoutez trois syllabes et ôtez l'aveu personnel, c'est un fragment de Flaubert. Le sens du pittoresque ne manquait pas à Beyle jeune plus qu'il ne manque à ses grands contraires. Et il devait l'aviver plus qu'eux par la fréquentation continue des chefs-d'œuvre de l'art.


## VIII


Nous avons marqué jusqu'ici les tâtonnements, les recherches et jusqu'aux erreurs ou contradictions de cette jeune technique littéraire. Il faut résister d'abord à la tentation de trop retrouver, dans les débuts, les qualités de la grande époque ; de montrer par des fragments trop bien choisis un génie qui se crée et se prédit lui-même. Dans ces cahiers, parce qu'il y précisait, en croyant raisonner, ses tendances naturelles, nous pouvons négliger les *arguments* et ne nous attacher qu'aux conclusions. Il les a lus et relus ; ils ont donc dû contribuer à le former autant et plus qu'aucun de ses maîtres.

Ce furent ses amours italiennes qui dès la fin de l'Empire ramenèrent Beyle à Milan ; mais ses nouveaux séjours lui permirent de profiter des Musées, d'écrire sur la peinture, de contracter, envers Raphaël et le Corrège, ces dettes que paie l'admiration. Il écrivait dans sa *Filosofia nova* (I, 19) : « Chercher la meilleure description de la France, la lire, faire une liste des sites pittoresques, et voir le printemps prochain ceux qui sont dans les environs de Paris. » Il a réalisé ce plan selon les occasions de sa carrière de fonctionnaire et selon ses loisirs de touriste. Il en a tiré tous les profits que s'en promettait sa jeunesse. « En mes voyages (I, 41) ramener toujours ceux avec qui je confère aux propos des choses qu'ils savent le mieux. » C'est bien ainsi qu'il a pris contact avec les peuples italiens et les provinces françaises. C'est d'après une lecture (du président de Brosses ou de quelque autre) qu'il fait ce plan de voyage : « Voyage en Italie en lettres. Dans chaque lieu l'homme animé de la passion qui peut le mieux lui faire sentir la beauté du lieu. Ouvrage charmant et plein de naturel. » Cette confrontation des paysages et d'états d'âme faits pour eux fera toujours sa méthode de touriste. Pour nous suggérer ces états d'âme, il créera une sorte de demi-fonction neuve et attachante, que Barrès n'aura plus qu'à exagérer plus tard.

Dans son journal il cache peu ses faiblesses. Des critiques comme Jules Lemaître peuvent bien sourire de le voir aller de timidité en hésitation ; de dîners en remèdes ; même des critiques dévoués à sa mémoire, comme P. Arbelet, ne le voient pas sans ironie se déguiser en épicier. Et on est tenté de les suivre, de sourire devant tels passages : « Je suis peut-être l'homme dont l'existence est la moins abandonnée au hasard parce que je suis dominé par une passion excessive pour la gloire, à laquelle je rapporte tout. »

En sourire, c'est méconnaître la manière dont nous transforment et nous enrichissent les tenaces menus travaux et les espoirs fragiles, mais toujours renouvelés, de la jeunesse. Même l'entraînement physique n'est pas fait d'efforts continus ; il peut profiter de longs repos et nous relever meilleurs après des saisons engourdies. L'esprit est plus lent que le corps ; dans les métiers où il a besoin de tout lui-même, il se sent piétiner, reculer, il croit se décourager, il abandonne. Le progrès secret vient, après des mois et des années, récompenser l'effort. Ainsi Beyle en 1804 peut bien dire devant son théâtre, ébauche et ruine, que ses ouvrages faits lui puent. A nous de voir comment l'excès d'exigences, de théories et de critiques, le dessèche et l'empêche de rien finir. Par moments, il se place à bonne distance, et se fait (en songeant surtout au théâtre) sa doctrine du roman.

Pour lui, le roman c'est la *Nouvelle Héloïse*, qui semble occuper la place du roman d'amour pour longtemps. Il saura vite pardonner à l'esprit romanesque les désillusions qu'il en a tirées. Comprendre en quoi l'erreur était inévitable, en quoi le roman n'a pas tort, sentir que sa propre expérience est différente, c'est préparer sa propre carrière :

« Dans les romans on ne nous offre qu'une nature choisie. Nous nous formons nos types de bonheur d'après les romans. Parvenus à l'âge où nous devons être heureux d'après les romans, nous nous étonnons de deux choses : la première, de ne pas éprouver du tout les sentiments auxquels nous nous attendions. La deuxième si nous les éprouvons, de ne pas les sentir comme ils sont peints dans les romans. Quoi de plus naturel ceependant, si les romans sont une nature choisie. » (8 avril 1803, *Filosofia nova*, I, 85.)

Les théories qui l'empêchent de réussir une seule comédie lui donnent des idées valables pour l'autre carrière, et qu'il exploitera plus tard : « L'exposition est la seule partie du drame où il faille forcer les caractères » (*Filosofia nova*, I, 21).

Et en effet tous les personnages des romans de Stendhal auront un caractère tranché d'abord, plus nuancé ensuite.

« Chercher avec le plus grand empressement les expositions qui amusent les yeux du spectateur tout en instruisant son esprit. » Presque toujours les premiers chapitres de ses grandes œuvres seront pleins de coquetterie et paraîtront loin du vrai sujet, dans lequel il nous fait ensuite sauter d'un seul bond. Le précepte, à la réflexion, est bien meilleur pour le romancier qui a des loisirs que pour l'auteur dramatique pressé par l'unité d'action et l'étroitesse de la scène. Beyle écrit que les confidents sont un « plat défaut » de notre scène, et croit d'abord possible de s'en passer. Erreur, car le confident existe dans la vie, et l'on n'a pas de sentiments clairs sans confident. Il sauvera les siens de cette platitude en les opposant à ses héros. Fouqué s'oppose à Julien, Ludovic à Fabrice, Ugone à Jules Branciforte : ce n'est plus par l'approbation, c'est par un contraste amical qu'ils éclairent les intentions et l'âme des protagonistes.

Un autre précepte de *transposition morale* pourrait passer pour avoir produit l'atmosphère particulière de ses romans, où notre sympathie et notre antipathie pour les personnages s'affranchissent du bien et du mal : « On peut avoir de nouvelles intrigues en changeant dans un drame les personnages odieux ou ridicules en intéressants. Chose à suivre. » Il l'a si bien suivie que tous ses héros attachants sont des meurtriers : de l'odieux Berthet il fait l'intéressant Julien. Fabrice, la Sanseverina, Branciforte, Béatrice Cenci seraient odieux dans un résumé ; ils sont sympathiques dans l'œuvre. Mais ce prétexte technique traduit un instinct de libération, un goût d'énergie ; cette recette de métier lui sera féconde parce qu'elle traduit son âme.

Avant de dire qu'un roman est un miroir qui se promène sur une grande route, le jeune Beyle avait dit ce mot plus classique, mais qui prépare l'autre : « Je compare un poème à un pays qu'on traverse ; voir comment il faut qu'un pays soit fait pour plaire... » Et l'appel aux petits faits vrais n'a pas seulement pour but une précision concrète, qui dépasse les lieux communs (seul aspect de cette méthode qu'apercevra Taine). C'est déjà un moyen d'expression sentimentale, une ressource secrète du *pathétique* contre le *pathos* : « Ducis semble avoir oublié qu'il n'est point de sensibilité sans détails » (*Journal* du 12 décembre 1804). « Point de rire sans détails », dit de même la *Filosofia nova* (II, 196).

Il s'agit de forcer à voir, de forcer à *sympathiser* les lecteurs et les spectateurs les plus obtus : « L'imagination augmente la pitié ; lorsque ceux qui vous écoutent n'ont pas cette faculté, il faut y suppléer en détaillant. » Ce n'est pas selon la science psychologique seulement que se trouvent les petits faits vrais : c'est selon l'inspiration de Shakespeare.

## IX

Sur les limites et le sens de l'*exactitude* dans le roman, il écrivait (le 4 juillet 1804 et malade) l'apologue du *sténographe*. C'est l'analyse la plus forte, non seulement de la technique stendhalienne, mais du métier de romancier : « Supposons qu'un sténographe pût se rendre invisible et se tenir tout un jour à côté de M. Pétiet, qu'il écrivît tout ce qu'il dirait, qu'il notât tous ses gestes, un excellent acteur muni de ce procès-verbal pourrait nous reproduire M. Pétiet tel qu'il a été ce jour-là.

« Mais à moins que M. Pétiet n'eût un caractère très remarquable et n'eût fait des actions très remarquables aussi, ce spectacle ne pourrait intéresser que ceux qui le connaissent. » (*F. N.*, II, 179.)

(Le cinéma, l'enregistrement phonographique ont confirmé pour nous la vérité de cette remarque. L'apparence seule ne suffit donc pas.)

« Il y aurait un autre procès-verbal de la même journée bien plus intéressant, ce serait celui que nous donnerait un Dieu qui aurait tenu un compte parfaitement exact de toutes les opérations de sa *tête* et de son *âme*. C'est-à-dire de ses pensées et de ses désirs. »

La vérité intérieure, non pas la vérité des signes, serait
donc le véritable but de l'art littéraire. Mais si nous ne pouvons lire, par grâce spéciale, ce procès-verbal d'un Dieu,
comment pourrons-nous exprimer cette vérité intérieure ?

Par sympathie et par comparaison avec nous-mêmes.
Beyle (nous l'avons déjà vu) s'est méfié de ses maîtres et de
la manière dont ils parlent de l'amour ; il a décidé de n'en
croire que lui ; il n'espère pas découvrir par lui-même des
vérités très générales sur l'esprit ; il se résout, pour être
original, à exprimer son âme particulière. Mais ici il découvre
que, pour deviner et exprimer l'intérieur d'autrui d'après
les signes, la seule méthode est de prêter à autrui notre âme :

« Nous avons observé dans nous-mêmes que lorsque nous
faisions tel signe, nous étions animés de telle passion. Nous
avons souvent observé dans les autres de tels signes être
suivis d'effets qui prouvaient que l'homme était animé de la
passion que ces signes marquaient chez nous... »

« En écrivant successivement ce qu'indiquent les signes
que nous pouvons traduire chez un homme, nous parvenons
quelquefois à trouver les choses les plus remarquables qui
se passent en lui. »

Ne forçons pas le sens de ce passage qui prépare, dans la
*Filosofia nova*, une étude beaucoup moins forte du comique.
Beyle est tout près de sentir qu'à côté de l'analyse (observation des signes suivie de déduction sur les signes) il faut
une *mimique intérieure* qui reproduise en nous ces signes et
leur prête nos sentiments pour leur donner une âme, une
unité. Mais enfin il ne sort pas encore de l'analyse pure ;
il croit qu'il faut être soi-même de sang-froid pour atteindre
le comique. Et ce qui le gêne aussi, c'est l'ambition et la
timidité mêlées, qui le font avoir devant les yeux le cœur du
spectateur.

Il touchait plus juste, arrivait plus près de ce qu'il devait
être plus tard, quand il voulait se figurer toutes les scènes de
sa comédie « par exemple mes scènes du *Pervertisseur* dans
la maison de Pacé... Pacé étant Chapelle, Verdez Possel...

« Cette méthode est sublime, le sentiment invente... »

Méthode sublime en effet, quand il en sera maître, mais il ne suffit pas d'en former le projet pour y parvenir. Il y faudrait des sentiments mieux affranchis, un métier plus sûr ; il y faudrait donc des années. Le sentiment ne devait inventer chez lui, en toute liberté, que dans le *Rouge et le Noir* et les autres chefs-d'œuvre.

# X

Tels sont les travaux et les trouvailles de Beyle à vingt-deux ans. On s'étonne de le voir battre les buissons et s'épuiser en recherches préliminaires pour ses comédies ; on se croit sûr d'abord que la pratique seule peut instruire et que tant de théorie stérilise. De fait, lorsqu'il croit travailler aux *Deux Hommes* ou à *Letellier*, c'est *Racine et Shakespeare* qu'il prépare ; tant de critique a formé un critique. Et il est vrai que toutes les règles qu'il se formule l'empêchent de rien achever.

Mais à bien examiner ces règles, ce sont celles-là même qu'il appliquera plus tard ; les exigences qui lui barrent la route sont celles qui lui donneront, dans ses œuvres de l'âge mûr, son originalité et sa grandeur.

Sans doute chacun se choisit et se formule son métier selon sa nature. Mais aussi la nature d'un artiste ne se développe que par le métier. Ces règles qui l'accablaient alors, l'ont guidé ensuite.

Pour bien les suivre il lui manquait de les avoir oubliées. Les débutants ressemblent à Monsieur Jourdain, qui fait de l'escrime par raison démonstrative. Ils touchent moins que s'ils tiraient d'instinct. Plus tard, ils ne penseront même plus qu'ils parent sixte ou quarte, et ils tireront mieux. De même l'écrivain a besoin de ne plus se voir écrire. Il faut que les ratures soient faites avant la première ligne. De même on ne peint pas les hommes par déductions, par combinaisons, par corollaires philosophiques. Évidemment Beyle à vingt ans manquait d'expérience humaine ; au lieu de démonter les âmes comme des mécanismes, il devrait s'habituer plus tard aux autres comme à lui-même, peindre par sympathie et par antipathie. Mais ce qu'on nomme expérience humaine n'est original, fécond, ne devient invention de l'esprit que si nous avons des idées préconçues.

C'est la loi de toute connaissance ; Balzac jeune mêlait la phrénologie, l'électricité psychique et la mystique chrétienne (étrange doctrine dont on retrouve les traces dans son *Louis Lambert*). Il partait de notions sur l'homme plus singulières que celles de Beyle : elles ne lui ont pas donné de prises moins fortes sur la réalité.

Oublions les tâtonnements et les excès. Que manque-t-il vraiment à la *Filosofia nova* et aux fragments du *Journal* de 1804 pour être un vrai traité du métier d'écrire selon Stendhal ? Une seule chose essentielle : *l'emploi du souvenir*. Choix spontanés, déformations insensibles de la mémoire donnent à chacun de nous son esthétique naturelle ; le moins artiste des hommes serait artiste malgré lui dans ses *Mémoires*. En dehors de *Brulard* et des œuvres autobiographiques Beyle, à partir de 1830, emploie sans cesse des souvenirs qu'il ne raconte pas. Puissance secrète de désir ou de regret, nuances d'émotion qu'il ne dévoile pas elles-mêmes mais qui lui servent à créer d'autres événements au fil de l'intrigue, « trésors d'émotion » du poète qu'il avait rêvé d'être, « méthode sublime qui fait inventer le sentiment », voilà tout ce qui devait prendre, grâce aux lointains du souvenir, les traits radieux et fugitifs, les tièdes ombres bleues qui font ses caractères si vifs, son univers si vaste et si léger. Ce dernier effet de l'art, au delà même de cette patine que le souvenir donne à l'expérience, il ne pouvait pas les prévoir à vingt ans.

# L'APPRENTISSAGE DU DISCOURS INTÉRIEUR

## I

Le journal, après quelques mois d'élan juvénile en 1801, s'était presque arrêté en 1802 et en 1803. En 1804, il reprend un élan nouveau. Cette année-là, Beyle écrit en même temps toutes ses pièces et sa *Filosofia nova*. A partir de 1805, toutes les tentatives sauf ce journal se ralentissent et le *Journal*, même lorsqu'il est négligemment tenu, devient plus riche. En même temps, les événements intérieurs y prennent la première place. Si occupé qu'il soit, en 1804 et 1805, de décrire Mélanie Louason, nous la voyons fort peu ; mais lui-même, sans le vouloir, se montre fort bien. On peut mettre à part cet amour pour Mélanie, le considérer comme le premier en date des romans de Stendhal. Chronique au jour le jour d'une passion qui se joue des difficultés ; hésitations et erreurs du héros, imprévus et vagabondages de l'intrigue, brefs commentaires du héros après chaque épisode : ce roman involontaire ne diffère pas des autres par sa structure (exceptons aussi la conclusion, car la vie ne sait pas conclure).

Mais ce même épisode paraît aussi, à la même époque,

dans ses lettres à sa sœur Pauline. Lettres aussi sincères en leur genre que le *Journal*. Nulle contradiction dans les faits. Dans ces deux suites de textes, c'est le ton qui n'est pas le même. Nous sommes en présence de *deux sincérités* différentes.

Comme l'esthétique de Beyle est fondée plus qu'aucune autre sur la sincérité, comme ces deux séries d'impressions, écrites au jour le jour, n'ont jamais été remaniées, voici l'occasion d'examiner ce que peut bien être cette sincérité.

Le langage commun confond à peu près franchise, sincérité, spontanéité, véracité. Plus les sentiments et leur expression s'écartent du banal, mieux nous devons ici marquer les nuances. On voit facilement en quoi la présentation des idées peut différer entre le *Journal* et les *Lettres*. Les lettres de 1805 et de 1806 essaient d'expliquer à Pauline tout ce qu'avait appris son frère pendant les trois années précédentes. Beyle est tout à fait sincère, ne transige avec aucun préjugé ; il fait effort pour se mettre à la portée de Pauline. De plus il ne lui confie guère ses tâtonnements ou ses doutes. Il lui fait part de ce qu'il sait ou croit savoir. Le ton est beaucoup moins tendu, moins sévère, beaucoup plus *spontané* dans ces lettres idéologiques que dans la *Filosofia nova*. Il est, par contre, beaucoup moins personnel ; cette vulgarisation reste plus proche des maîtres : d'Helvétius, de Tracy. C'est que la partie la plus originale de la *Filosofia nova* appliquait ces doctrines à des recherches littéraires ; or Beyle ne veut pas faire de sa sœur une femme de lettres. C'est aussi qu'il ne veut pas inculquer imprudemment à Pauline ce qui est hypothèse, recherche, tentative dans la tête et les cahiers du frère aîné.

Il y a une troisième raison : en littérature, *tout épanchement spontané vient de la mémoire*. Ces conférences câlines, cette éducation à distance, enthousiaste et un peu bavarde, diffèrent des pages plus obscures et plus fortes où Beyle fait le lent effort de penser par lui-même. Lorsqu'il s'agit d'idées, plus il est spontané, moins il est personnel.

## II

Il ne faut pas croire que cette différence s'efface lorsqu'il s'agit de sentiments. Si l'on confronte, mois par mois, le *Journal* et les *Lettres à Pauline*, pendant les amours de Beyle et de Mélanie, on ne s'étonne pas que les *Lettres* ne disent rien d'abord de cet amour, qu'elles s'en tiennent ensuite aux allusions. Mais vient un moment où les confidences sont complètes. Beyle a même suscité une correspondance entre Mélanie et sa sœur. Le ton diffère pourtant toujours.

Le journal a noté, à Paris, toute la tactique *contre* Mélanie. Il semble que, malgré l'amour, il reste beaucoup de ce ton dans le *Journal*, même lorsqu'il vit avec elle. Il manœuvre (au début d'octobre 1805) contre M. de Saint-Gervais ; l'habileté de sa manœuvre, la justesse de ses pronostics tiennent plus de place dans ses récits que l'amour et la confiance. Et l'homme de lettres semble surtout intéressé, en contant cette anecdote, par le caractère de son rival : « Si j'avais le courage d'écrire chaque jour quatre pages sur M. de (Saint-Gervais) je me trouverais au bout de quelque temps un caractère superbe » (9 octobre). (Caractère veut dire ici : personnage à exploiter en comédie.)

Même tension dans la promenade aux prés de Montfuront (dont le ton, la composition rappelleraient les parties champêtres de *Lucien Leuwen*, sans les renvois au croquis et quelques commentaires broussailleux). C'est le ton de la lutte ; la victoire dans un pari puéril lui vaut d'obtenir un aveu, pénible pour tous deux, mais qu'efface un retour de tendresse. Vivant tout le jour avec Mélanie, Beyle, quand il se retrouve seul, marque surtout son quant-à-soi et ses différences. Un *journal intime* n'est guère un endroit où l'on puisse dire *nous* dès qu'on dépasse le simple récit d'une promenade. Ce genre de littérature directe, aussi sincère qu'on le suppose, implique une orientation déterminée des sentiments. De même dans un *journal intime* un jeune homme intelligent, et qui veut être auteur, indiquera surtout en quoi aujourd'hui diffère

d'hier ; les impressions de la journée, dans cette espèce de
*littérature immédiate*, comptent plus que l'ensemble des sentiments et des souvenirs. Une des règles du genre, c'est que
l'humeur s'y exagère. Au contraire les sympathies ou les
volontés durables ne s'y étalent pas ; il faut les deviner.
Plus d'humeur que de caractère ; la sensation (ou l'illusion)
du moment présent mise en balance hasardeusement avec
tout le reste de la vie ; une comédie involontaire d'égoïsme
et de monde fermé, c'est le caractère commun aux *journaux*
de Pepys, de Stendhal, d'Amiel, de Maurice Barrès et de
Jules Renard. Ces personnages diffèrent tellement qu'il faut
bien attribuer à ce « genre littéraire » du journal ces traits
communs.

« Je mourais de froid, elle n'était pas trop gaie, ne se prê-
tant à aucune conversation qui pût nous satisfaire, dit le
journal du 2 février 1806. Après avoir été venté jusqu'aux os,
ayant froid, mal à la tête, le cœur aride et ne désirant rien. »
Accès d'humeur dont la cause, le mistral d'hiver, est bien
claire. Mais l'auteur compare cette humeur du moment avec
un souvenir d'ensemble, déjà embelli : « ... A Paris en l'an XII
lorsque je parcourais les faubourgs, l'amour me jetait dans
la mélancolie. » Et, sans l'acte de tenir un journal, cet excès
d'humeur aurait fondu, inaperçu, dans l'ensemble du sentiment, dans le ton plus égal d'un futur souvenir : le 4 mars,
éloigné d'elle, il recevait de Mélanie une lettre datée d'Aix
qui lui faisait *le plus doux plaisir ;* le 25, il faisait un bilan, au
total favorable, des défauts et des qualités : « L'esclavage où
me tenait M. (Mélanie) me pesait souvent, l'abandon où me
laisse son départ m'ennuie. » Et le lendemain : « Est-elle
seulement piquée ou ne m'aime-t-elle plus ? J'ai de violents
soupçons, cela me fâche. » Le 15 mai, après un dégoût de
ses relations de Marseille et un desséchement d'impatience
(il dit d'ambition) qui l'empêche de goûter même La Fontaine,
nous devinons la mauvaise humeur ; il se croit froid tout au
plus, il essaie de juger son amour, mais l'humeur envahit
jusqu'au jugement.

Pour lui appliquer le mot qu'il inventera plus tard, il y a

des heures où il *cristallise* en mal : « Je commence à trouver
M. (Mélanie) bête. Je me rappelle mille et mille traits prouvant peu d'esprit ; après son départ, immédiatement joie
de ma liberté ; quarante ou cinquante jours après, velléités
de regrets. Actuellement, appréciation juste, je crois ; beaucoup d'amitié, de l'amour même si elle voulait ne pas me
tyranniser et ne pas toujours se plaindre. *Ecce Homo.* »

A Paris, quand il la reverra, il la reprendra sans enthousiasme, avec les mêmes jugements durs.


### III


Mais retrouvons dans les *Lettres à Pauline* l'histoire de
cette même passion : si elle y apparaît plus tard, elle semble
y monter plus haut ; il dit plus souvent *nous ;* il se montre à
sa sœur uni par le cœur et l'esprit à Mélanie. Il invente
même une ressemblance entre sa maîtresse et sa sœur :
« Elle a maintenant toutes tes manières de penser et de sentir,
la même originalité, les mêmes sentiments dans la conduite,
mais elle les perd à mesure qu'elle est heureuse. » Sans doute
il reste sincère, mais force la ressemblance pour forcer l'affec-
tion : « Vos âmes se ressemblent tant que vous vous aimerez. »
Bien plus si jamais Beyle, depuis qu'il possède Mélanie, ne la
confond plus avec son idéal féminin, dans les lettres à sa sœur
il place Mélanie au-dessus même de madame Roland, qui
toute sa vie a personnifié pour lui cet idéal : « C'est madame
Roland avec plus de grâce » (2 août 1805).

Alors que depuis la conquête de Mélanie, le *Journal* ne
parle d'elle qu'au présent et au passé, les *Lettres* continuent
d'évoquer l'avenir sur un ton passionné : avenir heureux
entre Mante, Pauline, Mélanie et Henry Beyle, réunis à Paris,
riches, fréquentant la meilleure société ; avenir mélancolique,
si Beyle meurt laissant sur terre l'inconsolable Mélanie : « Je
te recommande cette âme tendre qui n'a pour seul défaut,
que de se laisser trop accabler par le malheur. Donne pour
larmes à ma cendre une tendre amitié pour Mélanie et pour

ma fille. » En mars 1806, il demande encore à Pauline d'écrire « un petit mot pour Mélanie, si tu le veux ; voyant que je t'aime beaucoup elle t'aime déjà ». A la confidence sincère du *Journal :* « Après son départ, immédiatement joie de ma liberté » répond dans les lettres cette autre confidence, aussi sincère : « Notre amie Mélanie est partie pour Paris. Tu comprends et tu juges combien je suis malheureux. Je ne sais plus que faire de mon temps que je lui consacrais entièrement. » Mélanie disparaîtra des lettres sans un blâme ou une restriction, comme les prophètes quittaient la terre dans une nuée de gloire.

Pour écrire une lettre sincère, on s'épanche ; lorsqu'on s'épanche, nous l'avons vu pour les idées, on se livre davantage à des souvenirs d'ensemble que lorsqu'on se cherche ; ce souvenir d'ensemble offre une plus belle image de Mélanie que les moments d'humeur. De plus, même si l'on écrit, en tout abandon, à une sœur très chérie, le seul souci d'être compris, de bien communiquer l'essentiel de ce qu'on ressent donne aux sentiments qu'on exprime plus d'unité, plus de cohérence, un niveau plus élevé. Peut-être Henry veut-il inconsciemment *justifier son choix* aux yeux de Pauline ? Sans doute ; mais aussi il tient davantage dans une lettre à être juste pour son amie, à ne pas la montrer telle qu'il la voit aux moments d'humeur ; écrire à sa sœur le rend gai, Mélanie profite de cette gaîté.

Si la sincérité est l'aveu du moment, et la franchise une impression que nous voulons exprimer *honnêtement* de tout notre être pour en faire un jugement, il y a plus de sincérité dans le *Journal* et plus de franchise dans les *Lettres*. Un lecteur qui voudrait comparer l'histoire de cet amour avec une autre histoire amoureuse, ou avec ses propres souvenirs, fera bien de prendre le *Journal* pour juger les faits, et les *Lettres* pour juger le sentiment.

## IV

Il nous reste une troisième source, encore, différente des deux autres, composée de deux brefs documents : d'une part un ou deux brouillons de lettre à Mélanie, écrits à Grenoble juste avant la conquête, ne sont pas timides et tremblants par habileté pure. Le lecteur saisit bien, lorsqu'il parle à l'actrice du théâtre de Marseille et du talent qu'elle a montré, le moment d'habileté réelle ; le reste de la lettre montre plutôt, dans la femme aimée, l'inconnue redoutable, l'être inaccessible à qui l'aime, que tout amoureux excessif croit trouver devant lui.

L'autre document, camouflé par Beyle sous un titre de Calderon, la *Maison à deux portes*, nous semble (ainsi qu'à M. Martineau) donner la parole à Mélanie. Jalousie vulgaire et sauvage, amour obscur, déçu, exigeant, allusions cinglantes à une maladie secrète, il a noté cela sans un mot de commentaire, il a caché le texte à Mélanie elle-même. Cette fétide bouffée de passion, cette exhalaison souterraine, c'est l'ennemie que l'amoureux trouvait parfois si proche, si sûre de nuire et maîtresse de ses pires secrets.

Peu s'en faut que ces deux textes, le candide et le sombre, ne fassent une troisième sincérité sur cet amour — la plus éloignée de l'équilibre, de la clarté, assez proche de la rhétorique de Dostoïewski ou des naturalistes, mais la plus éloignée de Stendhal. Des mystères qui sont seulement ignorance, des secrets qui n'apparaissent qu'une fois, doivent-ils l'emporter sur tout le reste ? *Lamiel* (si Stendhal avait achevé ce livre) aurait peut-être montré autant de cruauté. Et un Dostoïewski ne verrait que ces deux textes dans toute cette histoire.

## V

Pour qui veut juger dans le Beyle de 1806 non pas l'amoureux, mais l'écrivain, il est facile de discerner ce qui restera, dans les grandes œuvres, de l'inspiration de ces trois sources :

L'obscurité, l'incompréhension, les heures d'enfer de l'amour, n'apparaîtront que rarement, en franges d'ombres, aux abords des grands récits. L'aimable enthousiasme des lettres rappelle Jean-Jacques plus qu'il n'annonce Stendhal ; il disparaîtra pendant la première maturité, puis il reviendra, transfiguré par le scepticisme, par l'indulgence paternelle, adoucir les figures des dernières œuvres. (Des amours de jeunesse, Victorine sera plus utilisée que Mélanie ; rien n'en a gâté l'image.) Ce qui durera, ce qui prépare dès 1806 l'originalité éclatante du *Rouge et Noir*, c'est le ton du *Journal*. Monologue intérieur par questions et réponses ; l'amour regardé comme un combat ; le jour présent analysé non pour jouir, mais pour savoir ce qu'annonce demain et (naturellement) une chronique qui suit les faits au jour le jour, remet tout en question chaque matin, ne prédit rien d'avance, voilà ce que la pratique du *journal* en 1805 et 1806, prépare pour la grande *chronique* de 1830.

La deuxième grande crise d'ambition née en janvier 1806 et qui a tant contribué à tuer l'amour pour Mélanie n'a pas contribué aussi simplement qu'on pourrait le croire à préparer Julien Sorel. L'ambition du cahier de 1801, celle du héros des *Deux Hommes*, était noble, ne voulait rien devoir qu'à elle-même. Quand il attend de sa parenté des lettres flatteuses, des démarches auprès de vieilles femmes, une petite place à la Cour du tyran, Beyle devient Chamoucy ; son théâtre indépendant et satirique est blessé à mort avant de paraître.

Il va y avoir éclipse dans ce long et tenace apprentissage littéraire. Le Beyle de 1804 et 1805, charmant béjaune, analyste subtil et hasardeux, est plus proche du grand écrivain que le fonctionnaire impérial des cinq années suivantes.


## VI


Une seule qualité semble grandir à partir de 1807 et jusqu'en 1812 dans les cahiers qui nous restent. Le pittoresque augmente. Le monde extérieur prend plus de place. Sans doute l'auteur était servi par les circonstances : une atmosphère toute nouvelle enveloppe l'image un peu vague de Minette. Cette atmosphère, nous le savons par l'enseigne du *Chasseur vert*, resservira dans *Lucien Leuwen*. La campagne d'Autriche submerge Beyle d'images violentes. Par contre, quel recul quand il est à Paris. Le blanc-bec de 1801 valait mieux. Ne pas déplaire à M. Daru, ressembler à Martial, se défendre tant bien que mal contre la vulgarité de ses collègues, entretenir une grosse correspondance officielle, se montrer aux siens en homme arrivé, tout cela laisse peu de place pour l'analyse.

Et l'esprit s'y émousse. « Je reviens par un beau clair de lune, mais Kamensky n'y était pas. Cela me donne presque de l'humeur ; je vais le chercher et ensuite cabriolet unique par son exécrabilité. Tout cela cependant me donne le genre un peu étonné chez madame Nardot, mais je pense que ma physionomie un peu trop mâle l'aura caché. Madame D(aru) me plaisante sur ma solitude d'hier, elle m'engage à l'accompagner à Longchamp, je ne réponds pas grand'chose à tout ça... » Tel est le ton habituel — les projets littéraires, les remarques critiques ne marquent plus de progrès ; nulle idée neuve.

A de rares moments, dans ce journal plus proche de Pepys que de Stendhal, apparaissent des pages d'un nouveau style — à la fois faciles et brillantes. Lorsqu'un sentiment vif ou un souvenir frais l'animent, les sept ou huit volumes de cahiers et d'exercices qu'il a déjà rédigés lui permettent d'improviser. Il ne pense pas plus à son style qu'à sa tenue, il est naturel. Et il a *bien plus d'aisance lorsqu'il laisse s'écouler quelques jours*. Il est, à ce moment-là, plus guidé par l'humeur du moment, plus volontiers serviteur de l'occasion qu'il ne l'était dans sa jeunesse et qu'il ne sera plus tard. Le ressort est détendu.

Le 7 juin 1810, avant d'écrire le petit pèlerinage chez Jean-Jacques, son meilleur morceau de l'année, il note avec justesse : « La paresse est cause que je n'ai pas écrit depuis le charmant voyage à Ermenonville. Je me laisse guider par le plaisir du moment.

« Et je ne fus pas très brillant ; je le suis rarement ; il me faut des gens de beaucoup d'esprit et de naturel (à l'italienne), alors la timidité disparaît entièrement, et je bavarde avec gaîté et brio. »

Un nouveau projet pour la comédie de *Letellier*, à quelques jours de là (12 juin), montre que la pièce a beaucoup reculé en quatre années ; les caractères perdent leurs complexités et leur vigueur. Une lettre à madame Daru déguisée en conte arabe est peut-être la page la plus faible que l'auteur ait jamais écrite. Dès qu'il est *vague*, il n'est plus rien.

Rédiger en commun avec Crozet et Faure un récit de voyage en France lui donne un ton moins personnel, une plus vive attention aux détails extérieurs. Mais tout cela reste d'un amateur. C'est du voyage en Italie que date la renaissance de Beyle après une demi-éclipse de quatre années. L'ambition du fonctionnaire a tué les rêveries folles de ses ambitions d'écrivain.

Au lieu d'ouvrages parfaits, tout originaux, tellement sublimes qu'il ose à peine les entreprendre, si profonds qu'il ne croirait jamais les avoir achevés, il peut entreprendre des besognes simples qui ne l'intimident pas, avec lesquelles il se sent de plain-pied. L'habitude d'écrire presque chaque jour, il l'avait, lui qui se reprochera plus tard de ne l'avoir pas eue. Mieux instruit de Paris et de lui-même il va mieux sentir son ignorance devant l'Italie. La campagne de 1812 (qu'il rédige surtout de souvenir) va encore aiguiser (une fois la fatigue passée) ce besoin des arts et du midi.


## VII

Le goût des plaisirs nobles remplace l'avidité de gloire de la vingtième année. Le philosophe qui dissèque et raisonne à l'infini n'est pas mort ; il laisse la place à un amateur qui veut se mettre au courant. Penser pour ses besoins, écrire pour son plaisir ; les années d'apprentissage ne sont pas finies, elles vont seulement se continuer par des écrits imprimés. Beyle, jusqu'en 1830, va continuer ses exercices et prendre ses notes devant le public.

Une note du 8 mars 1816 écrite en marge d'un commentaire sur Tartuffe nous montre comment le travail littéraire a servi d'hygiène à Beyle pendant ses loisirs et ses amours de 1814 à 1819 :

« *On me* (sur moi) la moindre distraction le matin me nuit infiniment. Mon esprit est un paresseux qui ne demande pas mieux que de s'accrocher à une chose moins difficile que de composer. Ensuite vers les deux ou trois heures vient le dégoût de cette autre occupation, et un fond de mécontentement jusqu'à ce que je sois distrait par autre chose. Tandis que trois ou quatre heures de travail à mon objet me donnent un fond de contentement pour toute la journée et redouble ma tendresse pour la Comtesse Sim(onnetta). »

LES INITIATIONS A L'ITALIE :
LA TECHNIQUE DE L'ESSAYISTE
ET DU VOYAGEUR

# LES VIES DE HAYDN, MOZART ET MÉTASTASE

## I

La transition est presque insensible du *Journal* de 1811 aux
écrits sur l'Italie. Ce journal emprunte à des conversations,
à des livres d'érudit ou de vulgarisateur toutes les notions
sur les arts. Le projet de traduire Lanzi, d'où devait sortir
l'*Histoire de la peinture*, est d'octobre 1811, le prospectus de
cette *Histoire* (composé avant la première ligne du texte) du
25 octobre. Date importante ; elle prouve que l'auteur,
au lieu de viser la perfection, vise d'abord (ou croit viser)
l'éditeur. L'achat de Lanzi, de Bossi, des *Vies des plus excellents peintres* de Vasari, et du guide de Bianchoni est du 31 octobre. Si Lanzi avait trop déplu à Beyle, l'idée de traduire ne
fût pas venue. Si Lanzi avait plu, peut-être l'œuvre française
serait-elle restée réduite à la traduction.

*L'intérêt et l'insuffisance* des ouvrages existants sont,
pour bien d'autres auteurs, l'occasion des livres d'idées.
Disraëli qui ne voyait son idéal que dans les fictions, disait
que, lorsqu'il voulait lire un bon roman, il l'écrivait. Beyle
disait : « Un homme qui ne connaît pas la poésie a plus de

plaisir après avoir lu le *Lycée* de La Harpe. J'aurais besoin d'un pareil livre pour la peinture. » Si la *Peinture* est le premier projet qui ait porté un titre, le *Journal* de 1811, ébauche remaniée, un peu romancée par le pseudonyme de Léry, annonçait déjà *Rome, Naples et Florence ;* et l'on sait que la première des initiations italiennes à paraître en librairie fut les *Lettres sur Haydn... Mozart et Métastase.* Les trois projets sont fondus et mêlés. Il forment à eux trois un projet d'*Initiation au bonheur italien.* `

## II

Beyle plus jeune avait voulu par une *Histoire romaine*, grand exemple concret, enseigner aux Français la liberté. Après les déceptions d'ambition et l'amour de la Pietragrua, il cherche d'autres exemples concrets pour enseigner les plaisirs nobles, musique, vie sociale plus simple et plus passionnée.

Exemples concrets plutôt que traités. Selon ses goûts Beyle aurait dû, pour être complet, écrire les vies de Pergolèse, de Cimarosa, de Paisiello. Mais il ne veut qu'accrocher des idées en formules brèves à un récit attachant.

Pourquoi Haydn ? Parce que les *Haydine* de Carpani formaient une matière première. Et aussi parce que cette existence, longue, harmonieuse et complète permettait de remonter assez haut dans le temps, et de voir par vues cavalières toute la musique, sauf l'Opéra.

Pourquoi Mozart ? Parce que c'est la vie la plus touchante, les opéras les plus parfaits, les mieux connus et les plus respectés des Français de son temps ; cette biographie montre une technique humble et routinière : sa manière de prendre des notes va diriger Beyle ou l'asservir lorsqu'il va composer ses cinq premiers essais ; il aimera enfin, avec les *Noces de Figaro*, opposer la sentimentalité allemande à la française et la musique à la prose.

Éditeurs et critiques ont, après Carpani lui-même, retrouvé ce qui, dans la vie de Haydn, appartenait au fade librettiste italien. M. Müller, dans l'édition Champion, a rendu à Winckler et Cramer la part très grande qui leur revient du Mozart ; M. Paul Hazard a montré ce qui, dans l'essai sur Métastase, était dû à Baretti. Comme toutes les initiations à l'Italie offrent la même surabondance de sources, le problème de la technique pure devient plus aisé à poser.

## III

Beyle, depuis ses vingt ans, travaillait par cahiers reliés d'avance. Quand il voulait s'inspirer d'un livre, il commençait par une traduction, abrégée déjà et condensée, mais qui formait un texte suivi. En traduisant, en relisant, quelquefois en faisant *interfolier* dans le cahier de nouvelles pages, il ajoutait sa part d'idées personnelles et de commentaires. C'est l'opposé des plans infinis, de la méthode trop sublime de ses écrits de jeunesse. Cette méthode, il avait failli la suivre pour le théâtre en adaptant *Zélinde et Lindor :* elle supprimait la *peur du papier blanc,* l'angoisse qu'éprouvent tous les débutants quand ils s'imaginent qu'il va tout falloir créer de rien. Cette méthode guérissait aussi de l'ambition illusoire de *trop bien faire* dès le début. Il disait de Lanzi (et en riant) le 29 octobre 1811 : « Il est la cause de tout ce bavardage. Il blâme Léonard de ce qu'il voulait toujours faire des chefs-d'œuvre. Pour ne pas tomber dans l'erreur de cet homme extraordinaire, je viens d'écrire quatre pages de phrases plates. » Écrire tous les jours, « génie ou non », c'est un des grands principes de sa technique personnelle qu'il redécouvrait là.

Mais la méthode des *cahiers suivis* entrave l'érudit et l'essayiste, elle oblige à introduire, dans le texte définitif, des morceaux trop gros et trop reconnaissables de l'ouvrage qui sert de source. Du temps de Beyle on ne se servait encore de fiches que pour établir les catalogues. Les érudits, du moins, savaient isoler des notes de quelques lignes sur leurs cahiers ; ils les découpaient au besoin avec des ciseaux. Ils obtenaient

ainsi ce que la *fiche* donne aux historiens ou biographes
modernes : le moyen de pulvériser en fragments d'une ligne,
d'une date, d'un seul fait, les textes dont ils se servent ; de
mêler aisément plusieurs sources ; de fondre dans la même
ligne commentaire et source ; surtout d'ordonner et de dis-
poser à leur guise les matériaux qui leur conviennent. Au
lieu d'une mosaïque un peu rude à manier, dont les bords
sont visibles, la nuance difficile à fondre dans un ensemble, ils
obtiennent, avec une même somme d'emprunts et sans plus
de peine, des couleurs mieux fondues ; ils n'ont pas besoin
de tant d'esprit pour paraître plus personnels.

Beyle fut sur le point de réinventer la fiche pour son
compte ; il parle dans l'*Amour* de notes prises sur des cartes à
jouer. Ses habitudes de papeterie, de reliure, son goût du
cahier continu, ont contribué à ses plagiats involontaires. Il
est difficile de disloquer un long texte qu'on a copié d'un
seul tenant. (Je prie qu'on ne trouve pas ces remarques
indignes de la critique littéraire : elles ont autant d'importance, l'expérience le prouve, que les couleurs et les brosses
pour le peintre.)


## IV


La première ébauche de la *Peinture* s'est peut-être, comme
le dit Beyle, perdue dans la campagne de Moscou. En tout
cas elle fut abandonnée en 1813. Elle avait dû le lancer dans
ces orgies d'écriture et de dictée qui seront désormais une
de ses méthodes. Il écrivait pour se donner une distraction
forte contre les impatiences d'amour et d'ambition. Toute
passion qui en remplace une autre emprunte à cette autre
une partie de ses forces. C'est là une vérité utile à rappeler
dans l'étude de la création littéraire, si souvent employée à
détourner, à user des élans plus spontanés. Jusqu'alors,
dans le *Journal*, Beyle s'était dit « amoureux de la gloire ».
Il avait commencé son livre en attendant (29 et 30 octobre
1811) la Pietragrua dans une chambre louée. Divertissement

et pis-aller. Mais il est devenu ensuite « amoureux de la chose ». Refroidi, dégoûté des vérifications de détail nécessaires, arrêté dans son travail, il conclut avec sagacité : « Le *Nonum prematur in annum* ne vaut donc rien pour moi : exécuter une chose pendant que j'en suis amoureux, sans amour je ne vaux rien. » Plus tard, les délais, parfois même les abandons momentanés, devaient lui être fructueux. Mais ils ne seront jamais la reprise à froid d'une œuvre interrompue ; il se souviendra, puis repartira, enrichi d'une idée nouvelle et entraîné par un nouvel amour. Ses grandes œuvres ont besoin d'être engendrées en deux fois.

## V

Il retrouvera son élan perdu en écrivant *Haydn*, et en adaptant le lourd ouvrage du musicographe italien Carpani. A ce moment, ses ambitions de fonctionnaire avaient échoué ; cela faisait dans la vie de Beyle une coupure, qui rejettait Vienne dans le passé. Dans sa *Première lettre* sur Haydn, il fond les données que lui fournit le livre de Carpani avec ses propres souvenirs.

Sans doute il commença, comme tout autre écrivain l'aurait fait à sa place, par l'adaptation. Dès la lecture d'une *matière première* de cette sorte, on choisit ce que l'on doit garder. Puis il ajouta, comme tout autre écrivain l'aurait aussi fait à sa place, ses commentaires personnels. Si nous avions encore l'exemplaire de Carpani dont il s'est servi, nous retrouverions sans doute, en notes dans les marges, une part des additions. Une autre part chargerait les marges de son manuscrit. Mais il se peut qu'il ait beaucoup inventé au cours même de sa traduction. Certaines remarques, certaines transformations du texte, semblent improvisées de premier jet.

Quand on suit le texte, on remarque que les débuts, les conclusions, sont toujours des traits personnels, tandis que le corps de la lettre est un extrait. Pour donner de l'agrément, il fallait couper dans le texte original trop lourd ; pour donner une apparence de nouveauté, il fallait retravailler les contours : ainsi on peut voir là les ruses classiques de l'adaptateur.

Mais il arrive aussi que Beyle commence un chapitre avec quelques idées ou quelques traits plus personnels et revienne au texte de Carpani, il trouve quelques traits neufs, et les place tout naturellement à la fin, de manière à bien conclure.

La première lettre, à elle seule, suffisait pour trahir ou renier tout l'esprit des *Haydine* de Carpani et leur musicologie pontifiante. (Du reste, Carpani, par sa pesanteur et sa piété pour le maître, est bien plus proche que Beyle de notre critique musicale.) Les pages sur Vienne et le Prater, chaleureuses, mais gauches, ont dû être écrites en un moment d'attendrissement et de timidité ; l'auteur est encore loin de savoir peindre ses sentiments. Par contre, son aisance pour lancer l'idée ou le trait, pour se moquer et parler du plaisir, est aussi vive qu'elle sera jamais. Le style noble y est parodié à vive allure dans le portrait moral de Vienne : « La raison n'y a pas élevé ses autels comme à Londres. » Et l'idée épicurienne de la musique est amenée là comme une vue historique, comme une conséquence du portrait physique et politique de Vienne : « La douce volupté s'est emparée de tous les cœurs. Rien ne pouvait être plus favorable à la musique. » Sans doute, si par musique on entend l'*Opera buffa*, mais c'est une étrange préface à l'étude de la *Création* et des Symphonies religieuses.

La satire de Lulli et de l'Opéra de Paris montre plus d'ignorance de la musique que de mépris fondé ; elle est tout à fait du même style que la seconde lettre, puisée dans plusieurs ouvrages de vulgarisation, et où l'on parle du « vieux Bach » comme de l'une des « faibles lumières qui annoncèrent au monde le soleil de la musique instrumentale ». Mais ne discutons pas les opinions musicales d'Alexandre-César Bombet. Ce qu'il nous faut examiner, c'est le travail d'artisan. Quelles qualités peuvent bien lui rester, quand il em-

prunte ailleurs ses matériaux et quand, pour être personnel,
il parle de ce qu'il ignore ?

## VI

Il garde d'excellentes qualités mécaniques : un mouvement
de phrase prompt ; chaque sentence, au lieu d'avoir son
équilibre en elle-même et d'arrêter les lecteurs, les lance en
avant, vers la suite. Les opinions simplistes, les oppositions
tranchées donnent à chaque page de cette sorte un ton sec ;
mais les mots importants sont bien placés, l'ordre des idées
est si sûr que le lecteur n'hésite pas plus que l'auteur. Sans
émotion, sans contenu solide, ce livre nous entraîne par une
sorte d'élan physique. On suit sans peine cette conversation
familière et excitée. Mais quand l'idée originale apparaît
en un éclair, le lecteur négligent peut ne pas la distinguer du
reste ; il risque de conclure avant d'avoir pensé.

Dans la technique de l'essai, et surtout s'il s'agit d'offrir à
tous les esprits une science et des idées un peu fortes, l'essentiel est de mesurer l'effort du lecteur. Pour les idées un quart
d'heure de lecture tout haut est une juste mesure. Le récit
peut s'étendre davantage même s'il tient plus de l'histoire
que du roman, à condition que le héros de l'histoire soit déjà
connu — ou que le récit ne soit pas trop resserré. Car *la
brièveté, qui fait lire les idées plus vite, fait lire les récits plus
lentement.*

Le récit de la jeunesse de Haydn, pris de Carpani, semble au
début de la lettre III, annoncer une sage copie, d'un ton
noble. Mais bientôt les événements se pressent ; le chapitre
lasserait s'il était plus long. Beyle l'arrête par quelques
traits familiers. Plus tard, à l'époque où il savait conter, il
aurait donné à son récit plus d'ampleur. Il aurait fondu
ensemble, sans fatiguer même les femmes, les lettres III,
IV et V.

Lui qui déjà met dans les idées un mouvement si alerte,
qu'on lui pardonne à l'occasion la médiocrité des idées, veut

avoir trop d'esprit quand il raconte ; il réduit trop une vie à des anecdotes. Ce récit prend un mouvement heurté, pointu, qui fait songer au pavé d'un village. La cinquième lettre est la meilleure des trois, parce que cette *vivacité machinale* de l'adaptateur y convient mieux ; Beyle enfin sauve toute la lettre lorsqu'il la résume, en quatre traits purement moraux, courts et larges, dans sa phrase de la fin : « Vous voyez ici, mon ami, une jeunesse tranquille, point de grands écarts, de la raison partout, un homme qui marche constamment à son but. Adieu. »

Après un trot un peu dur, c'est une détente pour le lecteur que de s'arrêter devant ce paysage d'esprit. Quand Beyle (mécontent peut-être du reste de la lettre) écrivit cette fin, il découvrait l'une des plus grandes ressources de son métier personnel.

Cette ressource, il la reprendra cent fois dans les anecdotes de ses voyages ; elle sera le secret de la réussite des *Chroniques italiennes*. N'importe quel récit peut être *sauvé*, amené à sa beauté stendhalienne ; suffit qu'il soit clair et rapide, et s'illumine à la fin d'un éclair de jugement qui laisse le lecteur immobile.

Ce qui annonce le grand écrivain dans la fin de cette cinquième lettre, c'est que beaucoup de détails, les ennuis de ménage de Haydn, sa liaison avec « mademoiselle Boselli » sont comme effacés par cette conclusion. En terminant, il creuse l'essentiel dans ce qu'il vient d'écrire, d'un seul geste de maître. C'est là un des secrets de la vraie rhétorique, celle qui ne s'apprend guère.


## VII


Les lettres VII et VIII, presque entièrement originales, nous entraînent loin du sujet, dans une description du caractère italien. Une anecdote, soi-disant advenue à Louis-Alexandre-César Bombet, amène l'idée : « Le caractère de ce peuple est souverainement mélancolique ; c'est le terrain dans lequel les passions germent le plus facilement : de tels hommes ne peuvent guère s'amuser que par les Beaux-Arts. » Puis, pour piquer son lecteur, l'auteur passe à la satire de la France. Une anecdote sur les melons français, tous passables, comparés aux melons italiens, presque tous exécrables, parfois divins, ramène l'idée : « La musique soulage la mélancolie ; le Français n'a rien dont on doive le soulager, sauf l'ennui, que la conversation suffit à dissiper. » Un tableau du café de Foy, une anecdote prise à Volney sur le colon français ; une autre anecdote (énigmatique pour le lecteur de 1814) sur Widmann et la Pietragrua ; le tableau s'achève sur une satire féroce et légère : la France n'a que des grenadiers et des gens amusants, tandis que le peuple d'Italie est « passionné, mélancolique, tendre : elle produit des Raphaël, des Pergolèse et des Comte Ugolin ».

L'anecdote et la satire ont besoin d'alterner avec l'idée. Non pas seulement pour amuser. C'est que déjà, contre la rhétorique oratoire et classique, Beyle place la preuve avant l'idée. Plutôt encore l'atmosphère et l'occasion de l'idée que la preuve. L'idée une fois lancée, l'auteur semble l'abandonner ; il ne veut ni la développer, ni la défendre.

## VIII

La rhétorique classique possède bien un procédé analogue. Lorsqu'il s'agit d'établir un fait contesté, on conte d'abord, tout uniment et sans paraître vouloir rien prouver, les circonstances, les menus détails. Ainsi on prend le ton qui doit rendre seule plausible et seule vraisemblable la version du récit de la mort de Clodius, dans le *Pro Milone* de Cicéron. Mais dès qu'il s'agit d'une idée, la rhétorique, comme sa sœur la logique formelle, pose d'abord l'idée et la prouve ensuite. *Car* et *parce que* introduisent les preuves. Voltaire et les auteurs du XVIIIᵉ siècle ont supprimé cette armature logique. Quand les idées sont en bon ordre, les premières prouvent les dernières. Cet art de présenter les idées selon la

méthode du récit n'empêche pas le xviiie siècle d'énumérer
toutes les preuves possibles avant d'énoncer l'idée. Si l'apparat logique est restreint, le mouvement du style est arrêté par
toutes ces preuves, dont la dernière seule semble nous mener
au but. Or l'esprit vif qui prend contact avec un seul fait en
tire aussitôt la conclusion. Voltaire n'a osé conclure une
anecdote par une idée que dans ses romans. Ses anecdotes
sont des symboles plus que des faits. Il fait moins un récit
qu'un apologue ; son récit est si manifestement agencé qu'il
contient déjà l'idée.

Il nous semble que Stendhal ose davantage. Son anecdote
est serrée, mais concrète, capricieuse ; l'idée jaillit à un détour,
touche par surprise. Si nous sommes d'accord avec l'auteur, il
nous produit l'effet du vrai *sans passer par le vraisemblable.*
C'est nous toucher mieux, car nous soupçonnons toujours
le vraisemblable d'être un produit de l'esprit, non des choses.

Il n'avait pas cette manière dans sa *Filosofia nova* où il se
proposait des idées à examiner. Il l'a adoptée dès qu'il a écrit
pour les autres. Méthode naturelle, puisque les faits qu'il
traduisait le menaient aux idées. Méthode parfaite pour les
Beaux-Arts, car un jugement esthétique se propose et ne se
prouve pas. En tout cas, cette manière de présenter ses
pensées restera la sienne jusqu'à la fin de sa vie.

## IX

Le début de la *huitième lettre* où Bombet se montre rêvant
de musique, au son du canon, dans une forêt bavaroise,
montre quel genre de charme il voulait ajouter à Carpani. Il a
blâmé plus tard (dans l'exemplaire Mirbeau) cette description comme fausse : « criminelle imitation du Corrège »,
en dit-il. Le mot montre bien ce qu'il avait tenté. S'inspirant
peut-être de Carpani et de son parallèle entre peintres et
musiciens, il cherche en imitant les tableaux à donner
l'atmosphère des symphonies. Heureuse transposition, car
il est plus facile d'écrire d'après les peintres. Là encore, il

donne l'atmosphère d'abord, puis il glisse l'idée. Ici c'est un encouragement pour lui-même et son lecteur, et une apologie de l'entreprise : « En étudiant les Beaux-Arts on peut apprendre à les sentir. » Puis il revient, par une transition lourde et franche, au texte plus grave de Carpani : « Je vais vous transcrire ce qu'on pense ici du style de Haydn. » Il enrichit son texte d'un couplet sur les lazzaroni. Il ne coupe pas, hélas, le couplet patriotique où Carpani revendique pour Sammartini ce que Haydn doit à Emmanuel Bach. A ce moment il craint la lassitude du lecteur, et abrège la fin avec une grâce rapide. Nulle part autant que dans ce texte pillé il ne s'est soucié de *bien finir*. Ailleurs il finira par lassitude d'imagination, quand son feu, comme il dit, sera épuisé. Ici, ce n'est pas l'auteur, c'est le critique qui impose silence au chapitre, et en prend congé. Beyle en visite, nous le savons par son *Journal*, aimait partir sur un mot brillant, et ce goût a passé de sa vie dans ses premiers travaux.

## X

Il est inutile de suivre tout le livre lettre à lettre. Ce que M. Arthur Chuquet n'a pas remarqué, c'est que de minimes additions, des comparaisons entre artistes, jetées de-ci, de-là, en quatre mots, telle vue cavalière en une page sur l'histoire de la musique, prise dans les notes de 1811, changent bien plus le livre qu'il n'y paraît d'après le nombre de mots originaux. L'ouvrage y prend des perspectives, des symétries, des lointains, qui aèrent le texte autant que les élagages du traducteur et la vivacité du style. Beyle a changé de place et mis en meilleure lumière un passage sur Hændel. Par malheur sa page reste froide. Il ignorait Hændel et ne pouvait rien ajouter sur son compte ; ainsi nous n'avons qu'une échappée sur cet autre versant de la musique. (C'est le grave défaut du livre, mais il n'est pas de notre ressort.)

Le *Mozart*, pillé lui aussi, est traduit avec plus d'aisance, et, surtout dans le début, avec plus d'allégresse que le *Haydn*.

Les additions, au lieu d'accrocher çà et là des mots sur l'histoire de la musique, insinuent un parallèle avec Cimarosa. Ce n'est pas négligence, mais plutôt adresse d'artisan qui lui fait conter d'abord la vie de Mozart ; son style en mime le touchant allegretto. Puis un choix d'anecdotes, prises ailleurs, où apparaît plus souvent l'imparfait (le temps continu) viennent toucher plus légèrement les mêmes cordes et prolonger l'impression.

On a bien inutilement reproché à Beyle d'avoir glissé dans ce livre, comme des souvenirs, des récits incompatibles avec sa propre biographie. Ce n'est pas lui qui parle, mais Louis-Alexandre-César Bombet, émigré mélancolique. Bombet, comme tous les personnages de roman, doit se trouver à point partout où se passe quelque chose ; ce personnage imaginaire peut emprunter une fièvre à Carpani, pour la guérir lui aussi par une messe de Haydn ; il peut feindre de s'effacer à son tour pour confier à une jolie femme le plus technique de ses exposés ; si Bombet ne nous semble pas avoir les droits d'un personnage de fiction, c'est peut-être que nous prêtons l'oreille aux protestations de Carpani, c'est surtout parce que Beyle ou plutôt Stendhal, écrase pour nous Bombet. Mais le besoin d'un personnage imaginaire, qui met l'auteur plus à l'aise pour les confidences et lui permet de dramatiser ses anecdotes et ses idées, se fera sentir même dans les *Mémoires d'un Touriste*, quand Stendhal est déjà connu, et qu'il n'a pas de vol à cacher.

C'est le même goût du secret qui lui a fait attribuer aux *Affinités électives* de Gœthe la page la plus originale du livre — celle où le compositeur accroche et dévide, dans l'âme des spectateurs, le fil d'or des sentiments — image qui annonce de loin la cristallisation. Le but des *Vies* est aussi d'accrocher le fil d'or.

On s'est demandé enfin pourquoi Bombet avait cru, à la suite de ses deux biographies de musiciens, devoir emprunter à Baretti deux chapitres sur Métastase, emplis de citations lyriques. Nulle difficulté si l'on relit un peu de Carpani, puis Bombet, le texte prêté à Gœthe et ce *Métastase*, on trouve

ce qui fait le but et la valeur du livre. Beyle était habitué aux
livrets d'Opéra ; il les jugeait parfois irritants ou médiocres ;
son imagination gardait le besoin d'un texte. En allégeant,
en animant, en faisant *vibrer*, comme il dit, ces pesantes
hagiographies de musiciens, il compose *un libretto pour toutes
les symphonies.* La musique est sentiment pur pour qui n'en
connaît pas la technique ; la vie de l'auteur, si elle est contée
sur le ton de la musique, sert de support au sentiment, crée
une sympathie intellectuelle assez large pour se répandre sur
toutes les œuvres. En empruntant à Métastase, roi des librett-
tistes, quelques chansons d'amour (ou d'absence d'amour) qui
peuvent servir en toutes circonstances, Beyle-Bombet donne
à toute musique selon son cœur un accompagnement idéal.

# L'HISTOIRE DE LA PEINTURE EN ITALIE

## I

Pour l'*Histoire de la peinture*, peut-être nous manque-t-il
une ébauche perdue à Moscou. Il faut croire Beyle en tout cas,
lorsqu'il dit que les travaux préparatoires pour ce livre ont
été longs et ardus. En effet les sources, ou plutôt les modèles
dont il se servait ne pouvaient plus se mettre bout à bout
comme Carpani, Cremer et Baretti ; il fallait fondre sur le
même sujet et dans le même chapitre deux ou plusieurs
sources différentes. L'ignorance de l'amateur d'art a beaucoup nui au talent de l'écrivain, au cours de ces préparations.
Qu'a-t-il tenté dans la partie achevée de l'*Histoire de la
peinture* ? De passer vite sur les débuts, d'encadrer ses remarques sur l'art par un tableau des mœurs, de personnifier
chaque grande école en un ou deux peintres, et chaque peintre
en quelques œuvres magistrales. Il avait entre les mains les
*Vies des plus excellents peintres* de Vasari, c'était évidemment

la source la meilleure pour tout rendre concret et tout animer.
Vasari mêle beaucoup de légendes à ses biographies ; ces
légendes n'auraient pas nui, elles sont souvent, plus que la vie
réelle, dans l'atmosphère des grandes œuvres. Mais Beyle
n'était pas assez sûr de lui-même pour contrôler Vasari ;
il décida, après diverses traductions fragmentaires, de pro-
céder d'après Lanzi. Il abrégeait Lanzi en réduisant cinq
pages à une ; il laissait en cet état d'abrégé de Lanzi les
débuts de la peinture, tous les peintres de moindre importance — en somme toute l'armature et les « utilités » du livre.

Nous n'avons guère à nous soucier de ses jugements sur les
primitifs ; l'abréviateur est seul en cause, et non le critique
d'art. Il est vain de le blâmer et de dire avec M. Arbelet :
« Il est donc très loin d'aimer comme nous les vieux peintres
pour leur inexpérience même et leur gaucherie. » (Intr.,
p. XVIII.) Car ce n'est pas pour cela que nous les aimons :
il y a chez Giotto et chez les primitifs siennois une harmonie
de couleurs, une grâce de dessin, une sensibilité d'expression
souvent admirables, qui varient avec le génie de chacun
d'entre eux et qui permettaient en 1400 comme en 1600 ou
en 1900 d'exprimer tout un esprit. Ce qui manque à Beyle,
à ce patient et sagace artisan des lettres, c'est de comprendre
ces autres artisans et de savoir que la peinture a parlé plus
d'une langue.


## II


Après avoir énuméré les sources de l'*Histoire de la peinture*,
M. Arbelet dit négligemment, dans sa *Préface* : « Dans cette
mosaïque qu'il a composée avec leurs morceaux, admirons
seulement l'adresse de l'ouvrier et passons. » Pour qui examine
la technique de Stendhal, c'est ici seulement que commence
la véritable étude.

Il n'est pas absolument neuf en 1817 de dire que le climat,
l'histoire et l'histoire des mœurs réagissent sur l'histoire de
l'art... Mais cette vérité de bon sens restait vide, sans exem-

ples, dans les écrits français sur les arts. (Exceptons quelques
fragments du président de Brosses.) Ce qui est neuf, c'est
de piler au mortier la « Grande histoire », pour n'en tirer
que le suc, et de préférer aux chroniques royales sur une
époque, les faits particuliers, les anecdotes et les faits
divers. C'est de comprendre Florence mieux par les comédies
de Machiavel que par ses *Histoires*, la Renaissance mieux
par la *Vie* de Benvenuto Cellini que par Guichardin. Il
n'est pas difficile de conter des anecdotes : une bonne mémoire
et quelque prestesse y suffisent. Il est beau de conter la
grande histoire, mais la rhétorique classique suffit pour les
*Décades* de Tite-Live, pour Saint-Réal ou Vertot. Ce qui,
dans le métier des lettres, est d'une difficulté étonnante,
c'est de ne faire que des allusions aux grands faits, et de
choisir si bien les anecdotes que sans se contredire ni se
répéter, elles servent de symboles pour l'esprit d'un siècle.
Un grand fait historique se défend seul ; nul ne reproche à
l'historien de le conter, nul n'exige que ce grand événement
prouve autre chose. Au contraire on reproche à l'anecdote
de couper le récit, si elle ne l'éclaire pas ; elle doit être
d'accord avec tout ce que nous savons des grands faits, et
nous lui demandons d'expliquer tout.

Parfois Beyle saute de la grande histoire dans l'anecdote
avec désinvolture. Après quelques lignes sur les invasions
barbares : « Voici un trait de leur caractère » vient un récit
scandinave. Arrivé à la Renaissance, il lui faut une double
transition : « Des hauteurs de l'histoire veut-on descendre aux
détails de la vie privée. » Puis quelques sources illustres une
fois citées : « Prendre au hasard un recueil d'anecdotes du
xvie siècle. » Ces formules ne suffisent pas à créer une impression d'ensemble.

Au lieu de fondre ces deux espèces différentes de récit,
Beyle avec audace et bonheur *accroît encore la diversité*.
Les allusions brèves aux mœurs de la Renaissance prennent
plus de relief une fois comparées dans une mordante satire
aux mœurs actuelles. Pour donner une idée de l'énergie,
Napoléon apparaît ; puis l'apostrophe au prince moderne :

« Ces vertus dont vous êtes si fiers, ne sont que des vertus privées. Comme roi vous êtes nul... » Ainsi se trouve formulé, sans dissertation, l'immoralisme dont les Italiens de la Renaissance sont les maîtres, et dont ils n'avaient pas conscience. Seul Montesquieu pouvait avoir suggéré cette manière ; mais l'apologue piquant et abstrait (*l'arbre et le fruit* du chapitre *Despotisme* par exemple) cède la place au petit récit concret, exemple à la fois et symbole. L'apologue piquant et abstrait apparaîtra plus tard, avec les conseils à l'aigle et à la chèvre. Qu'on demande à Beyle, selon son propre système : « Pourquoi avoir mêlé tant de satire encore, d'allusions contemporaines à un sommaire des mœurs et des arts dans les diverses régions de l'Italie ? » Il pourra répondre que l'historien pédant (ou simplement grave) qui décrit une époque sans comparaisons la montre éloignée de nous, donc indifférente. S'il compare, s'il préfère une époque ancienne, il nous force à nous passionner aussi. Ainsi les anecdotes et les traits de satire ne sont jamais, dans cette vaste introduction, comme dans tous les tableaux de l'*Histoire*, qu'un des termes de l'antithèse.

III

Pour négliger les parties simplement abrégées d'après Lanzi, et traiter de l'historien avant d'aborder l'essayiste, cherchons quel travail et quelle adresse représentent les études sur Léonard et sur Michel-Ange.

Ces deux Vies ont été développées, non seulement selon leur importance, mais *pour servir de spécimens. Elles tiennent dans le livre le même rôle que les anecdotes tiennent dans chaque chapitre.* Dix vies plus abrégées nous feraient manquer ce contact direct avec le génie que l'auteur prétend nous donner. Pour la même raison il décrit de chaque peintre *une seule* œuvre : dix descriptions de quinze lignes nous laisseraient sûrement une impression moins forte que les chapitres sur la *Cène* et la Sixtine.

Nous sommes sûrs que ce n'est point fortuitement que ces chapitres ont été travaillés si spécialement ; pour la *Cène*, Beyle avait sans doute la gravure de Morghen près de lui dès son séjour à Brunswick. Pour Michel-Ange, il avait laissé dans son registre des pages en blanc tout exprès pour travailler d'après nature. Si le livre était achevé, nous aurions vu, sur le même plan, une Vie et un tableau de Raphaël, une Vie et un tableau du Corrège : seule manière (quand on n'aborde pas l'histoire de l'art avec une préparation immense) d'échapper au manuel ; seule manière de rendre son admiration contagieuse, en la concentrant sur peu d'images. Les critiques qui au lieu de juger selon leur impression du livre, veulent l'éplucher page à page, s'étonneront de voir la *Joconde* expédiée en quelques lignes, d'ailleurs très élogieuses (il est surprenant pourtant que P. Arbelet ait formulé cette critique). Le sens du livre est là, au contraire, dans cette extrême vigueur, des premiers plans et cette réduction des lointains. C'est l'ouvrier non le goût du critique, qui a voulu cela : il avait vu, goûté, il pouvait décrire certaines fresques de Masaccio, certains tableaux de Ghirlandajo. Il a dit plus tard (sentant que là était l'originalité du livre) que ce qui manquait à son histoire, c'était une description originale de vingt tableaux, faite en présence de ces tableaux. Il s'agit sans doute du livre achevé ; instruit par la partie publiée, par les visites de musées faites après son livre, il aurait donné à chaque grande école, à chaque époque, son spécimen dans sa galerie.

Cette recette d'un grand artisan des lettres, simple amateur en art, était la seule qui pût donner un chef-d'œuvre. A travers les emprunts des *Vies de Haydn...* il s'était posé ce problème : comment transposer de la musique en prose, comment faire de cette prose un support pour le sentiment et le souvenir de la musique ?

## IV

P. Arbelet dit : « C'est l'attitude de l'abbé Dubos en face de son lecteur et le but qu'il propose à sa critique » à propos de ces lignes de Beyle : « Les sensations manquent à l'homme « froid. Un homme dans les transports de sa passion, ne « distingue pas les nuances, et n'arrive jamais aux consé- « quences immédiates.

« Les liaisons d'idées qui font les trois quarts des charmes « des beaux-arts ont besoin d'être *nommées une fois* aux « âmes tendres ; elles n'oublient plus ces sentiments divins « qui ont le bonheur d'être donnés dans une langue que « l'ignoble vulgaire ne souille jamais de ses plates objec- « tions. » A notre avis, ce n'est plus dire comme Dubos : « Expliquer l'origine du plaisir que nous font les tableaux, c'est vouloir rendre compte à chacun de son approbation et de ses dégoûts. » Ce que Beyle dit rapidement et avec sa clarté énigmatique, c'est ceci :

« L'homme froid n'arrivera qu'à une jouissance impar- faite des arts, par la connaissance, qui ne vaut pas les sensa- tions. Ses connaissances augmentent ; il a de nouveaux plaisirs. Il n'aurait jamais cru que penser fît sen  r ; ni moi non plus ; et je fus bien surpris quand, étudiant la peinture uniquement par ennui, je trouvai qu'elle portait un baume sur des chagrins cruels. » (Ch. xxxiv.) L'homme passionné est plus près des arts mais il néglige de s'observer lui-même, de saisir les nuances en lui, de se retrouver dans les senti- ments d'autrui, de lier ses souvenirs. Il faut qu'une initia- tion (que l'*Histoire de la peinture*) lui apprenne à retrouver ses sentiments dans les tableaux, en nommant ces rapports entre l'âme et les images colorées. Ces rapports une fois reconnus, l'homme passionné trouve ses sentiments embellis, nuancés par l'art, il s'en fait un trésor d'émotions et de sou- venirs, que le vulgaire ne comprend pas, que l'idée de l'uti- lité ne peut plus salir.

« Le bonheur de la peinture, dit une note du chapitre xxx,

est de parler aux gens sensibles qui n'ont pas pénétré dans le labyrinthe du cœur humain, aux gens du xvᵉ siècle, et de leur parler un langage non souillé par l'usage et qui donne un plaisir physique. »

*Nommer*, pour reconnaître et pour rappeler : l'initiation qui nous y aide doit donc être *description*. Les vies de musiciens, ce que nous nommions *librettos pour toutes les œuvres*, n'aidaient qu'à rêver ; aux vies de peintres qui aident aussi à rêver, il faut que le critique d'art ajoute l'autre transposition, celle qui donne au cœur la clé de l'expression plastique. Nul autre que Beyle ne pouvait tenter cette transposition. Diderot, dans ses *Salons*, tentait une traduction morale des tableaux de son temps. Beyle tente de traduire, selon les passions les plus vives et les plus délicates, la *Cène* et la Sixtine. Théophile Gautier et Baudelaire essaieront plus tard des traductions imagées ou symboliques.

## V

Hasardons-nous à dire que les paroles ni les arguments ne sont ici l'essentiel ; presque tout est dans le mouvement, dans la chaleur du style, dans le rythme intérieur de l'auteur qui mime le peintre ; c'est l'air qui compte, non la chanson. Il ne s'agit pas de discuter des goûts et des couleurs. Il s'agit de rendre une admiration contagieuse.

Ce n'est pas un problème de rhétorique oratoire : en présence du public, le geste et le ton de voix suffisent à faire partager un enthousiasme. En prose, et si l'on se refuse à s'exclamer, à jouer l'acteur tragique, il faut du talent.

La difficulté de métier semble enfantine à noter. Pourtant lecteurs et critiques ne s'en avisent guère :

C'est que le tableau se voit tout entier d'un regard, tandis que la prose se lit phrase par phrase : « La parole a besoin d'une longue suite d'actions pour peindre un caractère tel que celui de la Madonna alla seggiola ; la peinture le met devant l'âme en un clin d'œil. Lorsque la poésie énumère, elle

n'émeut pas assez l'âme pour lui faire achever le tableau. »
Il faut pourtant vaincre cette difficulté. La célèbre description de la *Cène* va nous montrer par quel moyen Beyle
obtient cette victoire.

## VI

D'abord rendre l'impression d'ensemble : une seule phrase
de description déjà imprégnée de morale : « Ce moment si
tendre où Jésus, à ne le considérer que comme un jeune
philosophe entouré de ses disciples à la veille de sa mort,
leur dit avec attendrissement : « En vérité, je vous le dis,
un de vous doit me trahir. » Et l'on voit que cette description
se présente *comme un récit*. Puis une brève méditation prolonge cette image unique sans la morceler encore en détails.
Et l'auteur feint de conter quelles pensées Léonard prêtait à
Jésus ; sans décrire encore, ce n'est pas le personnage, mais
l'âme du Christ, qu'il met au centre du tableau. Ainsi la
description commence par les disciples ; de la même manière
que nos yeux, après avoir joui de l'ensemble, vont aux
détails d'un tableau. Et la description du personnage principal, de Jésus, et des lointains ménagés autour de lui, représente ce retour vers l'essentiel, ce regard approfondi et
enrichi que porte à nouveau, sur l'ensemble, l'amateur d'une
peinture.

Le guide dont Beyle s'est servi ici, Bossi, avait écrit deux
pages pour chaque disciple : c'était tout perdre. Beyle fit
devant la gravure sa description, où il laissait les noms en
blanc pour éviter de jeter même un regard sur le guide. Ce
premier brouillon, plus bref, peignait chaque disciple d'un
geste physique. C'était presque tomber dans l'excès contraire, et écrire au galop une scène de mélancolie sereine.
Quelques lignes sur chaque disciple, où est indiquée l'impression morale, rendent le calme à la description, y mettent
le même espace que Vinci a laissé entre ses personnages. Le
vague de la description qui termine (vague des détails

5

physiques qui contraste avec la délicatesse des impressions morales), n'est pas moins nécessaire, il donne la profondeur ; sans nul doute l'effet est voulu puisque l'auteur se vante, quelques lignes plus loin, d'être moins exact dans le détail, que Bossi qu'il a sous ses yeux.

Dans le chapitre suivant, les détails physiques — dimensions, architecture, raies des plis de la nappe — sont contés avec ce même mélange du physique et du moral : « Il avait ce coloris mélancolique et tendre, abondant en ombres, sans éclat dans les couleurs brillantes, triomphant dans le clair-obscur, qui aurait dû être inventé pour un tel sujet. » Sans doute ce chapitre et ceux qui suivent nous fournissent, par fragments, des informations tirées du guide. Mais peu importe la matière première ; c'est le ton qui compte ; c'est une chance que l'histoire des malheurs du tableau soit dans le ton : l'effet qu'il veut produire c'est de *prolonger longuement l'impression la plus vive* ; comme il le disait à ses débuts, il la fait *vibrer*. Dans ces chapitres si travaillés pour lesquels le temps ne lui manquait pas, Beyle a intercalé ses premières impressions de 1811 devant la copie de la *Cène* ; il n'a même pas ôté quelques mots où s'avoue l'ignorance du détail. Qu'ont-ils donc pour eux, ces chapitres ? Il aurait pu facilement en extraire l'idée, les meilleures expressions, mais non pas le mouvement et ce premier feu inimitable. Il les a gardés comme *sincères ;* il faut comprendre que redire la même chose avec d'autres paroles, ce n'est plus être sincère.

Ces pages sur la *Cène* ont été l'un des exercices de style et de pensée que Beyle se promettait dans la *Filosofia nova*. Pour nous qui pouvons comparer la description et l'œuvre, nous pouvons décomposer plus aisément la méthode qu'il emploiera sur le vif, dans ses pages de touriste et dans ses romans ; d'abord la vue d'ensemble, puis un bref récit, des détails physiques rapides, le protagoniste peint surtout en traits moraux, un retour à l'essentiel, qu'il faut faire *vibrer* ensuite sans développements méthodiques. Cette méthode délicate et difficile pour *surmonter la description par le mouvement* nous semble une des clés de l'art de Stendhal.

## VII

Ce mouvement nous empêche de sentir à la première lecture que les chapitres entrelacent description, informations, biographie, satire, idées religieuses, idées politiques, idées morales et esthétiques. Nous le remarquons bien davantage dans les chapitres consacrés à Michel-Ange, surtout au *Jugement dernier*. Aidé par la lecture de Dante, beaucoup mieux guidé par les biographes, Beyle a mieux senti Michel-Ange fresquiste qu'il n'avait senti Léonard. Les fragments descriptifs, les moments d'admiration sont dignes des éloges chaleureux de Delacroix.

L'effet d'ensemble est moins sûr, parce que l'auteur a moins sympathisé avec le peintre. Il aurait pu ôter les remarques de polémique religieuse, sur la méchanceté d'un Dieu juge, sur l'air féroce du Christ de la Sixtine. Sans doute il voulait montrer l'un des extrêmes de la peinture, et ne pouvait le poser qu'en s'opposant. Faut-il se dépassionner pour être impartial ? Ce serait une erreur pour un artiste que de tomber dans les éloges contraints et glacés. Beyle apprend dans l'*Histoire de la peinture* ce qui fera un des charmes de ses essais et de sa pensée : cette belle *impartialité d'adversaire* qui fait la part belle aux idées les plus éloignées, à condition qu'elles soient franches.

Il aime et admire les *positions extrêmes* chez les adversaires comme chez lui-même, et ne hait que le juste milieu. Comme il aimera la Terreur et les grands seigneurs, mais non la monarchie bourgeoise, les jansénistes et les incrédules, mais non les tièdes, il déclare, contre les timides, que Michel-Ange a découvert le beau idéal catholique. Pour un homme qui raffolait naturellement du Guide et de Bronzino, il y avait mérite à le dire.

Ce tour d'esprit qui pose les extrêmes contraires, amène chez lui comme chez Pascal des développements par antithèses. Antithèses réelles chez tous deux, et non « fausses fenêtres pour la symétrie » ; mais chez Pascal les extrêmes sont posés par déduction logique et dépouillement des apparences ; chez Beyle, ses extrêmes sont posés par jugement esthétique ; au lieu de la tragédie pascalienne, des contradictions inconciliables et déchirantes, Vinci et Michel-Ange, Julien Sorel et l'abbé Pirard, la sage mais ennuyeuse Amérique, la folle mais voluptueuse Italie, forment des contrastes heureux, comme des effets de couleur complémentaires.

Nous disions que Beyle se plaisait à marquer la diversité de ses récits ; le goût de contraster les caractères relève de la même méthode.

Cet art d'accentuer n'a pas besoin de prendre, avec le sujet, des libertés et des distances excessives ; on croirait souvent qu'il n'y touche pas, qu'il éclaire ces textes du dehors ; deux mots suffisent pour ces effets de lumière et d'ombre.

## VIII

L'alternance de l'essai et du récit, sensible dans le plan du livre — introduction historique, puis histoire de la peinture jusqu'à Léonard, puis essai sur l'idéal dans l'art, enfin, vie de Michel-Ange — se retrouve dans chaque partie du plan ; c'est dans le *Michel-Ange* qu'on voit les idées couper le plus abondamment descriptions et récits. Un peu plus et nous perdrions le fil.

Beyle a inauguré, dans l'étude de l'art italien, une méthode que d'autres ont suivie ; elle reparaîtra expliquée, éclaircie par la rhétorique classique, et les surabondantes explications de Taine, dans la *Philosophie de l'art en Italie*.

Pour nous rendre compte de l'audace réelle de Beyle, il ne suffirait pas de transposer timidement, d'imaginer une histoire d'Égypte avant une analyse de l'art égyptien, et un chapitre de Freud intercalé entre deux dynasties pour expliquer les statues hermaphrodites d'Aménophis IV. Cela ne ferait encore que suivre le chemin tracé. Imaginons plutôt un tableau de l'architecture aux États-Unis qui débute par un chapitre : *Pétrole, Électricité, Prohibition*, et qui entre Sullivan et Wright, place une étude empruntée à Maranon et à Harvey Cushing sur le *déséquilibre des hormones et le goût de l'excessif*. Il faudrait un art singulier de lier les idées et de passer de l'une à l'autre pour harmoniser ces emprunts. Et l'on n'éviterait pas le scandale, même aujourd'hui, en expliquant le plus haut de l'art par de la physiologie.

Cet essai sur l'idéal semble du reste si incomplet que d'admirables passages font à peine excuser, à première vue, l'insuffisance de l'ensemble. Pourquoi avoir rejeté dans une note, au chapitre **xxx**, une idée qui entrait dans le sujet mieux que tout le reste du chapitre ? « Rendre l'imitation plus intelligible que la nature, en supprimant les détails, tel est le *moyen* de l'idéal. » Mais M. Martineau a rendu à Beyle un grand service, et du moins a complètement justifié son plan, en publiant la suite de l'*Histoire de la peinture* (Écoles italiennes de peinture).

## IX

Nous retrouverons dans cette vaste suite (non plus en un livre à part mais en dix chapitres concrets), la suite des idées de l'auteur sur l'idéal dans l'art. Son idéal (*le beau idéal catholique*) selon notre auteur est le contraire de l'idéal antique : « L'antique altère la nature en diminuant la saillie des muscles, Michel-Ange en l'augmentant. » « Il n'idéalisait la nature que pour avoir la force » car « la condition première de toutes les vertus est la force ». Cette définition qui n'est pas idéaliste est du moins platonicienne. C'est l'idéal non pas transcendant mais immanent. Comme la peinture a l'homme pour objet essentiel, il fallait que cette vue sur l'idéal commençât par l'homme, et Michel-Ange, qui n'a guère peint que le nu, était le meilleur exemple à donner. Si Raphaël aux yeux de Beyle est le plus grand des purs artistes, c'est à propos de ses ouvrages que se définira l'idéal plus exactement pittoresque. En effet au chapitre xxv de l'*École romaine*, Beyle indique ce qu'est l'idéal dans chacune des parties de la technique picturale. Dans le dessin : « La réunion de diverses parties belles, choisies dans la nature, et qui se conviennent entre elles... toutes les lignes d'un corps présentent le même caractère. » L'idéal du clair-obscur consiste « en masses d'ombre et de lumière et en accidents de lumière choisis de manière à augmenter l'effet ». (Autrement dit le clair-obscur est chargé de la partie pathétique de l'art.) L'idéal du coloris est dans le choix des couleurs, plus ou moins fortes, plus ou moins aptes à renvoyer les rayons et dans le ton général. (Autrement dit, le coloris est chargé de produire les effets de charme physique.) « Il est impossible, dit Beyle à ce propos, que la nature présente une action telle qu'on n'ait qu'à la copier. »


                                   X


   Plus spécialement Raphaël servira de symbole à la *création* pittoresque. Et il sera l'occasion du retour de Beyle sur cette esthétique littéraire qu'il avait passé des années à mûrir. A l'improviste apparaît cette grande pensée, qu'il faut plus d'étude de la réalité pour l'idéal que pour le réalisme même, puis une comparaison avec le théâtre et la poésie :
   « On retombe aujourd'hui dans le défaut contraire ; on cherche l'idéal sans avoir assemblé sur la nature un nombre suffisant d'observations. C'est l'imprimeur qui veut composer une ligne et n'a pas de caractères dans ses casses. Il doit arriver alors que la plupart des tableaux d'une école représentent toujours dans des situations analogues les mêmes gestes, lesquels la plupart du temps sont ceux qu'un acteur choisira. La poésie n'admet pas comme la peinture des détails qui n'expriment rien. »
   Et c'est ce même retour sur lui-même, plus peut-être que ce qu'il regardait ou lisait à propos de Raphaël, qui lui fait formuler, dans le même chapitre, son *esthétique de l'inachevé.*

Il l'appliquait dans sa description de la *Cène*, en évitant la description physique du Christ, il l'appliquait plus mécaniquement, en coupant ses chapitres de telle manière que presque tous semblent rester en l'air : il devait plus tard l'appliquer dans le roman : « On trouve rarement chez Raphaël des actions terminées, c'est-à-dire telles que le personnage n'ait plus aucun mouvement à faire. C'est ainsi qu'il a su mettre en jeu l'imagination du spectateur. Il possédait *cette négligence apparente qui fait voir au spectateur ce qu'on ne peut pas lui montrer*... »

C'est la doctrine que Gœthe expliquait en d'autres termes par sa notion du *tremblement* plus puissant dans une œuvre que le fini ; c'est l'esthétique des peintres taoïstes chinois ou Zen japonais.

Ce dernier essai est plus bref ; mieux fondu au récit que dans le livre intercalé entre Léonard et Michel-Ange. Preuve de l'inachèvement où il a laissé l'école romaine et tout le reste de l'ouvrage ? Peut-être. Mais ses principes une fois expliqués, les nuances des pensées gagnaient à rester toutes proches des exemples, et pouvaient se contenter d'un trait. Il fallait plus d'idées pour aborder le sujet de Michel-Ange. La partie du livre qu'il consacre à son préféré, le Corrège, devait rendre contagieuse aux lecteurs la séduction du peintre — séduction moins pensive que celle du Vinci, et, Stendhal l'avoue parfois, un peu courte. De nombreuses descriptions, mais plus brèves, pouvaient seules remplir ce but. Chaque description offrait une occasion d'expliquer une nuance nouvelle de cet idéal de séduction.

## XI

Au quatrième chapitre de l'*École de Parme* un parallèle entre la peinture et la musique vient en son lieu, puisque pour Beyle la musique est par excellence l'art de la séduction. Il lui accorde un avantage qui vaut aussi pour la littérature : la musique *occupe le temps*. Le pouvoir de tout présenter d'un coup d'œil est compensé, pour les arts plastiques, par la difficulté de retenir le spectateur. Le chapitre huitième, après avoir savouré plutôt que décrit quelques tableaux, exprime brièvement ce qu'est cet *idéal de la séduction.*

Il restait encore à expliquer — par contraste — ce qu'est en somme l'idéal : c'est à quoi devaient servir les pages si tranchées, toutes tendant au même but, sur le « farouche » réaliste Michel-Ange de Caravage. Enfin, à propos des caricatures des Carrache, l'idéal du comique en peinture pouvait être esquissé en quelques lignes ; il devait confirmer simplement la théorie générale, et toucher, par allusion, à ce problème fugace et désespérant des recherches techniques de Beyle : le rire et le comique.

En suivant de très près Malveasia, et en feignant de citer simplement Annibal Carrache, il suit exactement sa propre pensée :

« Lorsque la nature a produit, en se jouant, un nez disproportionné, une bouche immense, ou qu'elle a chargé un dos d'une bosse, elle offre à l'artiste qui les imite le moyen de donner un double plaisir : celui du ridicule et celui de voir une chose bien imitée. Mais quand on augmente ces défauts, ajoutait Annibal, on y met la troisième raison du plaisir, l'exagération ou idéal du ridicule qui le fait mieux sentir. En cela, l'homme qui fait une caricature imite Raphaël et les autres bons maîtres qui, non contents de la beauté que présente un être quelconque, recueillent encore celle qui se trouve dans d'autres êtres de la même nature et dans les statues les plus belles, pour parvenir à un ouvrage parfait. »

Il est certain que c'est le Titien qui devait représenter pour Beyle l'idéal du coloris. (Dans *Rome, Naples et Florence en 1817,* cet idéal est représenté d'un mot par Giorgione.) Le chapitre XXVII de l'École de Venise, *l'idéal du Titien,* commence : « Il en eut peu dans le dessin, un peu plus dans le clair-obscur et beaucoup dans le coloris, parce qu'il avait bien connu le caractère et le degré de chaque couleur, ainsi que l'endroit d'un tableau où elle peut produire le meilleur effet. »

Ces explications semblent avoir peu de rapport avec l'idéal. Un peu plus loin seulement Beyle entre dans son sujet : « Il entendit aussi très bien l'harmonie des couleurs qui est une partie de l'idéal, et une de ces choses qu'on n'aperçoit pas dans la nature, si auparavant on ne s'en est pas fait une idée exacte... » Puis (après l'expérience connue qui compare une fenêtre à un tableau sur le même mur), il ajoute cette idée plus juste que neuve, même de son temps : « Dans l'art de plaire à l'œil par l'harmonie des couleurs, l'imitation pure est de peu d'utilité si elle n'est pas guidée par un peu d'idéal. »

## XII

Sans doute cette partie du livre n'est qu'ébauchée. Mais de toutes façons elle eût été la plus faible de l'*Histoire de la peinture*. Même dans une époque ignorante de la couleur (que les Anglais, Géricault et Delacroix n'avaient pas encore rapprise à la France), Beyle pouvait passer pour ignorant ; en tout cas le sujet l'inspire peu. La ressource de métier dont il usait pour s'inspirer lui-même et pour initier les autres : la comparaison avec un autre art (poésie, musique ou théâtre), manquait cette fois : la couleur est la peinture elle-même. Et surtout son procédé de travail le trahit ici : *il travaillait beaucoup plus d'après les gravures que d'après les originaux.*

Paresse ? Non : il s'est donné beaucoup de mal, pour voir les reprises et imitations de la *Cène* de Vinci, et pourtant il en parle visiblement d'après la gravure de Morghen. Ce n'est pas pour le lecteur français, mais par un souvenir personnel, qu'il cite avec reconnaissance la réduction des fresques de la Sixtine qu'il a trouvée à Naples. Parlant des premières œuvres de Raphaël, il disait (École romaine, ch. II) : « Le graveur Lasinio fils publie en ce moment, à Florence, le trait de ces dix fresques, charmantes à voir dans l'original. La peinture de l'an 1503 me semble encore bien froide pour supporter la gravure. » A propos de Corrège il se félicitera au

## PLAN DE L'HISTOIRE DE LA PEINTURE EN ITALIE

| IDÉE ESTHÉTIQUE | PEINTRE | ŒUVRE SPÉCIMEN | THÈME LITTÉRAIRE |
|---|---|---|---|
| pensée | Léonard | La Cène | Art et pensée |
| émotions fortes | Michel-Ange | La Sixtine | Art et religion |
| émotions nobles | Raphaël | Les Loges | Art et poésie |
| expression | Dominiquin | Saint Nil | Art et public |
| clair-obscur | Corrège | La Nuit | Peinture et musique |
| réalisme | Caravage | Saint Jean-Baptiste | Art et vérité ? |
| coloris | Titien | Saint Pierre Damien | Art. et technique |
| décoration | Véronèse | Triomphe de Venise | Couleur locale |
| naturel | Les Carrache | ? | Peinture et comédie |
| suavité | Le Guide | Enlèvement d'Hélène | Dévotion et sensualité |
| lumière | Le Guerchin | Sainte Pétronille | Peinture et drame |

contraire de ce que le clair-obscur est mieux rendu par la gravure que le coloris. Il dira aussi du Poussin que les gravures d'après ses tableaux sont plus agréables souvent que l'œuvre elle-même. Sans doute l'auteur d'un guide, à l'époque où la photographie n'existe pas, doit recommander des gravures ; mais le goût de Stendhal pour les reproductions d'après Marc-Antoine, même s'il ne s'agit pas d'originaux perdus, indique une méthode ou une habitude.

## XIII

Du reste, cette habitude est commune presque à tous les poètes ou écrivains qui se réfèrent aux Beaux-Arts pour leurs critiques ou leurs créations. Gœthe justifiait son goût des gravures par son besoin de vouloir posséder tout ce dont il peut tirer un profit intellectuel. Cette raison compte : la gravure reste à la disposition de l'écrivain pour la comparaison entre plusieurs œuvres, pour les réflexions et les retouches. Mais un poète comme Baudelaire, expert en critique d'art, qui voit à loisir tous les tableaux dont il parle, soit dans les Expositions, soit dans les ateliers, ne s'inspire abondamment pour son œuvre personnelle que de gravures. Il en a tiré le tiers de ses poèmes, alors qu'il parle assez abstraitement des couleurs même de Delacroix.

La gravure, l'image de dimensions réduites, noir sur blanc, a inspiré mieux l'ensemble même des critiques d'art que n'ont fait les musées : la différence est grande entre ce qu'on peut dire du dessin, de la composition des personnages, bref de toutes les qualités transmissibles par la gravure, et le peu que la critique d'art a su dire des couleurs. Entre les arts plastiques et la littérature, les arts graphiques, gravures et reproductions, offrent une transition, un intermédiaire aisé. Enfin, un tableau réel, puissant, peut subjuguer ou fasciner le poète ou l'écrivain, qui en tire alors une impression profonde, mais non une œuvre. L'image restreinte est plus facile à interroger et à dominer ; elle n'est qu'un instrument que l'on tient en mains. Qu'il critique ou décrive, Beyle suit une des lois les plus constantes de la littérature appliquée aux Beaux-Arts.

Certaines parties du livre auraient donc, même si l'auteur l'avait achevé, présenté des faiblesses d'exécution. Et pourtant le plan était si bon, si approprié au sujet, que le plus grand critique d'art de nos jours, M. Bernard Berenson, dans ses *Peintres Italiens de la Renaissance*, en a suivi un tout semblable. Chaque école, représente pour lui aussi une des parties de la peinture : « valeurs tactiles » et obéissance à l'esprit pour les Florentins, couleurs pour les Vénitiens, sens de l'illustration pour l'Italie du Nord et sens de l'espace pour l'école romaine. Mieux encore, cette sorte d'esthétique concrète a été transposée par Taine à la littérature ; en remplaçant chaque espèce d'idéal par une faculté dominante, ce qui revient exactement au même, il a fait de chaque grand écrivain anglais le représentant d'une partie du caractère national ; c'est une nouvelle manière de représenter les idées, sans trop de dissertations et d'abstractions.

Ce livre d'idées, source de tant d'imitations et de tant d'idées, qui a inspiré Nietzsche et sa morale de l'énergie, lui a offert l'antithèse des vertus privées et des vertus publiques, l'exemple des Borgia, voire des expressions de détail comme *coup de partie*, on ne peut le réduire à un plagiat ou à un groupe ingénieux de plagiats. Ce que laisse oublier l'étude des sources, ce que révèlent les études de métier, c'est que même dans les livres d'idées, les idées tiennent peu de place matérielle : de un à deux pour cent du texte à peine. Nous nous chargeons d'enlever au *Discours de la méthode* soixante lignes sans lesquelles il ne sera plus rien. (De même l'action, l'intrigue essentielle tient cent lignes à peine dans tel grand roman de Balzac.) Ces quelques lignes organisent tout le reste avec autant de force qu'un gland assimile ce qu'il lui faut pour faire un chêne. Un esprit assez original, assez dominateur, peut prendre des phrases et des faits à autrui comme nous prenons ses mots au dictionnaire.

## XIV

Beyle n'a publié que les deux cinquièmes de son livre, et n'a laissé qu'une ébauche de la plus grosse part. La comparaison entre l'ébauche et le texte imprimé nous offre quelques vues sur ses procédés de travail. Il est certain, par exemple, que dès la première rédaction où en sont restés les derniers volumes, Beyle ajoute sans cesse à son texte. On croirait entendre un lecteur à haute voix ou un traducteur impromptu, qui à chaque page relève la tête, pour une ironie, une idée en marge du récit ; tantôt il rappelle ses pensées les plus importantes — tantôt il rajeunit et passionne le débat. Les additions du « plagiaire » sont donc plus spontanées qu'on n'a cru, moins artificiellement recollées.

Ce que cette première rédaction laisse imparfait n'est pas exactement le style. A certains morceaux originaux (sur les diverses sortes d'idéal, par exemple), on s'aperçoit que l'auteur, lassé de traduire ou de résumer des faits, est heureux de donner cours à ses idées personnelles. Il a relu son texte, et ces fragments sont le plus souvent approuvés, sans corrections. Ce qui reste imparfait, ce sont les références laissées en blanc, qu'il aurait fallu chercher dans tel érudit inconnu, ce sont les diverses versions d'une même biographie, qui ne veulent pas s'accorder ou qui ne peuvent s'harmoniser.

Les négligences ne sont pas sensibles dans l'improvisation, mais dans les raccords. Les anecdotes arrivent presque toujours à la traîne d'une vie de peintre ; où les placer, si elles ne sont pas datées ? Le mouvement des tableaux (qui quittaient, pendant la rédaction du livre, le musée Napoléon pour s'en retourner un peu partout en Italie) a dû agacer prodigieusement Beyle — non seulement en patriote, mais en auteur qui doit recommencer ses notes, ou renvoyer le lecteur parisien à d'autres œuvres. Enfin, pour rester fidèle au système des *spécimens*, il aurait fallu, en publiant les derniers volumes, élaguer sans pitié, réduire à une mention les peintres de seconde classe. Or Beyle, à mesure qu'il avance dans une œuvre, est de plus en plus amoureux du détail.

Ce gros travail a empoisonné, bien plus que les soucis de style, la publication des deux premiers tomes, et ce labeur ne menait plus au but que s'était proposé l'auteur. En commençant l'ouvrage, il a sûrement pensé à le vendre ; en écrivant quelques apostrophes méprisantes dans la vie de Léonard — et dans la dédicace aux quelques heureux, il ne l'espérait déjà plus. « Pour avoir du plaisir j'avais besoin d'étudier ces arts et d'avoir pour la peinture un indicateur fait par moi, afin que les sentiments d'un auteur quel qu'il fût ne vinssent pas troubler les miens et me porter à la discussion au moment où il faut sentir. »

## XV

Beaucoup d'auteurs entreprennent un livre parce que le besoin s'en fait sentir, mais eux seuls sentent ce besoin. Ainsi après avoir réuni tant de faits, tant d'idées, Beyle devait se sentir entraîné vers un autre livre : il avait déjà tiré de celui-là tout ce qu'il en pouvait tirer. Surcroît d'information, idées éclaircies, occasion de rêve, l'ébauche lui suffisait.

Dans une note qui emprunte le langage de la peinture, mais où le « peintre Mocenigo » est un de ses pseudonymes, il justifie l'inachevé : « Mocenigo m'a dit que souvent dans la présente ébauche il indique un muscle d'une manière ridicule, chargée, etc. ; peu importe, il l'indique pour se rappeler de le faire en finissant ; souvent en esquissant, il connaît le ridicule de son coup de pinceau, mais comme il faut marcher, il le laisse. » Pourquoi Beyle aurait-il recopié, pour les glisser en explications des scènes pieuses, des fragments de la Bible ? Il suffisait de l'avoir relue pour lui-même. Ce dont il dut le plus regretter l'absence ce sont sans doute les descriptions amples et émouvantes comme celles de la *Cène* et du *Jugement dernier*. Mais ne suffisait-il pas de celles-là pour rendre l'admiration contagieuse ? Cet exercice littéraire d'après l'œuvre d'art, dont il rêvait dix ans plus tôt dans la *Filosofia nova*, il l'avait bien assez pratiqué en deux grandes descriptions et en tant d'ébauches excellentes. Toujours prompt à faire des parallèles entre les arts, il avait médité au passage sur l'excès de bonheur de Raphaël, trop admiré et qui fut privé par là de progresser encore ; l'exemple du Guide, condamné à une facture hâtive par son succès, ou des Carrache condamnés à une même hâte par le malheur, la hâte encore d'un Tintoret qui semblait absolument vouloir peindre toutes les passions, lui montraient le danger d'aller vite. *Ce danger n'est pas dans l'exécution*, où les grands artistes sont toujours prompts ; il est dans le ralentissement de l'invention, la répétition des mêmes effets, la manière.

Par-dessus tout, la critique musicale et la critique plastique avaient guéri Beyle de la manie ratiocinante ; il ne devait plus imposer ses jugements *par raison démonstrative*, mais par de beaux exemples et les bonheurs d'expression. La peinture lui ayant tout dit et l'entreprise étant coûteuse, il cédait à l'attrait plus fort d'un livre plus personnel, qui supposait achevée l'éducation plastique et musicale, et allait plus loin : jusqu'à l'art de vivre.

# ROME, NAPLES ET FLORENCE

I

Dès la première ligne, ce livre montre le bonheur de l'ouvrier ; pas de problèmes insolubles, pas d'hésitations préliminaires. Stendhal, dès qu'il veut mettre en livre ses notes sur l'Italie (en 1811 ou 1813, selon ses biographes, mais peu importe) se trouve exempté des deux terreurs du début :

Aucune peur du papier blanc, puisqu'un journal déjà écrit sans y penser, et qui se divisait facilement en chapitres, offrait une « matière première » originale.

Pas de difficultés de plan qui puissent l'obliger à supprimer une partie de l'ouvrage, puisqu'un journal prend et laisse chaque sujet selon la fantaisie de l'auteur.

Pour un écrivain tourmenté, dans la critique d'art, par la nécessité importune de vérifier et de dater, autre bonheur : la documentation pourrait l'aider, mais non plus le gêner ; il pouvait dire ce qu'il savait, et se taire sur ce qu'il ignorait ;

la fâcheuse idée d'être complet, qui gâte les livres d'idées, ne l'obsédait plus.

Au lieu de sources sans grand charme, si plates qu'on n'a même pas de plaisir à les contredire, d'un Carpani, d'un Lanzi, d'un Bossi, il allait s'inspirer cette fois de l'étincelant président de Brosses, mort depuis longtemps. Les lettres du président offraient une piquante occasion de comparer les mœurs italiennes et le goût français ; autre source : la *revue d'Édimbourg* ; au lieu de s'en approprier les opinions, il allait pouvoir les prêter à des compagnons de voyage, et nous placer à un troisième point de vue, différent autant que possible du modèle italien et de l'auteur français.

Toutes ces raisons ne suffisent pas encore, selon nous, à expliquer la singulière aisance du style, le bonheur d'écrire que l'on sent à chaque page et qui ne faiblit pas tout au long de la première version. Visiblement, après deux ouvrages où il fallait de l'érudition, des précautions, des révisions et des recollages, ce livre tout personnel lui fut un divertissement et un repos.

## II

C'est une loi connue des athlètes, des danseurs et de tous ceux qui ont l'expérience des grands efforts rythmés, qu'après un effort intense, un moindre effort procure une aisance intime, et donne au style l'allure légère et la grâce. Cette loi de la détente productrice se vérifie souvent en littérature. *Candide* est une détente de cette sorte après l'effort de documentation de l'*Essai sur les mœurs*. Le *Menteur* et les *Plaideurs*, dont l'aisance contraste avec le style soutenu de nos grands tragiques, sont aussi des détentes ; la correspondance où se détend Flaubert après ses journées de travail passe les grandes œuvres en promptitude, en vivacité, en chaleur. Même si l'auteur ne change pas de ton, une œuvre où l'effort se divise en périodes brèves et qui suit une œuvre plus vaste, donne au style le même air de bonheur. Parmi nos contem-

porains, le *Cimetière marin* nous est montré par Paul Valéry
lui-même comme une détente après la *Jeune Parque*. De même
Jean Giraudoux, après presque tous ses romans, compose
dans la même atmosphère et avec les mêmes personnages
une nouvelle plus vive encore et plus ailée ; le recueil de ces
nouvelles, la *France sentimentale*, a plus de bonheur que
n'importe lequel de ses autres ouvrages. Sans les longs travaux sur la musique et la peinture, *Rome, Naples et Florence*
n'aurait pas l'aisance, l'air d'improvisation parfaite qui en
font enfin du Stendhal.

### III

Les deux versions de ce livre que Stendhal refit au bout de
sept ans, n'ont en commun qu'un quart du texte. Si la première version avait contre elle (comme M. Martino l'a remarqué) un itinéraire trop fantasque, elle nous semble pourtant
la mieux *composée*, et la plus agréable à relire aujourd'hui.
S'il ne faut pas croire la lettre à Mareste du 3 janvier
1818 lorsqu'elle dit du livre : « Cela est exactement mon
journal », c'est seulement parce que la *composition* est plus
complexe. Il avoue au reste, dans la même lettre, une part
d'artifice : l'insertion des articles empruntés à l'*Edinburgh
Review* sur la France du xviiie siècle et sur Alfieri. Le changement de lieu permettait et même conseillait de faire la synthèse de plusieurs journaux intimes, tâche aisée.
Le style est exactement celui des lettres de la même
époque : avec les lettres datées du début de 1818 et d'Italie,
la ressemblance est frappante ; une seule différence dans les
lettres : quelques familiarités de ton, quelques propos de
fumoir ou de conversation entre hommes, que le livre imprimé ne pouvait comporter. Par la lettre du 1er décembre 1817,
nous savons que Beyle relisait assidûment, à cette époque,
des correspondances du xviiie siècle ; l'information est
presque superflue, tant les habitudes de style et le trait
sont souvent voltairiens. Son compte rendu des *Tre Mela-*

*rencie* dans cette même lettre, semble un passage de *Zadig* : c'est la même élégante ironie employée à conter le fantastique oriental.

Il n'est même pas surprenant que ce *Journal* ressemble plus aux lettres de Beyle que son vrai *Journal* : il ne l'écrivait pas pour s'instruire, mais pour faire part aux autres de ce qu'il pensait. Ce n'est plus monter, mais descendre la pente.

## IV

Sans qu'il ait eu à le savoir, par l'identité des buts, par les précautions prises, par les comparaisons inévitables de peuple à peuple, il avait un modèle dans notre littérature : les *Lettres anglaises* de Voltaire. Stendhal est bien *plus moraliste* que Voltaire. Voltaire est plus purement curieux. *Rome, Naples et Florence* est un traité du bonheur où le problème se pose ainsi : Nous ne pouvons plus espérer le bonheur public par la liberté, l'ambition ne vaut plus la peine. Comment trouver le bonheur, échapper à l'ennui qui nous menace ? Par les arts et les sentiments, et les sentiments réchauffent les arts. Un tel bonheur ne se démontre pas ; il se suggère, par le récit et par les comparaisons. De là l'itinéraire fantasque de cette première version, cette vue cavalière de toute l'Italie, et ces réflexions en *prestissimo ;* de là les brefs moments de délice du début, que fait mieux ressortir une satire acerbe ; de là ces propos sur la bonne société du xviiie siècle, sur les Français, les Anglais, les Allemands d'aujourd'hui ; de là le besoin de faire ressortir les différences entre les conceptions du bonheur de Milan, de Naples, de Bologne, de Venise et de Rome ; de là ce dédain pour Florence où le bonheur au jour le jour semble chose moins primordiale.

Il arrive, dans les essais de Stendhal, que les idées essentielles, celles qui animent l'humeur de l'auteur, celles que les anecdotes suggèrent, soient énoncées brièvement, tiennent peu de place, semblent éclipsées par certaines idées acces-

soires. Ainsi la politique et surtout le regret de Napoléon en
Italie, sont plus explicites dans *Rome, Naples et Florence* que
la recherche du bonheur : c'est que cette politique négative
se démontre ; elle est même agréable à démontrer. Et on
la discute : aussi l'auteur lui-même (dans sa lettre par exemple à l'*Edinburgh Review*) répond d'abord là-dessus. Dans
cette lettre, il revient vite à l'essentiel : au bonheur selon
les Français, les Italiens et les Anglais. L'essentiel est bien
là ; et la conclusion de *Rome, Naples et Florence en 1817*,
sur le bienfait pour l'âme que l'auteur (aux dépens de son
ambition) a retiré de son voyage, est elle aussi un apologue.


# V


On pourrait faire un tableau des alternances de récit, de
satire, de réflexions, de digressions et d'anecdotes, des retours
sur le thème principal, et les trouver *savantes*.

Mais pour Stendhal en train d'écrire, la variété est un
besoin personnel aussi bien qu'une ressource de l'art. Le
grand avantage de l'aisance dans le style, qu'il a enfin
conquise, c'est que les désirs spontanés de l'auteur correspondent mieux à ceux du lecteur. Beaucoup plus faiblement
que le créateur, mais sans peine et en beaucoup moins de
temps, le lecteur passe par les mêmes états d'âme que
l'auteur : *s'il consent à le suivre, il s'identifie avec lui*. Telle
est la puissance des improvisateurs, de ceux qui pensent
et créent devant nous, Saint-Simon, Stendhal, Gobineau ou
Nerval. Les prosateurs soignés, étudiés, n'y arrivent pas.
Mais aussi cette allure et ces bonds déconcertent ceux qui
sont habitués aux grandes routes de la prose, aux ornements
symétriques, aux montées en pente douce vers les conclusions ;
tant qu'on ne se prête pas à eux, les improvisateurs semblent
des êtres bizarres, des monstres — et d'autant plus qu'ils
sont plus originaux. Ils ont besoin d'un crédit ; *il faut qu'ils
soient célèbres pour être lus*. Voilà pourquoi des auteurs si

limpides pour nous ont commencé par un maigre public et par une gloire de chapelle.

Pour l'auteur, cet art d'improviser n'est pas un simple laisser-aller, ni un relâchement de l'effort. Si pour l'écrivain qui se corrige le grand effort vient après le premier jet, pour celui qui improvise, l'effort se place *avant l'instant d'écrire*. Cet effort, qui peut être bref, mais qui au début surtout d'une œuvre est très intense, ressemble à la tension de l'acteur ou du musicien qui va entrer en scène : il s'agit de s'élever à un certain ton et de jouer un certain personnage ; Beyle ou Labrunie deviennent alors Stendhal ou Nerval. La pensée ordinaire, trop vague, trop paresseuse, trop changeante pour faire œuvre, est stimulée ou dirigée par cette demi-fiction, au moment où l'homme devient l'auteur.

Le mot d'*inspiration* est trop ambigu pour désigner cet état ; il convient mieux à l'acteur ou au virtuose qu'à l'auteur. Nous dirions mieux que l'auteur n'est pas inspiré mais qu'il *s'inspire*. Une œuvre d'un autre art, une note personnelle, un fragment d'une autre œuvre, guident l'imagination, exaltent des sensations ou impressions auxquelles réplique l'action d'écrire ; ces excitations proposent à l'esprit un niveau à maintenir ou à dépasser. Le *la* est donné, l'air va suivre. Nous ne surprenons jamais Stendhal en train de commencer : toujours il reprend ou il continue. De même en musique, Haydn ou Bach n'improvisent bien que par variations.

A quels signes de critique interne se reconnaît, dans un texte, cette méthode de l'improvisation intense, respectée par l'auteur ? Le mouvement, la sympathie (ces sentiments du lecteur qui miment ceux de l'auteur), échappent au lecteur trop différent ; on peut les nier. Si rien ne peut forcer à goûter cette manière, quelques signes objectifs permettent de la reconnaître. Les transitions surtout, chez ceux qui improvisent, ne sont jamais des articulations logiques, des compléments symétriques ; elles ne sont pas non plus ces vides artistement ménagés, que les plus concis des classiques préfèrent à un raccord factice. Ou bien elles franchissent un pas dans la durée, ou bien elles sont brèves confidences.

Pour nous mener d'une idée à une autre, l'auteur nous fait passer par l'intérieur de lui-même. Le premier des deux procédés est facile, comme instantané ; il aide même au mouvement vrai. Stendhal s'en sert constamment dans *Rome, Naples et Florence* pour passer d'une idée à l'autre avec l'air du récit.

Il date de Civita-Castellana le 27 mars une polémique sur les marais Pontins : « Sans la liberté, Rome va mourir. » De Pérouse et du surlendemain, sa comparaison entre l'Italie du Sud et l'empire turc. Il peut loger des idées en des lieux dont il ne rapporte pas de souvenirs. Puis fatigué des idées et de la polémique il date, de Florence et du 30 mars une transition personnelle — par contraste : « Je sors d'*Evelina* chanté par les Monbelli. Cette musique divine a chassé tout le noir que m'avaient donné mes compagnons de voyage anglais et la politique. » La même ressource d'une brève confidence servira quelques pages plus loin pour revenir aux réflexions : « Je viens de me promener trois heures aux Cascine avec des gens d'esprit. Je les ai fuis pour ne pas perdre mes idées. »

Si nous suivons l'auteur, nous voilà persuadés à l'avance que ses idées ont du prix. On voit quel genre de composition permet cette manière d'écrire, soudaine et de premier jet.


## VI

Premier ouvrage de Stendhal dont la substance soit personnelle, *Rome, Naples et Florence* (en 1817) a déjà sept ou huit traits essentiels de la composition stendhalienne. Même les romans suivront d'habitude ces mêmes lois réfléchies ou secrètes.

1º Prélude très éloigné du sujet. Ici le prélude se place à Berlin. Il faut que les premiers mots dits sur le sujet puissent bénéficier d'un contraste ou d'une perspective. Le pur conteur débute *in medias res* : au contraire Stendhal en même temps que l'intérêt veut éveiller le jugement.

2º Alternance entre le récit principal et les descriptions satiriques ; cette alternance est d'autant plus rapide que l'émotion est moins forte.

3º Récits secondaires inutiles à l'action, mais exactement du même ton que le récit principal. Les idées essentielles qui tiennent peu de place matérielle, sont insinuées de préférence à la fin des anecdotes ou récits secondaires.

4º Au lieu d'un plan méthodique, des états successifs, tous rédigés, d'un même projet littéraire. Les plans ne sont pour Stendhal qu'une occasion de délibérer et d'hésiter ; au contraire une esquisse qui semble complète l'excite toujours. Pour *Rome, Naples et Florence*, le journal de 1811 sert de maquette au livre de 1817, qui lui-même, tout parfait qu'il soit, sert d'ébauche au livre de 1826. Un texte préparé en 1818 pour une seconde édition et qui partait de la première s'était égaré. Il servira de point de départ partiel aux *Promenades dans Rome*.

5º Entre l'esquisse et la rédaction suivante, un temps sans travail que nous puissions connaître sur l'œuvre. Il faut qu'un *excitant nouveau* apparaisse (ici un nouveau séjour en Italie et la mesure de l'influence de Napoléon). Cette *seconde cristallisation*, au lieu de former dans l'ouvrage une partie séparée, fera tout reprendre et tout développer.

6º Le lyrisme de l'auteur, fait de souvenirs plutôt que de sensations présentes, est personnifié par des jeunes gens ; les vieillards au contraire personnifient l'absence de passions. Ne nous y trompons pas : il ne s'agit pas d'obéir à la tradition des Mentors. La frivolité, par exemple, qui est absence de passion, sera représentée ici par le vieux colonel Forsyte, comme elle le sera dans le *Rouge* par le vieil évêque de Besançon et le marquis de la Mole ou dans *Lucien Leuwen* par M. Leuwen père.

7º Le jugement moral est toujours distinct du jugement esthétique. Le jugement moral toujours appuyé sur le principe d'utilité commune, est identique au jugement politique ; le jugement esthétique a les préférences de l'auteur et du lecteur. Nous n'avons pas ici à apprécier en moraliste cette

diversité de jugements. Elle est certainement une précieuse
ressource pour l'artiste : tout objet ou tout caractère vu de
divers points montre mieux sa masse et son relief. Cette
façon de peindre en deux traits fort différents, permet
d'*abréger* les descriptions. En 1818, préparant une seconde
édition du livre et voulant y mettre son portrait moral,
Stendhal insistait sur cette dualité de jugement : « Quand
je suis arrêté par des voleurs ou qu'on me tire des coups
de fusil, je me sens une grande colère contre le gouvernement
et le curé de l'endroit. Quant au voleur, il me plaît, quand
il est énergique, car il m'amuse. » Le jugement esthétique
s'applique à l'individu, le jugement moral aux ensembles.
Ce dernier remonte des effets aux causes. Cette dualité ne
profite à l'œuvre d'art que si le jugement moral est bref, s'il
donne au tableau plus de largeur ou de lointain. Il exige
donc le talent des raccourcis et des sentences.

8° Stendhal ne nous donne d'impressions moyennes
qu'en opposant les extrêmes. Il ne voit ni ne peint le médiocre et le terne ; au moment où il serait forcé de les voir, il s'en
débarrasse par une fuite avouée ou un mot de satire. Cette
disposition chez lui est consciente ; c'est un parti pris de
peintre. « Les ombres sont dans la nature et sans les ombres
il n'y aurait pas de parties brillantes », dit-il en 1818 pour
défendre la partie satirique de son livre.

Pour peindre par contrastes, il peut s'aider, nous l'avons
vu, de la dualité de son propre jugement. Ce n'est pas assez ;
il lui faut chercher chez autrui de nouveaux contrastes, et
des points de vue plus éloignés. Là, c'est parti pris d'éducateur. Il dit de l'Italie (Melzi, 18 juillet) : « Il lui faut faire son
éducation, mais la faire avec les gens les plus différents
d'elle-même. »

Tantôt il polémique contre les jugements d'autrui, et sa
polémique n'est pas une réfutation, elle est position de contrastes ; tantôt il dialogue ou il feint d'écouter : ainsi un
colonel anglais qui est l'*Edinburgh Review* lui présente la
France d'autrefois et la France d'aujourd'hui.

Cette manière de peindre par contrastes et d'opposer

tant de jugements sur le même objet ne pourrait pas s'imiter à froid ; l'unité du livre y périrait. Cette unité est sauvée par la fougue de l'improvisateur, qui fond tous ces contrastes en un seul style et en des chapitres d'un seul élan. Prenez par exemple les réflexions qu'il date du 3 mai : « L'étranger qui ne voit d'abord que les littérateurs est étonné de la sottise de ce peuple. Au contraire il n'y a rien de si fin et de si spirituel au monde. Dès qu'ils veulent se cultiver, ils deviennent pédants. Depuis, j'ai découvert que quand ces gens-là sont naturels et ne veulent plus faire d'esprit, ils sont divins. »

## VII

L'éducation d'auteur dramatique qu'il s'était donnée le sert ici mieux que dans ses comédies. Plutôt que le dialogue des personnages, il a réussi le dialogue des opinions pures, *dialogue intérieur*. Comparez Stendhal à Diderot, qui aime aussi présenter les idées par contraste. Diderot fait dialoguer des personnages. La mise en scène qui nous les présente alourdit l'élan des idées. Et ces personnages qui restent là quand ils ont tout dit, dont aucun ne veut se réduire à une partie de la vérité, empêchent le penseur de reprendre son élan et son unité dans la conclusion. S'ils se laissaient réfuter, ce serait pire encore : c'est le sentiment seul qui ose conclure, par le mythe de Platon ou la rêverie stendhalienne. Comparez au contraire Stendhal à Taine, là où Taine l'a suivi : dans la *Philosophie de l'Art en Italie*, dans le *Voyage en Italie* ou les *Notes sur l'Angleterre* (la conclusion surtout). L'auteur systématique accumule bien plus de faits mais développe la même idée sans contrastes ni nuances ; il finit par être, malgré sa probité d'esprit, moins juste et moins complet que son maître fantaisiste et passionné.

## VIII

Nous retrouvons ici à leur vraie place, enfin, ces *petits faits*
qui lui semblaient si importants au début de sa carrière ;
pour la première fois il pouvait les prendre ailleurs que dans
les livres et se montrer, pour les choisir, critique à même
la vie.

C'est vers cette époque aussi qu'il a commencé à recueillir
des anecdotes dans les journaux, méthode dont il est l'ini-
tiateur. Il s'est beaucoup soucié, naturellement, de la vraisemblance de ses anecdotes et d'autant plus que la vérité
qu'il cherche s'écarte du vraisemblable. Il comptait placer
dans la seconde édition qu'il préparait en 1818 les lignes
suivantes : « Les anecdotes que je transcris dans mon journal
sont vraies pour moi et mes amis, et les circonstances recueil-
lies avec la plus religieuse exactitude ; quant au public, il
m'est indifférent qu'il les prenne pour des apologues. Tous
les noms propres d'hommes et de villes sont changés avec
le plus grand soin. » (Éd. Martineau, *Pages d'Italie*, 80.) Ce
genre d'attestation n'est bon qu'en préface.

Il sait déjà comment donner à ce petit fait une valeur
symbolique.

Il aime à présenter tel petit fait comme répété chaque jour,
continu, vérifiable : « En arrivant dans chaque grande ville
*ma pratique constante* est d'aller au spectacle, et de me placer
près de l'orchestre, de manière à suivre la conversation des
musiciens. A Turin, ils se regardent d'un air en dessous ; ils
plaisantent sans cesse entre eux à Milan, du ton de la plus
parfaite bonhomie. A Venise ce sont vingt signes plaisants... »
Cette menue observation se trouve ainsi assez habilement
élargie pour que s'insinue, au bout de la page, ce hardi paradoxe : « La gaîté et le bonheur sont en raison inverse de la
bonté du gouvernement. » Souvent il soutient son petit fait
ou son anecdote par des statistiques : il accompagne ce qu'il
dit des brigands d'une statistique des assassinats. Les propos du général russe qu'il dit avoir rencontré à Saint-Cyriaque

le 27 mai sur la beauté des Italiennes et des Françaises,
proposent une statistique sur la proportion d'agréables, de
grotesques et de vraiment belles. Le procédé est plus hasardeux.

Quant aux anecdotes, son habileté la plus coutumière
est de dire qu'il en choisit une dans la foule : il prétend
même choisir la plus innocente. C'est donner à penser au
lecteur que toutes les autres, qu'il garde dans son sac, prou-
veraient la même idée avec plus de violence. Osons dire que
cette technique de la vraisemblance où l'art cède la place
au truquage n'est qu'un signe de timidité. Une anecdote,
un petit fait, ont une beauté particulière qui s'offre au jugement. Nous les apprécions selon notre expérience, et surtout
selon notre accord avec l'ensemble du livre ; ce n'est pas à
une note, c'est à toute l'œuvre de plaider pour chaque détail.


IX


Nous avons vu comment Beyle avait appris à décrire
devant les tableaux ; devant la nature, il réussit presque
toujours aussi à donner un *mouvement* à la description, ce
mouvement peut venir de l'objet décrit ou du contempla-
teur lui-même.

Il reste pourtant quelques descriptions classiques, immobiles, et qui n'ont rien de particulièrement stendhalien dans
la première version de *Rome, Naples et Florence*. Ainsi le
26 juin, si l'on néglige la première ligne intime et familière,
on croira lire du pur Chateaubriand : « Je n'ai pas le cœur à
écrire. Je regarde cette mer tranquille et au loin cette langue
de terre qu'on appelle le Lido, qui sépare la grande mer de la
lagune, et contre laquelle la mer se brise avec un mugissement
sourd ; une ligne brillante dessine le sommet de chaque
vague ; une belle lune jette sa paisible lumière sur ce spectacle tranquille ; l'air est si pur que j'aperçois la mâture
des vaisseaux qui sont à Malamocco dans la grande mer et
que cette vue si romantique se trouve dans la ville la plus

civilisée. » Mais cette lithographie de l'époque est faite pour
contraster avec la dure image des cinquante mille pauvres
de Venise.

Les descriptions où intervient l'homme sont déjà bien
plus stendhaliennes ; les personnages lui servent même à
donner de l'ampleur au paysage. Près de Venise encore, cette
esquisse n'a que deux traits mais parfaitement purs : « Pendant que leurs maris et leurs amants sont à la pêche, les
femmes de Malamocco et de Pellestrina chantent sur le rivage
des vers du Tasse et de l'Arioste ; leurs amants leur répondent au milieu des eaux par une stance. » Peinture, fait et
symbole ensemble.

Il triomphe naturellement dans le portrait, quand il peut
mettre ensemble anecdote et portrait ; ainsi en appendice,
ce qu'il nomme une *étude* : le portrait d'un ancien soldat
italien.


## X


Dans le texte de 1817, trois descriptions pourtant méritent
d'être mises à part ; il s'agit de paysages : l'art voulu ou
instinctif que Stendhal y emploie est bien celui qui lui a servi
pour décrire la *Cène* :

Impression d'ensemble, très personnelle et mêlée au récit ;

Puis un arrêt, une brève méditation ;

Puis la description physique à grands traits sûrs

Quelques mots enfin pour prolonger, reprendre dans son
ensemble et *faire vibrer* l'impression. La première de ces
descriptions (l'Apennin vu de Bologne), datée du 1er mai,
toute fidèle à cette technique, nomme les lointains, et prépare un tableau de l'Italie morale.

La description du lac de Côme (datée de la villa Melzi,
18 juillet) est plus ample ; il fallait donc que le récit y inter-
vînt davantage. Le même schéma y semble amené avec une
adresse incroyable si l'on suppose que le procédé est tout
conscient et tout volontaire. *L'impression d'ensemble* est en

même temps un départ irrésistible ; les quelques lignes de *méditation* qui semblent ensuite résumer la journée sont comme une confidence. Puis la *description physique* semble suivre le mouvement de la promenade elle-même. Comme de nulle part on ne voit tout le lac, il devait y avoir unité seulement par les spectateurs : triomphe de la manière stendhalienne. Et le départ (qui semble imprévu) pour la villa Melzi nous ramène avec ampleur malgré sa brièveté au *premier thème :* la mélancolie. Cette tristesse qui succède à l'enchantement semble ramenée non par un retour du thème lyrique, mais par le paysage lui-même. Chef-d'œuvre du lyrisme secret qui sera la partie du génie de Stendhal la plus tardivement reconnue.

La dernière des belles descriptions du livre, celle de Monticello, fait pendant à la première ; « c'est la contre-partie de la vue de San Michele in Bosco. » Ici le mouvement est donné par le spectacle lui-même d'abord par l'élan des yeux vers la Lombardie et Venise. « En avant, on a cette belle Lombardie. » Cet *en avant* au lieu de *devant* n'est pas une négligence de hasard ; il crée un mouvement vers « l'horizon sans bornes » qui le suit, qui s'achève et s'amortit dans la phrase suivante : « L'œil se perd à trente lieues de là, dans les brouillards de Venise. »

Puis au lieu de détails, c'est le mouvement des orages qui va suggérer la puissance et l'ampleur du ciel : « Dans ce ciel immense, on aperçoit souvent une noire tempête avec ses tonnerres mugissants dans un coin de cinq à six lieues tandis que tout le reste est serein. On voit la tempête avancer, reculer, s'anéantir, ou en peu de minutes elle nous environne. L'eau tombe à torrents, des tonnerres affreux ébranlent les édifices ; bientôt l'admirable pureté de l'air vient augmenter les plaisirs. »

En quelques lignes deux surprises : ce n'est point sur ses épithètes qu'il compte pour peindre. Ici point d'idées morales ou de satire. Cette description ouvre une revue finale des impressions, des noms les plus aimés et des plaisirs, qui annonce le départ ; après un dernier contraste satirique sur

Genève, quelques pages d'idées plus graves font vibrer les impressions anciennes, et déjà, pour le lecteur comme pour l'auteur, les font passer au rang des souvenirs, et le dernier enthousiasme *vibre* en quelques lignes. « C'est l'âme qui a gagné. La vieillesse morale est reculée pour moi de dix ans. J'ai senti la possibilité d'un nouveau bonheur. » Ainsi l'ensemble du livre nous paraît composé à peu près comme chacune des descriptions qu'il enferme.

Les parties satiriques de cette première version pourraient démentir ce que Beyle dit de lui-même : qu'il n'eut de l'esprit qu'après ses malheurs d'amour. Il doit vouloir dire esprit impromptu. L'esprit abonde dans ce livre de 1817. Mais la forme du journal permet de se diriger sans affectation vers le bon mot que l'on fait dans la journée. Si ce bon mot vous reste dans l'esprit, il agit comme un aimant, il attire vers lui la prose.


## XI


Admirateur en 1817 de l'esprit italien et surtout des satires milanaises, Stendhal n'en a rien pu faire passer dans son livre ; une trop grande part en tient à la langue, aux circonstances. Les étrangers dans un pays préfèrent toujours cet esprit fermé, qui leur donne l'impression d'être initiés ; peut-être aussi faudrait-il, pour ce genre d'esprit, un adaptateur plus truculent. Lui qui médit des satires de Voltaire garde ici les tours satiriques du *Dictionnaire philosophique* portatif : « Saint Bernard prêchant en latin aux Germains qui n'y comprennent pas mot, et les convertissant par milliers. De nos jours, Kant a recommencé ce miracle. » Voltairiennes aussi les égalités qu'il établit en sens inverse de ce que le lecteur peut attendre. A Venise, « le fils du doge est aussi gai que le gondolier ».

A la différence de Voltaire qui a toujours su amener ou mettre en belle place ses bons mots, ceux de Stendhal, dès 1817, se cachent presque toujours à l'intérieur d'un para-

graphe. L'effet n'est pas le même dans ses lettres où les
« blagues » plus grosses sont mieux soulignées. Ou il s'agit
d'une pudeur de style : l'auteur ne veut pas faire l'homme
d'esprit. Ou plutôt (à ce que nous croyons sans pouvoir ici
le prouver) l'élan de l'improvisation, stimulé par le mot
d'esprit, l'entoure et le recouvre en l'écrivant. Il faut que
le mot d'esprit ou ses entours soient rapportés pour donner
l'effet de surprise. Chez Stendhal, si fort en contrastes, les
mots d'esprit font rarement contraste.

On pourrait trouver aussi voltairien l'article *Genève*, à la
fin du volume ; cette supposition est rendue plausible par
les souvenirs de Voltaire qui figureront plus tard au chapitre
de Genève dans les *Mémoires d'un Touriste*. Mais ce chapitre
d'antiphrases et de conséquences à la fois graves et ridicules
pourrait aussi bien être de Paul-Louis Courier, dont les pamphlets commençaient alors à paraître. L'antiphrase est la
forme d'ironie presque naturelle à la pensée menacée. Voltaire s'en est servi, mais Stendhal et Courier avaient là plus
d'un maître. Il nous semble que Stendhal doit à Montesquieu (outre son attitude d'esprit devant les rapports des
lois et des mœurs) un mode d'ironie particulier : celui des
restrictions prétendues. Pour Montesquieu ces restrictions
n'étaient que des passeports. Il faisait remarquer par exemple
que telle opinion sans doute blâmable selon la morale religieuse, pouvait être licite en droit civil. Cette façon de saluer
sans la justifier l'opinion qui condamnait la sienne était une
politesse plutôt qu'une ironie. Beyle a trouvé le moyen de
rendre insolents des demi-désaveux. Après avoir regretté
que Napoléon n'ait pas donné de constitutions libérales aux
peuples conquis, il dit en note : « On sent que dans cette
supposition il ne pouvait être question pour l'usurpateur du
grand principe qui assure maintenant le bonheur des peuples :
la légitimité... » Ce genre de notes qui emplit déjà d'impru-
dences l'*Histoire de la Peinture* inquiétera pendant toute la
Restauration les amis de Beyle et les censeurs qu'il prétend
égarer.

De Swift, du Voltaire de *Micromégas*, de son propre esprit

mathématique, Stendhal tire des effets de perspective, ou si l'on veut, s'amuse à faire deviner le quatrième terme d'une proportion. « Sur les mémoires d'Alfieri je dirai : Les bulletins de Buonaparte sont intéressants parce qu'il sortait un peu du ton de dignité. » S'il avait seulement dit qu'Alfieri était plus fier encore que Bonaparte, cela n'eût pas valu la peine d'être écrit. Le goût du mystère, le goût de calculer lui font présenter un bon mot comme une énigme.

XII

La différence des plaisanteries, d'un ouvrage à l'autre, sert à mesurer d'une façon sensible et frappante la différence des tons. Les plaisanteries de 1817 montrent l'élan du premier jet dans leur vigueur, leur promptitude, leur fusion avec le texte. On sait que l'auteur a préparé, pendant l'année 1818, des éléments d'une seconde édition ; il les laissa à Milan jusqu'à sa mort. Ils n'ont été publiés au complet que de nos jours (dans les *Pages d'Italie* de l'édition Martineau). On sent que des amis, des lecteurs, des Italiens ont répliqué au premier texte. Stendhal riposte avec fougue, avec légèreté et emportement. Il soutient beaucoup plus longtemps le ton de sa plaisanterie dans l'*excuse* toute en antiphrases qui devait lui servir de préface et où il cingle les Italiens. Il cingle les Français par des citations de leur vieille critique musicale, et accumule avec acharnement les balourdises de critiques oubliés. (Peut-être est-ce Colomb qui a daté ce fragment de Milan, 10 janvier 1817.)

Dans la peinture des mœurs ou de la politique, plus d'âpreté, beaucoup plus de morsures. Nulle idée qui ne soit dans le livre précédemment publié. Mais en revenant sur ces idées, au lieu de corriger et d'ajouter, et d'être complet, il épanche son humeur en des pages de colère ; la première expression, plus douce que sa pensée, lui créait sans doute le besoin d'une nouvelle expression plus violente. Nous croyons pouvoir affirmer, sans preuves biographiques, qu'il voulut s'épancher pour son plaisir sans songer à l'impression, quitte à effacer ou adoucir plus tard. On ne trouvera une pareille âcreté que dans les pages les plus dures du *Rouge et Noir* : le séminaire ou le discours de Julien condamné : « Un juge homme d'esprit m'a assuré qu'au 10 février 1815 le nombre des assassinats commis depuis le retour du père du peuple égalait la somme des assassinats connus pendant les quatorze ans qu'a duré le despotisme du tyran. Avant-hier un de ces jeunes gens qui portent des épaulettes a insulté un bourgeois qui lui a donné vingt soufflets et a fini par lui prendre son épée et le fustiger avec cet instrument de l'honneur. Le jeune homme a fait mettre son adversaire en prison où il est pour longtemps. » A ce ton âpre répondent des pages d'un ton bien plus intime que la première ou la deuxième édition imprimées de l'ouvrage : portrait du voyageur par exemple, ou encore les pages vibrantes (inspirées peut-être de l'*Eclectic Review*) sur les *Rivages de la Mer*. Avec la facilité du premier jet, avec un début de succès, lui était venu plus d'audace ; un lyrisme bien plus franc et plus explicite apparaît, non sur sa vie privée, mais sur ses sentiments moraux et esthétiques ; un écrivain assez différent pouvait naître du même homme. Ce fut sans doute une circonstance de sa vie privée (l'amour de Métilde) qui le replia sur lui-même.

## XIII

La seconde édition, en 1826, a été refondue dans un esprit tout différent. Cette fois Stendhal connaissait si bien l'Italie, il avait tant d'anecdotes à raconter que la matière première surabondait. Moins de feu. Moins de concision aussi : c'est une loi chez Stendhal toute contraire à celle qui régit Diderot, que plus il est sincère et plein d'élan, plus l'expression des idées s'abrège et se ramasse en sentences. Au reste, il revenait, auteur invendable, au seul de ses livres qui eût réussi. Nous savons par la préface qu'il avait écrite en 1824 et par les *Souvenirs d'Égotisme*, que *Rome, Naples et Florence* était sa

modeste revanche contre la mévente de l'*Amour ;* la hausse
des derniers exemplaires le vengeait des dédains du comte
Daru. Il revenait donc à ce livre avec plaisir, sans appréhen-
sion, comme on revient dans une société où on plaît. Enfin, il
contait bien davantage pour le plaisir de conter ; il n'avait
plus à inventer ses idées et se plaisait davantage à jouer au
cicerone. En 1826 il consent à badiner, à développer en plusieurs bons traits une idée plaisante. Au mot sur Kant que
nous citions, comparons cette plaisanterie charmante, mais
préparée, ornée de variations sur Niebuhr :

« On connaît ce vers de M. Berchoux :

> *Et le turbot fut mis à la sauce piquante.*

« A Paris, on sert à part le turbot et la sauce piquante. Je
voudrais que les historiens allemands se pénétrassent de
ce bel usage ; ils donneraient séparément au public les faits
qu'ils ont mis au jour et leurs réflexions *philosophiques.* On
pourrait alors profiter de l'histoire et renvoyer à un temps
meilleur la lecture des idées sur l'absolu. Dans l'état de
mélange complet où se trouvent ces deux bonnes choses, il
est difficile de profiter de la meilleure. »

Ce comique italien, qui a toujours une pointe de burlesque,
et qu'il admirait en 1817 sans pouvoir l'adapter, il y arrive
enfin en 1826. C'est que le burlesque (en cela différent du
saugrenu anglais ou du piquant à la française) demande une
préparation un peu longue, une mise en scène semi-théâtrale.
Un bon modèle de cet esprit à l'italienne est l'anecdote du
marquis Filorusso (datée de Bolsène et du 5 février). Le
Beyle enthousiaste et plein d'élan de 1817 pensait à écrire
un livre ; en 1826 il ne songe qu'à écrire une page. Aussi
donne-t-il plus de plaisirs de détail. Mais l'étonnante composition spontanée du premier ouvrage si docile aux lois secrètes
de ce que nous appelons les caprices du cœur, n'a pu subsister
intacte dans ce remaniement. Meilleur guide, mais guide
d'Italie, et trop sinueux traité du bonheur.

La comparaison des deux ouvrages nous aide à deviner ce que le plus ou le moins de tension ôte ou ajoute à l'esprit d'invention de l'auteur. En 1826 où plus d'expériences diverses, plus de place lui permettaient de décrire plus abondamment la nature, au contraire il décrit moins : les descriptions de 1817, plus encore les pages de 1818 intitulées *les Rivages de la Mer*, étaient des moments de passion, des victoires sur une pudeur. En 1826, plus facilement intime avec le lecteur, il passe plus vite sur les spectacles naturels. Par contre il voit bien mieux, dans les hommes et les événements, tout ce qui n'est point sentiments extrêmes. En 1817, il ne pouvait reprendre dans son journal de voyages ce qu'il pensait des peintres. Il ne peut reprendre un sujet qu'après un temps mort, une maturation secrète, ou, comme il dirait, une nouvelle cristallisation. Mais telle anecdote d'une douceur insinuante serait impossible dans le livre de 1817 : ainsi, par exemple, le récit daté de Castel Fiorentino, 1er février, et où il présente des paysans de Toscane improvisant les uns pour les autres, le soir au coin du feu, des contes à la manière des *Mille et une nuits*. Il explique admirablement lui-même la différence de ces deux tons : « Je compare cette soirée à celle que je passais à la Scala le jour de mon arrivée à Milan ; un plaisir passionné inondait mon âme et la fatiguait ; mon esprit faisait des efforts pour ne laisser échapper aucune nuance de bonheur et de volupté. Ici, tout a été imprévu et plaisir de l'esprit, sans effort, sans anxiété, sans battement de cœur : c'était comme un plaisir d'ange. »

Aussi les pages sur la Scala sont-elles passées de la première version dans la seconde. Le lecteur doit être assez attentif pour écarter ces emprunts s'il veut sentir cette différence des tons. L'improvisateur dépend, sans le savoir, non seulement des objets qu'il peint, mais de l'idée qu'il se fait de sa tâche. Dans le travail au jour le jour d'une refonte, il veut aller moins loin, mais vise aussi moins haut.

### XIV

Sans ce léger fléchissement dans la composition, on pourrait dire, ce me semble, que les deux versions de *Rome, Naples et Florence* sont entre elles comme le *Rouge et le Noir* et la *Chartreuse de Parme*. La mélancolie plus sereine et la tendresse souriante de la *Chartreuse* ne viennent donc pas de la maturité de l'auteur ? Si, mais ce qui est donné à la *Chartreuse* par la vieillesse de l'homme est donné à la seconde version de *Rome, Naples et Florence* par la *vieillesse du livre*. On revient avec plus d'expérience, d'indulgence et de détachement à des images vieilles de sept ans. Dans l'imagination des auteurs (des improvisateurs surtout) les livres ont comme les hommes une enfance, une jeunesse, un âge mûr, une vieillesse parfois, qui donnent leur ton aux pages du livre. Nous retrouverons, au cours de l'œuvre de Stendhal, plusieurs jeunesses et plusieurs âges mûrs.

La critique classique, jugeant les œuvres du dehors, ou d'après les lois et coutumes d'un genre, néglige d'observer d'assez près l'artiste en train de créer, et ne note pas, à l'intérieur d'une œuvre, l'âge de telle page, de tel chapitre ou de tel caractère par rapport à l'ensemble de l'œuvre. Ces nuances se distinguent mal tout d'abord : une fois aperçues elles semblent souvent essentielles. Seules elles peuvent faire sentir, au critique comme à l'auteur, qu'à tel moment l'œuvre vieillit, qu'une *greffe* lui devient nécessaire. L'instant auquel les sources apparaissent à l'auteur a très souvent plus d'importance que les sources mêmes. Ces notions d'âge relatif aident à comprendre l'inégal travail d'écrire où alternent ces chutes, ces rebonds qui semblent narguer la réflexion, la conscience, l'effort et qui pourtant les récompensent.

### XV

Par la science et surtout la pratique du métier, *Rome, Naples et Florence* est un premier sommet dans l'œuvre de

Stendhal. Quinze volumes de journaux, d'ébauches, d'études personnelles, de correspondance littéraire, six volumes de critique d'art avaient préparé cette première réussite. L'écrivain ne surpassera ce livre qu'avec le *Rouge et le Noir*. Dans l'intervalle, beaucoup de belles et d'agréables pages, mais de moins bons ensembles.

L'art d'improviser dépend des événements de la vie. Pour quelques pages, la verve apparaît souvent : il y suffit d'une matinée. Pour un livre, il faut un large espace vide entre les occupations, les voyages et les amours. Beyle n'éprouve plus cette passion exclusive pour la gloire, dont il se vantait au début de sa carrière. Cette passion à elle seule n'inspirerait que des imitations, des pensums, des formes creuses. Il faut, pour qu'il puisse mener jusqu'au bout une œuvre, que ses souvenirs, une excitation ou une force extérieure et l'élan de sa fantaisie puissent fusionner jusqu'aux dernières lignes.

L'improvisation, ou plutôt le respect du premier jet, n'a rien de commun avec la facilité. Déblayé des règles écolières du plan, du brouillon et du grattoir, le métier d'écrire n'en est pas pour cela plus facile. Les difficultés de détail sont surmontées par un exercice continuel ; les idées viennent quand on s'est voué à elles. Mais la composition d'un ensemble, lorsqu'elle s'affranchit des règles mécaniques pour suivre le rythme d'un esprit vivant, offre devant chaque œuvre de nouveaux obstacles. C'est le risque ou la chance de l'originalité.

# NAPOLÉON

## I

La première ébauche de *Napoléon*, que Beyle devait abandonner presque à la fin d'un premier jet, a été écrite en deux périodes brèves de novembre 1817 à janvier 1818, puis, après six mois d'interruption, de juin à août 1818. Beyle avait pensé, dès ses débuts littéraires, à traiter ce sujet. Mais il voulait d'abord en faire une œuvre républicaine. Nous avons encore des notes de lui, fort hostiles à Bonaparte, sur le procès de Moreau.

Rallié à l'empire par nécessité de carrière, occupant les postes (dédaignés par les soldats) de commissaire des guerres ou d'intendant, il avait pu prendre des opinions plus modérées, mais non pas se rallier d'enthousiasme. Sa fièvre et son ardeur de servir, en 1814, étaient d'un patriote plus que d'un bonapartiste. Un livre purement narratif ou purement polémique n'était pas fait pour le tenter. Il fallait une idée neuve à montrer au public, à éclaircir pour lui-même. Il fallait même, de préférence, que cette idée neuve se présentât comme un contraste.

Aussi la véritable origine du livre est certainement le *Portrait de Napoléon* fait par « Dominique » en 1815, approuvé en mars 1817. Après un calcul de l'effrayant travail de Napoléon sur les décrets et les rapports, survient l'opposition :

« S'il avait pu *douter de soi*, hésiter, demander des conseils sur l'Espagne par exemple, à Moscou pour s'en aller à temps, il n'eût plus pu avoir cette volonté immuable qui ne peut venir que d'une extrême confiance en soi. Il aurait pu douter de ce qu'il exécutait. Quand les hommes voudront-ils s'abaisser à comprendre qu'une bouteille ne peut pas être pleine à la fois de vin de Champagne et de Suresnes ? Il faut choisir. »

Déjà il prévoyait qu'il ne pourrait guère valoir que par la présentation, non par les documents. « Dominique ne peut espérer que l'intérêt résultant de la narration. Son cœur lui dit ce qu'il y a à prendre dans un mauvais livre comme Bourrienne ou Rovigo. Il hait le ton dogmatique. » Sans doute il se bornait à choisir et à juger. Mais les documents qui se présentèrent à lui de 1817 à 1818 semblent avoir été regardés par lui de deux manières, dont aucune n'est vraiment historique, ni même biographique : ou bien il en insérerait de longs morceaux dans sa narration, ou bien ces textes lui serviraient d'excitants pour contredire et pour discuter.

## II

Ce plan devait dormir deux ans — délai normal de maturation. Pendant ces deux ans, la belle opposition du premier plan — volonté tendue, pouvoir faible de délibération — devait se compliquer. Tant qu'il avait fait partie de l'administration napoléonienne, Beyle n'avait pas remarqué qu'elle était excellente. Comment l'eût-il fait d'ailleurs puisque c'était la seule qu'il connût ? L'un des buts accessoires de *Rome, Naples et Florence* était de montrer tout le bien que Napoléon, par son administration, avait fait à l'Italie. L'administration des Bourbons et des Autrichiens faisait mieux ressortir le génie organisateur qui avait disparu des affaires d'Europe, laissant inachevée son œuvre civilisatrice. L'opposition devient double : grand chef, mauvais diplomate, d'une part, d'autre part : despote, mais grand administrateur. Ces oppositions, au lieu de s'étaler en idées, allaient pouvoir s'exprimer dans le récit, fournir à l'auteur des instants dramatiques, les moments cruciaux de cette histoire : 18 brumaire, camp de Boulogne, invasion de l'Espagne, hésitation à Moscou, derniers jours de la campagne de France.

On reconnaît facilement, dans cette ébauche, les événements ou les institutions qui ont inspiré à l'auteur des chapitres plus personnels. Et naturellement ces fragments sortis des souvenirs de Beyle et de son expérience, donnaient le ton à tout le reste et dirigeaient les idées du livre. Le Conseil d'État offrait l'occasion excellente de traiter du contraste entre le despotisme et la délibération. La retraite de Russie montrait comment le despotisme au sommet, bien que né d'une énergie supérieure, abolit les énergies qu'il a soumises, et enfin se détruit lui-même. La fièvre patriotique éprouvée par l'auteur en 1814 quand il organisait la défense de l'Isère sous les ordres de M. de Saint-Vallier avait besoin d'être transposée davantage. C'était de Paris et non de Grenoble, qu'il fallait peindre les événements qui ont suivi la campagne de France. Mais Beyle avait vu prendre Paris, c'était l'essentiel.

Pour le reste, le *Moniteur*, les *Bulletins*, les premiers Mémoires publiés, les écrits qui commençaient à venir de Sainte-Hélène, offraient une matière première riche mais prolixe, souvent emphatique. (Ce que Stendhal nomme *Las Cases*, ce n'est pas le *Mémorial*, encore non paru, ni son attente du futur *Mémorial* : ce sont ces premières polémiques, bien plus plaidoyer que récit.)


### III


Il suffisait donc, pouvait penser Stendhal, d'ordonner, d'abréger tout ce fatras, d'en extraire l'important ou le pittoresque, pour réussir une *Vie de Napoléon*. Sauf les passages personnels, l'œuvre est manquée : elle serait meil-

leure en trente pages qu'en trois cents. C'est une belle leçon
de technique littéraire, que cette constatation : un style
concis, net, robuste, une foule d'événements importants, le
plus grand héros de notre histoire et l'un de nos grands
écrivains, ne procurent pas à ce livre un mouvement, un
intérêt véritables.

Car l'œuvre manque à la fois d'unité et de diversité.
L'intelligente ferveur du court portrait de 1815 ne domine
pas tous les chapitres. Elle n'est présente qu'en quelques
paragraphes et se réveille dans la conclusion. Le livre semble
disloqué. Mais les changements de ton restent toujours
sérieux, demi-historiques, demi-politiques. Il n'y a ni repos
ni contrastes qui puissent faire goûter les grands moments.
De Joséphine, pour laquelle il n'a que des éloges, Stendhal
n'a rien à dire qui soit digne de lui. Le tableau de la Cour est
fait d'anecdotes, mais d'*anecdotes négatives*. Il s'agit de montrer ce qui *manque* à Napoléon ; une négation n'a pas d'intérêt. Pour peindre l'ennui de cette Cour, Stendhal n'a pas
la ressource de présenter par contraste une Cour plus brillante : ce qu'il en pourrait dire, de seconde main, il l'a déjà
dit dans *Rome, Naples et Florence en 1817*. Ce sujet, trop
récemment traité, reste pour le moment incapable d'exciter
son imagination. Pour la nullité des maréchaux, il faudrait
les anecdotes plaisantes ou tragiques ; en dehors d'un livre
érudit, des négations ne sont que des faiblesses. Et comment
montrer que tout cet entourage de l'empereur était ennuyeux ? Peindre l'ennui, c'est risquer de l'inspirer. Sans
doute Beyle ne connaissait pas encore ses anecdotes sur Talleyrand : elles auraient fait preuve, diversion et repos dans
l'ébauche de 1818.

Les biographes et les éditeurs ont pu dire, sans trop errer,
que la lenteur des recherches documentaires le rebutait dès
son premier effort. C'est vrai pour les documents officiels,
mais non pour les Mémoires ni les anecdotes, que tous les
contemporains suivaient passionnément, même ceux qui
ne rêvaient pas d'écrire un livre.

Il nous semble plutôt que Stendhal a jugé rebelles les

faits dont il disposait : ils trahissaient son intention de faire
œuvre d'art. Pour Beyle qui ne se paye pas de mots, les batailles et les traités ne permettent une page dramatique qu'au
prix de trois pages de préliminaires ennuyeux. Sa véritable
méthode eût été d'abréger les grands événements pour mettre
en valeur de petits faits caractéristiques. Il le tente parfois
dans cette ébauche ; il y glisse des anecdotes qu'il tient de
Daru ou de Duroc. Mais il était évident qu'il devait être
battu, sur ce terrain, par tous les volumes qui allaient paraître
dans les années suivantes ; or lui-même ne pouvait pas écrire
ses *Mémoires*.

Tous ces textes contemporains, d'où il croyait tirer des
détails ou une excitation littéraire, le détournaient à chaque
instant de ses idées principales. L'affaire des pestiférés de
Jaffa, celle des prisonniers de Syrie, celle de Wright, plus
tard les débats sur l'affaire d'Espagne et la manière dont
Ferdinand avait été appelé à Bayonne risquent de faire du
livre un procès au lieu d'une biographie. Beyle avait déjà
commencé son livre quand un pamphlet posthume de
madame de Staël excitant sa colère, il met en tête de son
ouvrage : « J'écris l'histoire de Napoléon pour répondre à un
libelle. » C'est tuer le récit. Et cette humeur plaideuse,
délibérante, envahit même les souvenirs personnels.

## IV

Comparons le récit de l'incendie de Moscou et du début de
la retraite, dans le *Journal*, avec le chapitre LVI de la *Vie
de Napoléon* de 1818. Partout, dans le second texte, le récit
de ce qui fut fait est dévié, détruit, par le récit de ce qu'il
aurait fallu faire ou de ce qui aurait pu avoir lieu. Et la discussion après coup des possibles est le fléau de l'histoire.
Le livre examine :

1º Si Napoléon pouvait ou non laisser à l'avenir et à son
fils le soin de détruire la Russie ;

2º Si la Prusse et l'Autriche ont eu tort de détruire la
Pologne, barrière contre la Russie ;

3º Si Napoléon n'a pas eu le plus grand tort de faire la paix à Tilsitt ;

4º Si la guerre aurait dû être entreprise plutôt après la liquidation de l'affaire espagnole ;

5º Si Napoléon n'eût pas mieux fait d'arrêter sa campagne après la Moskowa ;

6º S'il n'eût pas dû quitter Moscou dès le 1er octobre ;

7º S'il n'eût pas dû se retirer sur le Don ou l'Elbe ;

8º Passer l'hiver à Moscou, ou bien marcher sur Pétersbourg ;

9º Si la retraite n'eût pas dû avoir lieu par une autre route et selon une autre discipline.

Les faits tout nus manquent, ces faits mêmes que l'auteur avait vus. Le même esprit de polémique lui fait dans la débâcle finale, mentionner le siège de Berg-op-Zoom, mais oublier la défense d'Anvers, le plus beau fait d'armes de ce Carnot qu'il a toujours adoré, et qu'il pouvait, là, opposer à Napoléon comme le vestige des vertus de la Révolution...

Et le bien qui pouvait être dit de Napoléon administrateur, ce germe qui semblait si vivace dans le portrait écrit par Beyle en 1815, ne pouvait plus après tant de polémiques se trouver à sa vraie place, en un parallèle avec les Bourbons. L'auteur semblait avoir oublié son projet primitif. Ce qui, littérairement, est une faute, il faisait suivre ses reproches contre l'Empire tombé, de reproches contre les Bourbons, qui ne font pas assez antithèse avec les premiers. Il avait mieux traité ce sujet, en passant, à propos de Prina ou des gouvernements italiens, dans *Rome*, *Naples et Florence*. Il sentait sûrement que le livre était manqué, non seulement il l'abandonnait juste avant Waterloo, mais plus tard il ne devait rien lui emprunter pour une seconde tentative.

## V

Il restait, dans ce livre manqué, trente pages étonnantes, et de quoi écrire l'un des maîtres essais de Beyle. Nous

pouvons en résumer le sens selon la formule de Barrès :
*Napoléon professeur d'énergie.* La page de 1815, la conclusion,
en donnaient le début et la fin. L'un des traits constants de
Beyle artiste (caractère commun à tous les grands improvisateurs), c'est qu'il abrège souvent les autres, jamais lui-
même. De là vient que ce grand essayiste a laissé si peu
d'essais séparés.

Pour l'histoire, la digestion des faits par petits fragments, le
plan préalable, les révisions sévères d'un premier texte y
sont-ils indispensables ? L'exemple de Michelet prouve
le contraire. Mais si la passion peut y soutenir le chercheur et
l'improvisateur de génie, il faut qu'elle soit sans caprices,
qu'elle s'attache aux hommes plus qu'aux idées et plus aux
foules qu'aux hommes. A mi-chemin de la grande et de la
petite histoire (ou histoire anecdotique), de l'essai idéolo-
gique et du résumé, du panégyrique et de la polémique, ce
n'est pas pour avoir manqué aux lois de tant de genres que
ce livre riche, excitant, piquant, reste une ébauche sans
forme. C'est que l'auteur n'a pas su garder, au long de son
récit, la maîtrise sur son œuvre, ni le contrôle de ses propres
idées. Un livre sur Napoléon, entrepris en 1818, semblait ne
pouvoir être qu'un chef-d'œuvre ou rien. C'est presque un
succès déjà qu'il en survive une vue d'ensemble et de vigoureux fragments.

Deux raisons peut-être (en dehors du jugement qu'il
pouvait porter sur son ébauche) pouvaient détourner Stendhal de l'achever : le livre, malgré quelques bien minces
précautions, n'était pas publiable sous la première Restauration. Dans ce cas, à quoi bon finir ? Et ce livre n'était-il pas
une victoire de l'actualité sur cette leçon de bonheur qu'il
donnait à son pays depuis trois ans ? Lorsqu'il eut écrit
l'ébauche qui nous reste, il avait sans doute assouvi sa
curiosité, ses irritations pour ou contre Napoléon. Ceux qui
écrivent avant tout pour eux-mêmes sont sujets à s'arrêter
avant la fin du livre. Il suffit qu'ils se sentent capables de
cette fin, qu'ils voient le but. La dernière étape, sans imprévu,
les rebute.

## DE L'AMOUR

### I

Dans sa préface à l'édition critique de ce livre, M. Étienne
Rey explique ainsi le désordre apparent :

« La forme d'esprit de Stendhal, ses lectures, la nécessité
de recueillir des faits et d'avoir des informations étendues,
le mélange en lui de ses théories, de ses sensations et de ses
souvenirs, l'ennui qu'il éprouve à composer, et pour tout dire
une certaine négligence, un certain détachement devant
une œuvre à mettre au point, tout devait contribuer à faire
de l'*Amour* un livre composite, assez mal ordonné et assez
mal équilibré. »

Nous ne pouvons, quant à nous, accuser la forme d'esprit
de Stendhal. Il venait de publier la première version de *Rome,
Naples et Florence ;* si ce livre n'était pas composé comme une
dissertation, il était équilibré comme une belle mélodie,
varié, insinuant, persuasif ; il donnait au lecteur l'impression
d'inventer des idées en même temps que l'auteur ; c'était

donc un chef-d'œuvre de composition « subjective ». On ne peut, en effet, en dire autant de l'*Amour ;* il faut que les raisons soient venues du sujet, ou du moment où l'auteur a écrit son livre.

Peut-on y voir comme M. Rey, l'ébauche mal suivie d'un plan méthodique ? « Il y a cependant un ordre logique apparent et même réel : le livre I c'est l'amour étudié par le dedans et le livre II l'amour vu du dehors : d'un côté, une analyse psychologique de la passion et de son évolution, de l'autre l'examen des conditions extérieures : climats, tempéraments, gouvernements, état social, éducation des femmes, mariage. Mais il n'a manqué à Stendhal que de suivre ce plan. »

Il nous semble qu'un tel plan pourrait convenir à un recueil de maximes ou de contes, qu'il suffit de fourrer sous la même étiquette, comme des objets dans un sac. Mais il ne pourrait convenir à un livre dont toutes les parties doivent rester liées ; le vrai plan, le germe créateur doit indiquer un ordre organique.


## II


L'ordre n'est visible que dans les premiers chapitres ; très précis d'abord, il devient bientôt plus vague, puis le lecteur ne tarde pas à s'y perdre. Et il suffit de suivre l'ordre des premiers chapitres pour en deviner la raison.

C'est un ordre qui disperse les idées. L'auteur distingue d'abord quatre espèces d'amour ; presque aussitôt il ne s'attache qu'à une seule de ces quatre. Dans cette espèce d'amour, il distingue sept moments, et il va étudier presque uniquement le cinquième et le septième (les deux cristallisations). Puis il s'applique à distinguer les différences entre les cristallisations selon le sexe. Si le lecteur a pris au sérieux ces divisions, il se demande avec surprise pourquoi on l'a mené si grand train jusqu'à cette cinquante-sixième partie d'un grand sujet. En continuant sa lecture, il estimera qu'en bonne logique le vingtième chapitre aurait dû être le premier. La table des matières trompe. Et peut-être l'auteur s'en est-il servi pour se tromper lui-même sur la rigueur logique de son livre. La *naissance de l'Amour* par exemple, indique tout au long sept moments, pour ne s'occuper que d'un seul. Le troisième chapitre, consacré à l'espérance par son titre, traite encore de la cristallisation (pourtant différente selon l'énumération primitive, de l'espérance proprement dite).

Bref, le désordre est tel, que dès le chapitre IV il faut récapituler. Après le chapitre V formé arbitrairement de trois pensées séparées, il semble, au chapitre VI, que la cristallisation, et non plus l'amour, devient le sujet du livre, puisqu'on en vient à nous décrire les cristallisations du jeu, de l'ambition, de la haine, voire des mathématiques. Les deux chapitres suivants sont un art de deviner les femmes, moins étrange encore que la petite note qui s'intitule chapitre IX. Nul doute : si ce n'est pas l'ordre logique, ce n'est pas non plus l'ordre naturel, organique.

Montaigne a écrit un de ses plus beaux Essais sur l'amour dans l'âge mûr et l'a intitulé : *Sur des vers de Virgile.* Pas d'ordre logique, mais un ordre organique naturel, qui ne surprend jamais le lecteur ; un ordre de même espèce que celui qui rend si agréable à lire *Rome, Naples et Florence.*

## III

Comment Stendhal s'est-il éloigné des deux méthodes possibles ?

Le livre a *deux germes* différents, comme presque toutes les œuvres de Stendhal. Nous savons par les brouillons qui nous sont restés de ses lettres à Métilde qu'il lui expliquait en quoi son amour était le véritable amour ; en quoi ses gaucheries (et ce que Métilde appelait ses indélicatesses) prouvaient la passion véritable ; en quoi tout ce qui semblait

affecté à Métilde était parfois naturel. Quand elle lui défendit
d'écrire, il eut l'idée du *Roman de Métilde*, auquel il ne tra-
vailla qu'un jour. Ç'aurait été une apologie peu probante.

Il reste dans l'*Amour* quelques traces de roman : retour des
mêmes personnages d'une anecdote à l'autre. Surtout l'auteur dut songer, au moment de la première rédaction, à
envoyer ce traité à l'insensible, pour qu'elle pût juger de son
vrai mérite et de son sincère amour. Certains chapitres :
l'explication des gaucheries, des moments de froid, les allusions des notes ou même du texte (dont quelques-unes nous
échappent encore) ne prennent leur vrai sens qu'adressées
à Métilde. Certaine façon de traiter *Werther* devient plus
claire si l'on se rappelle que Métilde avait été l'amie de
Foscolo, auteur de *Jacopo Ortis*, le *Werther* italien. Ainsi
l'un des germes du livre, c'est une idée d'Apologie à l'aimée,
sur son Amour.

L'autre germe dut être la traduction italienne, revue et
accrue par le traducteur, des pages de Destutt de Tracy sur
l'amour ; ces pages remuaient en Beyle, avec son vieux
projet de *Philosophie nouvelle* et son projet d'*Art de séduire*,
le jeune idéologue étudiant des passions. Cette idéologie
devait lui fournir beaucoup d'idées, et les moyens de classer
les idées. Elle devait aussi servir à masquer les confidences.
Ce plan abstrait que le début ou la table des matières semble
indiquer, et que le texte ne suit pas, est aussi un *cache-
tendresse*.

Beyle nous dit, dans sa préface de 1842, qu'il notait
d'abord des anecdotes frappantes sur un programme de
concert, et nous pouvons le croire. Mais ce qui destinait ces
anecdotes, même amoureuses, à un livre sur l'Amour, plutôt
qu'à un livre sur l'Italie, c'est un élan ou une idée directrice
venus d'ailleurs. Une note de ce chapitre **xx** qui pourrait
être aussi le premier, nous parle d'un grand nombre d'anecdotes supprimées. Mais l'auteur n'aurait-il pas pu aussi
bien en changer les dates, les lieux, et les noms, comme il
l'a fait pour les anecdotes qui subsistent ? Nous avons vu que
Beyle, dans ses premiers livres, cherchait des moyens arti-

ficiels pour donner une portée générale à ses anecdotes. Dire
que chacune de celles qui restent en représente vingt autres
supprimées pourrait bien être un de ces moyens. Non ; s'il
a supprimé (ou tu) bien des sources de son livre, ce sont des
événements personnels ou des conversations avec Métilde.
Dans l'admirable analyse du début, certains détails tout
arbitraires (*il peut s'écouler un an* entre l'admiration et
l'admiration tendre) sont comme des traces de ce récit qu'il
ne nous a point donné. Le chapitre des coups de foudre, tout
objectif et littéraire, sert de contrepoids à ces dires trop
personnels.

Selon la méthode qui lui avait réussi jusque-là, même
pour l'abstraite politique, son livre aurait pu commencer
par des récits ; les idées seraient nées des anecdotes ; la
classification aurait réuni des idées déjà présentées au
lecteur. Et les réflexions générales sur les peuples, l'éducation des femmes, auraient seules gardé la place qu'elles
occupent vers la fin du livre.

La bataille inconsciente ou instinctive qui se livre dans
la tête de l'auteur entre l'ordre génétique et l'ordre logique
devait être gagnée par l'ordre logique. La raison (qui se
trompe) se croit toujours dans un livre plus maîtresse du
plan que des détails.

## IV

Même en ne suivant pas l'ordre de la naissance de ses
pensées, Stendhal pouvait-il tenter de suivre la genèse et le
développement de l'amour ? Ses distinctions du début l'en
empêchaient. Même selon le plan qu'il avait adopté, il pouvait
donner plus de cohérence à son œuvre.

Le plan qui se rapproche le plus de la succession de paragraphes de ce livre serait le suivant :

1° La naissance de l'amour expliquée par la théorie des
deux cristallisations.

2º Les étranges aspects de la passion expliqués par deux raisons qui se complètent : l'inhibition que produit la présence de ce que l'on aime ; les jouissances d'imagination dont la *passion pure se paie elle-même.*

3º L'*art de deviner* ce que sentent les femmes : de là dépend la conduite à tenir quand on aime : le « parfait naturel » servirait de mystère à cet amour qui est une foi.

4º L'amour selon les tempéraments, les climats, les mœurs et les institutions.

5º Les pensées diverses.

Sauf au cours des tout premiers chapitres, les trois premiers sujets sont toujours mêlés. La quatrième et la cinquième division sont beaucoup mieux suivies, sauf le désordre des additions de la dernière heure.

Il semble (et les *Souvenirs d'Égotisme* confirment entièrement cette supposition) que les rêveries et la cristallisation amoureuse dominaient de beaucoup, pendant la rédaction de l'*Amour*, les soucis littéraires ou idéologiques. La méthode de composition que nous avons tenté de dégager en étudiant *Rome, Naples et Florence* est, elle aussi, une cristallisation. Il faut qu'idées et souvenirs se groupent autour d'un centre d'intérêt ; une fois le travail créateur commencé, il faut que l'esprit donne son rythme et son mouvement, sa cohérence organique à l'œuvre. Il faut pour cela que l'esprit soit libre ; il faut que l'auteur (auquel le lecteur s'identifie, qui est suivi et comme mimé par ce lecteur) n'ait *rien d'essentiel* à cacher au lecteur.

C'est ainsi que l'*Amour* ne forme qu'un chaos de belles pages et de pensées vigoureuses. *Il est fait de moments* et non d'une période de vie continue de l'auteur.

De même s'explique l'échec auprès des amis les plus intelligents, comme Jacquemont ou Mérimée : ils en savaient moins que nous sur Métilde et la genèse du livre ; ils n'avaient pas encore lu les futurs romans de leur ami, qui sont les vraies anecdotes à l'illustration de la théorie ; enfin ils lisaient pour la première fois un livre bien mieux fait pour être relu.

## V

Son amour et la composition de son livre allaient poser à Stendhal un autre problème. Ils l'amenaient à réviser, sur certains points, la technique littéraire qu'il s'était faite dans sa jeunesse d'après les classiques ou contre ses contemporains.

Il avait toujours confondu, jusque là, l'emphase avec l'affectation ; il ne voulait y voir que prétention, fausseté et manque de caractère. La fréquentation même des Italiens ne l'avait pas fait changer d'avis. « Leur éloquence si vive quand ils parlent, manque de naturel quand ils écrivent », écrivait-il en 1811 à propos de madame de Staël (*Mélanges de littérature*, III, 173).

Il regrettait, en lisant leur critique d'art, qu'on n'eût pas trouvé de signes typographiques pour abréger les superlatifs. Il plaignait Vasari de l'emphase obligée mais jamais suffisante à laquelle l'ont réduit les prétentions des diverses écoles des diverses cités. Il reconnaissait qu'il est nécessaire, pour plaire en Italie par des anecdotes, d'être extrêmement énergique. Mais cette énergie d'expression, qui concilie les superlatifs avec le réalisme du détail et la vulgarité de l'expression, ne lui semblait pas l'*emphase*. Parmi les écrivains italiens, il distinguait avec raison le Dante énergique mais naturel, de ses lointains continuateurs, emphatiques parce qu'ils l'imitent.

Mais il essayait d'être simple en parlant à Métilde de son amour. Or Métilde qui ne pouvait pas avoir tort préférait l'emphase : « Le principe des manières italiennes est une certaine emphase. Rappelez-vous la manière dont Vismara frappe à votre porte, dont il s'assied, dont il demande de vos nouvelles. »

« Le principe des manières parisiennes est de porter la simplicité dans tout. Je crois, Madame, qu'à vous, l'ornement d'un autre climat, ces manières simples auraient semblé légères et peu passionnées.

« Remarquez que le visage de Vismara est tout à fait à la française ; ce sont ses manières qui font un contraste avec les nôtres et que je donnerais la moitié de ma vie pour pouvoir contracter. »

Littérairement, Stendhal se trouvait tout près de comprendre ce que plus d'un siècle de critique nous a appris depuis lors : *l'emphase, c'est la sincérité des autres*, quand elle a le malheur de ne pas être contagieuse pour nous. Beaucoup de sincérités imitent sans même le savoir, elles se conforment à la mode du temps faute d'esprit critique. Mais la règle d'écrire de premier jet pour demeurer sincère va se compliquer d'une autre. On est « énergique » et non plus « emphatique » quand l'expression, si violente qu'elle soit, si exagérée qu'elle paraisse au lecteur de sang-froid, est personnelle et à l'image de l'auteur ; *celui qui invente n'est pas emphatique*. Et certes quand Stendhal écrit *de l'Amour*, il crée trop bien son expression, il nous communique trop bien sa fièvre pour que nous le jugions emphatique. Mais cette sincérité-là n'exige pas seulement la force du sentiment et la volonté d'être soi-même : elle exige des années de critique sur soi et les autres, des années d'exercice. Là encore cette spontanéité est une puissance conquise par de longs et patients efforts.


## VI


Le début du livre, le second chapitre par exemple avec sa concision lyrique, le mouvement sûr de chaque phrase, ne pèche que par quelques transitions embarrassées. Une pensée serrée dès le premier jet du livre, une division en fragments qui ont peine à se fondre sont les signes d'un auteur qui compose de tête, qui polit sa pensée en se la récitant plus d'une fois à lui-même ou en la parlant plus d'une fois devant des auditeurs qui sont plus fins que le public.

La manière dont les *Souvenirs d'Égotisme* et la préface de

1842 nous content la composition du livre, la différence de ton qui existe entre ces premiers chapitres et les suivants, la manière dont Stendhal les a respectés, répétant plutôt les mêmes idées (par l'artifice d'une récapitulation pour y mettre une seule nouvelle nuance), s'accordent avec cette supposition. Mais nous ne pouvons la prouver. Un auteur ignore souvent qu'il compose de tête ; il croit réfléchir quand déjà il ressasse son début et se le récite, en l'épurant un peu plus chaque fois, mot par mot.

Les débuts de chapitres de Jean-Jacques, certaines pages de Chateaubriand (surtout, chose singulière, les descriptions de l'*Itinéraire*), les pages d'idées d'Augustin Thierry, Maurice de Guérin à peu près tout entier ; toutes les dernières pages de Nietzsche ; de nos jours bien des pages de Duhamel, presque toutes celles de Saint-Exupéry, offrent ces mêmes caractères de la composition « de tête » : concision des formules, mouvement de la phrase, mais qui tourne autour de la même idée ou de la même impression ; poésie, mais dont les métaphores sont plus soumises à la pensée ; éloquence, mais sans l'appareil et l'ordonnance logique de l'éloquence ; monologue plutôt mais aux formes de phrase plus indirectes que le monologue de théâtre. Ces signes identiques en des auteurs si différents de Stendhal et si différents entre eux nous semblent les caractères de cette méthode instinctive. Ils indiquent un travail de mémoire, tempéré par l'habitude de lire ou d'écrire. Les formes extrêmes de cette manière de composer sont le proverbe et le psaume. Et en effet, par la forme autant au moins que par la foi, le début de l'*Amour* est le Sententiaire et le Psautier de Stendhal.

Le défaut de cette méthode, pour qui veut faire un vrai livre, c'est la difficulté de souder les fragments. Nietzsche y renonce ; Jean-Jacques réunit ses fragments lyriques par des morceaux oratoires. Notre auteur qui, dans *Rome, Naples et Florence*, n'avait pas son égal pour bondir d'une idée à une autre, et qui retrouvera ce don plus tard, s'est donné beaucoup de peine, dans l'*Amour*, pour trouver des transitions : « Mais quittons les forêts pour revenir à Paris. » (I, II.)

L'idée auparavant sortait aisément de l'anecdote ; il faut une transition pour que l'anecdote sorte de l'idée : « Voici son histoire. » (I, VIII.) « Je me contenterai de raconter l'anecdote suivante. » (I, 10.)

Et la discussion même, naguère si spontanée et si vive, s'annonce avec lourdeur : « Cette conversation qui contredit un point qui me semblait si clair, me fait penser de plus en plus que... » (II, VIII.)


## VII


En un auteur si exercé, ce n'est pas seulement gaucherie, même s'il faut admettre, comme il le dit, qu'il n'a pas relu ses épreuves. Il y a lutte entre ses rêves cristallisés et sa pensée de sang-froid. L'idéologie croit reprendre ses droits en marquant ces passages et ces divisions. C'est aussi pour maintenir les droits du penseur contre l'amoureux qu'il emploie des formules didactiques : « Il faut bien se garder... Mais qu'est-ce que... Pourquoi ?... C'est que... Remarquez que... Rappelons que... C'est par le même principe que... » (I, II, XII, XIII, XVIII, XIX). Et c'est au moment où les souvenirs vont l'emporter que le ton didactique reparaît, comme une précaution de lourdeur : « Après ce préambule, je vais entrer courageusement dans l'examen des faits qui... « (I, XXIV.)

Cette formule surprend : c'est la seconde précaution, et la première était bien plus stendhaliennne : « Nous écrivons au hasard chacun ce qui nous semble vrai et chacun dément son voisin. » C'est l'audace que nous connaissions, que nous attendions. Dix lignes plus loin, au seuil des souvenirs, elle a disparu. Les souvenirs laissent bientôt tomber le masque de l'idéologie ; à peine si la précaution du *lui* au lieu du *je* subsiste encore. Beyle conte son unique visite de chaque quinzaine à Métilde : « Cette heure qu'il se promettait si délicieuse, passe comme un trait brûlant, et cependant il sent, avec une indicible amertume, toutes les petites circonstances qui lui montrent combien il est devenu étranger à ce qu'il

aime. » C'est le premier des *anéantissements* lucides, qui ser-
viront au romancier à peindre les grands moments de douleur :
ce morceau annonce les brèves et déchirantes élégies de la
seconde partie du *Rouge et Noir*. Mais, à la fin du chapitre,
l'idéologue croit encore se ressaisir : « D'après le trouble qui...
il ne serait pas sage de tirer des conséquences trop pressées
d'un détail isolé. Du reste, c'est de la physionomie de l'ensemble des choses dites que l'on peut tirer des inductions. »
Tant de formules essaient de jouer, dès la partie passionnée
du livre, le rôle que joueront bien mieux les chapitres, com-
posés plus tard, de la seconde partie. Elles sont peut-être aussi
contemporaines de la passion ; dans ce cas, elles marqueraient
un effort pour voir clair. Après chaque mouvement de
passion, l'auteur, pour se juger froidement, reprend le langage
de la logique, mais le langage seulement.

Effort pour lier ses pensées, pour se dominer, timidité vis-
à-vis de soi-même (et peut-être de l'unique lectrice) subsistent
comme des traces d'inhibition profonde. Toutes ces peines
sont illustrées par le chapitre XXXI du premier livre, où il a
montré, avec une nudité touchante, combien le naturel est
nécessaire à l'amour et combien difficile.

Il nous semble que parfois ces mêmes sentiments changent
le ton du style. Ce n'est plus aux moments de passion, bien
rêvés et bien personnels, c'est au moment où l'auteur veut
raisonner de sang-froid, que le style vieillit ; il reprend les
ornements d'emprunt, l'apparat du style XVIIIᵉ siècle.
Sans le vouloir, quand il veut parler en maître, il parle comme
ses maîtres. Prenons par exemple le chapitre XXVI (*Sur la
pudeur*), l'un de ces chapitres de demi-sang-froid. Des images
banales et maniérées du style 1760, des images à la Greuze,
apportent au style leurs ornements inutiles. « C'est peut-être
la seule loi *fille de la civilisation* qui ne produise que du bonheur... Et la pudeur prête à l'amour le secours de l'imagination, *sait lui donner la vie*... Une femme un peu fière *préférerait
mille morts*... Quant à l'utilité de la pudeur, elle est *la mère de
l'amour*, on ne saurait plus rien *lui contester*... Quand on a reçu
du ciel une âme faite pour l'amour... »

Que ces formules ne viennent pas du sujet, la suite du chapitre le prouve. L'émotion personnelle à nouveau déborde ; la subtilité aiguë et la folie tendre s'y mêlent à nouveau. Il s'agit d'expliquer à Métilde (ou au rêve de Métilde) comment une femme si pure et si simple pouvait être coquette. C'est l'angélisme emprunté à Corrège, et d'avance le ton de la *Chartreuse*. Il s'agit de pouvoir enfin lui dire : « Ces âmes angéliques sont coquettes sans le savoir. »

## VIII

Sans doute la perte du premier manuscrit pendant plus d'un an, le retour au sang-froid qui dut, malgré sans doute un redoublement de tristesse, marquer le départ de Beyle, ont accentué la différence entre la première et la seconde partie. Mais surtout le public allait être différent : public restreint mais parisien fait de ceux de ses amis qu'il aimait le plus au monde.

C'est pour donner du poids à son livre qu'il ajoute les pages sur l'amour selon les climats et les nations. Sur l'Allemagne il ne manquait pas de souvenirs personnels ; sur l'Italie il pouvait sans peine résumer *Rome, Naples et Florence*. Sur l'Angleterre même, de par ses relations autant que par ses lectures, il pouvait se hasarder. Mais un livre fait à tête reposée aurait commencé par des anecdotes ; les idées n'auraient paru qu'après le tableau. La division en chapitres didactiques l'obligeait à forcer les nuances pour éviter la monotonie. Et ici, les soucis ou l'instinct du métier nous semblent avoir quelque peu faussé sa pensée. Ce qui le frappe dans les anecdotes lointaines, c'est surtout ce qui touche sa sensibilité ; il voit donc l'amour partout le même, et s'oblige à le peindre partout différent. Lutte de son classicisme et de son romantisme. Lui qui, dès l'*Histoire de la Peinture*, mettait sa marque dans ses emprunts les plus flagrants, semble presque absent de ses anecdotes provençales ou arabes.

Une seule fois, il sut montrer ce qu'aurait pu être un livre sur l'amour et les femmes, écrit par un Stendhal en pleine raison et en pleine verve. Les quatre chapitres sur l'éducation des femmes, le mariage et la vertu nous offrent un exemple, rare dans son œuvre, d'idées suivies assez au long. Les traits les plus vifs (« *Armez un homme et puis continuez à l'opprimer* », « *Le latin est bon parce qu'il apprend à s'ennuyer* ») sont si bien fondus au texte qu'ils restent invisibles à la plupart des lecteurs. Fuir l'effet à ce point, c'est la perfection du style et de l'esthétique de Stendhal.

Ces chapitres ranimaient chez lui une foule d'idées qu'il avait eues dix-huit ans auparavant, alors qu'il tentait de faire l'éducation de sa sœur Pauline. Le veuvage de Pauline, la mort de leur père, un séjour à Grenoble, avaient été pour lui une occasion de juger sûrement ses deux sœurs. L'une lui semblait une expérience imparfaite de ses programmes, l'autre un témoin de l'ancienne éducation.

Revenir sur d'anciennes idées avec des faits et des sentiments neufs donne à Stendhal un élan surprenant, une extrême vigueur, bien plus que ne pourrait faire la maturation lente et continue d'un même sujet. Nous croyons cette loi valable pour tous les écrivains, et peut-être pour tous les esprits ; c'est une des causes qui rendent compte de la prétendue *inspiration*. Mais Stendhal, en contact continuel avec son passé par ses anciens carnets et ses notes de lecture, en a profité plus qu'un autre.

Autre chance pour ces chapitres : l'auteur heurte de front l'opinion commune. Il l'a fait bien souvent. Mais l'opinion commune de son temps se contente de *nier* l'éducation des femmes. Par une chance rare en polémique, il *affirme* en même temps qu'il attaque. Sa polémique se montre créatrice, et son rêve peut même venir prolonger ses idées. D'où la vivacité de ses dialogues imaginaires : « Les femmes deviennent des rivales et non les compagnes de l'homme.

— Oui, sitôt que par un édit vous aurez tué l'amour. En attendant cette belle loi, l'amour redoublera de charmes et de transports, voilà tout. »

C'est le rêve de l'Amazone, Bradamante ou Clorinde, qui avait enchanté sa jeunesse, et donnera dans son œuvre Mathilde de la Mole, Hélène Campireali, la Sanseverina et Lamiel.

C'est aussi par un retour aux années d'idéologie que le chapitre sur le mariage nous donne des vues sur la vie et le bonheur plus raisonnées, moins voluptueuses, plus sagement utilitaires que les livres sur les arts en Italie — voire même que le début de l'*Amour*.


## IX

Il faut juger à part les *fragments divers ;* l'auteur n'a pas voulu leur donner le titres de *Pensées*, ni rien qui sentît les maîtres du XVIIᵉ ou du XVIIIᵉ siècles auxquels il devait tant. C'est bien le même genre pourtant. Encore des *Caractères*, des *Réflexions et Maximes :* une des premières recherches de la prose nue, dégagée de l'éloquence, qui offre à part au jugement chaque effet de style et chaque idée. Ce genre permet aussi bien l'extrême négligence du carnet de notes que l'extrême travail de La Bruyère.

Il ne permet pas de sonder bien loin l'invention de l'auteur, car il supprime les pensées qui ont amené la « pensée » que l'auteur choisit pour nous offrir. Mais chaque phrase s'y présente comme un tout. C'est une des rares occasions (avec l'épigramme, le quatrain, le sonnet) où une œuvre littéraire puisse être jugée tout entière d'un seul regard. Pour Beyle, nous pouvons comparer ces « pensées » avec les improvisations de ses carnets, ou avec les notes plus menues qu'il jetait plus tard sur les marges de ses livres.

La brièveté — commune à Stendhal et à La Bruyère, par exemple — a ses nuances en chaque auteur. On voit bien comment l'auteur des *Caractères*, après avoir écrit sa pensée, s'essaye à réduire trois mots à un, à supprimer jusqu'aux pronoms et aux articles qui ne sont pas absolument nécessaires.

Inutile d'avoir ses brouillons ; on reconnaît, sous la phrase écrite, la phrase parlée qu'il a contractée ensuite. La Rochefoucauld refait sa propre pensée, en gardant à ses phrases un air naturel ; c'est plutôt sur les accessoires de sa pensée qu'il économise les mots. Mais tous deux *préparent* leur pensée ou leur bon mot, ne fût-ce que par un début de phrase.

La brièveté de Stendhal, au contraire, n'est jamais conquise aux dépens du matériel usuel de la phrase, ni des nuances, mais aux dépens des préparations. Il commence par la conclusion. Il ressemble par contre à ses devanciers en substituant l'ordre génétique des idées à l'ordre oratoire : c'est épargner tout l'attirail logique. On trouve dans les « fragments divers » une pensée refaite, sans doute de mémoire, car sur le papier il eût couché la plus longue : « Avoir de la fermeté dans le caractère, c'est avoir éprouvé l'effet des autres sur soi-même, donc il faut les autres. » L'ordre des mots ici ne reproduit pas l'ordre des faits. Il avait deux manières d'abréger cette pensée. Il pouvait dire : « Éprouver l'effet des autres sur soi-même c'est acquérir du caractère. » Mais une nuance eût manqué ; on eût pu croire que c'était là l'expérience de tous. La restriction que certains *peuvent* (sans qu'ils le veuillent tous) et que d'autres, isolés, *ne peuvent* y parvenir, demandait une formule toute différente, un tour qui semble négatif : « On peut tout acquérir dans la solitude, hormis du caractère. »

Parfois à ne donner que la fin de sa pensée, il l'obscurcit. Du moins il faut connaître d'autres parties de son œuvre pour la comprendre : « L'empire des femmes est beaucoup trop grand en France, l'empire de la femme beaucoup trop restreint. » L'empire des femmes est celui qu'elles obtiennent par l'intrigue, l'empire de la femme est celui qu'elle obtient par l'amour. Avec d'autres habitudes de langage sur le concret et l'abstrait, cette formule pourrait signifier exactement le contraire. Pour bien des fragments on trouvera que Stendhal pratique le « Je suis chez moi, je parle ma langue » de M. Teste.

Les moralistes du XVIIe siècle étaient soucieux de définitions ; la langue pour eux n'était pas encore faite. Ce souci du langage leur fait créer beaucoup de maximes par l'antithèse ou par la *mise en proportion* de plusieurs mots importants. Chamfort, à une époque où ces artifices étaient déjà usés, avait besoin du mot d'esprit ou de l'image, parfois de l'anecdote pour animer sa pensée : ce style avait besoin d'une nouvelle étoffe. Stendhal arrive à une extrême plénitude sans même prendre garde au langage.

Parfois, en six lignes nous voyons une lourdeur, un encombrement, céder enfin à la pression de la pensée, produire une formule lumineuse :

« La plus grande flatterie que l'imagination la plus exaltée saurait inventer pour l'adresser à la génération qui s'élève parmi nous, pour prendre possession de la vie, de l'opinion et du pouvoir, se trouve une vérité plus claire que le jour. Elle n'a rien à *continuer*, cette génération, elle a tout à *créer*. Le grand mérite de Napoléon est d'avoir fait *maison nette*. »

Devant cette pensée, peut-être nous laissons-nous séduire par la justesse d'un jugement qui prophétise à la fois Hugo, Balzac, Proudhon, Delacroix et De Lesseps. De même c'est peut-être la loyauté et le bon sens de l'aveu qui nous plaisent dans la formule célèbre : « Il ne faut penser qu'à sa fortune tant qu'on n'a pas six mille francs de rente, et puis n'y plus penser. » Mais voici une maxime qui vaut surtout par la forme, et dont pourtant la forme est négligée. C'est un lieu commun, mais la nuance en est neuve ; tout effet visible en aurait gâté la simplicité, qui devait être parfaite, sous peine de tout gâter, et rester secrètement lyrique en évitant d'être personnelle : « Le véritable amour rend la pensée de la mort fréquente, aisée, sans terreurs, un simple objet de comparaison, le prix qu'on donnerait pour bien des choses. » C'est presque offenser la grammaire que pousser ainsi bout à bout, comme des dominos, cinq compléments directs, dont deux adjectifs, une ellipse négative et deux métaphores. Mais on ne saurait offrir cinq points de vue sur la mort plus fraternels et plus inattendus.

Nous connaissons assez bien Stendhal pour deviner de quelle expérience il tire ses jugements ; ainsi sans doute nous ne lui demandons plus de les prouver. Parfois nous voyons par quels chemins il arrive à une pensée, mais nous admirons cette pensée, parce que nous pouvons y arriver par d'autres chemins. « L'imitation des premiers jours de la vie fait que nous contractons les passions de nos parents, même quand ces passions empoisonnent notre vie (orgueil de Léonore). » C'est *malgré Léonore*, malgré Métilde, qu'une telle pensée nous paraît juste et forte. Nous lui trouvons aussitôt des exemples qui ne sont pas d'orgueil.


X


Il nous arrive même d'admirer la forme d'une pensée de Stendhal sans doute aussi improvisée que les autres sans approuver cette pensée : « Les vers furent inventés pour aider la mémoire. Plus tard on les conserva pour augmenter le plaisir par la vue de la difficulté vaincue. Les garder aujourd'hui dans l'art dramatique, reste de barbarie. » Ici les deux premières phrases (si fausses qu'elles soient) nous font parcourir d'un bond un vaste paysage d'idées : l'aède, le trouvère, le barde gaulois ; puis les règles de plus en plus complexes de la poésie savante : la difficulté du sonnet, si l'on veut, comparée à celle des laisses monorimes ; ensuite nous pensons à la déclamation chantante des acteurs tragiques, qui suit une tradition et s'éloigne de plus en plus du « naturel », c'est-à-dire des habitudes des spectateurs. Nos moralistes n'avaient pas ce don. Résumer d'un mot un aspect du passé est un don de critique et d'historien qui commence chez nous avec Montesquieu. C'est de lui peut-être que Stendhal l'a hérité. Le trait satirique qui termine est au contraire dans les habitudes de nos moralistes (sauf la négligence ou l'ellipse du preneur de notes qui supprime le verbe).

Cette brièveté, ces effets sténographiques, sont peu polis

pour nous lecteurs, mais ils nous forcent à courir avec l'auteur ; de là cette impression de mouvement que nul auteur de maximes ne donne autant que Stendhal. Nos grands moralistes nous montrent de plus jolies flèches, et d'aussi justes ; mais déjà piquées dans la cible ; lui nous fait voir les siennes en plein vol. C'est une impression que seul Pascal nous donne avec plus de force. Notre auteur n'avait pas tort, au temps de la *Filosofia nova*, de retrouver en Pascal quelque chose de lui-même. Mais la pensée de Pascal, ce cri bref et tragique sur toutes choses, rapporte les objets, les circonstances particulières, à des modèles généraux et refuse son regard. La pensée de Stendhal, bien moins sublime, mais toujours nuancée, même dans ses négligences, semble plus physique et plus légère dans sa promptitude : c'est le clin d'œil du connaisseur.

Inutile d'épiloguer sur les cadeaux que Fauriel et Victor Jacquemont firent à ce livre. *Ernestine* ou la naissance de l'amour ainsi que le Rameau de Salzbourg, montrent ce qu'eût été le livre s'il avait *suivi* les anecdotes, en ne moralisant qu'à la fin des récits. Nous aurions eu la technique de *Rome, Naples et Florence*. Sans doute l'amour de Lisio Visconti, que nous aurions retrouvé de chapitre en chapitre, eût joué ici le rôle du voyage. *Ernestine* a les mêmes gaucheries, les mêmes formes vieillottes que le début du chapitre sur la pudeur. Né d'un effort artificiel, ce conte où l'on sent la gêne de l'auteur, n'annonce guère qu'*Armance*.


## XI


Livre manqué parce que l'amour l'emportait trop sur l'œuvre dans l'esprit de l'auteur, ce traité, dont les détails valent tellement mieux que l'ensemble, dont les idées sont si bonnes et le plan détestable, semble un soufflet au grand principe classique de l'art d'écrire : « Ce que l'on conçoit bien s'énonce clairement. » Au reste le grand Boileau qui énonçait si bien, mais qui concevait si peu, est tout à l'opposite de Stendhal.

Les idées viennent d'un éclair. Pour les inscrire dans la durée d'une œuvre, il faut une continuité d'humeur, une constance d'intentions, un secours soutenu de l'imagination, qui suppléent au plan et qu'aucun plan ne supplée. Avec plus de génie qu'il n'en avait encore montré, Beyle s'est trouvé privé des ressources organiques de son art. La souffrance vive lui laissait toutes ses idées, mais rien que ses idées. Une œuvre qui sort d'une passion n'est pas toujours un exutoire. Dans l'étude de ses rapports entre la vie intime et l'art, *De l'Amour* nous offre l'expérience contraire à celle dont était né *Werther*.

# RACINE ET SHAKSPEARE

I

C'est jouer un mauvais tour à Stendhal que de présenter
*Racine et Shakspeare* en deux volumes compacts. Nicole
avait chargé les *Provinciales* d'un poids tout semblable, mais
c'était à l'occasion de leur mise en latin. Il faut faire l'effort
d'esprit de séparer les deux minces pamphlets de tout ce
lest.

Il faut même songer aux articles dont les pamphlets sont la
réunion ou la reprise.

C'est une œuvre de journaliste et que nous devons juger
en journalistes. Il n'y a pas de genre littéraire dont les lois
soient plus impérieuses : on y est plus près qu'ailleurs des
exigences du public. La Restauration n'échappe pas à ces
règles : Voltaire lui-même n'y échappait pas, bien que son
journalisme ne fût pas pour les journaux.

1° *Chaque chapitre fait un tout indépendant ;* l'auteur se
trouve ainsi débarrassé d'une partie des soucis d'ensemble ;
il ne présente ses idées dans toute leur étendue qu'au début
ou à la fin, en une préface ou une conclusion. Par contre, il a
le souci de répéter ou d'indiquer succinctement dans chaque
article, tout ce dont le lecteur a besoin pour être au fait. Il

ne faut pas que le lecteur qui a déjà lu les autres articles de
la même série s'ennuie ou trouve que l'auteur rabâche ;
il ne faut pas, s'il ignore ces autres articles, que son journal
lui présente une énigme indéchiffrable. Deux moyens : ou
se résumer sans trop en avoir l'air, ou donner aux idées de
chaque article assez d'indépendance pour qu'elles se défen-
dent seules. Ce dernier parti presque toujours est celui de
Stendhal.

2º Mais le style du journalisme diffère aussi de la prose.
Il *vient de la conversation* fondée sur des bruits publics, sur des
discussions à la mode : ses exordes sont toujours des allusions à l'état présent de l'opinion.

3º Ce que le lecteur d'aujourd'hui, devant des articles
réunis en volume, comprend moins encore, c'est que l'œuvre
du journaliste doit *retourner à la conversation :* elle doit
contenir des sentences, des bons mots ou ce que nous appelons
aujourd'hui des *slogans*, qui fassent passer dans les propos
de tous la substance de l'article. L'esprit, ailleurs, ne doit
apparaître qu'incidemment, à l'improviste et comme par
surcroît. Ici au contraire, l'article est fait pour les bons
mots, bien plus que ces bons mots ne sont faits pour l'article.
Presque rien dans *Rome, Naples et Florence*, par exemple,
ne se laisse résumer ; dans l'*Amour*, le mot même de *cristallisation*, image vive, a eu besoin dans notre prose d'un long
stage et de citations pour passer dans le domaine public.
Même les anecdotes de Stendhal ne se laissent pas raconter :
elles ont trop de nuances dans trop de brièveté.

Au contraire rien de si facile à résumer oralement que le
premier pamphlet de *Racine et Shakspeare* : « Nous ne sommes
plus les marquis à perruques ; il nous faut un autre théâtre,
si nous voulons nous voir. » « L'alexandrin est un cache-
sottise. » Ou s'il s'agit de l'illusion théâtrale : « A ma montre
il ne se passe pas non plus vingt-quatre heures mais deux
heures et quart. » L'anecdote de la sentinelle américaine qui
tire sur Othello : « Il ne sera pas dit qu'en ma présence un
nègre aura tué une blanche » peut se répéter sans en garder
les termes. De même l'essai sur le rire laisse seulement dans la

7

tête du lecteur quelques anecdotes, qui peut-être même nuisent dans notre souvenir à la clarté de la démonstration.
La tragédie de Didot dont Bodoni trouve les caractères
sublimes, *surtout les majuscules*, survit dans notre mémoire
à la démonstration dont elle est tirée. Enfin le troisième
chapitre se résume en trois ou quatre lignes : « Le plus de
plaisir possible à nous ou à nos arrière-grands-pères » est
une antithèse de journaliste, brutale, d'une exactitude
imparfaite, mais inoubliable.

Du reste il suffit de voir les articles publiés sur Stendhal
par ses contemporains, Mérimée et Sainte-Beuve : ce sont
ces formules qui leur sont restées en tête. Et Mérimée, de
très bonne foi sans doute, nous laisse ignorer s'il cite un texte
ou une conversation.


II


Nos réflexions restent vraies pour la seconde brochure ;
pourtant le ton a changé ; l'influence de Paul-Louis Courier
s'y fait sentir. Courier n'a pas réussi à inspirer à Stendhal
son goût pour l'archaïsme, les inversions, ni son goût pour
les vers blancs. Il lui a donné seulement le goût d'une composition plus classique, des débuts modestes et des antiphrases
longuement développées. Des mots comme : « Ni monsieur
Auger ni moi ne sommes connus » sonne bien comme :
« Messieurs, je suis Tourangeau, j'habite Luynes. » On peut
les répéter ; pourtant, comme les pamphlets de Courier, ce
sont plutôt des pages à montrer, à faire circuler de main en
main. La liste des académiciens titulaires et des auteurs
qui pourraient les remplacer avec avantage est trop longue
pour être retenue par cœur, le parallélisme des noms s'y
perdrait ; il faut la montrer comme une image. Cette liste
réussit et Sainte-Beuve, trente ans plus tard, n'avait pas
encore oublié ce succès.

### III

Tout ne pouvait avoir le même succès ; il était inévitable
que le journalisme de Stendhal souffrît de l'excès d'idées.
Il y a, dans le journalisme, une part de convention oratoire,
une sorte de règle de métier pour la discussion, la campagne,
le prêche et la propagande :

*Pour persuader le public d'une idée neuve, il faut feindre de
partager toutes les autres idées de son public.* En quinze lignes,
Stendhal trouvait le moyen de choquer, par excès d'esprit et
de justesse, les gens mûrs, les jeunes gens, les gens gais, les philosophes, les procureurs, les incroyants discrets, les croyants,
et de donner comme exemple de ses docrines Dante, qu'aucun
de ses lecteurs peut-être n'avait lu tout entier. « Le sot de
1780 produisait des plaisanteries bêtes et sans sel ; il riait
toujours ; le sot de 1823 produit des raisonnements philosophiques vagues, rebattus, à dormir debout, il a toujours
la figure allongée ; voilà une révolution notable. Une société
dans laquelle un élément aussi essentiel et aussi répété que
le *sot*, est changé à ce point, ne peut plus supporter ni le
même *ridicule*, ni le même *pathétique*. Un procureur incrédule
se donne les œuvres de Bourdaloue magnifiquement reliées,
et dit : « Cela convient vis-à-vis des clercs. » Le poète romantique par excellence, c'est le Dante. » Même en dehors des
époques de censure, voilà un texte dont l'équivalent serait
refusé dans toutes les salles de rédaction. De fait, les articles
de Stendhal passaient dans une feuille anglaise et au lieu de
choquer un chauvinisme, ils en flattaient un autre. L'idée
que choquer par une idée juste c'est faire une impression
forte, donc atteindre une sorte de but esthétique, est ce qui
sépare Stendhal des vrais journalistes et des vrais pamphlé-
taires. Courier ne manquait pas d'idées, encore moins d'érudition ; nous le savons par ses lettres, par ses ouvrages purement
littéraires. Il se donne le déguisement du vigneron de la

Chavonnière ou du canonnier à cheval : seule technique de
la persuasion.

Pour plaire ou pour déplaire, Stendhal de toute façon
forçait la nuance. Aussi n'est-ce pas dans *Racine et Shakspeare* qu'il faut étudier son esthétique.


IV


Peu d'œuvres ont des sources aussi peu cachées. D'une
part le romantisme italien, dont une partie s'était développée
avant le nôtre. Chez nous le romantisme régnait déjà, sans
guerre sérieuse, dans le roman, mais Stendhal ne l'y goûtait
plus. D'autre part le romantisme anglais répandu par
l'*Edinburgh Review*. A part deux pièces de Schiller (*Guillaume Tell* et la *Pucelle d'Orléans*) Stendhal ignorait ou reje-
tait le romantisme allemand, y compris ses doctrines. Comme
modèles étrangers, il offrait aux Français Byron ou Walter
Scott qu'ils connaissaient bien, et l'Italie qu'ils connaissaient
mal. Vivant à Paris, ayant vu jouer Kean à Londres, ayant
pratiqué les lyriques italiens et même leur littérature dia-
lectale, il pouvait se tenir lui-même pour une synthèse de
tout ce qui se pensait de bon sur le renouvellement de la
littérature. Dans ces conditions, il ne s'agissait pas d'inventer
mais d'informer. C'est pourquoi il a repris sans façon tout en
nommant l'auteur, un dialogue d'Ermes Visconti dans le
*Conciliatore*. On se demande comment un homme de tant
d'esprit et si original, consent à jouer le rôle de vulgarisateur
d'idées, voire de pillard ? C'est qu'en matière de vérités,
plus encore qu'en matière d'invention, Stendhal reste un
classique. Si la vérité se trouve déjà quelque part, il suffit de
la prendre là où elle se trouve.

Le vrai paradoxe à nos yeux, c'est de voir Stendhal
développer des idées beaucoup moins vigoureuses, beaucoup
moins nettes, voire même beaucoup moins personnelles que
dans ses essais de jeunesse et dans la *Filosofia nova*.

L'exposition (certainement rédigée après les articles qui forment les trois chapitres du premier pamphlet) est d'une tenue logique parfaite, elle présente, résume et juge en même temps le livre (il a toujours été dans les habitudes de Stendhal de placer un *résumé en tête* de ses ouvrages). Mais le cours des chapitres suivants prête aux discussions. Il reproche au théâtre de son temps de ne pas être un vrai théâtre.

Mais l'exemple qu'il propose (les romans de Walter Scott) est plus éloigné encore du théâtre véritable. La logique réapparaît dans la suite du chapitre, tant que l'auteur suit pas à pas Ermes Visconti. A propos des unités, de la durée d'un drame il aurait eu mieux à dire en reprenant son idée d'autrefois : que les romans sont une nature choisie ; l'auteur a le droit de choisir aussi *dans le temps* les moments importants ; une pièce historique n'est possible qu'à cette condition; le vraisemblable est bien plus choqué par le changement brusque des caractères et par un enchaînement hâtif de causes et d'effets que par une convention un peu plus longue d'heures ou de jours entre les actes. Or Stendhal qui a entrevu cette nécessité du temps pour les changements de caractère, n'oppose pas ce vraisemblable tiré des choses au vraisemblable conventionnel des vingt-quatre heures. Ce problème des intervalles, sur lequel il passe si prestement, se pose d'ailleurs pour le romancier comme pour l'auteur dramatique. Mais Stendhal n'a pas encore réfléchi sur le roman.

De même à propos du rire et de la comédie. Nous admettons bien que le comique doit représenter toutes les passions, et non pas seulement les grâces des marquis. Mais dire qu'on ne rit pas à Molière, c'est s'obliger à prouver ensuite que Molière n'a pas peint les passions. Affirmer, pour nous faire choisir entre Racine et Shakespeare, que les Français de la Restauration sont plus proches des Anglais de l'époque d'Élisabeth que les Parisiens de 1700, c'est risquer un paradoxe sans preuves. Enfin le critique aurait beau jeu à lui rétorquer :

*C'est parce que Racine est vrai que vous ne l'aimez pas.* Il a sacrifié à des convenances sociales la franchise des passions.

Mais d'après vous-même, et vos éloges de l'Italie, les Français en sont toujours là. Ce sacrifice et cette convention règlent notre vie ; ils représentent donc ce réel que le théâtre doit imiter. Un auteur, pour nous peindre les mœurs de notre temps, devra donc user des conventions de style que vous exécrez et non pas de cette franchise poétique que vous préférez.

Enfin la règle du « plus grand plaisir possible » est une règle trop subjective : ce qui amuse l'un ennuie l'autre. Si « penser fait sentir » comme le veut Stendhal critique d'art ; si l'on peut apprendre à goûter Raphaël, on n'a pas tort non plus de nous apprendre au collège à aimer Racine. L'amour des classiques suscite des passions vives puisque la jeunesse va faire le coup de poing, en 1823, contre les comédiens qui jouent Shakespeare ; donc ces jeunes gens capables d'émotions si vives, n'ont pas été trahis par La Harpe, qui leur a enseigné ce plaisir et cette passion.

Confondre *populaire* et *romantique* n'est pas moins bizarre pour quelqu'un qui dédie déjà ses livres aux *quelques heureux*. Lamartine, si poli qu'il fût dans sa lettre sur *Racine et Shakspeare*, avait facilement raison lorsqu'il relevait cette différence. Où en serait Stendhal, si le succès près des contemporains devenait le seul critère des œuvres d'art ?

Voilà les critiques aisées qu'appelle chaque page de ce pamphlet et pourtant Stendhal a raison sur le fond : la tragédie classique a fait son temps ; il faut que devienne possible un drame nouveau. Le drame de Hugo, la comédie de Musset, tous deux inspirés de Shakespeare, montrent même que le nouveau modèle était bien proposé.


V


Ce mot de *logique*, familier à Stendhal, ne doit pas nous tromper : jamais les développements suivis, les prudentes prises de position, ni les syllogismes n'ont fait partie de sa manière : *sa logique n'est jamais de raisonnement, toujours de jugement.* Il avertira souvent qu'il manque à la logique de discussion ; c'est seulement ce qu'il appelle « ne pas garder toutes les avenues contre la critique ». Et c'est une faute dont il ne se soucie guère. Il dit expressément, au début de son pamphlet, qu'il ne recourt pas aux formes dubitatives (qui seraient une ressource contre la critique). Pour être plus rapide, il jette son bouclier. Par contre la logique du jugement a pour lui un principe absolu, et dont nous ne le verrons jamais se départir. Lorsqu'il critique, il ne se contente jamais de nier ou de détruire. Il indique toujours *ce qu'il faut mettre à la place* de ce qu'il condamne. Il abonde en projets et en propositions dans ses menus écrits politiques.

Dans *Racine et Shakspeare*, la tâche semblait impossible. Comment indiquer ce que doit être le théâtre futur ?

Il ne s'est pourtant pas dérobé. Il nous a donné, avec la seconde brochure de *Racine et Shakspeare*, le plan de *Lanfranc ou le Poète.* Aujourd'hui que nous connaissons le théâtre qu'il avait ébauché enfant, nous n'avons pas de peine à reconnaître dans ce plan une incarnation, ou plutôt une fusion dernière de ses deux pièces : *Chamoucy ou les deux hommes,* et *Letellier ou l'intérieur d'un journal.* Nous savons par les *Souvenirs d'Égotisme* autant que par les derniers états de ses brouillons, qu'il avait tenté à ses retours en France de se remettre à ses vieux projets. Dans ses souvenirs, il en parle comme d'un *mauvais drame ;* ce qu'il dit de sa passion pour Métilde, chagrin qui lui faisait dessiner des pistolets dans les marges, dut le gêner dans son travail, et le dégoûter ensuite de son ébauche. Mais c'est sans doute à ce propos qu'il se posa de nouveau le problème du comique, le problème des manières de plaire au public. Ainsi s'explique ce fait singulier que l'esthétique de *Racine et Shakspeare* ne soit pas celle de Stendhal, qu'elle demeure à un niveau plus bas. Quant au projet de *Lanfranc,* il n'est moderne que par quelques détails : une pièce conçue au début de l'Empire ne pouvait représenter les mœurs de la Restauration ; de

plus, pour nous, c'est une esquisse infiniment plus classique
de dessin et de manière que tout ce que nous avons pu voir
de théâtre vraiment romantique.


## VI


Le *Théâtre de Clara Gazul* nous semble la plus curieuse
expérience tentée sur les doctrines de *Racine et Shakspeare*. A
vrai dire, il y avait deux romantismes et même deux Shakespeare à ce moment.

1º Imitation du lyrisme, respect des formes de la poésie,
métaphores semées dans les discours des plus plats personnages — bref ce que Stendhal appelait la rhétorique de Shakespeare et excusait par les goûts du public anglais de 1590
allait inspirer Alfred de Vigny, Dumas père et Victor Hugo.

2º Tout ce qui reste de commun à Shakespeare et à la
comédie espagnole allait donner *Clara Gazul*, et plus tard
(avec une addition de Marivaux) le théâtre de Musset.

Chose curieuse et qui montre à quel point Stendhal devinait
mal les conditions du succès contemporain, c'est le lyrisme et
l'emphase qui allaient triompher sur la scène. Le théâtre de
Mérimée devait rester longtemps dans les livres (il n'en est
sorti que de nos jours) et celui de Musset ne devait être,
durant la vie de Stendhal, qu'un théâtre dans un fauteuil.

La technique d'un écrivain est toujours, pour une part,
fondée sur les goûts qu'il suppose à son public. Peut-être
tous les débutants se mettent-ils à l'œuvre dans l'espérance
d'une vaste gloire. Il faut beaucoup d'expérience et de sagesse
pour se résigner à son public réel, et une grande force d'âme
pour se contenter d'un public idéal. Cette force d'âme,
Stendhal l'a eue, dès le début, devant ses œuvres achevées.
Il l'a eue très tôt devant les œuvres qu'il entreprenait pour
son instruction ou son plaisir. Mais fonctionnaire de l'Empire, touriste d'Italie qui refusait de se réadapter à la vie
française et ne fréquentait guère qu'une élite, il connaissait

mal le grand public. L'eût-il connu qu'il n'aurait pu se plier
à ses goûts. Il faut que l'auteur reste au niveau du public,
se fasse mime du public, pour arriver aux succès populaires
d'un Pigault-Lebrun dont l'auteur de *Racine et Shakspeare*
confondait le succès, pour un instant, avec celui du romantisme. Critique pour les critiques. Son erreur sur le public,
dans *Racine et Shakspeare*, peut passer pour son adieu à
un métier dont ses rêves avaient attendu le large public et la
large gloire dramatiques.

# LA VIE DE ROSSINI

## I

Pour écrire une vie, il faut un mort : c'est le premier principe du métier de biographe. Stendhal avait déjà manqué à ce
principe en ébauchant une *Vie de Napoléon* ; mais le héros
était à Sainte-Hélène sans espoir de retour. Rossini au
contraire devait survivre à Stendhal. Il n'avait que trente-
deux ans quand fut écrite cette *vie*. On pouvait penser que
l'essentiel de l'œuvre n'était pas encore composé. De fait,
la paresse de Rossini (qui cessa de travailler dès qu'il fut assez
riche) ne laisse qu'une lacune dans l'étude de Stendhal :
*Guillaume Tell*. Il ne pouvait être question que d'un portrait
et d'impressions musicales. Et jamais écrit biographique
ne fut plus objectif. M. Prunières qui le compare très justement à *Rome, Naples et Florence* le nomme « Journal des
sensations éprouvées par Stendhal au cours d'un voyage
à travers la musique ». Sans nous soucier des opinions musicales du livre, sans insister beaucoup sur sa genèse, car M. Prunières a parfaitement traité le sujet, nous pouvons y trouver
les principales constantes du métier de l'auteur lorsqu'il
compose des essais.

D'abord (sources mises à part) le livre naît, ce nous semble,
de *deux excitations différentes*.

1° D'abord Stendhal est provoqué à écrire par son rôle de guide ; il a déjà entendu en Italie cette musique qui passe les montagnes, le premier il en a écrit à ses amis. Et ce qu'il dit des lettres privées qu'il a cousues pour faire son livre est vrai pour une bonne part.

2° Mais Rossini est pour lui, en même temps, l'occasion d'un *débat intérieur :* il ne l'aimait point tant en Italie. Son goût se modifie par l'habitude, et sous l'influence de Judith Pasta. Il applaudit à chaque représentation la prima donna, et il bavarde chez elle tous les soirs. Il veut se rendre à lui-même un compte exact de ses changements.

Si le rôle de guide le pousse à se documenter, le débat intérieur éveille les idées. Dans ce débat il s'aperçoit bien vite qu'il n'a pas tout dit sur la musique, avec les fragments personnels sur Haydn, Mozart et Métastase. Il renvoie quelquefois à ce malheureux livre.

S'il le relit, c'est pour voir combien ses opinions se sont modifiées et nuancées. Autrefois il prétendait que la musique n'avait pas de « beau idéal » ; maintenant il prétend que ce « beau idéal » change tous les trente ans.

Il faut (bien que moins importante) signaler la source d'idées et de désirs qui inspira les projets d'administration théâtrale de la fin du livre ; en effet l'ouvrage tout entier en reçoit une légère teinte. Stendhal, privé de Milan et de la Scala par l'amour et la police, essaye de se reconstituer à Paris les mêmes plaisirs et la même vie sociale. C'est la partie la plus légère de son *Credo* du bonheur, mais ce n'est pas la moins continuelle. Ce thème mineur qui apparaît dès 1817 dans son œuvre tiendra une large place dans les *Mémoires d'un Touriste*, et réapparaîtra, vingt ans plus tard, dans la *Chartreuse de Parme*.


II


Ainsi excité à écrire et muni par ses lettres d'une matière première, il obéit à son autre coutume : plusieurs esquisses préparatoires ont servi de plan (mais de plan entièrement

rédigé) au livre définitif. D'abord un article traduit en anglais
pour la *Paris Monthly Review* et dont l'étendue est à peu
près égale au vingtième de celle du livre complet. Ensuite
le texte des *Memoirs of Rossini*, dont l'étendue égale la moitié
environ de la *Vie* définitive. Mais le traducteur nous prévient
lui-même qu'il a opéré de son cru certaines suppressions.

M. Prunières, meilleur juge que nous, le déclare « un
ouvrage bien construit, clair, documenté, vivant, donnant
des renseignements historiques précieux et de judicieuses
analyses des opéras. Ce livre est le premier, et, sans doute,
le meilleur qui ait été écrit sur Rossini durant la première
moitié du XIXᵉ siècle ».

Les notes relevées sur l'exemplaire Primoli (et publiées
par M. Prunières) prouvent que plusieurs des chapitres qui
font hors-d'œuvre ont été écrits après les autres, pour être
intercalés entre eux. Le premier jet de son livre s'offrait à
Stendhal comme une collection de faits, une mine ouverte,
comme le Carpani dont il avait tiré son Haydn ou le Lanzi
dont il avait tiré sa *Peinture*. Restait à en faire jaillir les
idées. Ce serait une preuve de plus, s'il en fallait une, que les
adaptations et les transformations des autres ouvrages
naissent bien d'un mouvement spontané de son esprit. Parfois d'autres anecdotes sont appelées par les premières. Nous
supposons (sans preuves matérielles) que la part du traducteur dans les différences d'un texte à l'autre a dû être plus
mince qu'on ne l'a cru. Nous avons l'exemple de la première
version de *Rome, Naples et Florence*, plus sobre, plus grave-
ment substantielle et mieux équilibrée que la seconde.

En composant son livre sur des documents écrits, mais
épars, l'auteur a eu d'abord le souci de voir un ensemble.
Puis il a écrit, selon son humeur, au courant de la plume.
Aussi, comme pour l'*Amour*, il a mis dans le début tout son
souci de la composition ; il y a massé tous ses thèmes, toutes
ses idées. Il les présente en un si bel ordre que le lecteur
attend un livre méthodique.

### III

Un plan pour une *Vie* ? L'ordre chronologique en tient lieu. Le plan ne devait paraître que pour mettre les idées à leur meilleure place et donner aux chapitres leur proportion. Si l'ordre chronologique des opéras est à peu près suivi, les idées et les digressions détruisent presque entièrement le plan régulier. Surtout l'économie, la bonne gestion des pensées est absente de la version définitive. Toutes les idées qui font vraiment partie du sujet sont réunies dans l'introduction. L'auteur ne peut se passer d'idées pour son commentaire : il les prendra hors du sujet. On voit bien comment chaque opéra de Rossini, par les héros, le ton, les circonstances de la représentation, donne à l'imagination de l'auteur un nouvel élan. C'est en quoi le livre ressemble à un voyage.

C'est qu'il n'existe pas de centre d'intérêt dans le livre ; nous en trouvons un, c'est Stendhal et non pas Rossini. La technique *que l'on croit suivre* et celle *que l'on suit* sont fort différentes. Lorsqu'il écrit, en tête du chapitre qu'il veut commencer, le nom de l'*opéra suivant*, l'auteur pense sauvegarder l'ordre et la suite. Mais cette précaution lui donne des résultats inattendus. Car s'il n'a rien à dire, ou presque rien, sur tel opéra, il s'estime obligé pourtant de remplir ce chapitre. Il n'a pas vu par exemple *Aurélien à Palmyre ;* il n'en connaît qu'un fragment, un duetto qui jette « dans une rêverie profonde ». La transition est trop naturelle pour être voulue ; c'est une vraie rêverie qui suit aussitôt, à demi enveloppée encore dans les « en quelque sorte », les « si je ne me trompe » et le ton un peu plus abstrait, didactique et timide en même temps : « Lorsque, songeant à quelque souvenir de notre propre vie et agités encore en quelque sorte, par le sentiment d'autrefois, nous venons à reconnaître tout à coup ce sentiment dans quelque cantilène de notre connaissance, nous pouvons affirmer qu'elle est belle. Il me semble qu'il arrive alors une sorte de vérification de la ressemblance entre ce que ce chant exprime et ce que nous avons senti, qui nous fait voir et goûter plus en détail les moindres nuances de notre sentiment et des nuances à nous-même *inconnues* jusqu'à ce moment. C'est par ce mécanisme, si je ne me trompe, que la rêverie entretient et nourrit les rêveries de l'amour malheureux. »

Et le chapitre pour ne pas s'arrêter court, continue par *Démétrius et Polybe*, ou plutôt par le récit d'une partie de campagne en Lombardie, et un petit historique de la famille Monbelli qui faisait à elle seule (y compris le cuisinier, amant de la vieille maman des cantatrices) la troupe de ce *Démétrius*. Comme il l'a dit une fois de la musique de son héros, c'est là de la « crème fouettée ». La plupart des anecdotes évoquent moins l'opéra que la coulisse et l'entracte.

Il nous semble certain que l'auteur a consenti à ce désordre. Sa préface désinvolte ne veut même pas que cette *Vie* soit un livre ; il avait en main ses propres *Memoirs of Rossini*, qu'il pouvait publier tels quels en français. Il sentit que l'ordre rigoureux n'était pas de mise, que la fioriture serait plus rossinienne. Nous disions, dès la *Vie de Haydn*, qu'il créait un genre nouveau et faisait de la vie d'un musicien un libretto pour toutes ses œuvres. Ce genre comporte, ordonne certain *mimétisme*. Pour donner dans notre mémoire une étoffe à la musique de Rossini, les analyses des opéras ne peuvent suffire telles quelles ; ce qu'elles nous donnent, ce n'est que le libretto, dont le musicien se moque, et dont il faut se moquer avec lui. Mais dans le livret, le musicien a trouvé un motif qu'il a traité avec plaisir ; ailleurs il a mis telle qualité — la promptitude, l'esprit, l'ironie — qui échappe à la description directe, et qu'une anecdote évoque mieux. Puisque Rossini, lorsqu'il compose un opéra, y glisse des morceaux de ses œuvres précédentes, le biographe a bien le droit de coller bout à bout des extraits d'anciennes lettres, ou bien les mots piquants de la dernière soirée.

Pour le *Barbier de Séville*, que Stendhal connaissait bien, dont il pouvait se faire jouer au piano par des amis les prin-

cipaux airs, la *crème fouettée* couvre pourtant le tout. Nous
sommes tout près du journalisme. De fait, les feuilletons
musicaux que Stendhal a donnés au *Journal de Paris* après
le succès de son *Rossini* sont de la même veine ; à peine
ont-ils le défaut de revenir sur les mêmes idées.

## IV

La méthode des transpositions, des comparaisons d'un
art avec un autre, après avoir tant aidé Stendhal dans son
*Histoire de la Peinture,* réapparaît encore ici, mais plus
discrètement. C'est qu'il connaît mieux la musique en 1824 :
il compare surtout la musique à elle-même, et les composi-
teurs entre eux. Le parallèle entre Rossini et Cimarosa, à
propos du *Barbier de Séville,* a forcé les nuances (à notre
avis du moins). Mais c'est le risque à courir dans ces descriptions toutes subjectives auxquelles force la musique. Si
maintenant l'auteur compare la musique à la peinture,
c'est pour *élargir* sa pensée plutôt que pour la *préciser.*
(C'est l'usage que nos contemporains ont fait des images, et
qui leur donne tant d'audace dans les métamorphoses.)
« Il y a, par exemple, une légèreté de touche (ce qu'en peinture on appelle *fait avec rien*) que je n'ai jamais vue chez
Mozart. »

La vivacité du ton, le mimétisme, devait amener dans
la *Vie de Rossini* des effets de comédie. Au lieu d'inventer
de toutes pièces des scènes et des personnages, comme dans
les *Provinciales,* par exemple, Stendhal pousse jusqu'à la
comédie ses personnages réels. Le vieux Mayer devient le
symbole de l'ennui ; il est peint d'un mot à la Beaumarchais :
« Mayer, par exemple, ne copie pas, il est vrai, mais il nous
plonge dans un sentiment d'apathie, bientôt suivi de l'oubli
de tous les maux. » Rossini, lui aussi, est souvent poussé
à la charge ; le Figaro du *Barbier* a déteint sur lui dans
l'imagination de son biographe (chap. XLII). Parfois l'auteur
se met en scène, non plus pour une anecdote qu'il déclare

vraie, mais pour une saynète symbolique. Ainsi pour peindre
le caractère napolitain, il se montre dans une barque de ce
pays, pris pour un jeteur de sorts, et montrant les cornes
bénéfiques qu'il porte sur lui. « Je me rapprochai d'une
petite sainte Rosalie devant laquelle brûlait un cierge, et
je priai sainte Rosalie d'envoyer l'enseignement mutuel en
Sicile ; elle me répondit qu'elle y songerait dans trois siècles. »


V


Parfois il crée des personnages allégoriques, dont il a
besoin pour sa mythologie familière. Le lecteur qui lit
Stendhal par ordre chronologique sent venir depuis longtemps le personnage détestable qui a l'oreille la plus juste
mais point de cœur, partant point de goût pour les arts :
c'est une charge d'un amant de la Pasta, le chevalier Micheroux des *Souvenirs d'Égotisme*. Il le peint avec outrance,
le nomme expéditionnaire au ministère de la Guerre ; ce
Pécuchet de la musique est « commis appréciateur juré des
sons rendus par les pierres de taille ». C'est là une verve que
la parole aide à mousser, qui se grise d'elle-même, et qui
porte des marques de l'inspiration orale ; il a dû parler une
partie de ces mots et de ces anecdotes avant de les écrire.
Et on reconnaît des traces de conversation en bien d'autres
passages, qui ressemblent à des conférences familières, où
abondent les précautions oratoires, et bien d'autres effets de
la rhétorique d'improvisation. Si le style est plus vif que dans
les livres précédents, il est souvent plus chargé ; ce n'est plus
la syntaxe fluide, transparente de *Rome, Naples et Florence*,
ou des belles pages de l'*Amour ;* il n'a plus cet air intérieur,
ce dépouillement et cette pureté de solitude que plus tard il
retrouvera. « Si vous vouliez me promettre le secret, je vous
dirais.... » Plaisanterie facile. Dans *Rome, Naples et Florence*,
on craignait la police, mais l'auteur et les lecteurs s'étaient
promis le secret.

## VI

Quand Stendhal parle métier, dans cette *Vie de Rossini*, il pense à la littérature autant qu'à la musique. Peut-être a-t-il trouvé là des idées qui lui ont servi plus tard. « Un grand artiste se compose de deux choses, une âme exigeante, tendre, passionnée, dédaigneuse, et un talent qui s'efforce de plaire à cette âme et de lui donner des jouissances en créant des beautés nouvelles. »

Ainsi le génie ne serait pas dans la création même, mais dans l'exigence, le besoin d'une œuvre ; l'œuvre serait le fruit du métier, d'efforts conscients, tendus à l'extrême et dirigés vers un but nouveau, original, un besoin de l'âme.

La vanité de l'artiste créerait bien le besoin d'une belle œuvre, mais faute du *but* proposé par la sensibilité, une telle œuvre n'aurait ni nouveauté ni vérité. Ce besoin plus vague, mais aussi vif que chez l'auteur, pourrait être réparti dans une foule ; c'est par là qu'Athènes et Florence collaboraient avec leurs génies ; parfois encore le désir d'un grand patron ignorant du métier, comme en eurent Michel-Ange ou Haydn, arriverait à faire partie du génie du créateur.

Mais on voit aussi comment le besoin de s'éloigner de la foule, de satisfaire soi-même aux souhaits de son âme, peut devenir dans une cité ingrate une chance d'originalité. Une telle notion du génie réduit en somme l'inspiration à une passion, à un souhait impatient et douloureux, pour rendre au métier toute la création de l'œuvre. Elle explique tout, sauf les surprises que donnent à l'artiste le travail de ses mains, la résistance de la matière, surprises qui font l'artiste se dépasser lui-même, et *répondre à un désir vague par une œuvre précise*. Cette vue du génie est très proche de l'idée que Stendhal se fera de Julien Sorel ; l'ambition non plus ne commencerait pas par des plans, mais par une souffrance au contact des autres, qui oblige Julien à se mettre à part ou au-dessus.

Dans ses descriptions de tableaux ou d'opéras, Beyle avait

déjà étudié l'art de prolonger un sentiment, de faire vibrer dans le lecteur telle ou telle émotion. Il semble que l'harmonie de Rossini et les descriptions de Walter Scott aient montré à notre auteur l'importance d'une préparation sentimentale. Jusqu'alors ses entrées en matière (même celles de l'*Amour*) avaient été aussi soudaines et aussi intellectuelles qu'il est possible. Il savait depuis ses débuts qu'il est important de prolonger un effet, de le faire vibrer, comme il dit. Sans renoncer jamais à certains effets inattendus, il comprend que d'autres effets doivent être amenés : « Comme Rossini prépare et soutient ses chants par l'harmonie, de même Walter Scott prépare et soutient ses dialogues et ses récits par des descriptions. Nous nous sentons touchés par avance de ce que ces deux personnages vont se dire. Lorsqu'ils parlent enfin leurs moindres paroles ont un prix infini... »

Après *Rossini*, nous n'aurons plus à juger Beyle comme critique musical ; on nous excusera de relever ici la distance qui subsiste entre ses goûts et ses ressources de critique. « De la fougue à la Michel-Ange comme Beethoven », voilà qui est parfaitement dit, mais pourquoi manquer un si beau sujet de contraste avec Rossini ? En peinture, il avait peu à dire sur la couleur, et au contraire beaucoup sur tout ce que la gravure exprime d'un peintre : cela reste plus graphique, plus proche de la pensée et de l'expression. De même en musique ; il n'aurait pu bien parler, même en goûtant tout le reste, que de ce qui est soutenu par la voix ou plutôt par un sujet. « Il suffit (dit-il encore des opéras chantés dans une langue inconnue) qu'une personne de la loge vous donne le motto des principaux airs. » Il est trop loin du sentiment sans pensée ; sa critique a besoin du *mot*.

# LES PROMENADES DANS ROME

I

Nous savons que Beyle, en préparant une nouvelle édition de *Rome, Naples et Florence* (plus riche que la première, mais d'un mouvement moins sûr), avait dépassé l'étendue fixée par son libraire. Pour publier les pages disponibles il y fit des additions nouvelles qui devaient devenir les *Promenades dans Rome*. L'ébauche préliminaire (indispensable à sa méthode) provient ici d'un précédent voyage. On pourrait donc croire qu'après le catalogue des nouvelles sources qu'il a mises à profit pour ce livre, on sait l'essentiel, et que peu reste à dire sur cette suite ou cet appendice.

Les *Promenades* diffèrent pourtant beaucoup des textes qui les ont précédées. Douze ans les en séparent ; l'intervalle sera moindre entre le *Rouge* et la *Chartreuse*. Surtout l'auteur travaille ici d'après ses souvenirs. La pensée, toujours aussi prompte, est bien plus grave. Les auteurs savent que leurs œuvres, comme eux-mêmes, ont leur jeunesse, leur maturité, leur vieillesse ; c'est bien ici un *dernier* guide sur l'Italie.

Il nous semble aussi que Beyle se sentait le besoin de réagir contre son propre journalisme et même contre sa propre *Vie de Rossini*. Il n'a guère tardé à la trouver « pleine de sentiments vrais mais peut-être ridicules ». Ces ouvrages de critique où l'auteur a outré ses propres sympathies (par la faute d'un enthousiasme passager ou sous l'influence de son entourage) amènent souvent une réaction en sens inverse. C'est un mot de Georges Duhamel, et souvent vérifié : « On ne doit rien attendre de bon d'un homme qui vient d'écrire votre panégyrique. » Un tel homme a épuisé sa bienveillance, il a besoin de changer d'air et peut-être de se venger. Les *Promenades dans Rome* vont être, pour parler de l'âme et de la musique, peu rossiniennes ; les aspects légers, «crème fouettée», de l'Italie ne nous apparaissent plus qu'en passant.

Une excitation nouvelle, analogue à celle que le retour des Bourbons avait donnée au livre de 1817, mais plus précise et plus vive, est venue à Stendhal du fanatisme de 1828. La loi qui punissait de mort le profanateur, la proposition du poing coupé, la prison demandée pour qui ne fait pas maigre le vendredi, apparaissent dans ses amères parenthèses. Même quand l'auteur trouve à louer la papauté, ses éloges sont une cruelle satire du catholicisme affaibli et conventionnel des catholiques français. Ses papes préférés ne sont pas ceux que préfère Lacordaire ; une bonne part des vues de Nietzsche sur la Renaissance ont été prises dans ce livre (même si Taine a servi d'intermédiaire entre les deux admirateurs des Borgia).

## II

Différence capitale : les *Promenades dans Rome* ne sont pas une initiation au bonheur, comme les précédents livres sur l'Italie et les arts, mais une leçon de sagesse.

Sans y penser ce livre sert de conclusion aux précédents.

L'occasion prochaine de ce livre et de son développement nouveau fut le travail en commun avec Romain Colomb qui se documentait lui-même sur l'Italie. Ce travail en commun se reconnaît à un signe sûr : partout ailleurs Stendhal cite de mémoire, procède par allusions, et se trompe souvent dans ses citations. Elles sont ici plus amples, plus exactes.

Elles sont mieux détachées aussi du texte primitif ; l'auteur
ne travaille plus, comme dans l'*Histoire de la Peinture*, sur
des textes traduits ou adaptés mais laissés dans l'ordre du
volume original. Comme le commun des auteurs qui s'occupent d'érudition, il a les textes sous les yeux, ou quelqu'un
pour les lui vérifier.

Grâce à la bibliographie que Colomb donne en annexe à
son propre livre, grâce au catalogue qui nous est parvenu de
la bibliothèque de Stendhal, nous connaissons bien les
sources de ce livre. Nous suivons sur ce point M. Caraccio.
Ces sources, comme toujours, sont moins importantes dans
la genèse du livre que les germes et les excitations qui ont
poussé l'auteur à travailler sur les sources. Elles ont pourtant, de-ci de-là, modifié le ton. L'influence de Paul-Louis
Courier était sensible dans le second pamphlet de *Racine
et Shakspeare ;* elle inspire ici tous les jugements simples et
raffinés sur l'antique. La lettre de Courier à Raynouard sur
le manuscrit de Florence, sa lettre à l'Académie des Ins-
criptions inspirent la méfiance superlative de Stendhal
vis-à-vis des savants italiens et français. Cette méfiance
est importante, plus qu'il ne semble d'abord. Elle change la
structure du livre ; *elle inverse les rapports* entre les textes et
les monuments. Les monuments n'étaient considérés en
1828 que comme d'agréables illustrations à l'histoire. L'histoire semblait plus sérieuse que le tourisme. Se méfiant des
savants contemporains et même sceptique devant les
anciens, Stendhal demande à son lecteur de ne croire que les
monuments qu'il touche. Il sait fort peu d'archéologie. Mais
ce qu'il devine dans cette vulgarisation brillante, c'est
notre méthode moderne de *l'archéologie contre l'histoire*,
du monument concret tenu pour une leçon plus certaine
que le récit. De Brosses s'était engagé dans la même voie,
mais il connaissait trop bien les textes et les monuments
avaient été trop peu fouillés de son temps. Montesquieu
(dont Beyle a relu les *Considérations*) ne croyait qu'aux
textes avec une candeur qui nous semble incroyable chez
un si bon critique et un homme de tant d'esprit.

### III

Ainsi parmi les *petits faits vrais*, les découvertes des fouilles apparaissent ; indiscutables, probantes, concrètes par l'émotion esthétique ou la vérité humaine qui s'en dégage, elles vont jouer le même rôle que les anecdotes. Un crime de la rue ne semble pas déplacé après la description du Colisée ou du Cirque ; tous deux sont témoins des mœurs romaines et de l'énergie. Stendhal n'est pas à Rome, ne profite pas de l'émotion des témoins ; c'est dans les journaux ou dans les lettres privées qu'il ramasse ses faits divers. Comment peut-il leur donner un tel style que de menus crimes ne semblent pas déplacés auprès de la Rome antique et de la Renaissance ? Nous devinons parfois comment tel modèle, la *Ghita* qu'il retrouve sur un tableau d'exposition, inspire mieux l'anecdote qu'un fait tout sec. Mais une telle occasion est rare. Or, il réussit vingt fois cette « mise à niveau », tour de force inaperçu du public, et qui doit émerveiller les hommes du métier. Cet exercice, cette réussite, annoncent cette autre stylisation d'un fait divers qui sera le *Rouge et le Noir*.

C'est aussi d'après les papiers, les descriptions ou mensurations d'autrui, et surtout d'après les gravures, qu'il contemple les monuments anciens et les palais de la Renaissance. (Les gravures auxquelles il renvoie le lecteur parisien sont évidemment celles mêmes dont il se sert.) Un effet curieux en résulte. Jusqu'alors il avait été plutôt un urbaniste qu'un amateur d'architecture. Nous retrouverons cet urbaniste dans les *Mémoires d'un Touriste*. Il était soucieux de la commodité des rues, des promenades couvertes ; il juge les théâtres surtout selon leur commodité intérieure. S'il admirait le dôme de Milan, c'est selon certains points de vue, à certains moments, à l'occasion par exemple d'un clair de lune. Bref, il voyait l'architecture en amateur de tableaux.

Le progrès si net de sa compréhension ; son sens des ensembles ; ses petites manies aussi, comme la passion excessive

pour les colonnes, l'extrême attention donnée à la ligne que
font les bâtiments sur le ciel, montrent qu'une fois de plus il
apprend à goûter un art par l'intermédiaire des arts graphiques. Colonnes et lignes de ciel sont essentielles au *dessin*
d'un monument.

IV

Là encore les sources, qu'elles soient littéraires ou plastiques, ne suffisent pas pour expliquer la fécondité de la
pensée de Stendhal sur l'architecture, ni le renouvellement
constant de sa curiosité. La meilleure excitation de sa pensée,
c'est un *débat intérieur*. Devant les monuments romains,
il comprend que « le beau est la saillie de l'utile ». Viollet-le-
Duc, le seul grand critique d'architecture du siècle dernier,
ne fera que commenter cette pensée de son côté. Mais par
ailleurs il exige des colonnes ; il souhaiterait aux monuments français de fausses façades dont le surcroît de hauteur
cacherait les cheminées ; il admire enfin les arcs de triomphe,
si parfaitement inutiles et qui peuvent être si beaux comme
« *une conquête de l'architecture* ». Ce débat arrive à intéresser
toute la pensée, tout l'être de Stendhal parce qu'il se rattache
aux conditions de la société et de la vie. Saint-Pierre comme
le mausolée d'Adrien seraient impossibles aujourd'hui —
mais la liberté ne vaut-elle pas mieux ? Peinture et musique
plus proches des passions ne lui avaient enseigné qu'un sens
de la vie réduit aux loisirs et moins proche des nécessités
éternelles.

Le voyageur passe d'un objet à l'autre, cherche la variété,
oublie hier en faveur d'aujourd'hui ; un guide de génie doit lui
présenter sans cesse les *mêmes idées* animées de nuances
nouvelles par des *objets différents*. Des promenades répétées
dans un même lieu rappellent les mêmes pensées, invitent à
prendre des perspectives nouvelles sur les *mêmes objets*.

Cette manière de repasser sur ses pas et de ramener ses
regards est l'image physique de la méditation. Or Stendhal
cette fois ne voyage que par l'esprit ; il retrouve et revoit ses

notes, souvenirs vieux de plusieurs années ; ce qu'il peut
ajouter aux documents qu'il consulte, ce ne sont pas des
faits mais des jugements ; c'est une méditation véritable.

Il joue à chercher sous quels arbres, devant quels monuments il doit feindre d'avoir lu Gibbon ou la vie des empe-
reurs ; ce jeu d'un guide qui ne prétend que montrer et
amuser le jette dans des réflexions nouvelles. Ces réflexions,
son devoir de guide veut qu'il les abrège — le besoin de
resserrer n'en fait que mieux ressortir la nouveauté, les
contrastes et l'énergie. Il a fait mieux ainsi qu'il ne prétendait faire ; ce sont ses soucis d'artisan, on le voit, qui l'amenaient à cette grandeur ; en s'occupant d'itinéraires pour
les touristes, il nous donne par échappées son *Discours sur
l'Histoire Universelle.*

Pour égayer son itinéraire, il avait besoin d'inventer des
personnages ; le sage Frédéric, le plus apte à l'information et
aux émotions sérieuses ; le frivole Paul, le plus rebelle aux
arts mais qui sait faire servir des glaces et comprendre les
avantages de son pays ; la femme qui préfère Cimarosa à tout
Et dans la technique d'un *guide romancé,* comme nous
dirions aujourd'hui, cette méthode est excellente. Au lieu
d'avoir à régler ses sentiments sur ceux du guide (chose
humiliante) cette variété de personnages et de réactions
devant chaque spectacle nous donne, à nous lecteurs, un
modèle à choisir.

Ces personnages ne sont pas inutiles, mais ils n'égaient que
les entractes du livre. Leur rôle n'est guère plus important
que celui des comparses — le jeune Français qui aime les
images ou l'Américain qui parle seulement d'argent. Dans
ses projets pour une seconde édition, choqué sans doute de
les avoir tant négligés, il rendait plus souvent la parole à
ses minces héros. Aux moments importants, les comparses
ont le don d'être invisibles, don précieux pour le lecteur
d'aujourd'hui qui cherche dans les *Promenades* une sincérité
directe. Ils n'ont pu vaincre cette méditation et cette solitude qui font le charme de ce livre et lui donnent comme une
belle odeur amère de buis ou de sapin — l'odeur romaine.

## V

Fidèle à sa méthode de *résumer d'abord*, de débuter par un vaste ensemble parcouru au galop, l'auteur a commencé par une vue cavalière de Rome. Ensuite il a indiqué l'ordre que l'on pourra suivre si l'on aime l'ordre. Le sien est tout subjectif. Travailler avec Colomb ne l'empêchait sûrement pas, durant les matinées studieuses de 1828 et 1829, de chercher parmi les auteurs ou les gravures ce qui convenait à son humeur du jour, pour en tirer le chapitre qui, ce matin-là, lui faisait le plus de plaisir à écrire. Ici rien, non pas même le fil léger d'un itinéraire, ni l'initiation progressive aux arts de compagnons imaginaires, ne l'aurait empêché de ranger, après coup, ces chapitres en ordre méthodique. Il a dû pourtant les laisser presque toujours dans l'ordre où il les avait revus (s'il s'agit d'anciennes notes) ou compilés, ou écrits. Les effets de *contrastes* entre les époques, ou les impressions d'art ou les faits divers, lui plaisaient sans doute comme ils nous plaisent, le reposaient par la variété, l'aidaient à penser. Il a eu le sûr instinct de nous donner à suivre, au lieu d'un plan, le mouvement de ses humeurs.

Il projette un livre pour un public : ce guide par exemple ; une fois qu'il l'aura écrit, il cherchera à le vendre le mieux possible. Mais *tant qu'il est la plume à la main il ne peut écrire que pour lui*. C'est en ce sens seulement que ses protestations contre le charlatanisme sont vraies, mais c'est l'essentiel. Si l'on veut mesurer jusqu'à quel point il écrivait ces pages pour lui-même, il faut relire l'hommage funèbre à Métilde, inutile au livre, étranger à Rome, mais poignant dans sa douceur obscure.

Ce même esprit si personnel lui fait placer, lors de la correction de ses épreuves, des notes abrégées, incompréhensibles pour les contemporains, telles qu'il en glissera encore dans la *Chartreuse*. Nous croyons nous aussi les avoir déchiffrées : La Primavera dell ventinove ; L. for Sanscrit et jea 46 (printemps de 1829 amour pour Sanscrit et j'ai 46 ans) nous

explique la seconde : The day of Paq. 1829 nopr. by lov :
the 21 of june, nopbywa and hap. Ever Sanscrit Drama
forpr. The death of Crecentius. (Jour de Pâques 1829 pas
d'épreuves corrigées par amour ; le 21 juin pas d'épreuves
corrigées, par attente et bonheur. Toujours Sanscrit. Drame
pour l'impression : la mort de Crescentius.) Le succès d'estime
si vif du *Théâtre de Clara Gazul*, qu'il cite au cours des *Promenades*, l'anecdote tragique de Crescentius, les possibilités,
restreintes encore à la lecture, du théâtre romantique tel
que le concevaient lui et ses amis rendent le mot *printing*
plus plausible que *pride* ou *profit*. Gloire et profit, du reste,
il ne les attendait que de la comédie, non du drame. Il n'écrivit pas ce *Crescentius ;* nous devinons d'après ce qu'il pense
du héros ce qu'aurait été la pièce : un homme veut la liberté,
le peuple qu'il appelle à cette liberté n'en veut pas. C'est
la scène de Shakespeare où les conjurés enthousiastes de
Brutus veulent le *faire César*. Il est intéressant que Stendhal
ait voulu traiter à part, sous forme dramatique, cette anecdote sur l'Italie. Plus tard les *Chroniques italiennes*, si dramatiques, seront le vrai théâtre de Stendhal ; c'est là qu'il
emploiera ses dons de tragique et les études sur l'action
du drame qu'il avait entreprises dans sa jeunesse.


## VI


Le mouvement des *Promenades* est plus varié, mais à
l'ordinaire plus lent que le premier texte de *Rome, Naples et
Florence*, ce *prestissimo* continuel. Nous y gagnons ; le livre
en est plus aisé à rouvrir à n'importe quelle page ; il attache
ceux des lecteurs qui ne sont pas stendhaliens et n'aiment
pas que l'auteur impose trop impérieusement son allure.
Les auteurs qui ont autant de talent pour les idées que pour
le récit, un Gondi, un Montesquieu dans ses *Lettres Persanes*,
un Voltaire dans ses premiers contes et ses premiers ouvrages
historiques, sentent que le mouvement est nécessaire au
récit ; ils résistent au goût des digressions et des commen-

taires qui leur seraient naturels. Mais ils cherchent toujours
le mouvement *le plus rapide* (l'excès contraire à la réflexion
critique). Ils imaginent leur lecteur comme *eux-mêmes
devenus impatients*. C'est une erreur car le lecteur moyen
exige bien qu'on l'amuse mais n'est guère pressé de finir.
A l'époque de ces grands hommes, les livres qui plaisent le
plus, *Clélie* ou *Clarisse Harlowe*, sont interminables. Et l'esprit critique qui sait choisir, éliminer, saute vite à l'essentiel,
donne presque trop de ressources pour hâter le récit. Si les
*Promenades* sont déjà moins sautillantes que *Rome, Naples
et Florence*, c'est sans doute pour une part un effort volontaire. Plus tard en corrigeant son livre l'auteur voulait
encore en assagir l'allure, mettre partout les éclaircissements,
les pentes douces, nécessaires à « monsieur public ».

Dans l'*Histoire de la Peinture*, Beyle se faisait sérieux de
tout son cœur pour se rendre égal à un sujet qu'il connaissait
mal tout d'abord. Ici, au contraire, il craint de ne pas avoir
allégé assez sa documentation, il craint plutôt le sérieux de
sa propre pensée. Il prend, de-ci de-là, des précautions de
frivolité : « C'est en disant tout ce qui nous passe par la tête
que nous arrivons à notre grand objet, ne pas ennuyer nos
compagnons de voyage en leur faisant voir des ruines. » Ou
encore : « Je n'ai eu garde de détruire leur plaisir en disant... »
Il le dit pourtant au lecteur. Est-ce un avis aux lectrices
de sauter ce paragraphe ? Ou craint-il pour le ton du livre
ce que nous nommions la *solitude* de ses réflexions ?

En tout cas s'il avait étendu son livre, ç'eût été par des
idées intermédiaires, par un surcroît d'anecdotes et non pas
aux dépens de la concision du détail. Rousseau (lorsqu'il
ne fait pas d'éloquence) est presque aussi prodigue d'idées
intermédiaires, en même temps que ménager de ses mots.

Le métier de guide ressemble un peu à celui de journaliste :
c'est une sorte de reportage. Stendhal fuit cette fois les dan-
gers du genre : le compte rendu fidèle, donc bavard des conversations et propos :

« Un bottier vous a dit tout cela en un quart d'heure et
en dix lignes ?

— Non, monsieur, en six ans et en trente ou quarante heures de bavardages. » Un tel mot devrait nous montrer, non pour Stendhal seulement mais pour tous les romanciers, ce qu'est la *vérité* dans les conversations d'un livre.

Le plaisir même des idées, si vif chez lui, qui lui reviendra plus vif encore, semble ici lassé ; il cède la place à ce qui tente de remplacer, par la prose, la contemplation silencieuse. Ainsi les pages datées du 20 juin sur Canova ; les idées alors n'apparaissent plus qu'en symboles, et en humbles servantes du sentiment. Cet auteur qui aime tant la dispute et qui savait si bien qu'elle ne sert à rien (sauf à ranimer les idées contraires) semble ici l'avoir méprisée, presque vaincue.

Dans cette leçon de sagesse qui succède aux leçons de bonheur, l'épicurisme est bien plus spiritualisé — effet sans doute entre autres de l'éloignement, du travail sur images et sur papiers ; plaisirs du rêve et du voyage imaginaires. Il n'y a que le rêve qui puisse ralentir son style. Mais il sait créer la rêverie en trois phrases de trois mots, et ralentir l'allure sans rien perdre de sa brièveté : « Que sommes-nous ? Où allons-nous ? Qui le sait ? Dans le doute, il n'y a de réel que le plaisir tendre et sublime que donnent la musique de Mozart et les tableaux du Corrège. »

## VII

C'est une autre coutume contraire à la promptitude que Stendhal inaugure avec la *double fin* des *Promenades dans Rome*. Cette manière d'agir est faite pour surprendre tous ceux qui ont gardé, devant la technique de la prose, des maximes empruntées au seul métier dramatique.

Il semble évident que, le 1er janvier 1829, quand Stendhal (ou le narrateur) dit : « Voici les idées que Rome nous a données à Paris » et qu'il décrit les étonnements du retour, le lecteur doit considérer le livre comme fini. L'auteur continue pourtant. Quelques anecdotes, des plus générales et des plus fortes, vont encore suivre. Nous allons retrouver un

abrégé, pris à l'*Histoire de la Peinture*, des vues sur Michel-
Ange (l'artiste qui, selon Stendhal, exige la plus longue
initiation préalable). Puis, à l'occasion du Conclave, apparaîtra, plus vive que jamais, la Rome de 1829 dans ses
intrigues. Si le Conclave apparaissait seul, on pourrait
croire que l'auteur a voulu au dernier moment rattacher
son livre à l'actualité. Mais ce Conclave ne tient qu'une
place minime. Et après l'appendice apparaîtra une nouvelle
conclusion (le conseil d'aller en Italie ne doit pas se donner à
tout le monde...), morceau bref, il est vrai, et qui semble
écrit pour justifier le « *To the Happy few* » habituel.

Négligence ? Mais nous retrouverons cette « négligence »
dans tous les livres achevés, dans le *Rouge et le Noir*, si dramatique que soit l'action, aussi bien que dans les *Mémoires
d'un Touriste*. Bien plus, le seul écrivain contemporain de
Stendhal qui ait subi son influence, Mérimée, cet auteur
si conscient, si ménager de ses effets et de sa prose, adoptera
aussi le système de la double conclusion dans *Colomba*, et
le poussera aux dernières limites dans sa *Carmen*.

Il semble difficile à croire qu'une telle méthode ait été
expressément inventée par un auteur. Il a dû se produire,
chez un homme aussi riche d'humeur et d'invention, aussi
peu fait aux plans que l'était Stendhal, comme des fissures
dans les cadres fixés : l'élan que son imagination prenait
pour un livre n'était pas épuisé à la dernière page. Ou bien, la
démonstration faite, il restait assez de verve encore pour
développer des accessoires imprévus de l'idée. Parfois au
contraire, l'élan de la fantaisie s'arrêtait, mais une autre
idée, préméditée depuis longtemps, revenait à l'auteur,
sans lien avec les idées précédentes, pour s'imposer comme fin.

Un auteur cependant devant son manuscrit ou ses
épreuves, reste maître de juger, de modifier ou de supprimer
ce qui nuit à l'unité. Or Stendhal devant les *Promenades*,
comme plus tard devant d'autres livres, dut sentir que de
*continuer après la fin* donnait à son livre une résonance
singulière ; au cours de ses études de jeunesse, il s'était
beaucoup soucié de faire *vibrer* ses effets littéraires : le hasard

lui découvrait un moyen,. hérétique en apparence, mais
efficace, de produire un tel effet. Par exemple les *Promenades
dans Rome* sont une initiation. Au moment où, par l'imagination, le lecteur quitte Rome (le 1ᵉʳ janvier du livre) l'auteur
le considère comme désormais initié. Mais c'est justement
à cet initié qu'il aime conter ses impressions d'art les plus
complexes, ses anecdotes les plus subtiles. Un lecteur du
livre que l'auteur a mené au bout du voyage est délivré,
vers la fin, de la hâte de lire, de même que l'auteur est soulagé
de la hâte de finir son livre. L'auteur, ainsi libéré, plus
familier avec son lecteur, ou croyant l'être, ajoute alors au
livre une confidence à bâtons rompus. A la fin d'un roman,
par un effet analogue nous quitterons le héros pour l'auteur.

Je crains ici d'être accusé de subtilité. Mais un Balzac par
exemple, si bon artisan, si bon correcteur d'épreuves, si
différent de Stendhal, après que l'action dramatique de ses
romans est achevée, leur donne souvent lui aussi un développement, étranger comme un *nouveau départ*, qui fait d'abord
vibrer l'impression différente, en feignant de nous en arra-
cher, ce qui rend au lecteur comme le contact avec l'univers.
Citons les « fins » du *Père Goriot*, des *Illusions perdues*, de la
*Dernière incarnation de Vautrin*, du *Lys dans la vallée*, de la
*Fille aux yeux d'or*, de *Ferragus*, de la *Duchesse de Langeais*.
Entre les lois de la prose que nous cache encore la vieille
rhétorique, figure peut-être celle-ci :

« La fin ne doit pas être une conclusion. »

Avec les *Promenades dans Rome*, Stendhal avait poussé
plus loin que nul autre avant lui (sauf Montaigne dont il
diffère tant) l'art du récit discontinu, l'art de l'essai sans
dissertations. Dans ce genre il était fort mûr. Comment
pouvait-il écrire, aussitôt après, le plus jeune de ses romans ?

# VANINA VANINI

I. La donnée : récit précurseur du *Rouge*. — II. Simplification et élan du récit. — III. Dualité du héros. — IV. Insuffisance voulue de la fin.

## I

Cette nouvelle contemporaine des *Promenades dans Rome* est comme une des anecdotes de ce vaste livre — de la même substance et du même ton. Elle est pourtant plus vaste, elle marque l'entrée de Stendhal dans l'art du récit pittoresque — car *Armance* est sur le ton doux. Elle mérite donc assez d'attention.

Elle ébauche bon nombre de thèmes des prochains romans. L'atmosphère mystérieuse et romanesque du début est presque celle de la *Chartreuse* mais la jeune princesse Vanina Vanini préfigure surtout Mathilde de la Mole : c'est la jeune fille amoureuse de l'énergie qui se donne volontairement à un homme courageux. La scène du bal qui ouvre *Vanina Vanini* annonce le grand bal du *Rouge et le Noir* où Mathilde découvrira qu'une condamnation à mort (pour carbonarisme) est la seule décoration qui ne s'achète pas.

« — Qui donc pourrait vous plaire ? dit un jeune aristocrate à Vanina.

— Ce jeune carbonaro qui vient de s'échapper, répondit-elle. »

Et les hésitations, les manœuvres de Vanina annoncent aussi l'amour de tête de Mathilde : « Vanina eut l'idée de le quitter et de retourner à Rome. Elle trouva une joie cruelle à le punir de la faiblesse qui venait de la faire parler. »

Par contre d'autres scènes préfigurent la *Chartreuse* :
ainsi Vanina fait, dans l'intérêt de son amant, un vœu qui
doit les séparer plus tard, et au moment même où elle
cherche à le sauver, elle consent, comme le fera Clélia Conti,
à se marier avec un aristocrate insignifiant. Elle fait, elle
aussi, nourrir son amant dans sa prison comme fera Clélia
pour Fabrice Del Dongo — et avec la demi-complicité d'un
aumônier.

## II

Les ressemblances s'arrêtent là. Les deux héros sont aussi
simplifiés que le peuvent être des personnages stendhaliens
lancés dans des actions singulières. L'extrême beauté de la
donnée : une femme jalouse de l'amour de la patrie et trahis-
sant pour être préférée à cet amour, est préparée par quelques
lignes brèves, fort générales : « A peine arrivée en Romagne,
Vanina crut voir que l'amour de la patrie ferait oublier à
son amant tout autre amour. La fierté de la jeune Romaine
s'irrita. Elle essaya en vain de se raisonner ; un noir chagrin
s'empara d'elle : elle se surprit à maudire la liberté. » On sent
ici, mieux encore que dans *Armance*, que le monologue
intérieur, si vigoureusement ramassé, qui éclairera les sentiments les plus singuliers dans les grandes œuvres, est encore
à créer. Peut-être l'auteur est-il trop emporté par le désir
de conter. Une des scènes où Vanina, déguisée en laquais,
se montre à l'évêque ministre de la police, lui apprend qu'il
n'a en main qu'un pistolet déchargé, que tout est empoisonné chez lui, et réussit à la fois à l'effrayer et à le séduire,
a autant de mouvement et de gaieté qu'aucune œuvre de
Stendhal en aura jamais. Mais la conversation entre Vanina
et ce ministre est toute dictée par les circonstances. Rien qui
n'ait pu être dit par toute amazone de roman en des circonstances semblables. Le sujet, l'admirable sujet, l'emporte
sur les personnages.

Nous ne serons pas très surpris de voir Stendhal posséder
si bien, dès son coup d'essai, la technique du roman policier,

nous promener de catastrophe en catastrophe, en nous laissant ignorer le dénouement jusqu'à la fin. Cette technique est la plus facile de toutes à condition que l'auteur se passionne lui-même.

Bien plus intéressante est la fêlure, l'unique fêlure qui gâte l'unité du personnage masculin, lui donne plus d'âme et moins d'énergie.

### III

Si le carbonaro Missirilli aime moins Vanina Vanini, ce n'est pas seulement parce que l'amour de la patrie l'emporte tout à fait dans son âme. Au nom de la morale stendhalienne de l'utilité, il a trouvé une fois que le sacrifice pour la patrie était peut-être de trop. Il a fallu un retour de la foi catholique : « Tous les principes religieux qui pouvaient s'accorder avec la passion pour la liberté de l'Italie avaient reparu dans le cœur du jeune carbonaro. » Cette religion est sans doute celle de Di Fiore, modèle du conspirateur italien Altamira dans le *Rouge et le Noir*. Mais elle jure avec la morale de l'utilité, elle n'est pas assez longuement préparée par une évolution de caractère due à la prison. Elle est nécessaire pour que le prisonnier ne se laisse pas sauver tout d'abord par sa maîtresse ; mais cette complication, qui dépasse le roman policier, n'est pas assez développée. L'auteur a dépassé, sans le vouloir et presque à son détriment, le niveau du roman d'aventures.

### IV

*Vanina Vanini* commence par une description alors que les autres nouvelles que Stendhal écrira sur l'Italie débutent par un avertissement ; elle se termine par le mariage — un peu déconcertant — de l'héroïne avec le prince Livio Savelli, qui nous est donné comme un on-dit sans la moindre indication sur le cœur ou les motifs de l'héroïne au moment de cette démarche. Cette omission nous semble unique dans l'histoire de son œuvre : tous les récits qu'il a terminés ont une conclusion claire et pleine et donnent un plein assouvissement à la curiosité du lecteur.

Un seul contemporain, un seul ami de Stendhal a joué souvent à faire des fins de ses nouvelles une énigme. C'est Mérimée qui débutait alors avec éclat dans la nouvelle.

Nous nous permettons de supposer (sans preuves matérielles) que la fin brusquée de *Vanina Vanini* est due à l'influence de Mérimée. La frivolité voulue du début, la brièveté dans la description des sentiments peuvent tenir à la même influence. S'il a ébauché là, comme nous le croyons, quelques-uns des plus beaux thèmes de ses grands romans, cette brièveté, cette insuffisance ont sans doute aidé ces thèmes à survivre et à fructifier dans son esprit.

# ARMANCE

## I

S'il existe des ressemblances entre certains articles de
journal, écrits par Stendhal en 1825 et 1826, et les descriptions d'*Armance*, n'y voyons pourtant pas une *source*. A
ce moment, Stendhal, épris des manières italiennes, sent ou
imagine que les salons français sont froids et ennuyeux.
Il traite ce thème dans ses correspondances anglaises. Mais
ces articles, qu'il ne garde guère, qu'il n'annote pas, il n'y
pense plus quand ils sont envoyés et payés. Le journalisme
influe sur l'œuvre *comme ferait une conversation* : il épuise
les médiocres sur le sujet qu'ils ont traité dans une gazette.
Pour les natures plus fortes, il sert seulement d'exercice
préliminaire, d'excitation à écrire plus amplement et mieux.

On sait que madame de Duras avait écrit un *Olivier* (resté
manuscrit) sur le thème de l'impuissance physique séparant
deux amoureux. On sait aussi que Latouche publia, sous le
même titre d'*Olivier*, et en faisant passer son livre pour
l'œuvre de madame de Duras, un roman dont l'intrigue
se passait au XVIII<sup>e</sup> siècle. Beyle ne dut même pas con-

naître l'œuvre de madame de Duras. Il a certainement connu
l'œuvre de Latouche, dont il n'a rien gardé que les lignes du
plan. Cette imitation si légère put être tout à fait involontaire. Elle semble en tout cas ne lui avoir demandé qu'une
lecture cursive d'un livre qu'il ne rouvrit pas pour écrire
le sien. Pour qui a lu un livre et en a oublié les détails, le
plan subsiste vaguement : il dessine les masses du roman,
dispose dans le temps et selon certaines perspectives la masse
des aventures. Sans même qu'on l'évoque, il donne une
pente à l'imagination. Cette suggestion peut survivre aux
changements d'époque, de personnages, à tout souvenir
précis d'un ouvrage. Et c'est pourquoi sans doute les romans
d'une même époque, si différents qu'ils soient par le cadre,
les personnages, le talent des auteurs, restent bâtis sur les
mêmes plans.

## II

Stendhal avait écrit vingt volumes avant *Armance* qui est
son septième ouvrage publié. N'importe, *Armance* est un
début. L'auteur avait conté avec plaisir et avec grâce une
foule d'anecdotes. On sent pourtant ici qu'il est difficile
d'aborder le roman.

Certains auteurs commencent sans grande peine par de
longs récits. Ces récits leur coûtent moins que ne feraient
quatre pages d'idées. Ces romanciers sont des *mimes*, qui
n'éprouvent pas de difficultés à écrire des romans pareils à
ceux qu'on écrit autour d'eux. Si ces auteurs ont un vrai
talent, une vue sur la vie, *ils débuteront plus tard*, le jour où
ils éprouveront le besoin — et la difficulté — de la création
personnelle. C'est ainsi que Lesage a débuté en réalité avec
*Gil Blas*, et Balzac avec les *Chouans*. Les autres œuvres ne
sont que les « *bêtises qu'on fait avant sa naissance* ».

Pour les intellectuels, qui ont beaucoup à dire, dont le
sens critique est fort aiguisé, qui veulent exprimer leurs
nuances personnelles et apporter du neuf, le premier roman
fait trembler.

Le roman n'a que peu de rapports avec la nouvelle. Un récit qu'on peut produire d'un seul effort, dont on tient d'avance tous les détails présents à la fois dans sa tête, dont on peut modifier ou déplacer de mémoire chaque paragraphe, n'offre pas les difficultés du roman. Les difficultés de la nouvelle, on les résout en y rêvant.

Continuer une tâche dont le début est déjà loin et refroidi, préparer l'avenir dans l'indistinct, ménager dans chaque chapitre l'intérêt du moment présent en préparant pourtant le chapitre suivant : ce métier, qui devient facile par la pratique, qui laisse si bien la place au souci des idées et des caractères, effraie d'abord le critique qui s'est fait romancier.

Stendhal fut timide.

Sa timidité la plus grave l'empêcha d'énoncer clairement son sujet. Le roman ne s'en est pas entièrement relevé. Tous les malentendus sur *Armance* viennent de ce que l'auteur n'a pas su prendre franchement parti là-dessus.

Il voulait d'abord appeler son roman *Olivier* comme l'avaient fait madame de Duras et Latouche. Le prénom avait dû faire dicton pour un moment. Comme Stendhal le disait, cela faisait exposition, et exposition non indécente. Plus tard il changea son titre, et exposa, d'une manière assez obscure, le secret d'Octave. Il songeait encore à expliquer l'énigme dans une préface plutôt que dans le corps du récit. Ressource de critique, mais non de romancier. Il tenta, au cours de ses lectures et de ses corrections successives, d'autres explications encore. Il ne les donna jamais. Tout cela prouve du moins que, si *Armance* est une énigme, l'auteur n'a pas voulu en faire une énigme. Les questions qu'on lui a posées, les réponses qu'il a faites (en particulier la lettre cynique du 26 décembre 1826 à Mérimée sur les impuissants) ont contribué aussi à égarer les critiques, et sans doute l'auteur lui-même, sur ce qui doit faire l'essentiel du livre.

### III

Oublions un moment ces débats médicaux et grivois, écrits après coup. Reprenons la lettre au libraire qui annonce le roman avant qu'il ne soit écrit, relisons la préface (seule signée Stendhal) où il explique qu'il présente « un miroir au public ». Surtout faisons le compte, dans le livre, des scènes où il est question du « secret d'Octave » puis de celles où l'auteur peint, à travers ses héros, les mœurs de son temps. Il deviendra de plus en plus évident que le livre devait être surtout descriptif. « Quelques scènes d'un salon de Paris » est un titre sincère.

Il ne s'agit pas d'exposer aux yeux des curieux un cas de physiologie et de médecine mentale. Il s'agit de juger la société, le monde et le bonheur par les yeux d'un être qui se croit séparé sans retour du monde et du bonheur, d'un moine malgré lui, cloîtré au milieu des hommes par son corps imparfait. C'est une nouvelle vue sur l'ensemble des choses, et non pas seulement un détail curieux, que ce roman prétend nous offrir.

On a parlé de Swift. Il est certain que Stendhal s'est servi de cet exemple de « babilanisme » pour son livre ; il a cité Swift dans ses lettres sur *Armance*. Mais l'œuvre de Swift, surtout *Gulliver*, n'est-elle pas tout entière un jugement sur la société, le monde et la civilisation par un être *placé en dehors*, nain chez les géants, géant chez les nains, yahou chez les Houyhmns ? De même *Micromégas*, mais aussi les *Lettres persanes*, le *Sofa* et une foule de récits du XVIIIe siècle.

C'est l'une des plus vives excitations que puisse recevoir l'imagination d'un intellectuel qu'un *nouveau point de vue* sur l'ensemble des choses. Que sont la vertu, le devoir, la vie de société et ses prétendus plaisirs, l'ambition, la fortune, et enfin l'amour, aux yeux d'un homme qui ne peut espérer ni de se faire aimer, ni de fonder une famille, et qui est assez intelligent pour tout juger de ce point de vue si personnel ?

Voilà le vrai sujet que Stendhal se proposait dans *Armance*.

Les monologues du début ; l'idée qu'Octave se fait de la richesse : une grande chambre ornée de glaces de Saint-Gobain, où il sera seul ; ses conversations avec Armance sur les vrais mérites et les vrais biens, ne sont donc pas des hors-d'œuvre ou de lentes préparations, que peuvent parcourir ou sauter le lecteur ou le critique pressés. Ils sont l'un des buts du livre. Et si ces peintures, pleines de détails subtils, semblent à plus d'un critique forcées ou fausses, c'est qu'on oublie (un peu par la faute de l'auteur) que tout cela n'est pas observé de notre point coutumier de perspective, mais de la frontière des passions.

Voilà qui pose donc un peu autrement la question de savoir ce que Stendhal a mis de lui-même dans Octave. Ses souvenirs de *babilan* peuvent bien nourrir les sombres rêveries du héros. Mais aussi, quand il s'agit de voir de loin la société, il y met ses souvenirs et ses impressions d'homme exclu du monde par la chute de l'Empire et par la pauvreté, exclu de Milan par un amour sans espoir. Les tableaux de table d'hôte, de chambres d'hôtel et de parties de filles qui emplissent les *Souvenirs d'Égotisme* servent de contre partie aux descriptions d'*Armance* comme le récit du babilanisme réel de Beyle à cette époque sert de contre partie à l'étude du cas d'Octave.


## IV

Stendhal a pu y mettre aussi deux moments de désespoir contre l'amour. Le premier, dont nous avons peu de traces (sauf dans la *Maison à deux portes*), lui vient de sa maladie vénérienne. L'autre, c'est l'abandon de la comtesse Curial, qui dut être accablant, après l'abandon de Métilde. Il devait amener la vue amère sur le monde d'un homme qui croit que l'amour est fini pour lui, que cette carrière est aussi fermée par ces deux échecs que la carrière de l'ambition était fermée par Waterloo. L'homme déçu pensait alors que l'amour ne lui rendrait plus jamais tout ce qu'il donne de goût pour vivre avec les autres. Ainsi le monde dans *Armance*, comme dans le *Rouge et le Noir*, se trouve jugé par un étranger, par un ennemi.

A part quoi, ces deux romans sont comme des contre-épreuves l'un de l'autre. Octave possède tous les biens extérieurs qui manqueront à Julien Sorel ; il est même aimé plus qu'il ne voudrait. Mais il manque de cette puissance, source de toutes les autres, de cet appétit qui fait trouver que tant de choses valent la peine d'être conquises. Ce même monde qu'Octave s'occupe passionnément à fuir, Julien va s'efforcer passionnément de le conquérir.

Un héros qui ne cherche pas à progresser, qui recule même fort souvent devant le développement normal de l'intrigue, une peinture qui n'admet même pas de voyages, risquent d'épuiser rapidement le sujet, ou d'ennuyer le lecteur. Stendhal craignait terriblement ce défaut pour *Armance*. On le craint toujours, à moins d'être fat, en commençant un premier roman. Ce qui devait aggraver ses craintes, c'était la difficulté, fort réelle, d'intéresser le commun des lecteurs à un héros fuyant et dégoûté.

V

Comme tous les auteurs en train d'écrire, Stendhal était pris de plus en plus par son intrigue. Si, comme le pense M. Martineau et comme il est probable, la première et hâtive rédaction couvrait déjà l'ensemble du sujet, Stendhal, en recommençant son ébauche, dut s'efforcer avant tout de développer les parties intéressantes pour les lectrices. C'est ainsi que le personnage d'Armance et l'intrigue amoureuse qui se termine tragiquement ont pris cette place, qui trompe les lecteurs sur la genèse et l'emplacement du livre. Changer en cours de route d'intention et de direction est une faute de métier qui s'ajoute à l'obscurité de l'énigme, et empêche de voir dans ce premier roman ce qui pourrait annoncer le génie.

Ce flottement explique comment les parties satiriques du début sont d'un intérêt plus net et plus vif que le milieu de l'ouvrage et que les longs détours de l'intrigue amoureuse. Il explique aussi pourquoi la description des personnages est si tardive. Le portrait d'Armance de Zohiloff, qui donnera son nom au livre, se fait attendre pendant plusieurs chapitres. Le portrait même d'Octave est comme recommencé. Le portrait de madame de Malivert, dont le rôle sera décisif au moment de la péripétie, est extrêmement vague d'abord ; et pourtant il était bien aisé de le dessiner à côté de celui d'Octave, devant par exemple l'indemnité attendue.

Octave est un personnage commode pour nous aider à voir le monde en noir, mais expliquer son malheur nous détourne de regarder avec lui ce monde si noir. Pour rendre son malheur plus aigu, il faut prêter à Armance un charme qui détournera l'auteur et le lecteur de la satire, et nous fera presque aimer le monde. Cette vie vaudrait pour le lecteur la peine d'être vécue, s'il s'y trouvait seulement quelque Armance.

Ainsi le mouvement du début est entravé par les caractères. Bien plus, le personnage d'Octave, s'il est romanesque par ses singularités, est le contraire d'un héros de roman par ses mouvements et ses intentions. Octave est riche, il est noble, tandis que Julien Sorel, par exemple, le type même du héros stendhalien, n'a jamais espéré l'être. Ce qui est pour le pauvre plein d'appétits le bien suprême : être en vie, être aimé, fait la malédiction du *babilan*. Le seul moyen d'animer un roman dont le héros est riche, comblé, ennuyé, c'est de lui donner des buts contraires à ceux des hommes. Valery Larbaud l'a fait dans *Barnabooth*. Mais Octave sent comme nous. Ainsi donc le mouvement du livre, s'il devait dépendre uniquement du héros, se déroulerait selon une intrigue exactement contraire à celle de l'idylle. Nous passerions de l'amour à l'amitié tendre, puis nos personnages s'écarteraient l'un de l'autre et se connaîtraient, se verraient de moins en moins.

## VI

Les lois intérieures du roman, qui veulent une progression d'effet, restent cependant les plus fortes.

Pour que l'intérêt que porte le créateur à son œuvre ne faiblisse pas, pour qu'il puisse continuer à écrire, il faut que ses héros comme l'action marchent en avant. A-t-on pu faire un beau roman de l'oubli ? Balzac, le plus grand ouvrier que le roman ait jamais eu, avait peut-être compté, comme le dit son titre, écrire une *Grandeur et décadence de César Birotteau*. Mais il lui a bien fallu abréger la décadence en une courte catastrophe ; entraîné par les besoins de l'intérêt et du livre, par la vitalité de son héros, il a écrit, en réalité, une *rédemption* de César Birotteau.

Ce besoin de progression fait que Stendhal et son lecteur, au lieu de porter à Octave un intérêt de plus en plus vif, s'intéressent au contraire de plus en plus à Armance, ou plutôt à l'impossible mariage entre les deux jeunes gens. Cette antithèse entre la trame traditionnelle d'un roman d'amour, qui mène vers le mariage, et la donnée du livre, déconcerte le lecteur.

Il faudra qu'il y ait deux dénouements.

1º D'abord, comme dans tous les romans, les obstacles sociaux à la conclusion du mariage seront levés.

2º Quand le mariage aura eu lieu, Octave, pour fuir cette union impossible, se tuera.

Ainsi le second dénouement, la mort, est d'accord avec la donnée première du livre et en désaccord avec le développement de l'intrigue : il y a un premier dénouement heureux avant le second dénouement, celui-là tragique. Nous retrouverons cette antinomie dans le *Rouge et le Noir*. Et le double dénouement, si singulier à première vue, sera une des plus constantes habitudes de Stendhal.

## VII

La création du caractère d'Armance montre assez bien comment les *besoins du métier* peuvent dominer ce qu'on appelle la psychologie d'un auteur. Stendhal avait eu un *modèle* pour Armance : une lectrice — un visage plutôt sur lequel mettre un caractère. Il a tenté d'esquisser ce caractère après celui d'Octave. Mais Armance malgré tout est là pour l'intrigue pure ; l'auteur s'est trouvé amené à la peindre *trop parfaite*. Le seul trait personnel sur lequel il ait pu insister, c'est une susceptibilité ombrageuse, qui complique l'intrigue. Pour le reste, elle doit montrer à chaque instant combien est grand, parfait, l'amour qu'Octave doit refuser. Le type « Restauration » a marqué aussi ce personnage, un peu trop pareil à bien des jeunes filles d'avant 1830 ; seul le nom russe fait illusion.

Il y a deux espèces bien différentes de dialogues dans *Armance*, deux tons difficiles à concilier.

Les deux principaux personnages, ombrageux et fiers tous deux, sincères tous deux, essaient de se comprendre. La sincérité ne leur sert à rien. Ils essaient de se deviner comme à travers un brouillard.

Au contraire les personnages secondaires semblent sortir de quelque comédie de l'époque. Nous savons les noms de certains des modèles : madame de Castries pour madame d'Aumale ; madame de Broglie pour madame de Bonnivet. Stendhal ne les connaissait que de loin. Et les modèles (Sainte-Beuve aussi qui prétend à cette occasion jouer à l'homme du monde) ont refusé avec dédain de se reconnaître. Montausier non plus ne s'était pas reconnu dans le *Misanthrope*.

Pour la comédie, chaque personnage doit *avouer trop* ce qu'il est, c'est une des lois de ce genre bref et l'un des ressorts du comique. Cette optique n'est pas celle sous laquelle chacun se voit, ni celle sous laquelle nous voient des amis bienveillants. Cela ne veut pas dire qu'une certaine vérité comique ou satirique soit impossible, ni que Stendhal l'ait tout à fait manquée.


## VIII


Dans *Armance*, les personnages sont d'autant plus *chargés*, que le rôle est plus menu dans le livre. Nous verrons plus amplement à propos du *Rouge* que c'est là une des lois du roman. Mais M. de Malivert, M. de Soubirane, semblent trop sortir d'une comédie de Picard ou de Fabre d'Églantine (Soubirane est le Philinte de Fabre vieilli et revenu de l'émigration). De plus ces personnages qui apparaissent juste au moment où l'intrigue a besoin d'eux, sont un peu trop naïvement des « utilités ». M. de Créveroche, sa fatuité, son insolence apparaissent juste pour procurer à Octave une maladie grave et l'occasion d'avouer son amour. Sans doute, il ne fallait pas trop intéresser le lecteur à un personnage qui doit être tué par le héros sympathique. Mais nous aurions préféré l'apercevoir de plus loin, et mêlé à quelques actions ou conversations indifférentes. Le duel du *Vase Étrusque* de Mérimée, qui ressemble au duel d'*Armance* par plus d'une circonstance, est plus habilement amené, malgré la brièveté de la nouvelle.

C'est aux personnages secondaires qu'on reconnaît le mieux un apprenti romancier. Dès le *Rouge*, Stendhal aura merveilleusement pris le tour de main et les peindra d'un seul trait insistant. On reconnaît aussi l'apprenti romancier, et une sorte de timidité, dans les interventions de l'auteur au cours du livre. Les premières analyses surtout sont remplies de *semble*, de *peut-être*, de *quoique*, d'*on ne peut nier*, d'*il faut avouer*, de tours interrogatifs et négatifs qui contrastent avec la promptitude et la clarté des livres sur l'Italie.

Parfois Stendhal tente de faire de l'esprit aux dépens de ses personnages, il semble s'excuser et se trouver mal à l'aise. On a souvent dit, à propos d'*Armance*, que l'auteur n'était pas homme du monde, qu'on voyait bien qu'il n'avait

pas accès dans les vrais et les grands salons. Une partie de
cette impression qui nous fait approuver Sainte-Beuve
vient peut-être de la gaucherie avec laquelle il se présente
dans le début de son propre récit.

## IX

Ces critiques ne sont vraies que pour ce début. Peu à
peu le tour devient plus prompt, les réflexions plus nettes
et plus brèves. Nous avons perdu la première ébauche, mais
devant *Armance* tel que nous l'avons, il nous est encore
possible de voir l'auteur faire des progrès, et surtout s'assu-
rer de lui-même à mesure qu'il avance dans son récit.

L'épisode de la lettre supposée, par exemple, intrigue
de comédie trop artificielle, placée là pour donner une
raison de plus au suicide d'Octave, pour prévenir l'objection :
« l'amour platonique suffit pour rendre heureux », est mené
avec une sûreté, une force qui le sauvent presque complètement. Et le chapitre du suicide *prévu*, si difficile à bien
mener, est un chef-d'œuvre : il fallait être bref, et pourtant
intéresser le lecteur à de nouveaux objets ; c'est l'utilité des
voyages en des lieux célèbres qu'il suffit presque de nommer,
si la prose qui précède ou suit ces grands noms est digne
d'eux. Il fallait que ce suicide, né de malentendus irritants,
permît une entrée rapide et sans affectation dans la sérénité.
Il fallait que cette mort fût calme, presque désirable, sans
aucune espérance d'au-delà. Stendhal a gagné cette gageure.
Et des poètes comme Toulet ont pu à bon droit admirer dans
ce dernier chapitre le rythme, l'harmonie des belles périodes
en cadences impaires.

Stendhal lorsqu'il écrit ne se préoccupe jamais que de la
chose à dire. L'esprit, l'émotion, l'éloquence ne doivent
jamais être cherchés, mais l'ouvrier conscient de son art
ne les fuit pas s'ils se présentent d'eux-mêmes.

Jusqu'alors, dans ses rencontres heureuses, il s'amusait
seulement du style. A partir d'*Armance*, il s'en enchante

quelquefois. Il réussit dans ce dernier chapitre un mouvement
doux et rapide, un entraînement élégiaque que dans l'*Amour*
il cherchait encore. Jusqu'alors il avait écrit par fragments.
Les fragments contiennent tout l'esprit, atteignent toute
la perfection. Mais la vraie grandeur du récit, même si elle
doit se resserrer enfin en quatre phrases brèves, ne s'obtient
qu'au cours d'entreprises plus vastes, comme une rencontre
au bout d'un voyage, comme la récompense d'un long effort.

# L'ÉPOQUE DES CHEFS-D'ŒUVRE

# LE ROUGE ET LE NOIR

## I

Au moment où il aborde le *Rouge*, Stendhal vient d'accomplir l'immense programme de préparations qu'il s'était fixé à la fin de son adolescence, quand il écrivait sa *Filosofia nova*. Il avait sondé en critique et en philosophe, la plume à la main, les moralistes et les poètes dramatiques de son pays,

ceux de l'Italie. Il avait préparé un bagage d'expériences
personnelles bien supérieures à ce qu'il espérait : au lieu de
la banque, c'était l'administration napoléonienne qui lui
avait montré les ressorts des sociétés humaines. Il avait préparé sa sensibilité par des études sur les Beaux-Arts, plus
amples aussi qu'il ne pouvait se les fixer d'avance. Il avait,
avec ses essais sur l'Italie, abordé les études de mœurs comparées ; avec son livre sur l'*Amour*, renouvelé l'étude d'une
des passions principales. Cette immense formation théorique
négligeait peut-être le devoir essentiel, qui est, comme il
le dira plus tard, « d'écrire tous les jours, génie ou non ».
Mais depuis 1814, la curiosité, la pauvreté l'ont bien servi :
il traduit, adapte ou invente en moyenne deux pages par
jour.

Il dit du parfait dandy qu'une fois sa toilette arrangée il
n'y pense plus. Il a en littérature la même chance : mieux
il sait son métier, moins il pense aux recettes et aux difficultés du métier. Les besognes de librairie et le besoin de
vendre vite l'ont forcé à la promptitude. Après trente ans de
travail acharné, il est digne d'improviser ; il sait peindre
d'un premier trait, d'un seul trait. Il a lentement créé cet
instrument de prose rapide, qui est lui-même : son style le
plus parfait est devenu sa voix naturelle. L'originalité
n'est plus un but qu'il se propose : elle est en lui.

Nous ne connaissons pas de première ébauche du *Rouge*.
Mais une note de Stendhal en marge d'un exemplaire des
*Promenades dans Rome* fait remonter l'idée à 1828 : « *Nuit
du 25 au 26 octobre, Marseille, je crois, idée de Julien depuis
appelé le Rouge et le Noir.* » MM. Martineau et de Marsan
discutent sur la date exacte qu'ils sont tentés de reporter
le premier à 1829, le second à 1827. De toute façon le premier travail de l'imagination de Stendhal sur ce roman est
antérieur aux *Promenades dans Rome* et à *Vanina Vanini* ;
après cette œuvre d'érudition et d'idées, il a dû reprendre
sur les éléments anciens un élan nouveau ; l'invention tout
au moins a eu lieu en deux temps comme pour tout le reste de
ses œuvres.

## II

On a trouvé beaucoup de sources, depuis le portrait du séminariste Berthet jusqu'à la fugue de mademoiselle de Neuville et à l'intrigue de l'auteur avec Giulia Rinieri. Notre but essentiel n'est pas de chercher les sources mais d'étudier leur mise en œuvre et le travail de l'auteur. Nous apportons des éléments nouveaux à cette étude des sources ; ce n'est pas pour le plaisir ou la valeur de nos minimes découvertes. Nous croyons pouvoir prouver que jamais une source n'est seule, même pour une page : toujours une donnée objective doit rencontrer, pour revivre et fructifier dans l'imagination de l'auteur, un souvenir personnel et ancien : au fait employé délibérément doit préexister une émotion qui lui donne son intérêt et sa vie.

Pourquoi, devant le procès Laffargue comme devant le procès Berthet, Stendhal est-il si touché par l'homme qui vient de tuer sa maîtresse ? Et d'où viennent les scènes de tendresse qui succèdent au meurtre ? Le procès Berthet ne les donnait pas.

Très jeune, en lisant le Tasse, Beyle avait trouvé que le plus beau tableau possible serait « Tancrède baptisant Clorinde, sa maîtresse qu'il vient de tuer ». Dix ans plus tard, écrivant l'*Histoire de la peinture*, il proposait encore ce sujet aux jeunes peintres. Il songeait d'abord à le proposer à Guérin ; et c'est justement un tableau de Guérin, sa *Didon* « esquisse charmante », qu'évoque à propos de madame de Rênal une épigraphe du *Rouge*. Sans doute à l'insu de l'auteur, ce souvenir du Tasse à nouveau rêvé par lui comme une scène plastique, l'aide à transfigurer un meurtre en une scène héroïque et touchante. Les côtés terre à terre de l'amour entre Julien et madame de Rênal : l'ébahissement du jeune garçon devant l'armoire à linge, son apprentissage d'une foule de petits détails pratiques de la vie, page où vraiment madame de Rênal est vue par des yeux de dix-neuf ans, provenaient naturellement des souvenirs qu'avait

gardés Beyle de ses amours avec madame Rebuffel, quand il
avait dix-neuf ans lui-même. Au contraire, l'extrême timidité, les résolutions prises à l'avance pour de bien menues
« batailles » sont l'accomplissement imaginaire de l'amour
de Beyle pour la comtesse Daru. Un ou deux traits de Pauline et la confidente, madame Derville dont le nom n'est
même pas inventé, auront servi non plus aux amours, mais
à la conversation et à l'allure de madame de Rênal. Chacune
de ces figures lointaines pouvait donner à l'auteur le degré
d'admiration ou la nuance de tendresse dont il avait besoin
au moment même.

Pour Julien, on y a vu dès le début une transformation
d'Antoine Berthet et un Beyle idéalisé au physique et forcé
au moral. Les écrits de jeunesse de Beyle nous fournissent
beaucoup plus de précision :

A Marseille à la fin de 1805 et au début de 1806, le jeune
Beyle traverse une crise : d'abord amour de la gloire et examen de soi-même, puis ambition.

« C'est un immense avantage d'avoir une bonne mémoire.
J'en ai je crois une très bonne. Crozet appelle Beyle l'homme
à la mémoire terrible. » (12 déc. 1805.) Cette mémoire sera
prêtée à Julien.

Un des rares anachronismes psychologiques du *Rouge* prête
à Julien, dès le début de son préceptorat, une réflexion
d'idéologue moins naturelle chez lui que chez Beyle. Beyle
avait dit le 12 décembre 1805 : « Je sympathisais avec un
caractère, je me le croyais et d'après cela je m'en promettais
les succès. » De même, mais en meilleur français, Julien
dira au chapitre VIII : « A l'avenir je ne compterai que sur
les parties de mon caractère que j'aurai éprouvées. »

Il y a eu un jour dans la vie du jeune Beyle où il s'est cru
non seulement un Julien Sorel, mais un Antoine Berthet :
« Je reprends ensuite ma lecture, mais je n'étais plus attentif, j'étais à me figurer le bonheur que j'éprouverais si j'étais
auditeur au Conseil d'État ou tout autre chose... Je devais
être le plus heureux des hommes par l'amour ; il me semble
entièrement éteint et peu à peu je devins d'une ambition

forcenée et presque furieuse. J'ai honte d'y penser, je me trouvais de plain-pied avec les actions les plus honteuses que je connaisse. Pour peindre un ambitieux il faut supposer qu'il sacrifie tout à sa passion ; eh bien, j'ai honte de le dire, samedi soir, j'étais comme cela. (Je pensais à épouser ma vieille voisine pour avoir pour moi le crédit de ses frères.) Je me sentais capable des plus grands crimes et des plus grandes infamies. Rien ne me coûtait plus, ma passion me dévorait, elle me fouettait en avant, je périssais de rage de ne rien faire à l'heure même pour mon avancement, j'aurais eu plaisir à battre Mélanie avec qui j'étais. »

Ce même mois présente un prototype de Valenod bien moins complet, mais bien plus énergique que le Michel qui servira plus tard de modèle : c'est Blanchet de Voiron : « Comme Blanchet est grossier, tous ses mouvements sont bien visibles.

« Ses petits yeux brillaient et donnaient quelque expression à sa figure qui est vraiment celle d'un économe d'hôpital, d'un bas coquin, rognant la viande des pauvres malades et ayant pour cela la cruauté nécessaire. » (20 janvier.) Ce Valenod (qui fit ce jour-là la cour à Beyle comme le vrai Valenod le jour où il invitait Julien) lui parla aussi de l'éducation de ses enfants. Voilà le modèle *senti ;* Michel est le modèle imité à froid.

Il est naturel que pour peindre la jeunesse de Julien et sa vie de province, Stendhal ait eu recours à des souvenirs de ses vingt-deux ans. Il est normal aussi qu'arrivé à Paris avec son héros il lui prête, pour une époque tout à fait contemporaine, des souvenirs plus récents.


### III


Il est facile d'idéaliser un portrait physique de soi-même : le modèle du beau physique est partout. Il est tout aussi facile d'idéaliser au moral, de prêter des sentiments nobles et de l'héroïsme : les belles actions sont la plaie des mauvais romans. Il est déjà plus difficile de prêter à un héros de roman plus d'esprit qu'on n'en possède soi-même : il faut lui faire trouver impromptu des répliques et des idées que l'auteur choisit à loisir parmi ses succès de l'année ou les meilleurs mots de son entourage.

Par contre, donner à un héros un vrai style, de la grandeur dans les petites choses, plus d'énergie qu'on n'en possède soi-même, est un problème. Il faut en effet que le lecteur subisse une domination, un entraînement instinctif que le ton seul peut donner.

Si l'on veut suivre pas à pas les récits, les lettres, les déclarations du séminariste Berthet, on verra se profiler un personnage tout opposé à Julien : un enfant plaintif, vite séduit, vite oublié, un faible qui exige d'être aidé au nom de sa faiblesse, qui hésite, affolé, entre le chantage et la vocation ecclésiastique, qui songe au suicide autant qu'au crime, et dont la foi reste le seul refuge pendant le procès. Berthet est un prétexte. Où est le modèle, la source de vigueur ?

Sans aucun doute, c'est dans une lecture du *Mémorial de Sainte-Hélène* que Stendhal a puisé ce surcroît de force — de même qu'il y a fait puiser Julien sous nos yeux. Le style du héros a pris là sa grande allure, comme le style de Stendhal y a gagné encore en feu et en soudaineté. L'allure du *Rouge*, ce galop de cheval noir, puise dans le *Mémorial* de quoi être supérieur au *Mémorial*.

L'influence exaltante, la puissance de ces propos de grands hommes rédigés par des témoins, vient de ce que nous y attribuons à l'homme de génie tout ce qui est grand, au témoin tout ce qui retombe au médiocre ; nous croyons choisir selon le génie, et nous choisissons en même temps selon notre désir d'admirer, selon nous-mêmes : ce genre de livre pousse chacun dans son propre sens.

## IV

On a cherché en vain, dans la société ultra, un modèle pour M. de la Mole. Stendhal connaissait mal la société ultra. Mais M. de la Mole est un ultra intelligent, qui ne parle de politique que dans la scène de la note secrète (où d'ailleurs son tempérament se retrouve à peine). L'auteur éprouve pour lui une sympathie, une admiration, une tendresse même qui sauvent cet ennemi politique de toute caricature, accroissent la dignité et la valeur humaine du livre.

C'est que ce petit homme au regard spirituel, qui semble tout d'abord étrange à Julien, qui date d'avant la Révolution par ses manières, est copié non sur un ultra, mais sur un libéral et un ami de Stendhal — un vrai seigneur d'avant la révolution, sur le comte de Tracy, « un petit homme remarquablement bien fait et à tournure élégante et singulière. Ses manières sont parfaites quand il n'est pas dominé par une abominable humeur noire... C'est un vieux Don Juan...

« ... Sa conversation était tout en aperçus fins, élégants... »

Tous ces traits s'appliquent parfaitement à M. de la Mole, ainsi que l'humeur contre Napoléon. Ce portrait des *Souvenirs d'Égotisme* lève même l'objection : « Mais la philosophie ? » Puisque, selon Stendhal, la conversation de M. de Tracy ne ressemblait nullement à ses écrits, il n'était pas difficile d'oublier cette philosophie pour lui donner, dans un roman, un rôle de grand seigneur sympathique. Quant au caractère de Mathilde de la Mole, on a cru le tenir tout entier en retrouvant dans les lettres de Stendhal et de Mérimée, l'équipée de la jeune patricienne Méry. M. Luigi Foscolo Benedetto, en contant par le menu l'histoire de Giulia Rinieri, ses déclarations à Stendhal, et une intrigue amoureuse où enfin la tactique de Beyle réussissait, nous a révélé, à coup sûr, le stimulant qui a fait conter à Stendhal la tactique heureuse et les succès de Julien.

V

Mais ce qui nous paraît certain, malgré l'avis contraire
de M. Jules Marsan, c'est que l'amour de Beyle pour Métilde
Dembowska a beaucoup servi à l'histoire de Julien et de
Mathilde. Il n'existe, c'est entendu, aucune ressemblance
entre Métilde et Mathilde, mais répétons-le : les *sources*
*d'émotion* et le *modèle* sont choses différentes. Tous les
malheurs de Julien, ses rêves quand il est repoussé, ses rêves
en présence de Mathilde quand il n'ose se rapprocher d'elle,
n'ont rien à voir avec la personne de Métilde ou de Mathilde ; c'est un drame qui se passe tout entier dans l'esprit
du héros, et dont l'amoureuse n'est que l'occasion.

Ce n'est pas non plus l'histoire du séminariste Berthet qui
a fourni ces longs monologues de la passion malheureuse. En
1830, la vie avait accordé à Beyle ses revanches — la dernière avec l'amour de Giulia. Il lui aurait été trop pénible
encore de transposer de trop près ce souvenir douloureux ;
quelques années plus tard dans ses *Souvenirs d'Égotisme*,
il n'osera pas encore l'aborder franchement. La revanche
imaginaire, ce rêve de compensation qui succède à la douleur
de l'échec et en marque la convalescence, est un des excitants
les plus forts de l'imagination créatrice. C'est sous cet aspect
de revanche imaginaire qu'il faut voir la transposition de
Stendhal en Julien, la beauté de Julien, sa minceur. Les souvenirs directs gardent leur accent secret et déchirant parce
qu'ils sont placés parmi les enthousiasmes de la revanche
imaginaire.

L'art de se servir de soi-même dans un livre ne va pas
sans difficulté, sans effarouchement, sans ruses, dès qu'il
s'agit de sentiments violents. Il faut à la fin du chapitre XXIX,
le cri de triomphe : « La voilà donc, cette orgueilleuse, à
mes pieds », pour que l'âme de l'auteur donne son souvenir
et son rêve le plus aigu — le bref et célèbre fragment : « Ah,
disait-il en écoutant le son des vaines paroles que pronon-
çaient ses lèvres, comme il eût fait un bruit étranger, si je

pouvais couvrir de baisers ces joues si pâles, et que tu ne le sentisses pas. »

Le danger de la recherche des sources personnelles (surtout quand elles sont incomplètement connues) c'est de faire supposer un roman à clef. Il est rare, au contraire, que l'élément autobiographique soit voulu, amené délibérément. Pour Stendhal, pour bien d'autres, le roman se construit sur une donnée extérieure, objective. Il est nourri et animé, presque impromptu, de souvenirs et d'émotions personnels. Moins l'auteur y fait réflexion, plus les souvenirs sont directs. Inutile de supposer que cette entrée des souvenirs est inconsciente. Ce mot, appliqué à la création esthétique, est prétentieux et trompeur. Suffit qu'elle soit spontanée et improvisée pour expliquer, dans le *Rouge*, cette fusion d'éléments étrangers, ces mots tout intérieurs, faits de désir et de rêve.

## VI

La plus riche substance du *Rouge* est faite des pensées de Julien. Un tel roman ne peut se composer fort loin à l'avance ; on ne peut prévoir comment la page en cours va influer sur la page suivante, ni comment le chapitre qui va suivre changera quelque chose au chapitre (seulement entrevu) qui doit lui succéder.

Certains événements : l'entrée chez un riche provincial, l'arrivée au séminaire, l'entrée chez un homme noble, la tentative de meurtre, l'exécution capitale, servent de guides et de repères : rien de plus. Une succession de pensées comme celles de Julien, qui s'engendrent l'une l'autre, qui réagissent brusquement sur tous les événements de la vie, ne peut s'inventer que dans l'ordre même où elle est peinte, et au même moment. Mais l'absence d'un plan détaillé ne veut pas dire que l'auteur ne compose point, qu'il n'obéisse pas à des règles personnelles précises.

Ce que Stendhal avait cherché assez gauchement dans *Armance*, c'était un *rythme* ou un entrecroisement de l'intrigue et des portraits de mœurs. Il hésitait trop, à ce moment, sur la vraie nature du livre pour que la fusion fût harmonieuse. Mais l'expérience a servi à l'auteur. Cette fois-ci (au cours d'un chapitre, ou au moment de passer d'un chapitre à l'autre), un besoin plus sûr de la variété, le souci d'un intérêt nouveau à créer lui font changer le ton.

D'abord une mise en train qui évoque assez fortement pour l'auteur et pour le lecteur, le milieu et le héros. Ensuite un *contrepoint*, un entrecroisement régulier entre l'intrigue principale et les épisodes qui peignent les mœurs et reposent de l'intrigue ; des changements de lieu chaque fois que l'intrigue (qui doit toujours progresser) est arrivée à un maximum d'intensité, et que l'intérêt risque de décroître ; une double fin contrastée : le plus grand triomphe, aussitôt suivi de la pire catastrophe.

## VII

Stendhal ne se lance pas *in medias res* et ne nous jette pas au milieu de l'intrigue. Nous l'avons déjà vu dans *Rome, Naples et Florence*, le premier de ses livres dont le plan soit de lui : il commence en touriste. Les débuts abrupts sont excellents pour les tragédies, l'épopée, les romans historiques : les héros, le milieu sont connus d'avance ; ils ont, par leur nom seul, bien assez de réalité pour entraîner l'intérêt du lecteur. La comédie s'accommode assez bien de ces mêmes débuts en pleine action : l'acteur suffit, même si les caractères sortent un peu de la nature, pour donner assez de réalité au personnage, dès la première réplique. Par contre, tous les grands romanciers s'occupent de tisser lentement une réalité, de former une substance plausible de faits très simples, mêlés à des réalités historiques ou géographiques acceptées de tous. Cette somme de détails plausibles, en même temps qu'elle situe le roman, attire la confiance du lecteur. C'est l'équivalent, pour le roman, de la *captatio benevolentiæ* de l'ancienne rhétorique. Le début de *Robinson*

*Crusoë*, celui de *Tom Jones*, les vastes descriptions préliminaires de Balzac sont des exemples de ces préparations,
qui opposent l'art du roman à l'art dramatique et à l'art du
conte.

Le roman a connu un autre genre de vraisemblance, qui
lui vient des récits oraux ou des récits d'avocat. Il s'agit
que l'auteur puisse répondre à la question :

— Mais comment savez-vous cela ?

*Robinson, Gil Blas*, se présentent comme des Mémoires,
*Manon Lescaut* comme une confidence faite à un témoin ;
d'autres, surtout les romans anglais, sont des « défenses »,
des « apologies » imitées des défenses judiciaires : la *Religieuse*
de Diderot, la *Moll Flanders* de Defoë sont dans ce cas.
D'autres sont donnés comme des publications d'archives
ou de cassettes privées : *Adolphe*, « anecdote trouvée dans les
*papiers d'un inconnu* », *Papiers du Pickwick Club*. Le roman
par lettres, avec la *Nouvelle Héloïse*, les *Liaisons dangereuses*,
est le subterfuge qui a le mieux réussi. Les lettres étaient
un genre bien vivant. Surtout l'art dramatique était celui
des genres littéraires qui influait le plus sur les autres. Or, le
roman par lettres, dialogue à distance, divisé ou plutôt
discontinu comme les actes d'une pièce, où on parle à un
confident, reste tout près du genre dramatique.

Ce genre de précaution a disparu du roman moderne ; on
contera tout aussi bien la mort d'un homme, ou ce qui advint
à un héros qui se trouvait seul et n'a pas fait de confidences.
La vérité d'un récit nous semble esthétique ou morale. Une
tentative de faux en écritures ne trompe plus personne et n'y
ajoute rien.

Le *Rouge* rompt tout à fait avec la tradition des preuves
à l'appui. Les monologues intérieurs de Julien, de madame
de Rênal, de Mathilde, ne peuvent être connus par une
même personne. Les pensées des héros, au lieu d'être devi-
nées par des suppositions dans la manière de Tacite, sont
proposées tout droit au lecteur. Au lieu de nous faire assister
aux actes des héros, pour remonter de là à leurs motifs,
nous retrouvons, *pour tous les héros* (et non pas seulement

pour le protagoniste) l'ordre naturel des pensées aux actes.

L'auteur ne feint jamais d'ignorer quoi que ce soit. Le *Rouge et le Noir* est un roman sans ombres, sinon sans perspectives.

Personne n'était jamais allé si loin dans cette voie. Aussi a-t-il fallu prendre quelques précautions. L'auteur, aux premières lignes du livre, est un témoin de Verrières et de M. de Rênal. Ensuite, pour raconter l'enfance de Julien, il reste encore dans les bornes de ce qu'un mémorialiste ou un avocat peut savoir dire.

Au cours de ses amours avec madame de Rênal, Julien ne fait encore que des réflexions simples, surtout des projets avec lui-même. Ces projets sont plus beaux et d'une plus vaste portée que ceux du séminariste Berthet (premier modèle pour Julien, pris, comme on sait, dans la *Gazette des Tribunaux*) mais aussi vraisemblables. La divine simplicité de madame de Rênal fait aussi que le dedans de son âme peut être vu tout entier par sa confidente madame Derville ou par son amant. La scène de colère de M. de Rênal, où ce personnage, presque un étranger encore pour le lecteur, est vu du dedans pour la première fois, est la grande audace de la première partie.

Cette audace sera dépassée de loin, dans la partie parisienne du *Rouge*, par les monologues intérieurs des héros, par les rêves qui se déroulent en eux en même temps qu'ils parlent. Ces monologues étalent ce genre de pensées que presque tout le monde ignore en soi-même, car on ne peut penser avec passion et se voir penser en même temps. Mais on peut *reconnaître* dans un roman ces mouvements du cœur.

Abandon du vraisemblable « judiciaire » ; allégement et rapidité du récit ; conquête d'un nouveau domaine et d'une nouvelle nuance de vérité : cette victoire d'une technique nouvelle contre les routines classiques est riche de conséquences qui dépassent le métier.

## VIII

Le roman par lettres, le roman rédigé sous forme de mémoires, le roman conté comme par un témoin, résolvent dès le début, une fois pour toutes, par les lois de leur genre, la question de savoir *qui raconte*, par quels yeux le lecteur est censé voir les événements.

C'est une coutume qui s'est peu à peu établie dans le roman français, de vouloir deux ou trois points de vue sur le même fait. Dans le roman par lettres (comme au théâtre dans les confidences du premier acte), chaque épistolier a sa manière de présenter les événements. L'auteur supposé témoin et racontant comme un témoin, montre devant ces événements la pensée de son héros, mais la corrige de temps à autre par ses propres jugements. Enfin, même dans les Mémoires véritables ou fictifs, nous avons besoin que l'auteur, instruit par les conséquences de ses actes, par la suite de sa vie, et refroidi par l'éloignement du temps, redresse de temps en temps ses anciens jugements ; il oppose sa folie à sa sagesse. Saint Augustin, dans ses *Confessions*, emploie de manière constante et pathétique ce dédoublement de l'auteur. En France, c'est souvent par l'humour que l'auteur se dédouble lui-même, et nous offre deux vues différentes sur sa propre histoire. De même que les objets ne prennent leur relief que par la vision des deux yeux, ou que les montagnes creusent leurs perspectives quand le voyageur les voit de plusieurs points différents, de même un récit, pour ne point paraître inconsistant, pour arrêter le jugement du lecteur, veut que l'auteur nous présente, à chaque occasion grave, deux ou plusieurs points de vue sur la scène et le héros. C'est par là que le roman, entre autres caractères propres, diffère du conte. Le conte est borgne. Un admirateur de Balzac et de Stendhal s'étonnera de voir que Flaubert, par exemple, n'intervient presque jamais, ne présente les événements que selon les réactions présentes des personnages. Ainsi il donne à l'esprit la fatigue, l'éblouissement, la compréhension

imparfaite que donnent aux yeux les objets vus de trop
près : il fait loucher le jugement du lecteur. *Salammbô*, le
chef-d'œuvre du flaubertisme sinon de Flaubert, est un conte.

En retour, il n'est pas facile de présenter sur un même
fait des jugements multiples. On risque d'être long, de se
répéter. On risque surtout que ces deux points de vue opposés sur le même fait ne puissent se concilier dans l'esprit
du lecteur.

Dans cette partie si peu étudiée et si importante de l'art
de raconter, le *Rouge et le Noir* est un chef-d'œuvre qui n'a
jamais été surpassé.


# IX


Quand Julien est en scène, c'est par ses yeux que nous
voyons les événements ; c'est de l'intérieur du héros que nous
suivons ses pensées. Nous venons de voir comment l'auteur
nous introduit progressivement dans l'esprit de son héros.

Les monologues directs n'ont que quelques lignes ; la
transition est faite entre les monologues et le reste du récit
par de brefs discours indirects. Ce même discours indirect
sert aussi à nous mener de la pensée de Julien à celle de
l'auteur. Ces transitions sont si rapides et si bien ménagées
que le lecteur ne s'aperçoit pas du changement ; il n'a pas
à faire l'effort d'accommodation nécessaire dans un roman
par lettres pour passer d'une lettre à l'autre.

La netteté reste complète. Jamais nous ne prenons le
point de vue de l'auteur pour celui de Julien. Quand l'auteur
raille ou critique, nous ne risquons pas de confondre. Quand
il approuve, il faut qu'une forme spéciale de style (et pourtant naturelle) nous soulève en une ligne bien au-dessus du
récit, jusqu'à hauteur de jugement objectif.

Mais il arrive aussi que nous suivions telle scène en nous
trouvant postés à l'intérieur de madame de Rênal, telle
autre à l'intérieur de M. de Rênal. Dans la seconde partie,
bien plus audacieuse, il arrivera, au cours d'un dialogue,

que l'auteur nous montre le dedans des pensées de Julien et
le dedans des pensées de Mathilde (forts différents de leurs
paroles).

Si nous apercevions ces pensées intérieures également
bien, nous serions partagés. Julien sera donc montré plus
amplement. Pour Mathilde, la pensée est d'abord conjecturée
d'après son attitude — puis elle est éclairée d'un mot plus
bref.

On notera enfin que parmi les personnages secondaires,
quelques-uns seulement nous montrent, par instants, le fond
de leur pensée : l'abbé Pirard, parfois M. de la Mole, un
moment le prince Korasoff. Ce ne sont que des parenthèses,
des apartés de comédie, ou des résumés si brefs, que nous
n'avons pas le temps de sympathiser avec le personnage ;
nous voyons à travers lui, mais nous ne sentons pas avec
lui. Ces personnages ne sont importants, à tel moment, que
*par la place* qu'ils occupent ; c'est de cette place que nous
jetons un coup d'œil sur eux et l'action.

Ce n'est qu'avec Julien que l'auteur nous suggère de sympathiser. Ceux que nous ne voyons jamais du dedans — un
Valenod, par exemple, ou un Croisenois — n'ont pas d'intérieur à nous montrer. En somme, nous voyons les événements
par les yeux de Julien et l'auteur nous accorde l'étrange
puissance de nous placer au-dessus de Julien même, dès qu'il
faut voir les choses de plus haut, et de regarder comme
transparents les autres personnages. L'intrigue du roman,
fertile en surprises, ne contient jamais d'énigmes. Nous
sommes invités à comprendre sans cesse ; le lecteur est
présent partout et voit tout, comme un Dieu.

Cette fête de l'intelligence, servie par une technique si
nouvelle, était profondément contraire à la tradition, à la
mode romantiques. Un roman n'était donc plus un mystère
que la conclusion dénoue ? Cette sympathie intellectuelle
qu'on nous force à avoir pour Julien en nous montrant le
roman par ses yeux, comment la distinguer de la sympathie morale ? Cette nouveauté du discours intérieur au centre
du récit dut être pour beaucoup dans l'incompréhension, la

révolte morale du contemporain. Les héros de Mérimée
(qui trouva le *Rouge* trop dur) étaient plus noirs encore que
Julien, mais l'auteur les tenait à distance ; il n'invitait pas
le lecteur à voir le monde par leurs yeux.


X


Après la mise en train du roman, apparaît ce que nous
avons nommé le *contrepoint* : la succession rythmique de
chapitres d'intrigue et de tableaux d'observation satirique.

Nous avons déjà entrevu, à propos d'*Armance*, que la
satire est le moyen de création le plus aisé qui s'offre aux
esprits critiques. C'est une verve qui anime la réalité, qui la
simplifie et la stylise plus vite qu'aucun autre procédé. Le
Pascal des *Provinciales*, Swift, le Voltaire de *Candide*, ont
trouvé dans la satire le moyen d'enfanter des créatures,
moins réelles sans doute que celles de Molière ou de Balzac,
mais vivantes. Ils n'auraient pas trouvé autrement cette
puissance. Trop loin du commun des hommes par leur
nature, leurs habitudes et leurs soucis, ces grands hommes
ne savent pas les *mimer*, en reproduire les mouvements,
les platitudes, les minuties. La raillerie, l'antipathie font
chez eux ce que la sympathie ne pourrait faire. Ceux qui
ne peuvent animer leurs semblables peuvent encore animer
leurs contraires. Cette même satire anime les tableaux du
*Rouge et Noir*.

Dans un roman de Balzac, la satire ferait disparate avec
l'ensemble du récit. Si Julien était heureux, et par consé-
quent bienveillant, les satires mêmes de l'auteur feraient
disparate avec l'ensemble du livre. Mais ces pages acerbes
succèdent aux pensées d'un héros ennemi de la société. Ici,
c'est le choix du personnage qui sauve une formule d'art
limitée et dangereuse.

Tout récit un peu long doit obéir, nous l'avons vu, à deux
lois qui semblent s'exclure : la *progression d'effet* et la *variété*.
Quand l'intrigue avec madame de Rênal, ou les efforts

de Julien au séminaire, ou son malheur, ou bien son bonheur
auprès de Mathilde, ne peuvent plus donner d'effets plus
forts, l'auteur recourt à l'artifice du changement de lieu ; ce
moyen si naturel dispense l'auteur de *machiner* son intrigue,
de la faire durer par des énigmes à résoudre ou des mystères.
Ce moyen serait dangereux chez un auteur descriptif ou
dans un roman soumis au monde extérieur. Mais Stendhal
ne s'en sert que pour garder, sans monotonie, l'attention
fixée sur l'âme de son héros.

## XI

Au sein de l'intrigue elle-même, il arrive que l'auteur et le
lecteur aient besoin de détente ou de repos. Il faut des pages
légères pour mieux faire ressortir l'intensité des autres
scènes. L'épisode de Géronimo, le fragment tragi-comique
du café de Besançon, où Julien se prend de querelle avec un
fat d'estaminet, la procession de la Fête-Dieu, où le machia-
vélisme naïf de Julien essaye en vain de deviner les profonds desseins cachés d'un doux vieux niais, le bref moment
du tailleur qui prend mesure à Julien fraîchement débarqué
à Paris, les épisodes du chevalier de Beauvoisis ou du prince
Korasoff (ce dernier le plus forcé de tous) sont faits pour
reposer le lecteur, et pour rendre possible une nouvelle
surprise, une nouvelle tension dans la suite du drame.

Ce besoin de repos n'est particulier ni au *Rouge* ni à Stendhal. Depuis que le roman existe, depuis même l'*Odyssée*,
les conteurs et leur public ont eu besoin de ce genre de diversion. Mais ce qui peut distraire et faire diversion change
selon les mœurs du temps, et souvent plus que le récit lui-
même. Les longues nouvelles que Cervantès, madame de
La Fayette et leurs contemporains introduisent dans leurs
récits pour y faire diversion nous semblent trop apprêtées,
trop longues, difficiles à suivre, et plus fatigantes que repo-
santes. Les conversations, dialogues avec le lecteur ou interventions de l'auteur, qui sont les repos à la mode au

xviiiᵉ siècle et à l'époque romantique, nous semblent ralentir à l'excès le récit — même le grand *Tom Jones*.

Stendhal, le premier, veut que la diversion sorte du récit lui-même ; bien plus, il faut qu'elle paraisse servir au récit : Géronimo resservira comme *cobaye* de l'opium pendant la mission secrète de Julien ; le chevalier de Beauvoisis aidera Julien à s'introduire dans le monde sur un pied d'égalité ; l'abbé Chas-Bernard aidera à l'avancement de Julien au séminaire. Il n'y a, dans ces épisodes de repos, que changement de ton. C'est l'humour, et mêlé si possible au récit, qui sert à reposer le lecteur des romans anglais — et il s'exerce sur les héros eux-mêmes. L'humour de Stendhal comporte l'entrée d'un personnage nouveau, d'une atmosphère nouvelle ; en même temps que divertissement, il fait l'effet rafraîchissant d'une porte ouverte.

Il est arrivé à Stendhal de se souvenir, pour ces diversions, des comédies de Picard, des proverbes de Leclerq, des romans de Decange et de M. le préfet de Lamothe-Langon. Rien de plus simple : un auteur, même s'il sent le besoin d'une diversion, ne peut la trouver dans sa propre imagination. Il faut un secours extérieur. A-t-il entendu la veille chanter Lablache aux Italiens, ou l'a-t-il rencontré chez des amis ? L'épisode de Géronimo profite de l'heure de gaieté sans souci qu'il a procurée à l'écrivain. Pour une scène plaisante, le souvenir fugitif d'un livre ramène l'auteur à sourire (ou plutôt, croyons-nous, la *mémoire terrible* suffit pour ramener les traits principaux), l'imagination ne prend pas ce souvenir comme une occasion de moindre effort, mais comme un *stimulant*. On n'a guère pu montrer de passages ou de phrases directement pris à ces sources occasionnelles ; rien de plus vif et de plus stendhalien que le ton de ces morceaux. Non seulement le grand écrivain a choisi, mais il a transposé ; si le premier mouvement est du critique, le suivant, celui qui compte, est bien du créateur.

## XII

Parmi les épisodes courts du *Rouge*, il en est quelques-uns de peu remarqués, que l'on cite peu pour eux-mêmes, et qui pourtant semblent d'une méthode originale.

Stendhal décrit peu. D'un seul trait et avec une sûreté incroyable, il évoque de vastes paysages. Mais il n'a pas la minutie qu'il faudrait pour peindre des *intérieurs*. Il ne ressent pas l'intérêt d'un Balzac pour ce genre d'évocation. Il a regretté plus tard de n'avoir pas toujours assez fait, dans ce roman, pour « aider l'imagination à se figurer ».

Pourtant, presque toujours, avant les grandes scènes, nous connaissons les lieux où elles vont se dérouler. Presque toujours *une petite scène a déjà eu lieu au même endroit dans des circonstances analogues*. La fin du chapitre VIII prépare la scène où, sous le tilleul, Julien prend la main de madame de Rênal ; ici l'action est annoncée en même temps que l'auteur nous présente, d'un mot, le lieu ; de même les préparatifs de la procession avec l'abbé Chas-Bernard préparent l'entrevue inopinée avec madame de Rênal. Mais les scènes de la bibliothèque de l'hôtel de la Mole, par exemple, n'ont aucun lien direct avec les orages entre Julien et Mathilde qui s'y dérouleront plus tard ; le jardin de l'hôtel est préparé, lui aussi, par des conversations — avec l'académicien par exemple. L'église de Verrières nous est montrée au début du livre, sous un aspect tragique : préparation lointaine à la scène du meurtre. Le lecteur, habitué à ces lieux que l'auteur ne lui a pas *décrits*, ne se trouve pas dépaysé et n'a pas l'impression d'un décor artificiel. Bien plus, son attention n'est pas détournée de l'âme des personnages par le pittoresque ou les longueurs d'une description. Et l'auteur, lui aussi, a l'esprit entièrement libre pour les grandes actions et les plus hauts moments.

### XIII

Le déroulement du temps, au cours d'un roman, est l'un des problèmes techniques les plus délicats. Sans doute l'auteur est toujours libre de dire, au début d'un chapitre, qu'il s'est écoulé une semaine ou un mois depuis la fin du chapitre précédent. Il transforme ainsi son récit en une suite de scènes, comme un ouvrage dramatique. Il ne lui reste plus, pour aller jusqu'au bout d'une telle formule, qu'à mettre tout le roman en dialogues, comme on l'a fait parfois vers la fin du xixe siècle. C'est se priver d'une des grandes ressources du roman, c'est ne plus pouvoir donner l'impression de la continuité, d'une évolution qui se prolonge.

Il ne peut être question d'un rythme uniforme. Quand l'auteur conte en son propre nom, il peut abréger. Ainsi par exemple le récit de l'enfance de Julien (seul retour en arrière du livre) ou les quelques lignes qui nous montrent Julien au régiment.

De préférence, pendant l'amour de Julien pour madame de Rênal ou durant sa lutte avec Mathilde, chaque chapitre prend une journée ; entre les journées importantes ou qui marquent quelques changements dans l'intrigue, sont évoquées plus brièvement les journées qui leur ressemblent. C'est une simplification qui ne nuit pas à l'impression de continuité, si elle reproduit bien le choix spontané, la promptitude et la *fusion* d'éléments analogues dans notre souvenir.

Parfois l'action prend un rythme fort rapide : par exemple les actes et pensées de Julien sur ses diverses échelles. C'est naturellement dans le dialogue que la vitesse de l'action est exactement la même que celle du récit. Aussi faut-il que les environs du dialogue restent à peu près au même rythme.

### XIV

On dit parfois que le *Rouge* est un roman d'analyse : c'est en donner une idée très fausse à ceux qui ne l'auraient pas

lu. L'analyse rompt le rythme du temps, et va plus lentement que les choses pour les expliquer, plus lentement que
le dialogue, puisqu'elle le commente. Certaines pages de
Proust distendent ainsi un fait très court. L'*Ulysse* de Joyce,
qui se passe en vingt-quatre heures, est impossible à lire en
un seul jour. Tout se passe comme si Stendhal s'était imposé
la règle de ne jamais conter plus lentement que l'action ne se
déroule. Les rêves, les projets du héros, tout ce qui peut
préparer nos esprits nous est bien connu lorsque l'action
commence (Julien est un homme normal plus qu'un héros
de roman d'analyse, en ce sens que l'action le simplifie). A
ces moments l'auteur exige et obtient de lui-même une fou-
droyante rapidité du trait, et son récit rattrape toujours le
mouvement du bras ou l'élan le plus prompt de son héros.
Aucune déformation n'est aussi nuisible que la lenteur à la
description d'un mouvement de l'esprit. Nous nous soucions
peu que l'on abrège : c'est ce que nos propres souvenirs font
sans cesse. Mais un excès de lenteur rend une suite de pensées ou une émotion incompréhensibles. Peut-être faut-il du
génie pour aller toujours aussi vite que l'esprit.

Cette promptitude donne à tous les chapitres du *Rouge*, l'allure d'une *chose présente* ; l'absence d'intrigue mécanique, l'invention par le héros de ses propres actions imprévues ren-
forcent cette impression. Un tel écrivain peut se dispenser
presque de l'emploi du présent de narration — moyen trop
simple et trop mécanique pour suffire à lui seul. Mais ce
mouvement a ses conditions, ses restrictions même.

1° Nous allons toujours de l'avant, et sauf la brève page
sur l'enfance de Julien jamais un retour en arrière : c'est la
*chronique*, comme dit le titre du livre.

2° Il n'y a pas de simultanéité dans le *Rouge* ; le temps du
livre est *un*, occupé tantôt par un héros, tantôt par l'autre.
On s'en aperçoit à peine, puisque nous voyons l'essentiel des
faits par les yeux de Julien. Mais par exemple, quand l'abbé
Pirard est parti pour Paris, arrive chez M. de la Mole, décide
celui-ci à prendre Julien comme secrétaire, que le message
se dirige vers Julien par une voie détournée, Julien lui-même

disparaît. Plus que la clarté que demande le lecteur, c'est
l'élan de l'auteur qui ne lui permet ni les « pendant ce
temps », ni les retours.


## XV

Restent pourtant deux cas où Stendhal ne règle pas le
rythme de son récit sur le mouvement des faits, ni même
exactement sur la pensée du héros. Parfois, après un mouvement d'émotion intense, il veut prolonger cette émotion
en nous, — la faire vibrer, comme il disait dans ses essais de
jeunesse. Il avait déjà réussi dans sa description de la *Cène*,
de tels effets de vibration — mais dans la description d'une
peinture, où tout le mouvement vient de l'écrivain. Dans le
*Rouge*, lorsque Julien dans la montagne regarde l'aigle au
milieu du ciel et rêve de Napoléon, le style direct n'offrirait
pas cette lenteur progressive, ce départ au-dessus de héros
même ; aidé de quelques mots abstraits et du nom de Napoléon, il obtient de ces quelques lignes à la fin de son chapitre
un effet d'immensité et de départ ; il a prouvé là que l'ampleur n'a pas besoin de périodes.

L'autre effet tout contraire est de promptitude. Par un
excès de soudaineté et tout en énonçant le fait, il nous en
dérobe la peine physique. L'exécution de Julien après les
scènes pathétiques de bonheur et de rêve dans la prison est
glissée en une ligne au milieu de pensées tout étrangères à
l'échafaud. Cette vitesse souveraine, cette sorte d'euthanasie
littéraire, était plus facile dans *Armance* ; elle reparaîtra,
cachée dans les scènes de pitié et de bonheur, à la fin de la
*Chartreuse*. Cet effet n'apparaît que dans les grands romans
et pour les personnages auxquels l'auteur s'identifie : les
*Chroniques italiennes* montrent qu'il savait aussi traiter de la
mort lentement et cruellement.

## XVI

Stendhal a-t-il resserré, abrégé outre mesure les monologues de ses héros ? Ils n'ont que quelques lignes ; les monologues intérieurs de nos romanciers contemporains se prolongent aisément pendant des pages. D'autre part le lecteur sait bien qu'il rêve de longues minutes, parfois des heures. Pourquoi les monologues dans le *Rouge et le Noir* ont-ils ce parfait naturel ? Pourquoi semblent-ils plus plausibles que les monologues plus étendus de nos contemporains ?

C'est que le monologue intérieur, le projet, la réflexion vraie de chacun de nous n'est qu'une longue répétition, à demi articulée, de certains mots, d'embryons d'idées ; de loin en loin, à force de se répéter elle-même, la pensée fait un bond en avant, trouve une formule qui lui paraît neuve, et qui oriente la suite du rêve. Gardez d'un rêve ou d'une discussion avec vous-même seulement ces moments (les seuls que le souvenir garde, même si vous écrivez aussitôt après), vous obtiendrez la brièveté, l'allure des monologues du *Rouge*. C'est le parti pris le plus simple et le plus juste de ce choix. Toute rêverie plus ample et sans répétition incessante des mêmes termes ne peut se faire que la plume à la main. Et la vie, les suggestions d'un rêve, ont besoin, pour se transmettre d'un homme à l'autre, d'une extrême condensation.

Seuls les dialogues rappellent, dans le *Rouge*, à quel point Stendhal s'était préoccupé de l'art dramatique. Entre personnages secondaires ce sont des dialogues de comédie, qui ne dépareraient pas une pièce. Le dialogue des protagonistes est presque toujours préparé assez longuement, pour apparaître au moment décisif.

D'abord l'état d'âme du héros est résumé, pour telle époque, tel jour, ou devant telle situation nouvelle ; ses intentions apparaissent en un bref monologue intérieur : l'attitude et l'expression sont dessinées en une ligne. Ainsi éclairé d'avance, le dialogue court à l'essentiel.

## XVII

Le défaut le plus commun des dialogues de roman, c'est que l'auteur se préoccupe trop de présenter les caractères de ses personnages ; chacun, sans cesse en train de s'affirmer, se préoccupe à peine de ce que disent les autres. Au contraire, dans Stendhal, nul souci de cette sorte. Tout mot qui frappe chez l'interlocuteur est repris par l'autre comme dans la nature. Assez souvent lorsqu'une conversation a lieu entre un personnage important et un comparse, ce sont les propos du personnage important qui sont résumés en style direct et le comparse qui semble s'exprimer en propres termes. Par exemple Julien refusant d'épouser Élisa n'est que résumé ; les répliques sévères de l'abbé Chélan nous sont données directement : Julien demande à s'éloigner pour fuir son amour ; nous ne connaissons pas ses propres termes mais bien ceux de M. de la Mole qui lui répond, etc...

Non seulement le dialogue est préparé, mais il est commenté. Les indications d'attitude, de geste, de ton, sont toujours imprégnées d'indications morales. On retrouve dans ces brefs commentaires, non seulement l'éducation que Stendhal s'était donnée comme auteur dramatique, mais encore celle qu'il avait tenté de se donner comme acteur. (D'autres écrivains, faute de cette ressource, sont obligés de faire s'expliquer beaucoup trop leurs héros, de leur prêter des phrases ; des retours sur eux-mêmes ou des aveux que la conversation ne comporte pas. Même Balzac, nous semble-t-il, est tombé parfois dans ce défaut du dialogue étalé.) Mais ces indications de l'auteur en marge du dialogue doivent rester si brèves, qu'elles ne suffisent pas au gros public. Leur discrétion, la part qu'elles semblent prendre à l'action, leur sûreté de trait sont plus aisées à remarquer dans les chapitres où l'action n'avance guère, où la conversation joue le rôle principal. Ainsi les deux chapitres de la seconde partie *Quelle est la décoration qui distingue* et le *Bal* comportent les indications d'attitude, d'allure et de ton les plus heureuses du livre. De même la conversation entre Julien, Altamira et le grave Espagnol Don Diego Bustos.

## XVIII

Les personnages que nous voyons par le dedans, aux pensées desquels l'auteur nous fait participer, sont, outre Julien, madame de Rênal, son mari (dans la nuit de colère) et M. Pirard, puis dans le second livre, Mathilde et M. de la Mole. Le reste ne constitue qu'une sorte de *décor humain*. Si faire voyager Julien donne de la variété au récit, ce procédé force l'auteur à renouveler deux fois toute sa troupe : Verrières, le séminaire, l'hôtel de la Mole forment trois milieux presque étanches. Il faut une adresse déjà presque balzacienne pour utiliser deux fois Géronimo, l'abbé Castanède et le grand vicaire de Frilair.

Selon la loi que nous avons posée à propos d'*Armance*, et que le *Rouge* vérifie plus amplement, les personnages qui sont peints en moins de traits, doivent être peints en traits plus gros que les héros principaux. Seuls ils sont vus selon les coutumes du théâtre classique.

D'abord ces personnages secondaires restent fixes : leur caractère est dessiné une fois pour toutes et conformément à quelques types généraux. Les personnages importants, au contraire, ont des humeurs et des idées qui évoluent sans cesse. Jusqu'à Stendhal, dans le roman français, seuls les personnages qui parlent à la première personne avaient droit à cette évolution continue. Les autres pouvaient tout juste offrir un coup de théâtre — et dans leurs rapports avec le héros principal. L'un des plus graves reproches que la critique moyenne fit au *Rouge* (elle l'avait déjà fait à l'Octave d'*Armance*) c'est la trop grande variété dans le caractère du héros. Ce Julien heurtait la doctrine classique, racinienne, de la constance ou plutôt de la fatalité des caractères. Il est plus près de Corneille, et surtout de Montaigne, que de la psychologie littéraire entre 1660 et 1830.

Ces traits toujours fixes des personnages secondaires

offrent des cibles à la satire ; ils sont souvent poussés jusqu'à
l'odieux ou au grotesque. De Moirod, de Cholin, Chas-Bernard, le baron Bâton ou M. de Thaler, Beauvoisis, Korasoff,
le grave Espagnol don Diego Bustos, ne sont que des pantins ;
on peut les définir. Valenod et l'abbé Castanède, dans la
seconde partie M. de Croisenois ou madame de Fervaques,
sont déjà plus complexes. Ils offrent des nuances, des
contrastes, des occasions de surprises qui rappellent les mouvements de la vie elle-même. Valenod est plat, bas le plus
souvent, mais il a ses audaces ; il est avide, mais il est généreux. De même M. de Rênal nous surprend vers la fin du
livre par son évolution politique. L'abbé Castanède est
confit en dévotion hypocrite, mais il a ses épanchements à
propos des bonnes cures ; plus tard, nous serons surpris de
le retrouver espion. De même Croisenois sort peu à peu de
l'insignifiance : il nous intrigue par sa croyance aux causes
occultes, et il meurt en homme de cœur. Madame de Fervaques est une prude, mais lasse de son métier ; roturière et
fière d'être anoblie, elle commence, chose étrange, à aimer
en Julien un roturier.

Si les fantoches ou figurants sortent d'une idée préconçue de
l'auteur sur un type social, les personnages qui s'approchent
jusqu'au second plan ont chance d'être des portraits, un peu
chargés mais pris sur le vif, de modèles originaux (madame
de Broglie pour madame de Fervaques, par exemple, l'abbé
Raillane pour Castanède). *Ce deuxième plan correspond donc,
par sa complexité et par sa méthode d'observation extérieure,
au premier plan des autres romanciers ;* chacun de leurs traits
n'est pas déduit d'un trait principal ; ils ont un équilibre, ils
peuvent nous surprendre sans choquer la vraisemblance :
c'est le signe de la « vie » d'un personnage de roman.


### XIX

Personnages secondaires et simples figurants ont tendance
à se présenter *par couples.*

Un trait de plus ou de moins, en modifiant un portrait

déjà connu, donne une autre figure. A l'âge et aux occupations près, l'abbé Chélan et l'abbé Pirard sont le même homme. Nous trouvons, pour leur faire pendant, le couple jésuitique Maslon-Castanède. Une touche de noir, les mots « ignoble parvenu », un entourage de geôliers ajoutés à M. de Rênal font un Valenod. Beauvoisis et Korasoff, fats parfaits, mais aimables et capables d'aimer un homme de mérite, sont le même homme, au bégaiement et à la nation près.

Certains personnages ont un *second*, un figurant qui leur ressemble, et que le lecteur aperçoit derrière eux, faisant nombre : Bustos derrière Altamira, le duc de Chaulnes derrière M. de la Mole, M. de Luz derrière M. de Croisenois — et jusqu'à une femme de chambre des La Mole qui fait la cour à Julien comme Élisa faisait chez M. de Rênal.

Ce procédé n'est pas seulement une facilité de métier que se donne un auteur pour bâtir plusieurs marionnettes sur le même patron. Il correspond, pensons-nous, à une loi de l'esprit humain.

Nous tendons à organiser des analogies pour aider notre mémoire ; nos souvenirs forcent les ressemblances. L'histoire vraie, quand elle s'abrège ou se simplifie, organise des couples de noms qu'on cite presque toujours ensemble. Pour nous borner à l'époque où Stendhal vivait : Chamfort et Rivarol, Hoche et Marceau, Robespierre et Saint-Just, Bara et Viala, plus tard Talleyrand et Fouché sont liés deux par deux l'un à l'autre dans les manuels. Chacun de ces deux noms, souvent sans raison logique, amène l'autre. Naturellement les conteurs, obéissant aux lois de leur propre mémoire, et trouvant un moyen de fixer de plus nombreux héros dans l'esprit de leurs auditeurs, font avancer leurs personnages deux par deux — parfois égaux, plus souvent l'un derrière l'autre. L'*Iliade* nous montre déjà, derrière Achille, Patrocle, ensemble deux Ajax, Agamemnon et Ménélas, Phœnix derrière Ulysse, Énée derrière Hector ; chez les femmes, ce sont Chryséis et Briséis. Virgile suit l'exemple en donnant une sœur à Didon, et en faisant suivre Énée du fidèle Achate. Pour en revenir au XIXe siècle, et au roman, les couples ou personnages parallèles sont encore une des lois de la composition balzacienne. Une seule différence, l'âge, entre Desplein et Bianchon ; une seule différence, le niveau social, entre de Marsay et de Trailles. Une seule, la race, entre Florine et Coralie, entre « Europe » et « Asie ». Stendhal n'a point trop cédé à ce penchant naturel, qui aide si bien le créateur à faire pulluler ses créatures : il n'a créé par « moulage » que des comparses.

XX

Parmi ces types secondaires qui relèvent de la comédie classique plus que les personnages importants du roman, il faut placer les confidents et les confidentes : Fouqué et madame Derville n'ont pas d'autre rôle. Quand Julien est à Paris, nous risquons de manquer d'un confident léger : alors intervient l'académicien, confident indiscret. Dans les cas graves, l'abbé Pirard (relégué dans cette seconde partie au rang de comparse) reprend ce même rôle mais avec plus de nuances.

Ainsi le monologue intérieur ne tue pas tout à fait les confidents. Pourtant le roman, différent en cela du théâtre, n'a pas le besoin technique de la réplique qui laisse respirer le protagoniste, et en dirige les gestes ailleurs que vers les spectateurs. Cet « emploi » n'est point procédé routinier, mais imitation de la nature. Madame de Rênal, par exemple, est-elle femme à se raisonner elle-même ?

Elle est de ces êtres spontanés qui n'arrivent à la conscience de leurs sentiments que par la réponse aux questions, par l'aveu. Fouqué est nécessaire à Julien qui monologue, comme la seule *résistance* à ses idées ou à ses rêves qu'il soit forcé de respecter. L'abbé Pirard jouera ce même rôle de *confident opposé*.

## XXI

La création de personnages vus du dedans et l'art d'inscrire en marge du dialogue de quoi éclairer ce dialogue ont permis à Stendhal une sorte d'effet nouveau qu'on pourrait appeler le négatif.

Le comble d'un effet est parfois obtenu par l'abandon de tous les moyens qui visent à cet effet. L'antiquité donnait un exemple de ce genre de recherches dans les Beaux-Arts : le peintre ayant à peindre le sacrifice d'Iphigénie peignait Agamemnon, la tête dans son manteau, faute de pouvoir exprimer plus dans ce personnage que dans tous les autres. Plus simple est l'artifice des chanteurs qui, arrivés à leur note la plus haute ou la plus ténue, restent la bouche ouverte sans émettre aucun son pour donner aux spectateurs l'impression d'un effet qui dépasserait les moyens humains. Et le peintre parfois en prolongeant certaines lignes dans un profond clair-obscur, produit un effet d'éloignement et de mystère qu'une couleur et un dessin net ne pourraient donner.

Dans un roman comme le *Rouge et le Noir*, ce genre d'effets correspond à une vérité humaine : *les passions, arrivées à leur point extrême, renversent leurs effets* : plus elles agitent l'être, plus il semble immobile ; plus il est tourmenté, plus il paraît indifférent. Les classiques connaissent cette vérité, mais ils n'ont pas le moyen de la mettre en valeur. Ils disent bien qu'un personnage (ou le narrateur lui-même) *demeure stupide*. Mais un acteur au théâtre ne peut se montrer paralysé, muet. On croirait seulement qu'il a oublié son rôle. Et dans les contes, où tout ce que nous savons des personnages vient du dialogue, comment exprimer ce mutisme, voire ce néant intérieur ?

Stendhal, dont le lecteur s'identifie avec madame de Rênal ou avec Julien, brise tout à coup cet élan et ce contact du spectateur. Cet être en pleine lumière, au milieu de notre esprit, il le fait tout à coup passer dans une zone obscure.

Cependant son récit évoque des attitudes gauches, qui
contredisent en vain ce que nous pensions, ou des actes
mystérieux. Le rapide commentaire, où il triomphe, peut
encore faire contraster actions et paroles.

Trois scènes surtout montrent cet art des effets négatifs.
Les adieux de madame de Rênal à Julien, si parfaitement
froids et indifférents, où elle ne prononce que quelques
paroles insignifiantes, gênent et déconcertent. Il faut qu'un
fragment lyrique nous délivre par la pitié, et résolve en
même temps l'énigme : « Les embrassements sans chaleur
de ce cadavre vivant... » Il fallait ces lignes, peut-être les
plus belles de Stendhal, pour compenser ce cruel moment
d'entrée dans l'ombre.

Les répliques de Julien dont commence la victoire sur
Mathilde, au moment où son stratagème a réussi, opposent
la froideur et l'insignifiance de ses paroles à la violence de
sa passion, qui s'exprime à chaque instant en parenthèses
secrètes. L'effet négatif de la « voix à peine formée » est
compensé, à chaque moment, par le chant de triomphe
intérieur.

Enfin, Julien, par son crime, entre tout à coup, lui si
complètement clair jusque-là pour notre esprit, dans une
ombre complète ; ce n'est plus qu'une forme qui s'agite ;
même à l'intérieur du héros il ne reste, semble-t-il, plus rien.
Ici encore, la vérité psychologique ou plutôt pathologique de
cet obscurcissement de la conscience est attestée par les
médecins de l'esprit (et en chacun de nous par le souvenir
de nos fureurs). L'effet de cette brève folie effraye le lecteur.
Pourtant la critique n'a guère fait à ce morceau que des
objections ; la critique est menée par les habitudes du cinquième acte. D'ailleurs, du temps de Stendhal et pour ses
amis, l'histoire du séminariste Berthet faisait prévoir ce
qu'allait faire Julien. Pour le lecteur moderne, la donnée
du *Rouge* est si célèbre, que cette chevauchée aveugle semble
faite exprès, trop commode, une simple pente glissante vers
le dénouement. Elle ne nous donne pas les explications que
nous déclamerait, à la place de Julien, un héros de tragédie.

## XXII

La résistance de la critique à ce chapitre a peut-être d'autres raisons encore, plus générales. Comme presque toutes les œuvres de Stendhal, le *Rouge et le Noir* finit deux fois. Arrivé au sommet de ses ambitions, Julien dit bien : « Mon roman est fini. » A partir de ce moment, le lecteur, qui suivait l'auteur pas à pas, le voit prendre le galop : il ne trouve plus guère qu'un sec résumé de la vie du héros. Stendhal s'était jeté dans de grandes difficultés en plaçant Julien dans une garnison et dans un nouveau métier : il aurait fallu, pour la quatrième fois, décrire un milieu, et un nouveau groupe de comparses, qui ne prendraient aucune part à l'action.

A ce moment, Julien Sorel, rêve et créature de Stendhal, avait pris le pas sur Antoine Berthet. Déterminé à suivre les grands traits de l'action, telle qu'il l'avait trouvée dans la *Gazette des Tribunaux*, l'auteur se montrait sage de conserver cette conclusion tragique : un vrai succès de Julien aurait sans doute avili le livre. Mais tout à coup Antoine Berthet entraîne Julien Sorel : ce moment d'absence morale de l'assassin, qui est une vérité clinique, facilite la transition et le crime. Berthet avait conté, comme il avait pu, l'état d'égarement et d'absence où il était quand il courait vers le meurtre de Brangues. Cette vérité rend les mêmes services qu'un subterfuge commode. Et l'auteur ne s'est pas assez préoccupé sans doute de nous rendre ce meurtre vraisemblable, *parce que ce meurtre était vrai.*

C'est le danger du vrai dans un roman : on ne s'occupe pas assez de le défendre, et la vérité esthétique n'est pas la vérité judiciaire.

L'auteur allait, par ces moyens rapides, vers les derniers sommets de son ouvrage. C'est seulement dans la prison que nous voyons Julien au-dessus de l'ambition, au-dessus même de son amour ambitieux pour Mathilde, et au niveau de madame de Rênal. Il n'est plus tendu vers l'avenir.

Stendhal peut lui prêter enfin cette liberté de rêve et de jugement, cette partie noble de son propre caractère, formée après 1815, et dont Julien avait jusqu'alors manqué.

Julien assassin est meilleur qu'au temps de ses grandeurs ; par le voisinage de la mort *il a l'âge de Stendhal*, car il est entré dans l'âge où l'on se livre à ses souvenirs. C'est par le plaisir de se mêler une dernière fois, intimement, à son héros et de le juger du dedans, que les derniers chapitres du roman se raniment et se prolongent.


## XXIII


Nous avons vu, au cours des années d'apprentissage et des multiples besognes des débuts, se faire peu à peu le style de Stendhal. Très certainement, l'influence des plus beaux morceaux du *Mémorial de Sainte-Hélène*, si sensible sur le personnage de Julien, se fait sentir aussi sur son historien. Le mouvement avec lequel son style va de l'avant ajoute une force neuve aux qualités déjà acquises. Toutes les ressources neuves dont il dispose pour éclairer la vie intérieure des personnages, pour animer leurs dialogues de gestes et de pensées, pour rendre riches de sens même leurs silences, ont besoin, pour être mises en œuvre, d'une qualité maîtresse : la concision dans le mouvement.

Certaine concision est à la portée de tout esprit critique. La Rochefoucauld, La Bruyère et Vauvenargues en fournissent d'excellents exemples. Elle se réduit à l'art de se corriger, en supprimant dans une phrase écrite tout ce qui n'est pas essentiel. Mais une phrase ainsi contractée perd tout naturel : on sent que ce n'est pas ainsi que cette pensée s'est formée. Avec le naturel, disparaît le mouvement.

Par des années d'exercice quotidien, par l'art de repenser à neuf ce que d'autres ont écrit et ce qu'il a écrit lui-même, Stendhal arrive à être bref en inventant. Il juge, il fait agir en trois mots lâchés à l'improviste, et qui empruntent une partie de leur force à l'imprévu de la formule. On reconnaît celui qui, analysant Corneille, trouvait que les beaux vers, une fois traduits, devraient donner *une prose vicieuse par l'excès des ellipses.*

Pas de divisions intérieures de la phrase, de ces symétries qui en mettent l'équilibre au milieu. Le mot essentiel est à la fin : « Tout bon raisonnement offense. » « Tous ses plaisirs étaient de précaution. » Quand il faut conter tout au long un fait ou une pensée, la formule brève, l'étincelle, qui éclaire à la fois la pensée et le mouvement d'humeur, est jetée au bout du paragraphe ou du chapitre ; elle donne à tout ce qui précède une extrême intensité.

Julien qui trouve fou de monter chez Mathilde se résume : « Je serai beau sur mon échelle. » Ou quand il désespère : « Pourquoi suis-je moi ? »

On connaît le mot célèbre de Beaumarchais, qui accuse l'univers : « Pourquoi ces choses et non d'autres ? » Ce mot, Stendhal le retourne contre soi ; il supprime le second membre de la phrase en laissant la même substance et la même force à la pensée.

Est-il besoin de défendre le style de Stendhal contre certaines incorrections qu'on lui a reprochées ? Elles prouvent du moins qu'il invente parfois, pour exprimer une nuance nouvelle, un mot nouveau. On a voulu, par exemple, voir dans le mot d'*antisympathie* un simple lapsus pour *antipathie.* L'antipathie n'est qu'un sentiment hostile contre quelqu'un. L'antisympathie est une réplique hostile à une sympathie qui cherchait à s'exprimer.

Le langage de Stendhal est d'une sûreté presque infaillible, quand il s'agit des noms et des verbes. Les adjectifs sont plus communs, et l'auteur n'y sort pas des habitudes de la conversation. On a noté, par exemple, la fréquence du mot *affreux.* Les épithètes ne prennent du relief qu'à la place de l'attribut, à la fin de la phrase. (Souvent un rapport est posé par lui selon la tournure peu usuelle : « Il y avait... entre... et... » qui est un tour de géomètre et de légiste.) Mais l'adjectif n'est-il pas toujours la preuve d'une recherche de style faite après coup ? Mieux choisis, plus nombreux, ils détourneraient le lecteur de l'essentiel de la phrase, et nuiraient au mouvement.

Répétons-le encore, cette improvisation sans bavardages est le fruit de vingt-cinq ans d'efforts. Pour chacune de ces pages, on pourrait citer le mot de Whistler sur un de ses tableaux : « Je l'ai fait en un quart d'heure, avec l'expérience de toute ma vie. »

Les corrections que l'auteur apporta plus tard à ses exemplaires interfoliés *n'ont aucune importance pour l'étude de son style.* La plupart d'entre elles sont un changement d'idées de détail. Ainsi, dans la lettre de l'abbé Pirard à Julien, il ne faut pas que ce soit une *feuille d'arbre* qui tombe aux pieds de Julien, car l'espion du cabinet noir aurait lui aussi fait tomber la feuille d'arbre : mieux vaut *une tache d'encre au milieu du treizième mot.* D'autres corrections, presque purement matérielles, touchant un mot répété, etc., sont de celles que peut accomplir un secrétaire ou un prote soigneux — de celles que Stendhal laissait faire de son vivant à Crozet ou de Mareste, et qu'il chargea Colomb de faire pour lui après sa mort.

Il est singulier que Stendhal ait jugé plus tard le style du *Rouge* « trop haché ». Il se voyait sans doute lui-même plus tendre et plus voisin de la musique qu'il ne l'avait été en peignant Julien. Et les avis de ses amis, dont l'injustice est pour nous criante, lui firent peut-être regretter d'avoir été jusqu'au bout de sa propre formule. Il nous semble pourtant qu'en jugeant ses propres livres, chaque fois qu'il ne subit aucune influence étrangère, qu'il ne pense pas aux œuvres à venir, il s'approuve dans ce qu'il a de plus fort : « Very well, séminaire. » Il a subi le souvenir du *Rouge*. Cette œuvre l'a transformé comme écrivain ; peut-être lui en garde-t-il parfois rancune. Plus grand pour créer que pour se repentir.

# L'INFLUENCE DU ROUGE ET NOIR
# SUR STENDHAL

### Les séquelles du « Rouge »

## I

Cette influence du *Rouge* sur Stendhal sera sensible dans les œuvres d'imagination ou dans les notes personnelles de l'auteur, pendant six ou sept ans. Elle est complexe ; comme pour toutes les expériences humaines, les leçons qu'on tire de soi dépendent de l'humeur.

Quand il doit se défendre ou expliquer son livre, Stendhal le voit de deux façons toutes différentes. Des lettres de madame Ancelot ou d'Alberte de Rubempré l'obligent à s'identifier avec Julien, à revoir le roman du dedans comme une aventure personnelle, à défendre le héros ou à s'en défendre. Les lettres écrites de Trieste sont, pendant six mois, une suite d'apologies pour le *Rouge*. Même Mérimée qui aimait tant raconter sèchement des choses effroyables, avait trouvé Julien *atroce* ; le roman passait pour une peinture complaisante de l'arrivisme effréné. Ainsi les cent précautions prises par Stendhal pour montrer dans une sensibilité folle, sans cesse blessée, la source de cette énergie ; le fait évident que Julien est toujours pris à ses propres pièges et ne doit son succès qu'à ses qualités réelles, tout cela n'était pas assez clair pour ces gens d'esprit. Ils n'avaient pas vu que les premiers succès de Julien, l'entrée chez les Rênal et au séminaire sont dus à l'abbé Chélan qui a su

deviner le cœur de Julien malgré ses défauts ; que son arrivée
à Paris, après l'échec de tous ses plans au séminaire, est due
à la sensibilité imprudente qui l'a jeté dans les bras de
M. Pirard destitué ; qu'enfin son succès près de Mathilde est
une aventure où il joue sa vie — et la perd, alors que les
flatteries à madame de Fervaques l'auraient mené sans
risques jusqu'à son but.

Cette clarté qui inonde l'esprit de notre auteur quand il
décrit son héros, n'est donc claire que pour lui ? Minutie,
surcroît de préparations, besoin d'amuser en écrivant ; tels
sont dorénavant les conseils qu'il se donne.


## II


Mais quand il relit à part lui son œuvre, il passe sans
s'arrêter sur tout ce qui lui ressemble trop ; ainsi font presque tous les auteurs que nous connaissons. Il se complaît
dans les parties les plus éloignées de lui, dans la création
des milieux. Nous en avons un exemple plus net que le
*very well séminaire*, que nous avons cité. En 1831 il eut à
présenter le *Rouge* en une sorte d'article publicitaire pour une
revue italienne. Dans cet article (qu'on trouvera dans les
*Mélanges littéraires*, section : *Sur ses propres livres*, dans
l'édition du *Divan*) il parle peu de Julien ; il s'étend au
contraire longuement sur la peinture des mœurs, sur l'aspect
*chronique* de son ouvrage. Voilà des scènes *sorties de lui et
qu'il arrive à regarder du dehors ;* en étranger : c'est une des
plus fortes leçons qu'un romancier puisse se donner à
lui-même.

Il avait noté, le 4 janvier 1821, sur le tome premier d'un
William Coxe : « Il faut que l'imagination apprenne les
droits de fer de la réalité. » En s'attachant à la partie objective et descriptive du *Rouge*, il restait fidèle à cette pensée,
il sentait cette loi (qu'il n'a jamais formulée) de la technique
du roman : il y a dans toute invention romanesque, deux
éléments qui sans cesse rivalisent, se combattent et se
fécondent l'un l'autre.

## III

L'un est un projet, une idée séduisante, un rêve que l'on étend dans le temps et l'espace. Tous ceux qui ont souhaité écrire un roman ou une pièce connaissent ce genre d'esquisse en l'air, que l'esprit caresse avec plaisir et qui ne suffit pas. Pour créer un vrai récit, il faut en face de ce rêve, qui souhaite s'accomplir, *une résistance, un obstacle*. C'est la rencontre de ces deux éléments qui donne au roman sa consistance et sa valeur. Dans les contes de fées, ce sont les enchanteurs ou les méchants qui créent l'obstacle ; dans le roman moderne, tel que l'ont conçu Stendhal, Balzac et Tolstoï, il s'agit d'opposer à une âme vue du dedans, à une âme lyrique, toute l'épaisseur de la réalité.

Hegel, qui avait senti d'une façon abstraite, mais vigoureuse, la substance et les lois des nouveaux genres littéraires, avait bien vu que le roman moderne, héritier de genres et de rêves traditionnels, les met en lutte avec une résistance, qui est la réalité même. Citons ce passage (traduction Bénard de la *Poétique*, page 209). Il semble annoncer Stendhal, Balzac et Tolstoï.

« Le roman, dans le sens moderne du mot, suppose une société prosaïquement organisée, au milieu de laquelle il cherche à rendre, autant que possible, à la poésie ses droits perdus, à la fois quant à la vitalité des événements, à celle des personnages et à leur destinée. Aussi, une des collisions les plus ordinaires et qui conviennent le mieux au roman est le conflit entre la poésie du cœur et la prose opposée des relations sociales et du hasard dans les circonstances extérieures.

« Le roman est la chevalerie, de nouveau prise au sérieux et rentrée dans la vie réelle. A un état de choses où dominait l'arbitraire et le hasard, a succédé l'ordre fixe et régulier de la société civilisée et de l'État. Maintenant, la police des tribunaux, l'armée, le gouvernement, remplacent les idées chimériques que se créait la chevalerie. Par là a dû changer aussi le caractère chevaleresque des héros qui figurent

dans les nouveaux romans. Ceux-ci, avec leurs prétentions
personnelles, inspirées par l'amour, l'honneur ou l'ambition,
avec leurs rêves d'amélioration sociale, se posent comme
individus en face de cet ordre constitué et de cette prose de la
réalité, qui de toutes parts sèment des obstacles sur leur
chemin. Alors les désirs, les exigences s'irritent et s'exaltent à
l'excès dans cette opposition. Chacun trouve devant lui un
monde absurde et comme enchanté, qu'il doit combattre
puisqu'il l'arrête et l'entrave, puisque dans sa dédaigneuse
impassibilité il ne veut pas céder à ses passions...

« Les jeunes gens particulièrement sont ces nouveaux
chevaliers qui doivent se faire jour en combattant à travers
ce monde matériel et positif. Ils regardent comme un malheur qu'en général il y ait une famille, une société civile, des
lois, des devoirs de profession, parce que ces rapports, qui
constituent la base des mœurs réelles, opposent leurs bar-
rières violentes à l'idéal et aux droits infinis du cœur. »

Ajoutons que, pour Stendhal, la Chevalerie s'est renou-
velée par le souvenir de l'Italie, s'est incarnée dans les œuvres
de l'Arioste, que le rêve féminin des chevaliers a été continué
par les peintres de la Renaissance. Mais une chevalerie nouvelle, une autre exaltation de l'individualité plus forte que la
prose commune de la vie, s'est développée devant ses yeux
et incarnée dans la légende de Napoléon.

Naturellement, Stendhal n'a rien connu de la pensée de
Hegel. Mais que le roman soit la lutte entre des passions qui
voudraient librement s'assouvir et une résistance, s'accordait
en lui avec les principes généraux de Destutt de Tracy.
Destutt n'en avait jamais tiré une esthétique.

Selon l'*Idéologie* (en cela différente de la pensée de Locke et
de Condillac) ce ne sont pas nos sensations qui nous ensei-
gnent l'existence d'un monde extérieur. Ce que nous voyons,
entendons et sentons pourrait nous paraître faire partie de
nous-mêmes, si n'intervenait un genre à part de sensations :
la *résistance* du monde extérieur, ses contradictions à notre
volonté. C'est ce début de lutte qui nous apprend le monde.

Naturellement, ce n'est pas en déduisant des principes,

c'est par sentiment des proportions et goût d'imposer la vérité de ses tableaux que tous les romanciers créent cette résistance. Balzac, par exemple, ne raconte pas si bien que Stendhal ou que Tolstoï les mouvements intérieurs de l'esprit, mais il est inégalable quand il s'agit d'écraser l'homme sous le poids du monde. Tolstoï tisse tant d'âmes élémentaires auprès de l'âme du héros, tant de menues surprises sur le chemin de ses créatures, que son récit en acquiert l'épaisseur vague des souvenirs. Devant leurs œuvres, le lecteur se sent dompté.

Pour Stendhal, qui suit plus aisément l'intérieur de l'homme, la difficulté consiste à créer autour du héros un univers résistant, un univers toujours vainqueur (car on ne réussit qu'en s'y soumettant). Il avait été servi à souhait, quand il composait le *Rouge*, par la défaite du séminariste Berthet, qui lui imposait le plan d'ensemble de son récit, par ses défaites de jeunesse, quand, dragon, dramaturge ou épicier, il voulait conquérir le monde où il vivait. Il avait subi, dans sa carrière, le choc de la Restauration. Il s'est mis tout entier dans le *Rouge ;* il lui faudra désormais tâter plus d'un sujet, inventer plus d'une héroïne ou d'un héros. Il ne pourra plus trouver, avant *Lucien Leuwen*, la résistance, l'obstacle au héros qui le mènerait jusqu'à l'œuvre. Beaucoup de sujets. Rien qui les féconde.

Du reste, au-dessous de cette critique d'un auteur par lui-même et de ses lois de l'invention, presque chaque grande œuvre marque un auteur par les *habitudes* qu'elle lui a données. Au bout d'un roman, le sujet est épuisé, mais l'habitude d'écrire est acquise, fonctionne à vide. Ainsi le roman important est souvent suivi d'œuvres du même ton, moins originales, d'œuvres inachevées ou de nouvelles qui sont les *séquelles* de la grande œuvre.

## IV

Quelles habitudes d'esprit, quelles allures de récit Stendhal garde-t-il du *Rouge* durant les mois qui en suivent la publication ? Son récit, dès qu'il embrasse plus d'un épisode, est *progression et ascension*, et risque de le réduire pour longtemps au roman d'une jeunesse. Quant à son dialogue, il a pris l'habitude d'être un *duel d'amoureux*. Et des sentiments qu'il aime peindre c'est la *quête de l'impossible*, si intense dans la seconde partie du *Rouge*, qui marquera les œuvres suivantes.

De ce fait, le *Coffre et le Revenant*, nouvelle bâtie sur le thème de la femme impossible à retrouver, est la transposition romanesque de ce rêve intérieur, rêve vécu devant Métilde Dembowska, et déjà transposé dans l'intrigue entre Julien et Mathilde de la Mole. Thème épuisé, car il devient ici tout extérieur.

La nouvelle du *Juif*, datée par lui du milieu de janvier 1831, est aussi, malgré le changement de héros et de cadre, une séquelle du *Rouge* : au lieu de l'ambition sociale, l'ambition d'argent, mais la même façon d'accepter les moyens nécessaires, la même patience acharnée traversée par de continuels malheurs, le même ton (mais plat) : cette donnée lui semblait trop pauvre. De plus il s'était forcé à introduire dans le *Rouge* une foule de détails matériels ; il en avait gardé, pour des mois et des années, l'horreur de ce genre de détails. S'il n'avouait pas à plus d'une reprise cette horreur dans ses notes, on la devinerait en voyant sa plume, dans chaque ébauche nouvelle, laisser en blanc les descriptions.

Ce ne sont là que des bouffées de travail, des *ébauches avant le projet*. Aucun dénouement résolu à l'avance ne montre à l'auteur où il va. Après un grand livre et au moment où il risque le plus de se répéter lui-même, l'auteur dont la plume entraînée court de plus en plus facilement, croit sentir sa force créatrice ; il oublie que lorsqu'il s'agit du sujet, l'on invente toujours trop.

## V

La stérilité même de ces tentatives le plonge à nouveau dans ses souvenirs. Nous avons indiqué que l'une des sources du *Rouge* devait être le journal du jeune Beyle avant son départ de Marseille. Le *Journal* et les souvenirs de 1808, mélangés avec les souvenirs de Victorine Bigillion, dominés encore par l'ombre forte de Julien Sorel, nous donnent d'abord *Mina de Vanghel* ; l'ébauche sera reprise plus tard et donnera le *Rose et le Vert*, esquisse d'un *Rouge et Noir*, d'un Julien Sorel féminin.

*Créer une femme à sa ressemblance...*

Il ne s'est jamais fixé précisément ce but singulier. Mais Arioste avec Bradamante, Chateaubriand avec Velléda, Flaubert avec madame Bovary, Schiller avec sa Pucelle d'Orléans, Shakespeare avec Rosalinde, ont donné leurs mouvements les plus lyriques et les plus intimes à de belles figures de femmes. Rêver ce qu'ajouterait à notre âme et à nos élans vers le monde le fait d'être une belle femme est un besoin de l'imagination créatrice aussi commun que l'est chez les romanciers le besoin de se personnifier dans un homme. Stendhal ébauchait là le livre de l'ambition féminine, toujours unie à l'amour, de la beauté qui dédaigne bientôt la facilité de plaire. Ce déguisement de la beauté réelle sous une apparente laideur, il lui a donné avec le Vert de Houx un symbole célèbre. Il reprendra ce symbole tout à la fin de sa vie quand il ébauchera de nouveau, avec *Lamiel*, son grand roman féminin et une héroïne à son image.

Ce qui gêne l'intrigue, ce qui donne à l'action quelque chose de gauche et d'apprêté, dans *Mina de Vanghel* et le *Rose et le Vert*, c'est que l'héroïne, comblée par la vie dès le début et fort intelligente, n'a plus rien à demander à la vie sauf l'amour véritable. Dès qu'elle l'a entrevu, l'intérêt faiblit pour le lecteur. Si Mina reste parfaitement femme, elle attendra que l'amour vienne à elle. Mais elle est une héroïne à l'image d'un homme ; de plus elle est placée si importante, si seule dans le récit que toute l'action doit venir d'elle.

Ainsi cette Mina que le lecteur commence par aimer devient fort vite une insupportable intrigante, dont le succès est encore plus impossible à faire accepter au lecteur que l'échec. L'échec aurait du reste répété l'intrigue du *Rouge et Noir* : autre impossibilité.

L'impossibilité essentielle est ailleurs. L'intrigue attendue tient trop de place ; l'invention vraie est rare et pauvre. Le *feu*, comme disait Beyle lorsqu'il parlait de son élan dans le travail, dut manquer.

Il faut un grand fonds de rêveries, d'observations de détail errantes, mais déjà prêtes à se fixer sur un personnage au cours d'un chapitre, pour soutenir l'analyse stendhalienne ; les matériaux doivent s'en déposer longtemps dans la mémoire pour nourrir au moment voulu la riche vie intérieure du héros. Les auteurs de roman d'analyse où les états d'âme sont racontés du dedans ne sont pas capables de la production surabondante d'un Walter Scott, d'un Balzac ou d'un George Sand. Et dans Balzac et Sand apparaissent de loin en loin des parties d'analyse et de souvenir (*Louis Lambert*, *Les Illusions perdues*), qui obéissent au même besoin d'épanchement, demandent les mêmes intervalles. Ces intervalles sont remplis par des œuvres plus objectives, plus extérieures à leurs auteurs.

Cette même loi des intervalles nécessaires, nous avons pu la vérifier chez madame Colette ; dans l'œuvre de l'auteur de *Chéri* et du *Blé en Herbe* les confidences apparaissent après des périodes d'expériences neuves et de maturation ; des récits bien plus extérieurs (où le personnage lyrique est parfois comme le ressouvenir d'une œuvre précédente et plus confidentielle), remplissent ces intervalles : l'auteur les appelle ses *romans-romans*.

Donc l'imagination, chez Stendhal, avait besoin de mûrir. De plus, sa tâche de consul le jetait chaque jour dans une foule de préoccupations et tuait sa rêverie. Il ne pouvait, à ses heures libres, que se reposer. A ses heures de bureau il ne pouvait travailler avec suite. Ce renoncement de l'imagination devait amener un travail de pure mémoire : les *Souvenirs d'Égotisme*.

## LES SOUVENIRS D'ÉGOTISME

### I

Occupation des moments perdus, des loisirs trop brefs pour que l'invention puisse prendre son élan, les *Souvenirs d'Égotisme* sont aussi une reprise du *Journal*. Le *Journal* avait admis certains récits suivis et déjà rétrospectifs, comme la retraite de Moscou. L'habitude de penser et de sentir sous cette forme avait été prolongée par ces journaux fictifs ou semi-fictifs que sont *Rome, Naples et Florence* et les *Promenades dans Rome*. Mais justement le ton de l'auteur tenant son *Journal* risquait d'être moins sincère. Il ne peut plus y revenir. Comme Restif de la Bretonne dans ses *Inscripcions*, il date. Le sédentaire Restif grave ses *Inscripcions* sur les parapets ; le voyageur Beyle met les siennes dans les marges de ses livres ou parfois dans ses vêtements. La vraie suite et la plus intime au *Journal* ce sont les *Marginalia* qu'il faudra un jour regrouper par ordre chronologique.

Mais la sincérité survit dans les *Lettres*. La correspondance, moins alerte qu'autrefois, prend un ton de franchise plus réfléchie et plus mûre quand il écrit de Trieste ou de Rome à madame Jules Gaulthier, à Colomb ou à Mérimée. Moins d'énigmes : son écriture est plus mauvaise et suffit presque à le défendre ; souvent des navires français permettent à des lettres embarquées à Civita-Vecchia d'échapper à la censure pontificale. C'est justement ce ton de la correspondance « sans mentir, comme une lettre à un ami » qu'il veut prendre pour rédiger des fragments de mémoires.

Il a relu son *Journal ;* il le relit encore. Il s'en est servi pour le *Rouge ;* il s'en resservira pour *Lucien Leuwen.* Un journal continu aurait dû être repris après *Rome, Naples et Florence.* Mais il aurait fallu conter tout au long la passion pour Métilde Dembowska, et en 1832 il en est encore incapable : « Plus tard, écrit-il, quand je serai bien vieux, bien cassé. »

Il commence donc à la fin de cet épisode. Les *Souvenirs d'Égotisme,* pour un lecteur qui commencerait par là une lecture de Stendhal, seraient un début singulier.

Il avait renoncé à toute technique dès le premier jour où, à dix-sept ans, il commençait son journal. La technique l'avait passionné depuis. Elle le passionnera encore. Mais dans ses récits de voyage la mise en forme détruisait la sincérité. Dans le *Rouge* ses amis trouvent tant de fautes de technique, et lui-même sent si bien que ces prétendues fautes sont nécessaires, qu'une sorte de haine pour la technique transpire dans ses réponses.


## II


Il s'accepte comme écrivain différent, comme improvisateur. Il renonce pour la première fois au lecteur qu'il a tant cherché. Même plus les *happy few :* quelques amis imaginaires à son image, tels que madame Roland. C'est le *j'en ai assez d'un, j'en ai assez de pas un* de Montaigne.

Un réel abandon en résulte. Mais cet abandon n'est pas la suppression de toute technique. Un maître-baigneur qui tombe à l'eau ne peut pas oublier qu'il sait nager. Un homme

qui a écrit trente volumes et en a publié quinze ne peut pas
oublier son art d'un jour à l'autre.

Nous trouvons donc, dans les *Souvenirs d'Égotisme*, ce qui
reste d'art dans l'improvisation pure — qu'aucun mûrisse-
ment de rêve ou de projet n'a précédée.

On peut distinguer dans les *Souvenirs d'Égotisme* trois
éléments différents :

les portraits, fort nombreux, semés par tout l'ouvrage ;

les rêveries de l'auteur sur lui-même, placées surtout au
début ;

enfin le récit, ou plutôt les anecdotes.

### III

Les portraits semblent d'autant meilleurs, d'autant plus
personnels, que le modèle est plus indifférent à l'auteur.
Métilde Dembowska lui est trop chère : elle reste dans le
vague. Même madame Traversi, cousine de Métilde et ennemie des amours de Beyle, n'est qu'un profil perdu. Ce n'est
pas seulement l'amour qui retient l'auteur, c'est aussi une
peur sentimentale de tout ce qui entoure cet épisode vieux
de dix ans.

M. de Tracy, dont le portrait physique est fort réussi, nous
est présenté au moral longuement, élégamment, mais sans
aucun trait qui résume tout, ni qui nous rappelle le génie de
Stendhal. Le meilleur trait : « Il écrit comme un maire de
campagne » résume joliment la formule de Tracy lui-même,
dans l'avertissement de son *Idéologie :* « Le ton de conversation naïve et presque triviale que j'ai pris dans une partie
de cet ouvrage. »

Dans le portrait de Mérimée, nous voyons fort bien le
jeune homme laid qui fait ses débuts dans les salons ; nous
comprenons moins bien comment il devient le meilleur des
amis. De même, le portrait moral de Victor Jacquemont
n'offre qu'un trait piquant : « Sous prétexte qu'il avait beaucoup d'esprit, M. Jacquemont ne voulait pas se donner la

peine de raisonner. » Mais ce trait n'est qu'un lieu commun
d'idéologie : « Quant à ceux qui, ayant un très grand nombre
de connaissances, en ont tiré de faux résultats dont ils se
croient très sûrs et auxquels ils sont attachés, je suis encore
plus éloigné de leur présenter mes idées », disait encore
Tracy.

Par contre, le patron de l'hôtel de Bruxelles, M. Petit,
le vieux général La Fayette, avec qui Beyle n'a rien eu de
commun, le demi-fou docteur Edwards, quelques voisins de
table d'hôte comme « le chevalier Micheroux », sont aussi
parfaits, aussi vivement enlevés que les créatures épisodiques
du *Rouge et Noir*. Par l'indifférence et la simplicité de leurs
traits, ceux-là sont à distance esthétique.

Par contre, les amis intimes qui organisent avec Beyle la
« partie de filles » sont moins vivants dans les *Souvenirs
d'Égotisme* que dans la correspondance. L'auteur les peint
mieux par le ton qu'il prend pour leur parler que par les
traits dont il les peint. Ces traits restent toujours trop mêlés
de jugements de valeur et d'épithètes morales. Le souvenir,
qui suffit pour bien peindre la chose aux yeux de l'auteur,
ne suffit pas pour le lecteur.

Le souvenir proche n'est donc pas d'un bon secours à
Stendhal peintre de portraits. Il se pourrait que les portraits,
comme tout genre descriptif, ne s'accommodent pas bien du
premier jet. Il faut comprendre, regarder l'ébauche comme
le sculpteur ; enfin il faut que l'œuvre réelle triomphe du
souvenir. Seules les charges ou les pochades peuvent bien
venir du premier coup.


                                IV


Quant aux réflexions et aux rêveries de l'auteur, elles
prouvent bien que les souvenirs sont improvisés. Elles débutent toujours par des traits heureux et vifs — ceux qui
créent le besoin d'écrire quand l'auteur prend la plume.
Puis comme toute réflexion non dirigée, la pensée s'égare,

revient, se retrouve par répétitions et presque par refrains. Plus de questions que de réponses ; jamais de conclusions. (La rêverie et même la pensée sérieuse ne concluent guère, ce nous semble, que lorsqu'on les y force.)

Les jugements d'ensemble de l'auteur sur lui-même sont pour la première fois portés à distance. Le *Journal*, si aigu dès le début, si pessimiste quand il parle du travail et des conquêtes amoureuses, varie dans les jugements de jour en jour (mais chaque jour se croyait décisif). Et les jugements durs sur le présent y contrastaient curieusement avec une confiance inaltérée dans le Beyle à venir. Dans les lettres aux amis Beyle, quand par exemple il se défend, se juge bien, sauf un excès de modestie littéraire qui n'est qu'une pure précaution oratoire. Dans les *Souvenirs d'Égotisme*, le parti pris d'improviser le force à hésiter sur son caractère. On ne peut juger à l'improviste que ce qui est *devant* soi. Pour juger son passé, c'est-à-dire beaucoup d'actes, de traits d'humeur et d'œuvres à la fois, pour être soi-même l'*objet* et la *balance* du jugement il faut se souvenir des détails, attendre qu'ils se fondent dans un ensemble, que cessent les oscillations intérieures, qu'un point d'équilibre soit atteint. L'improvisation discursive n'y aide point. Aussi les beaux et vrais jugements dans les *Souvenirs d'Égotisme* apparaissent au début des chapitres (ou plutôt des séances d'écriture) ou traversent le texte sans lien avec ce qui précède. Ainsi le jugement de Beyle sur son propre caractère, juste milieu entre les mœurs du xviiie siècle et celles de l'armée impériale.

Il ne juge presque plus son esprit. Est-ce se juger que se préférer au chevalier Micheroux ou à Delécluze ? C'est aussi le moment du doute sur soi-même, de la résignation à être consul.

Un trait important de ces jugements (car il influera sur la création romanesque) c'est que Beyle, pour la première fois, se juge au passé ; pour la première fois, il dit *j'ai été*. Il ne pourra désormais plus prêter son âme à ses jeunes premiers avec autant d'élan que dans le *Rouge*. Il note que son caractère était resté follement jeune sous la Restauration ; c'est

dire qu'il croit disparue cette jeunesse. Il mettra encore de
son *moi* dans Lucien et dans Fabrice, mais non plus un *moi*
présent, comme dans Julien ; un *moi* ancien dont il s'amuse
et qui l'attendrit davantage.

V

Les purs récits dans les *Souvenirs d'Égotisme*, à part quelques répétitions ou mots étrangers, sont aussi nets, aussi
parfaits que les anecdotes qu'il glisse dans ses essais. Sans
doute l'ordre chronologique, le seul qui importe dans cette
manière de conter, est le plus facile de tous à trouver d'emblée. Mais chaque détail est marqué d'un trait net ; dans
chaque circonstance, les détails essentiels ou pittoresques
apparaissent seuls ; on ne saurait où mettre une retouche.
Il possède donc en 1832 une *mémoire artiste*, qui déroule
d'elle-même les souvenirs en récits ; il possède (et à notre
avis c'est la même chose) une imagination qui crée les récits
d'un seul jet avec toutes leurs circonstances.

Interrompus par les hasards de Civita-Vecchia, les *Souvenirs d'Égotisme* l'auraient été (après quelques descriptions
de personnes et de milieux) par l'entrée de la comtesse Curial
dans la vie de Beyle. Moins violent que le regret de Métilde,
ce chagrin était le plus récent ; la même pudeur ou haine de
se faire souffrir en écrivant aurait retenu la plume.

Ainsi l'essentiel de la vie sentimentale de Stendhal, au lieu
de se répandre dans des écrits intimes, reste réservé dans ses
souvenirs, garde sa force et sa fraîcheur, qui se répandront
dans les transpositions romanesques. On s'est souvent
demandé si l'analyse ne risquait pas de tuer la création.
L'habitude d'analyser ne tue pas celle de créer, mais ces
deux travaux ne peuvent pas s'exercer, ce nous semble,
sur la même matière première. Pudeur ou crainte de souffrir
agissent chez Stendhal comme une précaution d'auteur.
Ses dissections et ses rêveries ne touchent pas les mêmes
souvenirs.

## VI

Nous n'avons pas les manuscrits du *Rouge*. Le manuscrit des *Souvenirs d'Égotisme* est donc le premier à nous montrer comment marche la plume de Stendhal en pleine possession de ses moyens.

Il va vite, et ne peut réellement écrire qu'au courant de la plume. Chacune de ses séances de travail donne en moyenne trois mille mots environ, quinze pages d'une petite édition. C'est aussi le maximum de Gœthe qui, dans sa jeunesse, comme il l'a dit plus tard à Eckermann, « pouvait exiger de lui la valeur d'une feuille d'impression ». C'est une moyenne d'autant plus forte que l'œuvre est plus étendue (Stendhal pourtant la dépassera de moitié quand il écrira la *Chartreuse de Parme*).

Comme il le signale souvent dans ses notes de 1831 à 1835, la « description du physique » n'est pas spontanée chez lui. Le portrait de M. de Tracy au début du chapitre est en surcharge ; plus loin, les précisions sur M. de Tracy à Strasbourg interviennent après que l'auteur a commencé et barré le paragraphe suivant. Le 15 juin, dans sa description de la représentation théâtrale à Londres, il devait d'abord décrire « la queue » en peu de mots ; il a biffé « cela est bien pis que », amorce d'une comparaison, pour se forcer à une page de description concrète.

Nous croyons à sa sincérité. Deux corrections seulement semblent mises là pour donner à tel souvenir ou à telle idée une nuance plus virile. Au début du chapitre III, il avait d'abord écrit : « l'Amour m'a donné une. » Il a biffé ce début pour restreindre la date : « L'Amour me donna, en 1821, une vertu bien comique : la chasteté. » A la seconde page du chapitre VI, il parle de ses projets de suicide en mer : « Un jour de gros temps, on prend de l'opium, et on tombe à la mer par accident. » Il a biffé « on prend de l'opium » qui rappelle le suicide d'Octave dans *Armance*, et montre une crainte de la douleur.

Parmi ces rectifications immédiates, une autre vient d'un changement d'humeur. Au début du chapitre ii, il commençait par : « J'étais descendu à l'hôtel de Bruxelles », et sa seconde phrase nommait de Lussinge (de Mareste) « mon ami le plus intime ». Il a ajouté le premier paragraphe : « Voici le portrait d'un homme de mérite. Il y avait estime, mais non amitié. » Il a remplacé, dans le second paragraphe, « ami le plus intime » par « le compagnon de ma vie ». C'est, disons-nous, un mouvement d'humeur. M. Martineau a fort bien montré comment ce jugement dur s'accorde peu avec la longue correspondance entre Beyle et de Mareste, avec les services rendus. Une page curieuse de Lamartine (dans son *Cours familier de littérature*) oppose la sécheresse de Stendhal à l'exquise et continuelle bonté de Mareste. Lamartine juge mal Stendhal, mais cette rectification des *Souvenirs d'Égotisme* justifie le mot de La Bruyère : « Ceux qui écrivent par humeur sont sujets à retoucher leurs ouvrages. » Il ne s'agit pas d'un manque de sincérité, mais de deux sincérités du moment, qui se contredisent.

## VII

D'autres menues corrections portent sur le style. Le premier jet tombe dans les clichés, dans les termes un peu trop généraux du xviiie siècle, du *Journal* ou même des pages moins heureuses de l'*Amour*. La correction apporte une précision de plus, et donne le style du *Rouge*. En voici des exemples :

Page 10 : je *gâterais* devient je *diminuerais* son profit ; *ne voyez-vous pas* devient : *n'avez-vous pas deviné* que j'ai la V. ?

Page 59 : j'avais vingt et un ans à peine pour *le jugement*, les deux derniers mots sont remplacés immédiatement (la correction suit le texte biffé) par *la duperie du cœur.*

Page 71 : la citation latine bien usée : « *Adhuc sub judice lis est* » terminait le second paragraphe. La correction en fait simplement : « *Peut-être en est-il quelque chose.* »

Page 78 : antipode *des grâces* devient *de la grâce*, ce qui écarte la mythologie.

Page 111 : appelé *par ses affaires* devient *par son bureau*, moins noble, mais plus précis.

Page 117 : il s'était mis à considérer *tous ses malheurs* est changé en *toutes ses misères*.

## VIII

On sait que Stendhal, quand l'émotion l'entraîne, manque d'orthographe ; c'est un défaut qu'il avoue volontiers, comme une preuve de tempérament passionné. En effet, dans les *Souvenirs*, les pages consacrées à Métilde sont, plus encore que les autres, criblées de fautes vénielles qu'il ne prend pas la peine de corriger. Il écrit « apperçois », « né » pour nez, etc. Il ne sert à rien d'insister sur ces fautes. D'autres sont plus intéressantes pour le psychologue. Ce sont des fautes d'homme *qui se dicte à lui-même*, qui reçoit sa phrase par l'oreille et la transcrit avec une faute de copiste. A l'avant-dernier paragraphe de son chapitre VII, il a écrit : *bienfaits* pour dégoûter au lieu de *bien faits*. Dans le chapitre VI, racontant son expédition vers Westminster Road, il écrit *guet à pans* pour *guet-apens*. Ces menus détails confirment ce qu'indique déjà le peu de goût de Stendhal pour la correction des épreuves et la négligence de son écriture : sa pensée est orale, toute parole intérieure ; il ne cherche pas à la voir en l'écrivant : tout différent en cela de Balzac, de Hugo, de Flaubert, de Baudelaire. Cela éclaire même les tendances du style de Stendhal : cette dictée intérieure admet malaisément le style refait et les corrections indéfinies. Et pour lui, écrire ne diffère pas de dicter.

## IX

Par contre, la syntaxe de Stendhal et le choix de ses mots, quand il improvise, restent à peu près infaillibles. Le texte

imprimé porte quelques négligences de tour et d'expression.
Elles viennent de l'édition Stryienski. M. Martineau, attentif
à relever les lacunes de son prédécesseur, s'est laissé entraîner
quelquefois par des lectures défectueuses qui écorchent un
peu cette prose nette et vive. Il faut lire (page 9 de l'édition
du *Divan*) *ce qu'il y avait de plus affreux était* (et non *c'était*).
On lira, page 16 : *lui ne les voyait* (au lieu d'un lourd *voyant*).
Page 18, c'est le *trop fameux* duc de Raguse : *fameux* tout
court serait plat pour Marmont. Page 29 : *quelqu'un à qui
on n'a jamais parlé n'est qu'un duel ordinaire* n'a pas de sens.
Il faut lire : *T...* c'est-à-dire *tuer quelqu'un....* Au bas de la
même page, Stendhal a écrit, selon la concordance des temps,
je ne me *déterminerai* (sans *s*). Page 35, Barot « est le seul
Français chez lequel *j'irais* passer quinze jours » se lit nettement au lieu d'un *je vais* qui fausserait la biographie de Stendhal. Page 44, « mon horreur pour le vil allait jusqu'à la
passion » termine une phrase. La phrase inachevée qui suit
n'est pas le complément fautif de celle-là. Page 45, ce n'est
pas le « *tour grossier ou même dur* » qui est rare à Paris, c'est
le *ton*. Page 48, Stendhal écrit à l'ancienne mode « aller
promener » et non *me* promener. Page 60, Stendhal a écrit correctement : C'est l'unique passion *que j'aie vue* chez M. le
comte de Tracy (et non *que j'ai*). Page 69, la jeune coquette
parle toujours « *à* de beaux hommes », et non parle « de
beaux hommes ». Page 80, on lira : *j'allais* chez madame
Pasta (*allai*, seul passé défini de la page, y mettrait une faute).
Inversement, il faut lire, page 88 : « J'allais à Londres chercher un remède au spleen et je l'y *trouvai* assez » (non *trouvais*). Page 95, Stryienski a prêté une niaiserie à Stendhal :
« Une jeune fille à marier se déguise en femme de chambre ;
ce beau stratagème m'amuse fort. » « Se déguise en femme de
chambre » termine une phrase. La ligne suivante porte
« *Beaux Stratagem* m'amusa fort. » Et le titre de cette pièce,
chef-d'œuvre de Farqhar, est souligné par Stendhal. Page 97,
il faut lire : « Et vous n'avez pas donné plus d'ampleur à
votre voyage ? » au lieu du *Eh* un peu incongru. Page 99,
je crois lire : « Je ne me doutais pas, en 1821, d'une *objection* »,

et non d'une *abjection* : la nuance a son prix. Page 112, lorsqu'il s'agit des Anglais insensibles aux souffrances de Napoléon à Sainte-Hélène, Stryienski (à qui M. Martineau s'est fié) fait dire à Stendhal une lourde platitude : « Certainement, *en le voyant*, un Italien, un Allemand se serait figuré le martyre de Napoléon. » Le beau mérite ! Mais comment aller voir ? Il faut lire : « Un *Espagnol*, un Italien, un Allemand se serait figuré » : hommage de plus de Stendhal à l'imagination chevaleresque de l'Espagne. Page 117, Micheroux s'était mis à considérer toutes *ses* misères et non toutes les misères. Page 123, il faut lire : « Un bon et bel Allemand » au lieu de l'étrange tautologie : beau et bel. Plus bas : « J'ai *connu* qu'il était trop tard » et non *reconnu*, mot moins propre. Page 125 : « C'était moi qui *avais* fait une brochure sur Haydn » (*avait fait* est une faute de lecture comme de grammaire). Même page, Stendhal a écrit : ... avoir du plaisir *par* de la musique (et non *pour*). Page 127, Stendhal n'a pas écrit, contre ses opinions : *sensibilité* « indispensable pour ensemencer les succès » mais *servilité*. Page 130, il faut lire : « Ce talent tragique était mêlé avec le talent de chanter. L'oreille achevait l'émotion commencée par les yeux... » (le *étant mêlé* du texte imprimé n'est pas seulement lourd, il fausse le mouvement de la pensée).

On voit qu'une lecture attentive du manuscrit lui rend plus de précision, plus de mouvement, une correction plus complète (aux phrases inachevées près). Nous justifions le grand improvisateur.

On nous pardonnera un plaisir de chasseur : nous avons déchiffré le premier la note du 1er juillet (p. 137 de Martineau). Il faut la lire : « They speak of Lamb, as Labourdonnays vice-Secretary, and of Sancti. Alas yesterday departure Mme Malibran. »

(Nous n'avons pu profiter de l'édition nouvelle, sans doute plus parfaite, que prépare M. Martineau.)

# LUCIEN LEUWEN

## I

*Lucien Leuwen*, le plus long des romans de Stendhal, est aussi une œuvre inachevée. Nous en avons des plans, soit préliminaires, soit refaits en cours de route. Nous avons plusieurs états successifs de la première partie achevée. Enfin il nous reste des notes — dont les dernières détruisent les premières — sur la fin que l'auteur n'a jamais écrite.

*Lucien Leuwen* nous offre donc l'occasion presque unique (comme l'a vu M. Martineau) d'examiner en cours d'exécution le travail de Stendhal.

Il faut pourtant nous demander si les mêmes raisons qui ont empêché l'auteur de finir son ouvrage, ne l'avaient pas jeté auparavant dans des hésitations, des projets divers, des remaniements tout particuliers à cette œuvre.

Dans le *Rouge et le Noir*, l'auteur partait d'une donnée extérieure, donnée basse, qu'il fallait anoblir, mais qui guidait l'intrigue jusqu'à la fin. Dans la *Chartreuse* la donnée sera encore extérieure, il faudra au contraire la rendre plus contemporaine et plus familière.

Dans *Lucien Leuwen*, Stendhal n'a pas à respecter la première donnée que lui fournit le roman de madame Jules Gaulthier. Cette donnée n'est pas réelle mais fictive, et Beyle se considère avec raison comme un bien autre romancier que madame Jules Gaulthier. Surtout dans les deux autres grandes œuvres, l'intrigue lui est donnée et il invente ensuite le personnage. Dans *Lucien Leuwen*, c'est le personnage qu'il invente et qu'il possède d'abord, il voit bien une fin, mais simple, lointaine et attendue : le mariage des deux jeunes amoureux ; le travail de l'intrigue et la véritable invention seront donc de retarder le dénouement bien plus que de l'amener. Dans *Lamiel* aussi, le personnage est apparu à l'auteur avant l'intrigue. Or *Lamiel*, comme *Lucien Leuwen*, devait rester inachevé.

Le manuscrit de madame Jules Gaulthier, au contraire des anecdotes résistantes du séminariste Berthet pour le *Rouge* et de Vandozza Farnèse pour la *Chartreuse*, a d'abord excité l'imagination de Stendhal par ce qui lui manquait. Il a commencé par écrire une lettre à l'auteur sur les défauts du livre. La nuit suivante, nous le savons par une note de sa main, il a eu l'idée de reprendre lui-même le sujet. Les défauts étaient de ceux qui l'impatientaient.

## II

Manque de simplicité, de finesse et d'humour, un peu trop de vague dans le personnage. A coup sûr, dès son premier plan, Stendhal a mis de lui-même dans Lucien.

Il y a plus d'une façon de se mettre dans un personnage.
Beyle a pu se donner trois fois (et même quatre si l'on
compte *Lamiel*) sans se répéter jamais. Dans Julien il s'était
transposé par *exaltation* de ses puissances et de ses désirs, en
n'y ajoutant que cette autre puissance, la beauté. Lucien
sort plutôt d'un *rêve de compensation* : l'auteur le doue, dès
le départ, de tout ce que lui-même avait désiré avoir, et qu'il
était trop tard maintenant pour obtenir. Stendhal a fait
jusqu'à la fin de sa vie des rêves de compensation ; nous en
connaissons un détail par le charmant badinage des *Privilèges*, réimprimé dans les *Mélanges Intimes*. Lucien au départ
est donc fort riche, et sans même le souci de gérer sa fortune.
Sa mère vit et l'aime ; son père le comprend et le soutient
comme le père de Beyle avait toujours refusé de le faire.
Lucien a même cette grâce et cette finesse habituelle de
manières qui manquaient à Beyle et qu'il n'avait pas données à Julien. C'est l'homme comblé, rêve d'un homme
démuni. Enfin Bathilde de Chasteller est Métilde Dembowska,
bien plus complètement que Mathilde de la Mole. Mathilde
était faite de Méry et de Giulia, et il n'avait transposé que
le souvenir de l'éloignement et de la douleur. Au contraire,
Bathilde de Chasteller aimera Lucien, dès le premier jour,
autant qu'elle en est aimée. Beyle s'est cru aimé de Métilde
et séparé d'elle. Mais un héros, comblé dès le départ de ce
que les héros même de contes de fées n'obtiennent qu'à la
fin du récit, rend l'intrigue d'un roman bien difficile à soutenir. Il ne faut pas que le bonheur du héros aille en diminuant ; le *decrescendo* est désagréable en littérature. Il faut
donc accumuler les obstacles matériels. C'est ce que Stendhal
compare excellemment aux retards voulus que Haydn apporte
à la conclusion de ses symphonies. Dans ce cas, l'intrigue
continue est presque impossible ; il faut donc une suite
d'épisodes distincts, et pour éviter la monotonie il faut
changer de lieu, de cadre, de personnages secondaires. La
province (un Nancy trop vague ou un Montvallier imaginaire) avec le métier militaire ; Paris avec le métier politique ;
enfin peut-être Rome avec le métier diplomatique. Le héros

pouvait, dans la péripétie, tomber au plus bas, par la mort
de son père, la ruine et la perte de sa position — juste au
moment d'obtenir le bonheur et la main de celle qu'il aime.

### III

Tout cela n'aurait pas suffi à la vie morale de Lucien. Pour
bien comprendre la structure du roman, il faut voir d'abord à
quel point il est imprégné de soucis moraux. Si le *Rouge*
développait la morale de l'énergie, *Lucien Leuwen* développe
une morale de la conscience :

*Que faire pour s'estimer soi-même ?* tel est le problème du
livre ; tel est en effet le vrai problème moral qui se pose à un
homme comblé ; tel est enfin le problème qui se pose à Beyle
lui-même en 1835. Frondeur, jacobin méprisant Louis-
Philippe, il jouit pourtant d'une faveur : son consulat.

Pour s'estimer soi-même, l'exigeant Lucien ne se contente
jamais de ce qui lui est donné. Ces faveurs de la fortune
deviennent même des obstacles. Il ne se contente pas de
duels et de succès mondains. Il lui faut des preuves d'une
force d'âme soutenue ; il lui faut même se salir les mains,
braver l'humiliation, presque à ses propres yeux. Enfin il
recherche toujours, pour sa conduite, les juges les plus
exigeants.

Une partie des personnages secondaires, inventée un peu
selon la même méthode que les confidents du *Rouge*, tiendra
pourtant un rôle assez différent dans *Lucien Leuwen* : ils
servent ensemble de *conscience extérieure* au personnage
principal. L'un d'eux, Ernest Develroy (copié sur un contemporain de Stendhal, le professer Lherminier, et pareil à un
Julien Sorel sans sensibilité), représente la morale du succès
personnel. Très inférieur à Lucien, qui le méprise comme vil,
Develroy pourtant le blesse au vif par ses reproches, et même
par son envie : Que fais-tu par toi-même, que serais-tu
capable de réussir seul ? Enfin es-tu capable d'inspirer
l'amour autrement que par contagion, par larmes, par « la
voie humide » ?

Plus tard intervient Coffe le jacobin, plus proche du rôle de confident, et dont les propos sont plus voisins de la morale secrète de l'auteur. Intrépide, presque cruel, comme Beyle, au nom du bien public, il méprise plus encore que Beyle toute délicatesse contraire aux principes : il complète le héros par contraste.

Enfin madame de Chasteller (en dehors des griefs que Lucien croit avoir contre elle) devient pour lui le grand juge en matière d'honneur et d'intelligence — juge imaginaire, comme l'étaient au moyen âge les dames des chevaliers.

A chaque grave circonstance, Lucien se demande : que penserait-elle de moi ?

## IV

Le cas de M. Leuwen père est un peu différent, et plus curieux encore dans l'étude de la création littéraire. Il représente d'abord le succès réel et substantiel : l'argent obtenu par le mérite, le succès mondain obtenu par l'esprit. Dans l'épisode de Paris, des intrigues autour du ministère, le plan allait nécessairement donner plus d'importance à M. Leuwen, qui devait tirer, en quelque sorte, les ficelles. Mais Stendhal a pris, en cours de route, un nouvel intérêt à ce personnage. Lui-même avait rêvé, dans sa jeunesse, de devenir un épicurien, riche banquier et homme d'esprit. Sa philosophie pratique de la vie était celle de M. Leuwen.

L'auteur cesse, dès que le père et le fils sont en présence, de s'identifier avec Lucien. Il transpose seulement l'ambition littéraire qui était la sienne (même quand il voulait être banquier) en l'ambition politique, plus récente, qu'il avait sentie en 1830. C'est par les yeux de M. Leuwen que nous voyons les dessous de la politique des ministres, le roi Louis-Philippe et le développement de l'intrigue Grandet. Et à ce moment, au lieu de rester une incarnation (ou plutôt, comme nous l'avons dit, une compensation de Beyle), Lucien est traité comme le fils de l'auteur, avec une tendresse et une négligence amusées. Cette transposition n'eût pas été possible avec Julien Sorel. Mais de même que beaucoup de pères cherchent dans leur fils une compensation à leur propre vie, un personnage qui compense la jeunesse de l'auteur peut être vu et décrit comme par un père.

## V

Tous les autres personnages secondaires ont un double rôle à jouer. Ils servent à décrire la France en 1835, et sont ou doivent être comiques. Ils servent aussi à nous détourner de la passion principale et à retarder le dénouement. Les multiples plans que Stendhal ébauche en cours de route, les nombreuses additions qu'il apporte au récit primitif (et qui figurent ou non dans le texte selon l'éditeur) veulent concourir au même but. Tous ces plans prouvent moins un souci de l'intrigue bien nouée que le goût d'une intrigue à tiroirs. Tous ces épisodes indépendants font de *Lucien Leuwen* comme une vaste comédie des *Fâcheux*.

Deux autres influences se font vigoureusement sentir dans la composition des personnages secondaires. La première est celle du *Rouge et Noir*, des critiques que son auteur a subies ou s'est adressées à lui-même. Il a été, contre les critiques, content des personnages de Julien, de madame de Rênal et de Mathilde ; il est moins content du reste. Il compte sur les personnages secondaires pour paraître à l'avenir plus étoffé, plus descriptif, plus gai et moins tendu. Plus étoffé ? Pour cela il en ajoute dans ses retouches ; par exemple il manquait de gens du peuple et de soldats, il invente après coup l'histoire du lancier Ménuel, qu'il n'a pas le temps d'accrocher suffisamment au séjour de Lucien à Nancy.

Dans les *séquelles* du *Rouge*, récits ébauchés des années précédentes, il sentait la nécessité de faire le portrait physique des personnages. Mais d'habitude il remettait à plus tard cette besogne qui l'ennuyait.

Nous avons vu par quelle méthode un peu abstraite s'étaient créés les personnages secondaires du *Rouge*, et comment les plus effacés n'étaient que les doublets ou les reflets des autres. Dans *Lucien Leuwen*, au contraire, les personnages secondaires sont copiés, même et surtout au physique, sur des modèles réels, d'habitude nommés par l'auteur dans ses marges. Comme nous connaissons mal la plupart de ces modèles, il nous est impossible de comparer portraits et originaux. Il nous suffira de noter que ces esquisses sont créées à trois cents lieues et à cinq ans de distance ; la mémoire a donc déjà choisi parmi leurs traits, et n'a gardé que les plus marquants, les plus pittoresques et les plus comiques. Pour un auteur aussi exercé que l'est Stendhal en 1835, la mémoire agit comme le premier des cribles esthétiques. Selon la loi du roman — que nous avons déjà exposée aussi à propos du *Rouge et Noir*, — les personnages secondaires doivent être plus poussés que les protagonistes ; peints en moins de traits mais en traits plus forts.

Pour ce genre de composition, Stendhal avait un modèle à éviter : c'est La Bruyère, analyste et moraliste comme lui ; mais les portraits de La Bruyère, trop soignés, immobiles, n'ont point d'autres buts qu'eux-mêmes. Ils ne doivent donc pas entrer dans un roman, où tout doit faire avancer l'action et où tout doit servir à l'ensemble.


# VI


L'autre modèle extrêmement éloigné pourtant de *Lucien Leuwen* et qu'il a sans cesse devant les yeux, c'est le Fielding de *Tom Jones*. Il ne renonçait pas, pour l'amour de Fielding, à sa propre manière de mettre en scène le protagoniste, en installant le lecteur au centre même des pensées de son héros : « Outre le génie, remarque-t-il dans une note annexée au roman, la grande différence entre Fielding et Dominique, c'est que Fielding décrit *à la fois* les sentiments et actions de *plusieurs* personnages et Dominique *d'un seul*. Où mène

la manière de Dominique ? Je l'ignore. Est-ce un perfectionnement ? Est-ce l'enfance de l'art, ou plutôt tomber
dans le genre froid du personnage philosophique ? » Outre
l'analyse, il acceptait donc, sans se promettre un heureux
résultat, cet aspect de problème moral que nous avons tout
d'abord indiqué. En marge du chapitre xxv, à propos de la
fausse brouille entre madame de Chasteller et Lucien, il
écrit cette fois avec plus d'inquiétude : « Cela est bien différent et peut-être bien inférieur en intérêt comparé au plan
de *Tom Jones*. L'intérêt au lieu d'être nourri par tous ces
personnages ne repose que sur Leuwen. » Puis il se reprenait :
« On ne va jamais si loin que quand on ne sait où on va.
Cela ne ressemble pas à Julien, tant mieux. » En marge du
chapitre xxiii, deux notes, datées l'une de mai et l'autre de
septembre 1834, lui conseillent la première « le portrait
physique de tous les personnages ennuyeux et secondaires »
et la seconde « un style plus fleuri et moins sec, spirituel et
gai ». Il ajoute : « Non pas comme le *Tom Jones* de 1750, mais
comme serait le même Fielding en 1834. »

Dès ce chapitre, en effet, ce qu'il a écrit diffère de ce qu'il
s'était proposé d'écrire.

# VII

Il est rare qu'un auteur fasse exactement *ce qu'il a voulu
faire* selon ses plans. Et ces pages entièrement vues d'avance
sont rarement les meilleures. Les vues générales dans les
*Époques de la nature* de Buffon, les scènes des *Martyrs* de
Chateaubriand qui se passent dans le ciel ou dans les enfers,
les pages sérieuses de *Bouvard et Pécuchet* sont de ces plans
exactement réalisés, sans plus. Ces morceaux donnent au
lecteur l'impression d'une vaste plaine d'amplification,
mesurée au cordeau. Le mouvement y est uniforme : on ne
le sent plus. Il n'y a pas de mouvement juste dans un livre
sans un plan d'ensemble, mais le plan du détail est toujours
immobile ; il fige l'exécution. Ce genre de plan convient

aux idées pures et aux descriptions, pour lesquelles les plus
grands auteurs ont besoin d'accumuler sur leur toile plusieurs couches d'inventions successives. Stendhal au début
de *Lucien Leuwen* avait des *intentions* bien plus qu'un *plan*,
mais des intentions fort arrêtées. Il a vu très vite que ses
chapitres en différaient ; il a dû transiger avec lui-même et
s'arranger de ces différences.

En auteur qui a déjà l'expérience de lui-même il cherchait
les qualités qui lui manquaient. Mais il n'aurait pas consenti
à perdre celles qu'il possédait. Un plan ne choisit pas entre
les qualités d'un auteur, mais en écrivant, il faut choisir.
Ou plutôt le tempérament de l'auteur choisit pour lui, et
l'œuvre elle-même a ses exigences qui entraînent bien loin
des plans et des intentions.


## VIII


Le premier chapitre nous montre Lucien et son uniforme ;
il est assez vivement senti et assez mûrement rêvé d'avance,
comme sont tous les premiers chapitres. Par sa légèreté, son
humour, la finesse des descriptions matérielles, il obéit parfaitement aux intentions de l'auteur.

Or Stendhal ne pouvait pas continuer sur le même ton : cet
humour si léger ralentit l'action de *Lucien Leuwen*, il faudrait
vingt volumes. Et tout au long de ces vingt volumes le héros,
sans cesse vu du dehors, aurait l'air d'une poupée ou pour
le mieux d'un excentrique.

Le chapitre est amusant, mais suivi de vingt autres sur le
même ton, il donnerait un roman ennuyeux. Stendhal ne
peut pas à la fois montrer de l'humour et faire agir ses personnages ; pour les peindre il faut qu'il les voie du dedans,
s'identifie ou nous identifie à eux, ce qui exclut l'humour
continu. Il ne reste que l'humour en marge, où l'auteur reparaît pendant quelques lignes, comme dans le *Rouge*, ou bien
ce qu'il appelle l'humour « italien », quand le héros se moque
de lui-même. Formes d'esprit vives, riches de comique et

d'imprévu, ce ne sont pas des ressources de tous les instants. Dans le *Rouge*, les chapitres d'humour ou plutôt de gaieté : seigneur Géronimo, la conversation en diligence ou le souper chez l'évêque de Besançon, arrêtaient l'action tout net. Et l'action entraînait l'auteur loin de l'humour.

Dès le second chapitre de *Lucien Leuwen*, la légèreté voulue du début laisse la place au ton du *Rouge*, plus incisif et plus emporté. L'intention de l'auteur est certainement d'accrocher l'humour à l'action elle-même, comme le fait Fielding. Mais c'est la vulgarité des aventures, le manque de complications de ses héros qui donnent à Fielding le loisir de l'humour. Stendhal lorsqu'il compose l'action et les pensées de son personnage ne veut ni banaliser ni simplifier. Il faut donc transiger, chercher l'humour par d'autres voies. A Nancy, la timidité, le ridicule aimable de l'amour à ses débuts, font de Lucien un personnage assez plaisant. Dans la seconde partie, quand il ne sera plus du tout ridicule, il faudra que le ton de l'humour soit entretenu autour de lui par des personnages goguenards : son père ou Coffe, ou bien qu'un voyage ramène l'âpre satire du *Rouge*. Nous ne pouvons même pas deviner ce qu'aurait pu être l'humour dans la dernière partie du roman, qui devait se passer à Rome ; la satire des milieux diplomatiques aurait fourni un chapitre ou deux, mais n'aurait certes pas suffi.

## IX

Et cet humour apporté par les erreurs du jeune lieutenant de lanciers ou les plaisanteries de son père ne mettait rien dans le livre du pittoresque souhaité. Aussi fallait-il écrire le livre en deux fois : l'intrigue d'abord, le tableau ensuite. Seul le début du livre a été refondu selon cette méthode, et c'est ce que Stendhal a fait de plus lent dans toute son œuvre. Ce début est charmant, par la finesse des détails et la beauté du rêve que Lucien, l'auteur et le lecteur font sur madame de Chasteller. Mais la lenteur est mieux à sa place au début d'un roman ; l'auteur voudrait introduire d'autres épisodes encore comme celui du lancier Ménuel. Il n'est pas sûr que de nouvelles superfétations n'auraient pas alourdi le roman. Peut-être l'a-t-il senti ; ce serait une des raisons qu'il eut de laisser dormir son œuvre. Tout *Lucien Leuwen* ne pouvait pas ressembler au *Chasseur vert*.

D'ailleurs, les épisodes à rajouter (ou ceux qui ne font pas partie de l'action principale, comme le récit de la grève et de la répression) demandaient à l'auteur une nouvelle sorte d'humour — celle de Fielding et de Don Quichotte, qui est presque le contraire de la sienne. Il abonde en *ironies* sur les puissants : les préfets juste-milieu de Louis-Philippe, les ministres, la femme riche qui se croit des droits sur tout, lui sont un thème inépuisable ; ses héros ont l'ironie qui se moque d'elle-même, et qui est encore un signe de force. Mais il est aux antipodes du *picaresque ;* quand il peint des pauvres et des malheureux, il ne peut pas pousser jusqu'à la bouffonnerie le pittoresque de leurs malheurs. L'humour pittoresque veut une sorte de verve plastique, un parti pris de *rester à l'extérieur* des êtres, par quoi Cervantès rappelle Vélasquez, et par quoi Scarron ou Molière rappellent Callot. Pour faire de Ménuel un personnage pittoresque, Stendhal a besoin qu'il soit robuste, beau garçon, bon bretteur et gai — qu'il n'appelle pas du tout la pitié. L'affaire Cortis, les scènes d'hôpital, les scènes électorales de la seconde partie sont *chargées*, mais aussi loin de l'humour que la *Rue Transnonain* de Daumier est loin de la caricature. Le livre n'en vaut que mieux, mais il n'est plus ce que l'auteur a voulu faire ; le tempérament au cours de l'exécution l'a emporté sur le sujet.

## X

Ce goût pour l'humour léger — pour la *crème fouettée*, comme il disait de Rossini — a plus aisément changé les dialogues que le récit. Stendhal y était aussi mieux préparé. Son éducation théâtrale l'avait déjà servi dans les dialogues du

*Rouge* qui pourtant sont courts, chargés de l'énergie des personnages et qui ressemblent aux grondements brefs qui annoncent l'orage. La comédie du XVIII<sup>e</sup> siècle va réapparaître dans les longues conversations de *Lucien Leuwen* qui sont des jeux presque gratuits, comme des scènes de Marivaux.

Laissons à part les débats moraux entre Lucien lui-même et ses *consciences extérieures*. Les passes d'escrime sur la profondeur du fossé des Tuileries, les conversations légères chez madame d'Hocquincourt, les propos du docteur Du Poirier converti à Lamennais mais non pas au courage, le maniement par M. Leuwen de ses députés du Midi, enfin les passes d'armes entre Lucien et madame Grandet, rappellent Regnard autant que Marivaux ou le Molière le plus léger — celui de la *Princesse d'Élide*, de l'*Amour peintre* ou de la Zerbinette des *Fourberies de Scapin*. Il s'agit parfois moins de ce que les personnages veulent exprimer d'eux-mêmes ou veulent savoir l'un de l'autre, que des mots qui rebondissent de l'un à l'autre, avec une drôlerie voulue chez les uns et involontaire chez les autres.

Cette surabondance de dialogues piquants n'est jamais cherchée ni surajoutée comme les détails matériels du récit ; elle coule de source, et ce jaillissement intérieur est aisé à concevoir. Stendhal quand il écrit ce livre n'a personne avec qui causer à Civita-Vecchia. On sent dans ses lettres des premières années de consulat, combien la langue lui démange. Mais la correspondance, où il lui faut trop longtemps attendre la réplique, ne lui suffisait plus ; il se rattrape mieux dans ses personnages et ses dialogues imaginaires.

Cette impression se trouve encore confirmée par l'examen des manuscrits de *Lucien Leuwen* à la Bibliothèque de Grenoble — et surtout du premier volume.

Les conversations et les dialogues y abondent, en effet, plus que dans les textes des trois éditions dues à M. Debraye chez Champion, à M. Henri Rambaud chez Bossard et à M. Martineau au *Divan* ou dans la collection de la *Pléiade*. Si ces diverses éditions diffèrent quelque peu entre elles (ce que l'extrême complication du manuscrit et la quantité des variantes rend presque inévitable), elles s'accordent, naturellement, pour éliminer tout ce que Stendhal a barré et expressément supprimé.

Or (pour les débuts mondains de Lucien à Nancy tout particulièrement) nombreux sont les développements que Stendhal a condamnés d'une croix, avec l'indication : « Vrai, mais fait longueur » (chapitres XI, XII et XIII de l'édition de la *Pléiade*).

Ces développements sont parfois entièrement supprimés (chapitre XI), parfois résumés (chapitre XIII). Le résumé s'ajoute à d'autres conversations complètes : en en rappelant le sujet et le ton, Stendhal *fait masse*. Parfois, il résume les propos de Lucien lui-même par un bref discours indirect. L'auteur en se relisant a été gêné par l'abondance de la matière, et l'a réduite comme il l'a pu. Il ajoutait d'autres épisodes, comme celui du lancier Ménuel. Mais il avait besoin de montrer un peu mieux le peuple et l'armée ; il pouvait au contraire trouver que la bonne société de Nancy ne l'avait déjà que trop retenu. C'est un souci de proportion plus que la brièveté qui amène ces suppressions. Chaque fois qu'il se relit, Stendhal a un sentiment vif des ensembles, et sacrifie tout détail à l'effet général.

Il a raison, et les éditeurs ne pouvaient que le suivre. Mais nous regrettons que soient condamnées des pages si souvent réussies, où éclatent la drôlerie des sots de bon ton, l'entrain de Lucien auquel Stendhal prête sa verve. L'un des éditeurs, M. Henri Rambaud, a transcrit tous ces passages dans ses notes. Mais ces deux volumes de notes n'ont point paru à ce jour. Peu de lecteurs sans doute iraient chercher des notes. Publier ces développements sous le titre de *Conversations en 1835* ajouterait quelque chose à notre connaissance de Stendhal, à sa gloire, à sa gaieté. Chez lui, la joie est de détail : « Le rire naîtra sur l'extrême épiderme », écrit-il en marge d'un plan.

## XI

*Une Position sociale*, ébauche antérieure à *Leuwen* et qui devait former le noyau de l'avant-dernière partie, était une conversation plus qu'un livre — mais conversation avec une seule personne, et presque sur un seul sujet : la religion. La variété est plus grande dans *Lucien Leuwen*. Mais que Lucien discoure avec ses consciences extérieures ou avec son père, c'est toujours Stendhal, une des parties du caractère ou de la pensée de Stendhal, qui fait les demandes et les réponses. Ces personnages ont des conversations un peu trop chargées ; ils jouent contre l'esprit de l'auteur le rôle de plastrons. Cette humeur badine s'accorde bien avec le style de Regnard ou des comiques du XVIIIe siècle. Au reste, les auteurs de proverbes avaient pu remettre ce ton à la mode : Musset qui commençait à ce moment ses comédies s'inspire des mêmes maîtres. Si quelque chose ressemble aux conversations de *Lucien Leuwen*, c'est le dialogue de *Il ne faut jurer de rien*.

Humour cherché dans la minutie du détail, personnages finement chargés conversant avec des incarnations de l'auteur, épisodes traités avec ampleur sans que l'auteur s'oblige à un récit tout à fait suivi : cette formule d'art, compromis entre les *intentions* et le *tempérament* de Stendhal, est très voisine de ce que sera l'art de Marcel Proust. Les mêmes causes (personnages subjectifs ou grossis, vie et conversations rêvées de loin par un reclus à qui son art sert de compensation, additions abondantes au premier jet) ont amené les mêmes effets — sans imitation aucune, puisque Proust n'a pu connaître qu'une version abrégée et infidèle de *Lucien Leuwen*.

## XII

Conséquence encore de ce besoin de compenser en écrivant le silence de la retraite : les monologues intérieurs n'ont plus la souveraine promptitude qu'ils avaient dans le *Rouge*. Par

bonheur la première esquisse du personnage convenait mieux
à des monologues plus lents ; autant Julien est habituellement
emporté, autant Lucien peut hésiter dans sa pensée ; il peut
et doit se critiquer davantage lui-même. Et sans doute les
premiers monologues ont aidé Stendhal à pousser dans cette
direction le caractère de son héros. *Puis ces longs monologues
ont fait partie du caractère.* Ce roman risquait d'être moins
solidement  groupé autour du héros que le *Rouge et le Noir*
ne l'est autour de Julien. Non qu'il soit moins souvent en
scène, mais sa volonté crée moins souvent les événements
du récit ; il subit plus qu'il n'agit : sa nomination comme
sous-lieutenant, son départ loin de madame de Chasteller,
ses actions et ses voyages comme chef de cabinet, sa ruine
et sa nomination à Rome, lui sont imposés par ses ennemis,
son père ou ses chefs.

L'ampleur de ses monologues intérieurs compense ce
manque d'initiative. Et surtout, sauf madame de Chasteller
pendant la naissance de l'amour, sauf quelques comparses
(dont les réflexions grotesques, comme la peur de Du Poirier,
ne nous font pas *sympathiser*), tous sont montrés du dehors.


## XIII


M. Leuwen, qui à certains moments est le centre du récit,
agit ou parle ; il ne délibère pas avec lui-même ; son âge, son
ironie, laissent à distance. Tel personnage avec qui nous
aurions pu sympathiser au point d'oublier le héros, comme
l'exquise et parfaite madame Leuwen, est à peine esquissé.
Madame Grandet délibère longtemps avec elle-même, mais
en de tels termes, qu'elle nous ramène à sympathiser avec
Lucien. Ainsi l'intérêt, s'il est un peu moins fort, est mieux
ménagé autour du héros. Autre difficulté : à moins d'être
un simple roman à tiroirs comme *Gil Blas*, tout récit romanesque doit chercher la progression de l'effet. Or l'intrigue
principale, le naïf amour entre Lucien et madame de Chasteller, ne suffit pas pour cette progression.

Quand l'intérêt faiblit, l'auteur le sent mieux encore que ne fera le lecteur, par une difficulté, une lenteur qu'il éprouve à inventer la suite. La ressource la plus habituelle, à ce moment, est celle même de l'homme qui s'ennuie et part en voyage : on place le héros dans un nouveau cadre, et l'action repart sur de nouveaux frais. Comme les arbres qu'on déracine, la transplantation donne à une intrigue un renouveau de fraîcheur et de vigueur. Le *Rouge et le Noir* se passe en trois lieux : Verrières, le séminaire de Besançon, Paris. *Lucien Leuwen* devait aussi se passer en trois lieux : Nancy, Paris puis Rome. Mais ici le changement de lieu allait proposer à l'auteur des difficultés plus graves.

Dès le milieu du *Rouge* (à ne compter que le nombre des pages) Julien Sorel est à Paris. Il va pouvoir aimer de nouveau. Dans *Lucien Leuwen* au contraire, quand nous sommes sortis de l'intrigue politique (qui correspond, par son âpreté et sa noirceur, à l'épisode du séminaire), le livre est à plus des deux tiers. Le cœur du héros a été donné une fois pour toutes à madame de Chasteller. L'auteur ne peut plus créer de véritable héroïne qui nous attache à un lieu nouveau. Déjà madame Grandet n'est qu'un comparse : elle a les prétentions de bourgeoise anoblie de madame de Fervaques, et l'extrême orgueil vaincu de Mathilde de la Mole. Mais nous ne pouvons pas nous intéresser à elle plus que Lucien ne s'y intéresse. L'auteur va-t-il devoir, pour animer un épisode au dernier quart de son livre, mettre à nouveau sur pied toute une société, et donner au héros un autre faux amour ? Ce changement de lieu aurait plus d'inconvénients que d'avantages.

Stendhal l'a fort bien senti. M. Martineau a déjà souligné l'importance de la note du 28 avril 1835 : « Je supprime le troisième volume, par la raison que ce n'est que dans la première chaleur de la jeunesse et de l'amour qu'on peut avaler une exposition et de nouveaux personnages. Arrivé à un certain âge, cela est impossible. Ainsi donc, plus de duchesse de Saint-Mégrin et de troisième volume. Cela fera un autre roman. »

« La première chaleur de la jeunesse » ne doit pas s'en-

tendre de l'auteur, et ne veut pas dire non plus qu'il ne souhaite que des lecteurs de dix-huit ans. L'âme du lecteur, au
cours d'un livre, passe comme la vie humaine par une enfance
où elle découvre son monde, par une jeunesse où elle se
passionne. Puis elle mûrit ; la connaissance du sujet lui sert
d'expérience, et la fatigue, qui joue le rôle de l'âge, la ralentit.
L'âme du lecteur, qu'il ait dix-huit ou soixante ans, n'est
plus assez jeune pour changer d'habitudes et se transplanter
aux trois quarts du livre.

## XIV

Avant de prendre son parti de ce sacrifice, l'auteur avait
essayé de relier, après coup, ses différentes parties l'une à
l'autre. Par exemple, en divers projets de remaniements,
madame Grandet devait figurer dans la première partie, et
un auteur malheureux devait se tuer pour elle. Le docteur
Du Poirier devait jouer à Paris le rôle d'un député rallié et
d'un poltron. De même, puisque les grandes familles ont des
maisons de campagne, rien de si simple que de donner un
château proche de Nancy aux Saint-Mégrin, que Lucien
retrouverait comme ambassadeur et ambassadrice à Madrid-
Rome.

Tel est certainement le parti qu'aurait pris Balzac : c'est
par de pareils raccords qu'il a unifié sa *Comédie humaine*.
Et Stendhal, préoccupé cette fois de toutes les adresses du
métier, a fait dans *Lucien Leuwen* d'autres retouches aussi
importantes : l'épisode du lancier Ménuel, par exemple. Mais
ajouter à son premier texte des anecdotes gratuites et pittoresques l'amusait. L'insertion laborieuse de fragments purement utiles, destinés à préparer l'avenir, risquait de l'ennuyer
et d'ennuyer le lecteur. Seul Balzac a su tirer une beauté de
ces fastidieuses préparations.

Enfin, nous l'avons vu, cette quatrième partie devait
reprendre une ébauche précédente : *Une Position sociale*,
début de roman abandonné en 1832. Nulle difficulté à ce

raccord dans les débuts. Le héros d'*Une Position sociale*, Roizand, c'était, comme il le reconnaissait dans une note, *Dominique idéalisé*, c'est-à-dire lui-même.

Lucien Leuwen lui aussi ressemble à Dominique. Mais ces deux ressemblances sont incompatibles.

Lucien est, pour l'âme de Stendhal, une compensation. Roizand, au contraire, s'il est encore curieux et passionné, est bien moins jeune, presque gauche. Il vit beaucoup plus en esprit. Surtout il apparaît, au début de l'intrigue d'*Une Position sociale*, comme une âme inoccupée, et risque de se prendre tout de bon aux charmes de la duchesse. Lucien, au contraire, tout plein de madame de Chasteller, ne peut chercher ailleurs que des distractions. Pour Roizand (comme pour Beyle en 1832 après le cruel moment du refus de l'*exequatur* par l'Autriche) perdre sa position, c'est tout perdre. Lucien Leuwen vient de perdre coup sur coup son bonheur d'amoureux, son père et sa fortune. Perdre par surcroît une place de second secrétaire d'ambassade sera pour lui un malheur médiocre, incapable d'entraîner l'intrigue et de soutenir l'attention du lecteur. Il aurait fallu oublier Roizand. Or Stendhal tenait à ce curieux sujet. Tenter, par l'épouvante du divin et la lecture de l'*Apocalypse*, la séduction tout humaine d'une femme lui semblait un beau problème compliqué. Roizand s'était arrêté aux premiers pas, mais cela méritait d'être repris un jour. Ainsi se justifie la décision finale — de séparer les deux intrigues.

Deux épisodes nous manquent ; seule la place en blanc en subsiste dans les manuscrits.

Le départ de Nancy, tout sec, ne suffisait pas pour marquer la rupture avec madame de Chasteller. Celle-ci pouvait tenter de se justifier, ou de lancer son amie et confidente à la poursuite de Lucien. Le lecteur, par contre, pouvait risquer de l'oublier, s'il la perdait de vue pendant tout un volume.

Il fallait donc des chapitres de regret, des efforts pour renouer l'amour, qui auraient contrasté par le ton, avec la satire de Paris et l'intrigue politique. C'est justement pour cette raison que l'auteur ne pouvait les écrire. Il lui fallait, pour continuer et aggraver ce malentendu douloureux entre deux jeunes gens qui s'aimaient, une émotion et un pathétique que ses descriptions de Paris ne laissaient pas renaître.

Il a donc sauté ce chapitre en attendant l'inspiration tendre. « Pendant que je suis dans le sec, écrit-il dans la marge, je fais madame Grandet. » La variété naissait d'elle-même, dans ses autres écrits, du besoin naturel de changer de ton ou de propos. Il retrouvera cette variété spontanée dans la *Chartreuse*. Pour *Lucien Leuwen*, qu'il écrit plus lentement, il ne la trouve pas. C'est qu'il invente l'intrigue à mesure, et qu'il trouve dans le ton les idées de l'intrigue. Cette liberté dans la marche du récit entrave, au lieu de l'aider, la liberté d'allures que garde Stendhal quand il sait bien d'avance où il va.

## XV

Les plans refaits dans les marges marquent des hésitations sur tels chapitres, sur l'ampleur à donner à tel épisode. Parfois ce sont des recherches de calendrier, pour voir si la vraisemblance des faits matériels est inattaquable. Mais ce ne sont pas ces plans ou *pilotis* qui guident l'auteur.

A ces plans, gauches et presque informes, s'opposent *des fragments parfaitement écrits*, qui donnent à l'avance le ton d'un chapitre futur jusqu'à la moindre nuance. Ces fragments, qui représentent les heures de génie, lui servent de repères, d'excitant lorsqu'il écrit son chapitre : c'est à ce niveau qu'il s'agit de rester. Et la dernière de ces notes selon l'ordre de l'intrigue, la plus exquise de forme, était comme le phare du port vers lequel il se dirigeait :

« Tu es à moi, lui dit-elle en le couvrant de baisers. Pars pour Nancy. Tout de suite, monsieur, tout de suite. Tu sais malheureusement combien mon père me hait. Interroge-le, interroge tout le monde et écris-moi. Quand tes lettres montreront la conviction (tu sais que je suis un bon juge), alors tu reviendras, mais seulement alors. Je saurai fort bien

distinguer la philosophie d'un homme de bon sens qui pardonne une erreur antérieure à son bail, ou l'impatience de
l'amour que tu as naturellement pour moi, de la conviction
sincère de ce cœur que j'adore. » — Lucien revint au bout de
huit jours. — Fin du roman. »

Il a écrit cette note au-dessous du premier grand chapitre
d'amour de son livre. Elle est de la même verve, du même
enthousiasme. Et sans nul doute, à deux ou trois mots près,
il en aurait fait la fin de son livre. Il n'aurait pu trouver
meilleure manière de lancer dans le bonheur ses deux héros
et l'imagination de son lecteur. Au cours de détours que
demande un vaste roman, le souvenir de cette fin le tire en
avant, lui permet les contrastes secs ou désolants, l'empêche
de se perdre ou de se lasser.

Ces fragments parfaits, écrits à l'avance, diffèrent d'un
plan. Ils ont, selon la manière d'écrire de Stendhal, plus
d'importance que le plan. Ces notes stimulent l'imagination
autant que le plan la torture. Un plan est chose qu'il faut
respecter, qu'il faut suivre en ajoutant au détail, qui oblige
à recourir à la mémoire, qui tue l'imagination. Enfin un
plan n'a pas encore de nuances, il donne une matière lourde
et informe, qu'il faut relever. La note parfaite donne un
détail, attire de loin d'autres détails : elle crée autour d'elle
une cristallisation.

Trouver quelques fragments parfaits, les réunir ensuite
par une œuvre continue qui doit tout entière être au même
niveau, c'est par excellence une méthode de poète. Les
fragments parfaits dans les notes de *Lucien Leuwen* sont
comme ces *vers donnés* que Paul Valéry trouve dès le
début d'un poème — qu'il a trouvés dès qu'il décide de faire
le poème (peut-être décidé par eux). Les poètes dont subsistent des fragments inachevés — André Chénier par exemple —
donnent l'idée de la même méthode. Le travail sera de construire le poème autour d'eux pour les réunir ; ils donneront
au poème son ton et son niveau. Un grand poète américain,
M. Robert Frost, travaille exactement de la même manière,
si j'en crois les confidences qu'il m'a faites.

On pourrait nommer poétique cette manière de composer, où le travail consiste à réunir de premières trouvailles spontanées et heureuses. Stendhal lui-même, dans ses cahiers de jeunesse, lorsqu'il songeait à des poèmes, notait de-ci de-là un vers. Cette méthode, retrouvée dans la composition romanesque, donne à ce qu'il écrit cette spontanéité des grands moments, cette folie aimable qui se crée sa logique particulière, cet enchantement grâce auquel ce logicien, ce railleur et ce réaliste nous lance, quand il lui plaît, bien au-dessus de la vie.

## XVI

Gêné, quand il achevait le *Rouge et le Noir*, par la brièveté de certaines parties de l'ébauche et la nécessité, comme il le dit, d'*ajouter de la substance*, il comptait, en écrivant *Lucien Leuwen*, faire trop long pour couper ensuite. En se jugeant lui-même en cours de route, il s'apercevait qu'il changeait, en réalité, toute sa manière, que le *Rouge* était une « *fresque* » et *Lucien Leuwen* une « *miniature* ». Nous pensons qu'il n'aurait guère coupé davantage : bien des notes qu'il a prises en se relisant parlent d'ajouter plutôt que de retrancher.

Ce qui dut, en cours de route, réduire son désir de plaire, c'était la certitude de ne pouvoir imprimer assez tôt. En continuant, il cherchait à se plaire à lui-même ; il se laissait aller, par la satire politique ou la fantaisie de certains détails, de plus en plus loin de ce roman pour lequel il avait d'abord souhaité le succès. Enfin, il remettait, pendant sa verve satirique, les morceaux de sentiment à un moment où son âme serait mieux disposée ; par ailleurs, les morceaux simplement utiles étaient remis au dernier moment. C'est sous ce jour, et comme des improvisations de l'humeur, qu'il faut voir tout ce qui fait suite à la partie achevée, tout ce qui n'est plus le *Chasseur vert*.

Il est peu probable pourtant que la mort de M. Leuwen, à laquelle nous n'assistons pas, fût pour lui un épisode à développer. L'euthanasie littéraire, la suppression d'un personnage en un trait, coup qui surprend trop le lecteur pour le peiner, avait réussi dans le *Rouge* à atténuer une fin terrible, à en faire un poème. Elle devait supprimer de la même façon, dans *Lucien Leuwen*, un personnage qui était devenu le protagoniste, et qui gênait l'intrigue principale. Ce personnage était pourtant sympathique. Le récit, tel que nous l'avons, fait tomber brusquement M. Leuwen dans une oubliette. Cette brièveté était nécessaire et aurait sans doute subsisté.

Par contre, Stendhal comptait faire de madame Grandet, déçue dans ses amours, une ennemie acharnée du bonheur de Lucien. Ces noires machinations ne sont pas sorties du *plan* : aucun fragment posé en jalon ne nous indique que l'auteur y ait pensé d'une façon précise. On peut supposer que cette partie de son projet l'a gêné. La dernière allusion à madame Grandet est sobre, presque trop brève. Cette femme antipathique, au cours de la grande scène où elle s'était jetée au cou de Lucien, s'était montrée capable d'amour profond sans espoir, sans calcul. Il devenait difficile d'en faire un être méchant. Pour écrire sa fin (même toute proche s'il renonçait à une quatrième partie dans Rome), Stendhal se sentait tout à coup privé de deux ressources : il ne pouvait plus utiliser *Une Position sociale ;* les deux amoureux n'étaient plus séparés par rien de réel, ni par un ange du mal ; ils n'avaient plus qu'à tomber dans les bras l'un de l'autre. C'était un chapitre unique, deux tout au plus — et le chapitre le plus facile à écrire pour le commun des romanciers.

Non pour Stendhal. Il lui aurait fallu, pour éviter le fade et l'arrivée lente du bonheur, un dernier obstacle réel à mettre entre madame de Chasteller et Lucien ; il fallait remplacer les obstacles dont il ne voulait plus. Il avait déjà le rêve, la fin de ce dernier chapitre. Il lui restait à trouver la *résistance* qui aurait donné la lutte et la substance. C'est faute d'avoir trouvé un obstacle réel à poser entre les amants qu'il a laissé inachevé un livre si près de sa fin, et dont il avait écrit les dernières lignes.

# LA VIE DE HENRI BRULARD

## I

Stendhal a voulu que ce livre fût étranger à toute technique. De fait, nous sommes plus loin encore des allures habituelles du récit que dans les *Souvenirs d'Égotisme*. Par contre, nous y trouvons, presque à nu, deux des recherches essentielles au métier d'écrire : la recherche de la sincérité, la recherche des souvenirs. Et dans les digressions, dans le début et la fin de ce livre, nous surprenons en pleine liberté la rêverie de Beyle — cette rêverie qu'il a préférée à tout, « même à passer pour homme d'esprit » et même à écrire une œuvre plus abondante.

En 1833, il avait rédigé une notice sur lui-même. Rien n'y est faux que par erreur. Par exemple, dans *Henri Brulard*, Beyle a véritablement cru que son père avait été mis en prison sous la Terreur — pendant quelques jours ou quelques semaines. Comme le nom de M. Chérubin Beyle ne figure pas sur les listes, il doit confondre ces semaines avec le temps où il fut nécessaire à son père de se cacher hors de sa maison. Mais dans la notice, cet emprisonnement dure plusieurs mois. Aucune raison d'amour-propre ; le personnage de Beyle ni celui de son père n'en sont rehaussés : *c'est le récit qui se fait lui-même*, et où les mots de *Terreur*, d'*ultra*, de *dévot*, l'inté-

rêt littéraire apporté un peu gratuitement sur les *propos
pleins d'imagination et de force* du père Beyle produisent
la prison (et une prison de durée égale à la Terreur) comme
une conséquence vraisemblable et naturelle.

Des faits vrais peuvent s'organiser spontanément en un
récit moins vrai ; les lois de la logique et du vraisemblable
faussent les souvenirs ; l'émotion que laisse une image vive
fait que toute l'atmosphère du passé s'unifie, s'accorde à
cette émotion. Cette déformation, Beyle l'avait remarquée
dans les *Confessions* de Jean-Jacques ; elle est inséparable
d'une sincérité trop abandonnée, qui aboutit à la confiance
en soi et en ses souvenirs.


## II


Peut-on parler de sa jeunesse sans s'abandonner de temps
en temps ? Cet élan impossible à contraindre ne donnerait-il
pas, si on le refoulait trop, une altération de tout le reste ?
De toute façon, écrivant pour son plaisir autant que pour
la vérité, Beyle tantôt cherche âprement le vrai, et tantôt,
au lieu de chercher d'autres faits, se laisse aller à la rêverie.

Sans qu'il l'ait voulu, la *Vie de Henri Brulard* prend ainsi
un rythme secret ; le présent y alterne avec le passé, l'impression avec les faits, l'effort méfiant avec le laisser-aller
du songe.

La première rêverie, où Beyle s'aperçoit qu'il vient
d'avoir la cinquantaine, marque un moment décisif de son
esprit, et peut-être de tout esprit : c'est le premier instant où
l'essentiel de la vie semble derrière nous, où le passé devient
le plus grand trésor. Il commence par en évoquer les plus
grandes douceurs, celles de ses amours — qui renaissent
d'elles-mêmes dans sa mémoire. Puis il cherche, avec une
sorte d'inquiétude, et presque de passion, à porter sur tout
ce passé un jugement d'ensemble. Et c'est ce besoin d'évoquer,
ce désir de juger en connaissance de cause qui mûriront
en lui, pour amener les évocations de *Henri Brulard*. Il est

rare que nous nous trouvions si près de la source d'un livre
de *Mémoires*. Quand Jean-Jacques commence son récit,
c'est d'un pas délibéré : il a jugé d'avance cette entreprise
unique, et il s'est jugé lui-même favorablement. Nous ne
savons rien du débat intérieur qui a précédé. Et nulle part
nous ne trouvons, si parfaitement naturelle, cette première
nuée d'où va sortir un livre. Beyle rêve avec plus d'aisance
la plume à la main. L'écriture guérit la rêverie des répétitions, de la peur d'oublier qu'inflige sans cesse le songe en
l'air. La plume n'est pas un obstacle lorsqu'on l'a si souvent
tenue, et qu'on ne se soucie pas d'être lisible. Le début et la
fin de *Henri Brulard* sont peut-être les modèles les plus purs
de rêverie supérieure qu'un écrivain ait jamais transcrits ;
George Moore plus orné, James Joyce plus systématique,
n'ont fait ni mieux ni si bien.


### III

Dès qu'il arrive aux souvenirs, Beyle prend toutes sortes de
précautions contre son propre rêve, contre l'entraînement
du récit.

Il sait, par ses tentatives de roman depuis le *Rouge*, ce qui
glace son inspiration : évoquer des lieux, des détails matériels.
C'est justement pourquoi il s'y force à chaque instant, dans
ce récit.

Il commence presque toujours les scènes par une composition de lieu : un croquis, avec la place de chaque personnage.
Puis, la scène apparaît — précédée de doutes de l'auteur sur
les circonstances qui l'ont amenée, interrompue brusquement,
fragmentaire. L'effet est pénible pour qui est habitué aux
harmonieux souvenirs d'enfance de tous les autres auteurs :
on croirait voir un fragment de dissection, une coupe histo-
logique. Il ne reste que quelques coins minutieusement
détaillés, dans une mer d'impressions vagues, de tout ce qui
précède la venue du jeune Beyle à Paris.

Les vérifications faites par Colomb, puis par M. Debraye et

M. Royer dans les archives grenobloises, les recherches
d'état civil (encore inédites à ce jour) de M. Félix Jourdan
sur l'état civil de tous les personnages, même secondaires,
de *Henri Brulard*, montrent une mémoire merveilleuse :
les erreurs portent surtout sur la vie des personnages après
le départ de Beyle pour Paris : il se trompe d'après des
on-dit.

De ces fragments non assemblés sort d'ailleurs une impression de vérité assez puissante pour que certains lecteurs
aient pu préférer *Brulard* à tout le reste de l'œuvre de Stendhal. A côté des souvenirs d'enfance des autres, c'est un
tableau mutilé, en partie effacé, mais c'est le seul qui ne soit
pas *repeint*.

Les précautions prises par l'auteur contre sa propre invention, même involontaire, ont donc réussi. Disons encore qu'il
n'y a pas trop de fusion entre ces impressions passées et les
émotions présentes. Sauf la politique et l'émotion excessive,
les sensations dont il se souvient et qu'il rapporte dans la
première partie du livre sont comme celles d'*un autre être*.
Chacun de nous sans doute a, dans sa mémoire, certains
souvenirs de première enfance si crus et si sauvages, si
séparés de l'essentiel de l'être, qu'il les reconnaît, en quelque sorte, physiquement, mais non pas moralement. Il
suffit de voir combien le ton change dès que le récit de Beyle
trouve des attaches avec ce qui a suivi : à Paris, il trouve les
Daru, en Italie, il trouve les sensations auxquelles il va rester
fidèle toute sa vie, qu'il courra retrouver dès qu'il sera libre.
Nous sommes beaucoup plus près des Mémoires habituels —
et l'auteur s'aperçoit qu'il recompose. Ainsi dans le passage
du Saint-Bernard, il croit se souvenir de tel personnage —
mais en costume de conseiller d'État et non de militaire :
donc le souvenir est mêlé avec un autre, du temps que Beyle
était auditeur. Il se souvient de certains détails physiques,
mais ils sont dans une gravure qu'il a vue et trouvée bonne
depuis. Le récit devient, à partir du départ de Paris pour
l'Italie (exactement à dater de la rencontre du capitaine
Burelviller), un chapitre suivi, complet au moral comme au

physique. Surtout l'auteur y joue du temps comme il veut. Il raconte quelques jours en quelques lignes, puis le récit devient aussi long que l'action même. C'est une mémoire d'artiste qui parle. Les souvenirs d'enfance, que l'intelligence n'élabore pas sur-le-champ, *ne renaissent qu'en pleine longueur, et leur évocation prend autant de temps que le fait* lui-même en a demandé. Ce sont bien de semblables détails, lents, mais en plein relief, qui apparaissent au début du livre, sur un fond gris où les lecteurs ni l'auteur ne retrouvent même les années.

Dès que le souvenir néglige, choisit, se hâte ou s'attarde, c'est un souvenir d'adulte, ou c'est un *souvenir entretenu* par des images habituelles, qui ont persisté dans la vie du héros longtemps après le premier fait.

Ainsi l'effort d'exactitude est, dans *Henri Brulard*, tout ce qu'il pouvait être. Des vérifications, en assurant les faits extérieurs, auraient donné aux souvenirs anciens, par des projets matériels retrouvés, par les confidences des proches, une vie artificielle.

De même le moment où les premiers cahiers du *Journal* auraient ranimé les souvenirs de *Henri Brulard* aurait forcé l'auteur à une transposition. Ainsi cette œuvre, qui semble terminée par les circonstances — le départ à Paris de l'auteur — et suspendue par la violence de la rêverie, touchait sans doute à sa véritable fin.


IV


La rêverie finale, où pour finir Beyle se refuse à « peindre le bonheur fou », nous ramène à la pudeur presque involontaire devant les grands sentiments que nous montraient déjà les lettres à Métilde Dembowska, le livre de l'*Amour*, et dont le *Rouge* avait tiré les magnifiques effets de silence de l'âme et d'insensibilité apparente au plus haut moment de la passion. La nuance est pourtant différente : « On gâte des sentiments si tendres à les raconter en détail. » Ces mots qui arrêtent le livre plutôt qu'ils ne l'achèvent veulent dire : ma rêverie sera gâtée pour moi si j'en donne un récit minutieux, troublé, imparfait.

Pour ne pas la gâter, il faudrait la reprendre, peindre à fresque, sans détail — mais alors entrer franchement dans la fiction : la puissance du sentiment ne sera bien rendue qu'en oubliant totalement l'exactitude des faits.

Ce qu'il réserve et met de côté dans cette dernière page, c'est le Fabrice de la *Chartreuse*.

## V

Les deux mouvements d'esprit presque opposés qui inspirent dans *Brulard* les évocations du passé et les rêveries se retrouvent dans la forme contrastée et les allures différentes du style.

Le fond des souvenirs avant le départ de Beyle quittant Grenoble pour Paris, est indistinct et sombre. Les évocations minutieuses marquent çà et là leurs traits profonds. Mais rien n'est si peu coloré que cette suite de scènes. C'est une loi singulière, mais souvent vérifiée, de la création littéraire : ce qui sort d'un effort soutenu de l'esprit donne un dessin ou une gravure, un *blanc et noir* littéraire. Ce qui au contraire est produit aisément et avec verve semble *coloré*, au physique comme au moral.

Les rêveries et les parenthèses du livre ont une légèreté d'effet singulière. Cette légèreté n'est pas due, comme dans une page de Voltaire, à la brièveté de chaque phrase ou à l'allégement de la syntaxe. Au contraire, les hésitations et même les longueurs en marquent tous les débuts. La légèreté d'allures tient à la pensée, qui hésite, n'appuie sur rien, interroge sans rien poser. C'est presque la légèreté du style de Nerval, la plus aérienne des substances littéraires, style qui ne semble fait que de commencements.

# LES CHRONIQUES ITALIENNES

## I

C'est en 1833 que Beyle constitue, d'après d'anciens récits manuscrits, la collection d'anecdotes italiennes que Prosper Mérimée fit acheter, après sa mort, par la Bibliothèque Nationale.

Croyait-il à la parfaite véracité de ses manuscrits ? Ne s'apercevait-il pas qu'ils étaient déjà « romancés » ? que le goût des plus noires hypothèses et des circonstances singulières se mêlait aux témoignages tout crus ? M. Hazard, dans sa *Vie de Stendhal,* croit qu'il a été dupe lui-même. Nous ne croyons pas pouvoir conclure aussi nettement : d'abord ce n'est pas lui qui présente ses manuscrits (dans *Vittoria Accoramboni*). C'est un personnage imaginaire, celui qui se dira dans la *Duchesse de Palliano* « jeune Français *né au nord de Paris* » et non pas Henri Beyle âgé de cinquante-quatre ans et né à Grenoble. Ensuite il présente sa marchandise aux lecteurs d'une revue, et il veut l'achalander. Il croyait en tout cas au pittoresque de ses histoires ; il croyait que ce

pittoresque l'aiderait à peindre des mœurs, lui donnerait une
couleur locale « intérieure », la seule qu'il ait aimée ; il ne se
trompait pas.

## II

Pour le reste, il revenait non pas à une sorte de plagiat (car
il se donne pour plus *traducteur* qu'il n'est) mais à la mise en
œuvre de matériaux fournis par autrui. Ces matériaux, il les
a couvés assez longtemps, pendant son consulat ; il ne les a
employés, et avec promptitude, qu'au moment de son
congé en France, quand il lui fallait de l'argent de poche,
et que la vente était sûre. Là, comme pour le *Courrier anglais*,
il s'agit d'un travail de journalisme — plus à loisir cette
fois et plus à l'aise dans un plus vaste espace. Il veut plaire
plus directement, plus vite au directeur et au public de la
revue. Le souci d'un public précis rend toujours plus *extérieure*
une œuvre. Parmi ces efforts de coquetterie rapide, citons
d'abord le travail de pastiche, si sensible surtout *au début* de
ses récits. Ce pastiche doit faire le même effet dans la revue
que les costumes dans une pièce de Hugo. Mais ce travail
est un plaisir pour lui. Ce style est à mille lieues du sien mais
à mille lieues aussi de ce qu'il appelle le style contemporain :
« Cet ancien style italien, grave, direct, souverainement
obscur et chargé d'allusions » ne peut passer tout entier
dans l'adaptation. Il faut éclaircir les allusions. Parfois
mais rarement en embarrasser le lecteur, dont on dissipe les
doutes en notes. « Allusion à l'hypocrisie que les mauvais
esprits croient fréquente chez les moines », ou mieux encore
cette énigme du texte : « On prétendait qu'il est peu probable qu'on arrive aussi en un clin d'œil à se servir des
petites armes, si l'on n'a fait usage, pendant quelque temps
du moins, des armes de longue portée. »

« Allusion, dit la note, à l'usage de se battre avec une épée et
un poignard. » Mérimée avait déjà joué, dans son *1572* ou
*Chronique du règne de Charles IX*, à décrire en italien les

passes d'escrime d'un duel, quitte à l'expliquer en bas de la page.

Dans *Vittoria Accoramboni*, le pastiche, si sensible au début et fort réussi, alourdit la phrase et la complique... « Mais rien ne fut si remarquable en elle et l'on peut dire ne tint autant du prodige, parmi tant de qualités extraordinaires, qu'une certaine grâce toute charmante qui dès la première vue lui gagnait les cœurs et la volonté de chacun. » C'est un exemple de ce qu'il nommait le style italien, où l'on veut enfermer dans la même phrase toutes les circonstances. Parfois cet alourdissement ne sert qu'à donner l'impression du vieux style, sans rien ajouter à la pensée. Deux paragraphes en deux pages voisines, commencent par la précaution inutile et surannée : Bien est-il vrai que.

A mesure qu'il avance dans son récit, le ton redevient plus vif. Un pastiche trop continu ennuierait ; il suffit que le début nous ait placés au XVI$^e$ siècle. Le pastiche ensuite se réfugie dans le dialogue, où il est beaucoup mieux à sa place, car c'est là que le style peint les mœurs. Mais le ton italien reprend — avec moins de longueurs — dans le récit du testament fait par Paul Orsini en faveur de sa femme et dans le récit de l'assassinat de Vittoria. Et le beau et naïf combat, où tous les bourgeois de Padoue, milice improvisée, participent à une opération de justice, est dans le ton de l'époque et fort longuement développé. L'économie de la nouvelle en souffre. Pour le lecteur, après la mort de la belle Vittoria, l'intérêt du récit cesse : or nous ne sommes qu'aux deux tiers de la nouvelle. Et l'auteur nous avait prévenus, au début du récit, que la chronique originale avait été écrite « douze jours après la mort de l'héroïne » : à cette mort on se croit au bout.

### III

Stendhal a oublié les règles communes de l'art, parce que son modèle l'a séduit et emporté. Il n'a pas voulu se passer de ce combat, ni des réflexions morales, qui pour lui ne sont que pittoresques : « Le jour de la Saint-Jean, un peu avant l'aube, on sut que ledit seigneur avait été étranglé et qu'il était mort fort bien disposé. Son corps fut transporté sans délai à la cathédrale, accompagné par le clergé de cette église et par les pères jésuites. Il fut laissé toute la journée sur une table au milieu de l'église pour servir de spectacle au peuple et de miroir aux inexpérimentés. » Ce pittoresque valait la peine d'être sauvé. Mais il faut que le lecteur suive aussi le procès des comparses qu'il ne connaît pas. Pourquoi cette faute, si facile à éviter par une suppression toute simple ?

C'est que rien n'ajoute à la vraisemblance, à l'aspect historique d'un récit, comme un petit détail, oiseux en apparence. C'est aussi pour forcer la croyance qu'une note nous informe que « le manuscrit italien est déposé au bureau de la *Revue des Deux Mondes* ». Il s'agit sans doute d'une obligation de métier autant que d'un tour de publicité : ce n'est pas pour écrire des contes que la *Revue* a engagé Stendhal : c'est pour faire de la *petite histoire*. Ces menus artifices surviennent à la fin, pour que l'auteur ne soit pas soupçonné d'invention. Nous l'avions vu déjà soucieux de prouver la véracité de ses anecdotes par des moyens extérieurs, au moment de la première rédaction de *Rome, Naples et Florence* ; la même timidité l'a repris, non sans doute devant le public, mais devant la *Revue*.

## IV

Au début de la *Duchesse de Palliano* il reprend les mêmes précautions : « Je ne chercherai point à donner des grâces à la simplicité, à la rudesse quelquefois choquantes du récit trop véritable que je soumets à l'indulgence du lecteur ; par exemple je traduis exactement la réponse de la duchesse de Palliano à la déclaration d'amour de son cousin Marcel Capecce. » Et il ajoute cette bibliographie fantaisiste : « Cette monographie d'une famille se trouve, je ne sais pourquoi, à la fin du second volume d'une histoire manuscrite de Padoue,

sur laquelle je ne puis donner aucun détail. » Il ajoute encore,
toujours dans le même esprit : « On trouvera donc fort peu
de conversations dans les récits suivants. C'est un désavan-
tage pour cette traduction, accoutumés que nous sommes
aux longues conversations de nos personnages de roman :
pour eux, une conversation est une bataille. » Or ces remarques ne sont pas simplement une satire de la technique
contemporaine du roman : nulle part davantage que dans
le *Rouge et le Noir* une conversation n'est une bataille. Il se
vise lui-même ; il veut vraiment se renouveler.

En prétendant donner une pure traduction, il s'oblige, dans
*Vittoria Accoramboni* aussi bien que dans la *Duchesse de
Palliano*, à ne pas intervenir dans le cours du récit — donc à
placer dans un prologue ou un épilogue tout ce qu'il doit dire
de personnel. Il suivra le même parti dans les *Cenci* et même
dans l'*Abbesse de Castro* (pourtant plus proche, par le ton, de
ses romans contemporains). Ces préfaces, composées, ce nous
semble, après le texte, puisque l'auteur y analyse, non le
sujet, mais sa nouvelle elle-même, sont comme la morale de
l'histoire, que les romans dispersent tout au long du texte.

Nous avons parlé, à propos des livres d'idées de Stendhal,
de son impuissance à disserter, à faire de ses idées une suite
logique ou oratoire. Il ne les donne qu'à l'état naissant, au
sortir du fait. Les préfaces de deux ou trois pages aux
*Chroniques italiennes* nous montrent la même impuissance —
ou la même méthode — rachetée par la force et la vivacité
des formules. Ces conclusions restent écrites de prime saut.
L'auteur les a conçues dans le ton de *conversations autour
d'une lecture*. Avant de publier ces histoires, il les avait
contées ou résumées à Colomb (nous le savons par la correspondance, et Colomb a glissé à la faveur de cette habitude
quelques ébauches inédites dans les lettres) ; il les avait
résumées aussi à Buloz, pour les faire agréer de sa *Revue*, car
Buloz n'achetait pas chat en poche ; peut-être avait-il
soumis ses sujets au jugement de Mérimée ou d'amis lettrés.
Ces préfaces semblent bien reprendre et résumer ces conversations. C'est ainsi qu'au temps du *Courrier anglais*, il

mettait dans ses articles le résumé de ses entretiens chez
Delécluze.

L'ensemble de ces petites préfaces forme comme un
tableau de l'Italie à la fin de la Renaissance. Peu de pages
ont eu plus d'influence sur la grande histoire, sur Taine, sur
Burkhardt, sur Nietzsche. C'est qu'elles ne concluent pas
seulement d'après des anecdotes, mais d'après un art et une
littérature que Beyle connaissait bien — beaucoup mieux
que lors de ses premiers essais. A côté des recherches d'archives dont il nous présente les découvertes avec quelque
bluff, il y a des lectures solides, qu'il ne mentionne même pas,
parce qu'elles sont à la portée de tout le monde. C'est
exactement la manière qu'adopte de notre temps la « petite
histoire ». Stendhal est bien aise de donner un démenti à
Sismondi, dont il avait autrefois tiré parti, mais qui, dans
un article de dictionnaire, confond le duc de Palliano avec
son père : ces victoires d'escarmouche sont une autre passion
des anecdotiers.

Dans cette *Duchesse de Palliano*, le grand écrivain se
trahit pourtant par quelques traits serrés, forts, qui dépassent
tout ce qui les entoure, et ne manquent pas des brèves et
incisives sentences stendhaliennes : « Le Cardinal montra
une grandeur d'âme supérieure à celle de son frère, d'autant
qu'il dit moins de paroles : *les paroles sont toujours une force
qu'on cherche hors de soi.* »

## V

L'*Histoire des Cenci* dépasse de loin, par l'émotion et le
ton personnel, les deux nouvelles dont nous venons de parler.
C'est qu'elle a une autre source, une autre origine sentimentale qu'une anecdote célèbre et le récit d'un procès.

Cette source, c'est le tableau du Guide. Persuadé, plus que
nous ne pouvons l'être, que ce tableau représente bien
Béatrix Cenci, âgée de seize ans, récemment torturée et
condamnée à mort, l'auteur se trouve plus attendri et même

sa pensée monte plus haut. De plus, un souvenir du *Don Juan* de Mozart a aidé Stendhal à traiter le thème de François Cenci (le véritable don Juan est l'homme qui se met au-dessus des lois). La tendresse mozartienne a rejailli, par complément et par contraste, sur le personnage de Béatrix.

Stendhal, dans sa jeunesse, avait fait le projet de s'aider plus tard, pour son inspiration, des arts plastiques et de la musique. Cet espoir l'avait aidé à se passionner pour les arts. Maintenant, il avait sans doute oublié qu'il avait autrefois suivi cette méthode — et pourtant il en profitait.

Dans cette *Histoire des Cenci*, où si peu de détails sont inventés par lui, dont le sujet est lugubre d'un bout à l'autre, il a mis un art infini.

La préface, sans rien ôter à l'horreur des actes de François Cenci, dispose le lecteur à lire son histoire avec une curiosité qui s'élève au-dessus du dégoût physique. En même temps ce portrait reste éloigné de l'âme du lecteur par le ton du pastiche et le choix des détails (l'horreur de l'hérésie qui vient s'ajouter à celle de l'inceste laisse au lecteur de 1838 une impression plus pittoresque que terrible). Le récit du crime s'achèvera de même sur les mots : « Cette pauvre âme, chargée de tant de péchés récents, fut enlevée par les diables », qui éloignent l'horreur de l'âme du lecteur et placent le drame loin dans l'histoire et dans d'autres mœurs.


VI


Stendhal a ménagé avec une étonnante adresse les moments de fausse sécurité, puis d'incertitude qui précéderont le procès de Béatrix et de sa mère. Ces moments vides sont justement ceux qu'aurait supprimés l'auteur vulgaire de récits romancés. Ils ralentissent l'action, mais ils multiplient l'intérêt porté à Béatrix et l'angoisse du lecteur. Ces vagues soupçons vite disparus semblent les vagues lueurs d'un orage lointain. Plus tard, au contraire, les efforts inutiles des gens de loi pour sauver Béatrix nous aident à espérer contre l'espérance.

Stendhal a cherché ensuite à rendre à son personnage principal, condamné à mort, la *liberté* esthétique : il donne l'impression, par tous les détails, que Béatrix *dirige elle-même* sa propre mort : elle commande au bourreau, évite d'être touchée par lui, consent à son supplice. L'auteur a tiré parti de détails qui sembleraient oiseux à un apprenti : les morts accidentelles de spectateurs étouffés ou frappés d'insolation le jour du supplice sont disposées comme toile de fond, pour élargir à nos yeux le coup de faux de la destinée.

Il s'agit enfin de transformer cette émotion lugubre en émotion esthétique. Les obsèques de Béatrix aux pieds de la *Transfiguration* de Raphaël — nouveau tableau, non plus inspiré du tableau immobile du Guide, mais où dominent les détails de mouvement — amènent l'impression de grâce et de repos. L'auteur prolonge ensuite, *fait vibrer* cette impression, il montre la grâce du jeune frère de Béatrix. Par des détails qu'il date de vingt ans plus tard, et auxquels il donne le ton ancien, il replace l'événement dans son éloignement et dans sa réalité historiques. C'est mettre le cadre autour du tableau. Tel peut rester l'art du récit, à son aise, libre de tous ses effets, alors que tout ce qu'on nomme habituellement *invention* en semble exclu. Cet art est tout entier dans le choix, la disposition, la proportion.


## VII


Stendhal, encouragé sans doute par le succès des premières chroniques, a pris bien plus de libertés en écrivant l'*Abbesse de Castro*. Ce récit est écrit, en effet, selon sa technique des grands romans ; c'est comme une répétition générale de la *Chartreuse de Parme*.

Cette fois l'anecdote, d'elle-même, foisonnait : elle offrait presque trop de matière. Comment humaniser le récit, comment y introduire les détails, sans écrire plus d'un volume ?

La netteté des détails et de l'allure du début, les prédictions réalisées (comme dans le *Rouge* et la *Chartreuse*) montrent que l'auteur voyait nettement, dès ce début, l'ensemble de sa nouvelle. Par réflexion ou par instinct, pour pouvoir en faire une peinture d'états d'âme, il a renoncé à en faire un récit continu. Il a, comme nous le disons aujourd'hui, découpé les épisodes. Il en a fait une suite de tableaux presque aussi séparés que les scènes d'une pièce de Shakespeare.

Le prologue retrouve le beau ton historique des *Promenades dans Rome* : la description du vieux temple de Jupiter, de cette forêt centenaire, de la voie romaine et du petit lac qui occupe un cratère de volcan éteint sont mis là pour nous plonger d'emblée dans un passé lointain. Le pastiche ou la traduction littérale du début nous mettent à la date même où va se dérouler l'histoire ; la prédiction, puis les réflexions de l'auteur, dès l'introduction, nous en annoncent la fin. Ainsi, dès les premières émotions amoureuses d'Hélène Campireali et de Jules Branciforte, nous les sentons pris par une destinée irrémédiable, cette même destinée qui donne son ton tragique à l'*Histoire des Cenci*. Seul l'amour est libre, et il ne sera pas le plus fort. L'auteur ne prévoyait pas qu'il entrerait dans l'âme de ses personnages, et que le reflet de leurs pensées donnerait à l'ensemble du récit un ton aussi *présent*. Par une singularité qui heurte la logique, mais non pas l'art, la conclusion précède le récit et n'en gêne pas l'imprévu dramatique.


## VIII

Pourquoi Stendhal fut-il emporté si soudainement par son sujet ? C'est qu'il revenait au thème favori de ses romans d'amour, au thème principal de la seconde partie du *Rouge*, de *Lucien Leuwen*, et plus tard de la *Chartreuse*. La femme qu'aime le héros et qui l'aime devenue impossible à approcher et à obtenir. Hélène était l'héroïne presque unique du début du récit ; mais sitôt les entrevues contrariées par la surveillance du père et du frère, Jules que l'on voyait agir de l'extérieur devient une âme, et fort compliquée : « Il avait quelque répugnance à se trouver seul avec lui-même dans sa maison solitaire. » « Depuis qu'il aimait Hélène, ce bon sens acquis par ses réflexions solitaires faisait le supplice de Jules. Cette âme si insouciante jadis n'osait consulter personne sur ses doutes, elle était remplie de passion et de misère. » Et nous apprenons un peu plus loin « qu'il avait des idées bien extraordinaires pour son siècle ».

Autant avouer que c'est une incarnation de l'auteur. Il le restera jusqu'à l'attaque du couvent — puis disparaîtra pour laisser de nouveau toute la place à Hélène, jusqu'à la fin.

L'auteur, qui sait où il va, cesse tout à coup de s'intéresser au personnage le plus proche de son cœur et revient à son histoire. Heureusement la manière dont sont découpés les épisodes et qui sépare si nettement chaque époque de la suivante, fait que cet étrange changement passe presque inaperçu du lecteur. Mais les amours d'Hélène et de l'évêque donnent un chapitre faible après des chapitres forts. Nécessaires à la conclusion de l'histoire, puisque ces amours créent une impossibilité morale entre Hélène et Jules, ces pages ne sont qu'une *utilité*, et seul le procès parvient à leur ôter leur froideur. La faute d'Hélène reste sinon incompréhensible, du moins peu plausible pour le lecteur — fort loin de la passion italienne qui anime tout le reste du récit.

La conclusion où Jules est presque invisible, et où son serviteur Ugone joue un rôle plus grand que le sien, est un retour à la chronique (au roman-feuilleton si l'on veut). Ici Stendhal prouve que s'il veut se réduire à conter, il conte aussi bien que Dumas père. La fin abrupte et mélodramatique manquerait de la vibration stendhalienne si le lecteur, en posant ce livre, ne se souvenait que la conclusion morale, les vastes perspectives de paysage et d'histoire sont au début.

## IX

Au contraire des autres chroniques, les personnages secondaires sont traités avec soin. Ainsi la mère d'Hélène, complaisante à l'amour, docile aux vœux de sa fille si cet amour
est coupable, mais résolue à tout contrarier et à tout faire
rompre dès qu'elle sait que cet amour est innocent. Cette
activité, cette intrigue, ce courage purement féminin, en
font une sœur plus âgée de la Sanseverina.

Les hommes de main dont se sert Jules sont aisément
dessinés ; les soldats sont les seuls hommes du peuple que
Stendhal réussisse presque toujours.

La plus étonnante figure, la mieux peinte en peu de traits,
est celle de Fabrice Colonna. Force, courage, fidélité aux
siens, prudence en feraient un aventurier conventionnel sans
un trait unique, parfait, plaisant, et qui ne rend pourtant pas
le personnage ridicule. Fabrice Colonna dit toujours par
principe le contraire de la vérité. Et il n'explique ce système
qu'*après* l'avoir appliqué plusieurs fois. De là des effets sûrs
même quand ils se répètent et une physionomie inoubliable.

## X

Dans l'*Abbesse de Castro*, comme dans les autres chroniques, bien des passages passionnés ou solennels obligent
l'adaptateur ou l'auteur à l'éloquence. Sous le masque italien
il s'y livre sans crainte, avec bonheur. La lettre de Jules où
il raconte longuement comment il a renoncé pour le son d'un
*Angelus* et un vœu à la Madone, à la possession d'Hélène,
plus tard ses reproches ont une ampleur, une ferveur soutenue qui n'est plus le ton du *Rouge* : il n'a pas acquis plus
de puissance mais plus de gravité. Même quand il décrit,
il insiste sur le trait.

Ce demi-pastiche s'est incorporé à son style. Ces exercices
volontaires ont créé la manière de la *Chartreuse de Parme*. Ils

ne lui ressemblent pas — c'est que la transposition du temps, la création avec une chronique de la Renaissance d'un roman contemporain forçait l'auteur à fondre sa manière d'ancien Italien à son style de moraliste et d'homme d'esprit. L'élément nouveau se trouve dans les *Chroniques* presque à l'état pur. Par exemple la solennité du vieux texte italien ou de son pastiche, s'il s'y glisse un mot singulier, donne à l'avance cette *ironie Mosca* qui nous semble caractéristique de la *Chartreuse*. « Le capitaine Branciforte se moquait fort de l'avenir de son fils... Et sa maison bâtie, dépensa chaque année le dixième de ce qu'il avait amassé dans les pillages des villes et villages auxquels il avait eu l'honneur d'assister. »

Pour la traduction du style italien, la plus grande difficulté qui se présente est de rendre les superlatifs. On ne peut les enlever tous et comment leur rendre de la vigueur ? Il faut les nuancer un peu, un peu les escamoter, et pourtant leur laisser leur force. Selon qu'il s'agit d'une qualité morale ou d'une quantité matérielle, Stendhal traduit les superlatifs par *parfait* et *parfaitement*, par *immense*. *Fort*, employé adverbialement, remplace régulièrement *très*. Des formes habituelles du superlatif, *le plus* ne prend guère place qu'au début ou à la fin des phrases. Parfois lorsqu'il s'agit de superlatifs moraux, le mot *extrême* apparaît. Après avoir servi à adapter ou traduire, ces tours des phrases et ces superlatifs bien déguisés feront partie du style inventé de la *Chartreuse* ; ils lui donneront ce caractère esssentiel du dessin italien et surtout bolonais : le *renforcement du trait*.

# LES MÉMOIRES D'UN TOURISTE

I. Un livre d'épanchement d'idées. — II. Chaque ville symbole
d'une idée. — III. Les effets de contraste historiques. — IV. Les
sources : tribunaux, Mérimée, Gasparin, Montesquieu, Napoléon, Edwards. — V. Une critique d'urbaniste. — VI. Contrepoint des idées et du récit : le rôle du marchand de fer. —
VII. Les premières notes, recherche du trait vif. — VIII. Avantages de la description sur gravure, danger de l'influence de
Mérimée. — IX. Supériorité des pages improvisées par le
mouvement et l'unité.

## I

Nous ne pensons pas que ces *Mémoires* n'auraient jamais
été écrits sans la commande du libraire Dupont, ni même que
l'impulsion du libraire soit venue la première, comme le
pense M. Royer. Outre les vieux projets de voyage en France
que M. Royer rappelle justement, bien d'autres impulsions
devaient agir :

Stendhal avait renoncé à publier *Lucien Leuwen*, tableau
du règne de Louis-Philippe. Mais le sujet restait vivant. Il
ne pouvait pas en tirer un autre roman : cela n'eût pas été
conforme à ce que nous savons de son invention. Mais les
mêmes idées pouvaient apparaître, plus au large et avec plus
de mesure, dans un essai.

Stendhal avant 1830 s'était occupé de la vie sociale d'une
façon originale et neuve. Revenant en France en 1836, ce
qu'il retrouvait et ce qu'il découvrait de neuf devaient également exciter sa pensée. Il avait donné, huit ans plus tôt, ses

vues sur l'histoire, sous forme de *Promenades* (à peu près
imaginaires) *dans Rome*. Des promenades en France (en
partie imaginaires) en feraient le pendant, et il y mettrait ses
vues sur la civilisation contemporaine.

## II

Il n'avait jamais pu écrire, durant toute sa jeunesse, un
essai systématique. A plus forte raison, à un moment où il
avait plus d'idées et moins de système arrêté que jamais, ne
devait-il même pas songer à le tenter. Sa ressource — technique du fabuliste aussi bien que du journaliste — définit
le moraliste moderne : il faut *accrocher les idées à un récit*.
Mais le récit n'est pas un symbole ; il est un exemple choisi,
un spécimen.

Quand il fait le plan de son livre, et avant d'entreprendre le
voyage, Stendhal connaît déjà une partie des lieux : pour
Lyon, Genève, Grenoble, Marseille, il voit d'avance quel
aspect moral ces villes représentent. Lyon est le commerce
triste et Marseille le commerce gai ; Genève est la ville
calviniste.

Entouré de *Guides*, il les parcourt avant le voyage, ne les
emporte pas, et compte les utiliser au retour pour les détails
matériels. Cette méthode — excellente d'ailleurs — ressort
des notes du *Journal* posthume : « A prendre dans Millin,
dans dom D. ; etc. »

## III

Procédant par comparaisons, comme Montaigne, il veut
donner une idée magnifique des Romains. Il ne manquera
donc pas les ruines — surtout au début du livre, où il est
bon de placer l'Antiquité : Autun, Lyon, Vienne, Vaison,

joueront ce rôle de rappel. Le Pont du Gard sera au sommet de ces méditations romaines.

Par comparaison encore, mais en sens inverse, il veut donner une idée sombre du moyen âge. Ce qu'on lui a reproché — de mal connaître et de mal aimer le gothique — tient à ce dessein moral. Il aurait pu demander quelques renseignements ou emprunter quelques pages de plus à son ami Mérimée, le meilleur guide sur le sujet en 1837. Mais il préfère s'en tenir à sa première sensation de tristesse. Des anecdotes comme les crimes et le procès du maréchal Gilles de Retz, comme la répression cruelle des révoltes de Bordeaux mêlent le sombre à l'énergie. Avignon lui sert à rappeler, dans ce voyage en France, la radieuse Italie du début de la Renaissance. Le Parlement de Bordeaux, qu'a consulté le Prince Noir, qui a eu Montaigne et Montesquieu comme magistrats, lui servira aussi pour mettre en France un peu d'Angleterre.

Nous ne prétendons pas que cette sorte de symbolisme concret corresponde à un dessein toujours voulu et arrêté. Devant chaque cité, d'avance, sur le guide ou la carte, il a cru deviner une certaine atmosphère, le climat d'une partie de ses idées. Et ainsi par instinct bien plus que par plan, l'ensemble de sa pensée s'est trouvé réparti sur un ensemble de villes.


IV


Les sources savantes ne donnaient pas assez d'anecdotes. Il tenait surtout au tableau contemporain : il a utilisé un certain nombre de coupures de presse (du *Constitutionnel*, par exemple) et il a relu sa chère *Gazette des Tribunaux* pour en trouver d'authentiques, et qui peignent bien le peuple.

Ses amis fonctionnaires, Crozet, Mérimée, de Mareste, et les amis de ses amis, lui donnaient aussi une documentation importante sur les mœurs administratives. Après avoir lu Gasparin (qui représente ce que l'on nomme aujourd'hui l'agriculture comparée) il l'a appliqué ; il lui doit beaucoup. Ces emprunts se voient moins que ceux qu'il a faits à Millin ou à Mérimée, parce qu'ils inspirent des remarques directes et concrètes ; l'influence de Gasparin ne peut pas donner lieu à un article facile sur les « plagiats de Stendhal » mais on ne lui a pas fait jusqu'à présent sa juste place.

Presque aussi importante est celle d'Arago, dont les interventions bruyantes, dues autant à une opposition systématique qu'à sa compétence scientifique, avaient à l'époque un grand retentissement.

Autre influence encore (signalée par un juste hommage dans le *Voyage dans le Midi* de 1838) : celle de Montesquieu. *Lettres persanes* pour les anecdotes ; *Grandeur et décadence* pour les parallèles entre autrefois et aujourd'hui ; *Esprit des Lois* pour la partie positive de sa politique et pour les belles vues déterministes qui annoncent notre Géographie humaine : le penseur de La Brède est partout présent, alors que pas une ligne de lui n'est citée ou pillée.

Dernière influence invisible : celle de Napoléon, ou plutôt des délibérations en Conseil d'État. Nous avons souligné leur importance, lors de la première ébauche du *Napoléon ;* la reprise que Stendhal venait d'en faire avait influé sur sa pensée. Très libéral en *politique*, Stendhal voit l'*administration* exactement comme le fit l'Empereur.

## V

Livre de géographie humaine, de sociologie, d'économie politique, d'histoire et d'archéologie, empruntant au docteur Edwards une classification sommaire des types français en trois catégories, ce livre a un trait qui frappe plus encore : c'est le livre d'un urbaniste. Les contemporains s'intéressent à l'architecture, mais non pas aux rapports entre la beauté des bâtiments publics, l'ampleur des places, les moyens de transport et de promenade, les constructions privées, les

impôts à payer et le bien-être général. La critique du confort
n'est pas moins neuve. L'un des signes dont l'auteur se sert :
l'eau chaude, nous semble moins arbitraire qu'il n'a paru aux
contemporains et aux éditeurs. Et l'infatigable propagande
pour le trottoir d'asphalte fait évidemment répétition, mais
volontaire.

Stendhal a certainement utilisé les changements de lieu
pour répéter sous des formes légèrement différentes les idées
qui lui étaient les plus chères. Voltaire, l'homme qui a le
plus répété les mêmes idées, variait la forme de conte à
conte ; Stendhal renouvelle l'expression de ville en ville.


## VI


.Telle est l'ample matière dont il dispose, avant même d'y
pouvoir joindre ses journaux de voyage. Aussi, comme il ne
compte pas tout voir, ou se refuse à décrire ce qui lui semble
plat, le subterfuge le plus fréquent sera d'amener une idée
générale ou une anecdote là où la description manque.

Dès le début, il se refuse à parler de l'Ile-de-France. « Le
pays que je parcours est horriblement laid ; on né voit à
l'horizon que de grandes lignes grises et plates... Je suis réduit
à me dire... » Et paraît la vue d'ensemble sur la France en
général ; aussitôt après, sans nul prétexte, une revendication
en faveur de sa propre liberté de ton. Deux mots sur l'armée
et un mot sur la presse complètent ces vues sur sa patrie.

Le personnage de Philippe L., marchand de fer revenu
des îles, est utile à cette distribution des idées le long de la
route : grâce à cette fiction des fers à vendre, les pensées de
l'auteur sur l'industrie viendront dès qu'elles le voudront.
Mais se mettre dans la peau d'un autre, aussi différent de
lui que possible par la formation, l'âge, l'expérience, est une
discipline d'auteur qu'il suit comme autrefois. « Stendhal »
n'est plus comme en 1817 un officier prussien en congé : pour
tout le monde, c'est Beyle lui-même. Philippe L., marchand

de fer, endossera à l'occasion toutes les expériences italiennes et artistiques de Beyle ; il y ajoutera son souvenir des tropiques, son désintéressement total en matière de littérature. Sous son initiale commode, l'auteur pourra plus aisément être hardi (il prévient, dans sa préface, qu'il est plus sage que Philippe L., qui n'a pas consenti à être *adouci*) ; il pourra aussi être plus sincère ; Beyle a peur de certains lecteurs, de ceux qui lui avaient dit, après le *Rouge et le Noir* : « Julien est un monstre, et ce monstre c'est vous. » Il a peur aussi de ceux qui se sont moqués de la tendresse de l'*Amour*. Un masque est une condition de sincérité.

## VII

Ces ressources données, restent les lieux où il a voyagé pour écrire ces *Mémoires*. Ici, nous avons gardé de précieux documents :

Le journal de route de 1838, publié à part ;

Les notes pour certains chapitres de ce journal de route ;

Des doubles rédactions de certains chapitres.

Ainsi nous savons comment l'auteur procède. Il a lu et emmagasiné des anecdotes avant de partir ; *il ne les a pas écrites*. Il écrit fort peu en diligence ; il essaie quelquefois de nous faire croire qu'il écrit en bateau à vapeur (en face de Montélimar, tome I) mais il s'agit d'un voyage qu'il pouvait rédiger, sur d'autres souvenirs, à Paris. Si le séjour qu'il fait à l'auberge suit immédiatement un bon épisode du voyage, il a rédigé dès son arrivée, au débotté. Si la fatigue ou le manque de temps l'en empêchent, il prend des notes selon la même méthode que nous avons définie dans *Lucien Leuwen*. Ainsi, à La Brède, il a dû écrire à l'auberge du pays les deux petites feuilles au crayon qui sont maintenant collées sur le manuscrit. Fort peu de détails, mais tous parfaitement mis en forme :

« Comme j'aime beaucoup Montesquieu, le jour où j'ai vu

La Brède marque dans ma vie. Là tout a une saveur antique, antipathique à la volupté.

« Le portrait de femme que l'on dit la maîtresse de M. et qui est resté dans sa chambre a un cadre de noyer non doré, non peint.

« Cette chambre assez obscure qui n'a qu'une seule fenêtre, à la vérité assez grande et au midi, est boisée en noyer. Le noyer assez clair, point sombre et nullement majestueux forme de petits panneaux grands comme une vitre.

« Le lit de damas vert bien fané, il y a ... ans que M. est mort, en 1751, est soutenu par quatre grosses colonnes rondes en noyer.

« Il n'y a pas de parquet, mais un plancher, pas de glace sur la cheminée qui est une grande cheminée féodale ; le rebord est à 4 ou 5 pieds de haut. Mais le jambage droit est usé par la pantoufle de Montesquieu qui avait l'habitude d'écrire là sur son genou... »

Ces quelques lignes si vives, que ne gâte pas le pléonasme apparent du noyer *assez clair, point sombre*, se retrouveront à peu près entières dans le chapitre achevé. Mais beaucoup d'autres détails matériels figureront dans ce chapitre — en particulier la description du château, la servante, etc. Il a fixé dans sa note les deux impressions les plus hautes et les plus vives : la sobriété austère de ce décor et l'élan de son respect (qu'il semblerait, à un écolier, bien inutile de prendre en note). Une fois qu'il a fixé ces traits vifs, il est sûr du reste : tout le chapitre écrit à loisir sera de la même chaleur, de la même venue. Il faut qu'une note soit parfaite pour lui donner le ton.


VIII


Assez souvent pourtant, il se force à prendre en note des détails qu'il craint d'oublier : par exemple sur la structure d'un monument ou les ornements de la façade. Bien plus, il transcrit ces détails dans son chapitre : ils sont plats. Aucun sentiment ne domine, la mémoire n'a pas pu encore jouer son rôle de crible esthétique. Sa conscience d'archéologue amateur, loin de lui servir, lui a nui. Devant les monuments romains, il se soucie bien moins des détails — aussi ses pages sur le Pont du Gard sont splendides. Sans en être sûr, je hasarde ici deux suppositions :

1° Les gravures de Millin ou les petites estampes séparées l'aident beaucoup *à ne pas prendre de notes :* chaque fois que la gravure existe dans Millin ou qu'il fait allusion à quelque gravure, la description est vive, tracée à grands traits simples, et bien stendhalienne ;

2° L'influence de Mérimée se fait sentir, même quand Stendhal ne se contente pas de le copier ; il décrit de la même façon minutieuse les monuments du moyen âge. Or les pages de Mérimée sont tirées de ses rapports administratifs ; elles sont de l'inspecteur des monuments historiques et non de l'écrivain : c'est un cas curieux de contamination. Sûrement Stendhal craignait fort le jugement de Mérimée quand il écrivait sur les sujets où son ami était passé maître, et ce pastiche vient de sa timidité. Le *Journal de Voyage* de 1838 est plus libre et plus gai d'allures, il en prend un peu plus à son aise avec les monuments, parce qu'il est plus loin de l'influence de Mérimée.

Ce *Journal de Voyage* contient quelques anecdotes apprises à table d'hôte, en diligence ou chez des amis communs : telle, par exemple, l'anecdote des pincettes dans le lit, qui égaie la fin du grave chapitre sur La Brède. D'autres sont empruntées aux recueils d'*ana* ou à Chamfort, sur Montesquieu ; d'autres enfin sont empruntées à Dom Devienne, mais sans doute de mémoire, puisque l'auteur se propose d'y revenir ; aucune dans ce premier jet n'est prise à la *Gazette des Tribunaux.* Le personnage vrai de l'auteur apparaît parfois. Par exemple, dans le chapitre Tonneins : « En dépit de l'âge, je ne songeais pas aux broderies du collet de mon habit. » Il s'agit de l'habit de consul, et d'un âge qui a passé la cinquantaine.

Par contre, le prétendu voyage à Port-Vendres, « les affaires

de la maison » (27 mars) et «...j'ai été tout à mon fer », ramènent
le personnage de Philippe L. De tout ce voyage, il n'est Beyle
qu'à Toulouse et Agen. Peut-être l'auteur se jouait-il à lui-
même, en cours de route, le personnage du marchand de fer,
comme Flaubert plus tard jouera en voyage au commis-
voyageur, au « garçon » ?

IX

Dans l'ensemble, et malgré quelques chapitres dont deux
rédactions subsistent côte à côte, malgré quelques mots illi-
sibles, le voyage de 1838 est d'une plus belle allure, d'une
invention plus riche, voire même plus parfait que les
*Mémoires* publiés par l'auteur et son ami Colomb dont
j'excepterais pourtant certains chapitres faits de loin et
pleins de verve, comme Genève.

Ce sont de belles pages que celles des *Mémoires d'un Touriste*, mais qui se suivent beaucoup moins bien que celles du
*Journal. Le livre publié est moins parfait parce qu'il est moins
improvisé.*

Naturellement, si l'auteur l'avait refondu et poli pendant
plusieurs mois, l'ouvrage serait moins improvisé encore, et
bien plus parfait. Mais ce qu'il écrit d'une traite, au courant
de la plume, a une variété de ton plus naturelle, un élan plus
vif, et même moins de répétition dans les idées : il ne revient
plus, quand il improvise, sur une impression une fois expri-
mée ; dans les *Mémoires d'un Touriste*, on sent que Lyon est
fait de pièces différentes, assemblées non par le souvenir ou
la verve, mais par le besoin d'amasser un chapitre considérable sur Lyon.

Sans insister sur les critiques inutiles et forcément subjectives, on peut encore dire qu'avec de plus belles pages peut-
être que les *Promenades dans Rome*, avec plus d'idées et plus
d'expérience que dans la première version de *Rome, Naples
et Florence*, l'ensemble du livre est moins réussi. Et les par-

ties les plus improvisées, ou le *Journal* de 1838, sont bien au-dessus du reste.

Improviser, pour Stendhal, est une méthode presque sûre : il crée d'un coup les états d'âme par lesquels repassera le lecteur ; il a besoin en écrivant, de la même unité, de la même variété, du même sourire et du même pathétique que pourra souhaiter un public choisi. Mais qu'il revienne sur ce trait, qu'à un livre de souvenirs il essaie de joindre une érudition étrangère, des raccords faits à froid, l'œuvre y perd autant qu'elle y gagne ; l'unité du ton, l'harmonie en souffrent. Le raccord et la fusion à froid font un effet plus négligé que l'improvisation pure.

# LA CHARTREUSE DE PARME

I. Idée de la *Chartreuse ;* germe et fécondation du germe. — II. La Pietragrua, modèle de la comtesse Pietranera. — III. Le XIXᵉ siècle, élément de « résistance » du livre. — IV. La synthèse des Italies de Beyle, souvenirs-adieux. — V. Le miracle des 30 pages par jour : nulle difficulté d'exécution. — VI. L'invention de l'auteur est au rythme des passions des personnages. — VII. Suppression ou remise des « utilités ». — VIII. Épisodes secondaires : bonheur du détail ou diversion. — IX. L'aisance, union de l'auteur et du lecteur. — X. Les changements de protagoniste et leurs causes. — XI. Fabrice, *incarnation filiale* de l'auteur. — XII. Clélia, d'abord décrite, ensuite rêvée : une technique du flou. — XIII. Émancipation progressive des personnages. — XIV. L'unité du livre maintenue par la présence en esprit de l'auteur. — XV. Les « creux » des personnages commentés par l'auteur.— XVI. Les trois tons. — XVII. Personnages secondaires : portraits, charges, reflets, figurants pour la foule. — XVIII. Changements de rythme du temps. — XIX. Les adjectifs qui donnent le ton ; l'abondance de la phrase, l'italianisme. — XX. Les prédictions, poésie et ressources techniques. — XXI. La poésie. — XXII. Effets de la réduction de la fin ; la loi de la double fin. — XXIII. Les retouches de l'exemplaire Chaper sont de sens. — XXIV. Les retouches de l'exemplaire Hazard ajoutent des détails physiques. — XXV. Ce que les corrections gâteraient : le bonheur du mouvement.


I


La mise en œuvre des *Chroniques italiennes* était affaire de choix dans les détails, de composition dramatique, de style. Les *Mémoires d'un Touriste* venaient de permettre à Stendhal de faire la mise au point et la somme de ses jugements sur son époque. Mais ces exercices de la maturité ne satisfaisaient pas son goût de l'épanchement, ni la jeunesse qu'il gardait au fond du cœur. En France il se sentait plus à l'aise pour rêver de l'Italie.

La source de la *Chartreuse de Parme* est bien connue : c'est l'histoire de Vandozza Farnèse et de son neveu Alexandre. Colomb a publié cette esquisse : on y trouve le caractère emporté et charmant de Vandozza, « catin sublime » ; l'aventure d'Alexandre qui se bat pour une femme en voiture, au bord d'une fouille ; mis en prison au sommet d'une tour, il réussit à s'en évader.

Cela ne pouvait donner qu'une nouvelle. Ce projet fut tout à coup renouvelé et fécondé, quand Stendhal songea à transporter cette intrigue au XIXᵉ siècle. Pour mieux dire, l'histoire de Vandozza entra tout d'un coup dans sa vie. Il avait connu Vandozza : c'était son ancienne maîtresse Angela Pietragrua. C'est pour elle qu'il avait inventé cette expression singulière de « catin sublime ». Vandozza et la Pietragrua se fondirent aussitôt en une Angela Pietranera, qui devait devenir, au cours des péripéties du roman, la duchesse Sanseverina et la comtesse Mosca.

## II

Il avait connu Angela lors de son premier séjour en Italie, au moment de ce *bonheur fou* qu'il avait en vain tenté de peindre à la fin de *Henri Brulard*. Arrêté par la pudeur du bonheur — la seule qu'il ait eue — il gardait cet enthousiasme du souvenir intact pour une transposition romanesque. *La Chartreuse* devait commencer à l'entrée des jeunes Français en Italie — à la campagne précédente, sans doute, mais au même point de folie et de bonheur où nous laisse la fin inachevée de *Brulard*. Stendhal serait le lieutenant Robert — que le lecteur doit presque prendre pour le père de Fabrice ; Alexandre Farnèse allait devenir, pour le rêve de Beyle, un enfant aimé.

## III

Cette transposition qui offrait tant d'aliments au rêve,
était plus précieuse encore par ailleurs. Elle fournissait aussi
l'autre élément aussi indispensable que le rêve : ce que nous
avons appelé la *résistance*.

Placer cette histoire sous la Restauration ne heurtait pas
absolument la vraisemblance. Pour la prison, on avait les
mémoires d'Andryane et *Mes Prisons* de Silvio Pellico. Pour
l'intrigue, on pouvait égaler les ecclésiastiques du XVIe siècle
en empruntant quelques traits à Metternich, en employant
les anecdotes de la petite cour de Modène. Pour la liberté
des mœurs, Stendhal avait sa vue personnelle sur l'âme du
petit peuple de Rome : dans les *Promenades*, il l'avait montrée toute proche de la Renaissance.

Pourtant les mœurs du XIXe siècle, ses hypocrisies, ses lois
allaient mettre des difficultés infinies à l'épanouissement de
deux âmes aussi fières et aussi emportées que celles de
Vandozza et de son neveu. Tant mieux : ce duel de deux
âmes fortes contre un monde hostile donnerait à l'intrigue
presque autant de vigueur et plus de gaieté que n'en avait
celle du *Rouge*. C'est cette bataille qui porte la substance de
la *Chartreuse* de cinquante pages peut-être (moyenne des
*Chroniques italiennes*) aux trois volumes de la rédaction primitive. (On sait que l'auteur, sur les instances de son libraire,
fut contraint d'abréger sa fin.)

## IV

Pour la mise en œuvre de toute cette matière première, une
autre chance favorise la *Chartreuse* : l'auteur est éloigné de
l'Italie depuis deux ans. Son meilleur livre sur l'Italie, les
*Promenades dans Rome*, était aussi un fruit de Paris. Le *Rouge
et Noir* si plein de Grenoble et de Paris avait été conçu,
ébauché, presque écrit à Marseille ; à Civita-Vecchia Beyle

avait évoqué la vie de Paris dans un livre de souvenirs, puis dans *Lucien Leuwen*. Le souvenir ici assemble *plusieurs Italies* : celle de la campagne de Marengo, de ses premiers regards sur Angela Pietragrua, celle de son retour de 1814 et de son initiation aux Beaux-Arts ; celle qu'il a découverte dans les *Mémoires* de Benvenuto et dans l'Arioste si souvent relu ; enfin celle qu'il connaît comme consul. Les petitesses s'effacent de loin pour ne laisser qu'une impression d'intrigues pontificales, gentillesses de grands seigneurs romains, menues chasses et fouilles ; ce passé récent reste relégué dans les menus détails.

On sait qu'à certains moments de péril extrême, on peut revoir en une vision rapide toute sa vie. Un autre fait aussi commun, mais moins remarqué, c'est que beaucoup de souvenirs lointains reparaissent en foule au moment de l'extrême besoin : ainsi une langue étrangère oubliée, ainsi la nage ou l'escrime. Un grand appel d'imagination et d'énergie rassemble tout l'être.

L'inspiration de la *Chartreuse* offre ces retours des souvenirs dans la vie. La séduction d'une intrigue si forte, d'une atmosphère si prenante, de personnages si sympathiques ou si odieux, remue tous les souvenirs de Stendhal. Si jamais roman a ressemblé à ces souvenirs ramassés et embellis d'un homme qui s'attend à mourir, c'est la *Chartreuse de Parme*. Vigueur de mémoire, forte sélection, forte transposition commandée par des données nouvelles ou une passion, telle est l'inspiration que peut admettre le roman. Le *Rouge* est plus *emporté*, *Lucien Leuwen* est *pensé* davantage ; la *Chartreuse* est plus *inspirée*, même dans ses personnages et son intrigue.

## V

C'est avant le 3 septembre 1838 que l'idée lui vint de transposer le livre au XIXe siècle. L'étonnante fécondité de ce mariage de sujets ne pouvait agir sur-le-champ. Il fallait à ce nouveau rêve un peu de temps pour mûrir. Selon la loi

de compensation qui est la sienne, c'est aux antipodes
morales de la *Chartreuse* et au cours d'un voyage en Bretagne
qu'il laisse mûrir ce nouveau rêve.

Puis sans doute au 8 de la rue Caumartin, du 4 novembre
au 26 décembre, il écrit ou dicte une *Chartreuse* plus longue
que celle que nous pouvons lire : cette promptitude dans la
perfection est un des miracles du métier littéraire.

Il faut regarder en détail ce miracle. Tout notre livre tend
à l'expliquer. Vingt à trente pages par jour dictées ou écrites
ne sont pas une prouesse physique étonnante pour un copiste.
Un écrivain peut aussi, tel ou tel jour, écrire vingt à trente
pages. Gœthe, Michelet (pour citer des écrivains très loin de
Stendhal, et qui puisaient leur invention à d'autres sources)
sont capables par à-coups d'une semblable abondance.

Elle suppose, lorsqu'il s'agit de créer le texte, que les
*difficultés d'exécution n'existent plus*. Jamais d'hésitation sur
un mot, jamais aucune recherche de la propriété ou de la
métaphore ; jamais de discussion intérieure pour le mouvement ou les proportions que doivent prendre tel ou tel
chapitre.

Ces dons, nous l'avons montré, sont ceux que trente-huit
ans de travail assidu et de réflexion sur le travail, vingt ans
d'exercices littéraires sur l'art et sur la vie pouvaient donner
à Stendhal.

Plus heureux que dans *Lucien Leuwen*, aussi heureux sans
doute qu'il le fut en écrivant le *Rouge*, aucun plan ne le gêne,
et pourtant à chaque moment il sait où il va. Au lieu de plan
il a en tête une anecdote qu'il connaît bien, et qu'il s'agit de
transposer. Au lieu de glacer son imagination, la mémoire
l'excite : toutes conditions favorables à la promptitude. Une
autre condition encore est nécessaire : il ne s'agit plus du
métier mais de l'artiste et de sa vie privée. Il faut que l'œuvre
prenne chaque jour toutes ses forces, et que toutes les
passions soient concentrées sur elle.

## VI

En 1830, il était encore amoureux et ambitieux. En 1838 le rêve du passé remplace l'amour ; l'ambition, qui a toujours été intermittente, a laissé la place au plaisir de tout juger, à la tranquillité d'un homme sûr de son pain. Delacroix racontait à Baudelaire quelques années plus tard que lui, Delacroix, avait besoin dans sa jeunesse *d'un plaisir pour le soir* pour bien travailler. Plus avancé en âge, le travail lui-même était devenu son unique plaisir. De même pour Stendhal, il le disait le soir : c'est un besoin de travail. Mais Stendhal vit toujours par flambées de passion ; la *Chartreuse* est une passion, une cristallisation à son moment le plus vif.

Nous l'avons déjà dit : la seule part de l'art littéraire qui n'admette pas l'improvisation est la description des détails matériels ; c'est la description qui force un Balzac ou un Flaubert à accumuler brouillon sur brouillon et mots sur mots. Toutes les descriptions de la *Chartreuse* sont faites d'un seul trait ou d'une seule esquisse. Jamais elles ne sont inventées ; les souvenirs ont suffi. Plusieurs nous manquent. Nous ne savons pas très bien comment était le palais de la Sanseverina. Il ne pouvait pour le décrire arrêter son invention.

Un auteur qui n'improvise pas, quand il présente des personnages et leurs pensées, doit concevoir d'abord une scène selon son plan d'ensemble, il doit ensuite par un effort d'imagination et de sympathie, entrer dans les pensées de ses héros. Puis prenant le point de vue du critique ou du lecteur, il donnera aux propos ou aux pensées une forme que le lecteur comprenne aisément. Ces soucis successifs, du plan des caractères, du public et du style ne perdent pas seulement beaucoup de temps : il est difficile que ces divers mouvements ne se nuisent pas l'un l'autre dans le mouvement du récit.

L'improvisateur, au contraire, conçoit à mesure qu'il écrit, s'identifie en même temps avec ses personnages : *le mouvement de l'invention chez lui est le même que le mouvement de la*

*passion chez le héros, et que le mouvement de sympathie chez
le lecteur.* En lisant, nous nous sentons vivre avec le héros
et créer avec l'auteur. Et seule peut-être l'improvisation
pouvait donner cette aisance et cette grâce d'allures à la
*Chartreuse de Parme.*

Dans cette méthode la chance peut jouer : l'auteur pourrait
perdre le rythme, ou bien le lecteur pourrait ne plus le suivre.
C'est pour le succès réel, aussi bien que pour le succès de
vente, que vaut la comparaison familière à Stendhal : « Un
livre est un billet pris à la loterie. »

Le *Rose et le Vert, Féder ou le mari d'argent* ou *Vittoria
Accoramboni* étaient des billets perdants ; il ne s'est pas donné
la peine, dès qu'il l'a senti, de poursuivre l'œuvre à fond et
jusqu'au bout. Il a senti la *Chartreuse* comme un billet
gagnant, parce qu'il y avait d'abord gagné cinquante-deux
jours de joie.


                                VII


Pour ne pas s'ennuyer, pour ne pas risquer de rompre le
fil de son récit, il supprime franchement tous les développements utiles, mais qui seraient ennuyeux. Il les résumait
dans le *Rouge* avec gravité et précaution. Dans *Lucien
Leuwen,* il remettait de les écrire à un peu plus tard. Cette
fois il en débarrasse le lecteur en même temps que lui-même.
Ainsi au chapitre XVII de la seconde partie, le comte Mosca
accepte qu'on lui suppose un projet de mariage qui peut faire
diversion :

« Je ne resterais qu'autant que vous me feriez obtenir la
main de la princesse Isota, etc... la conversation fut infinie
dans ce sens. »

Pour que cette diversion prenne sa valeur, au lieu de résumer cette conversation qu'il expédie, l'auteur cède à une
idée plus plaisante, il envoie le comte faire sa déclaration à
la vieille princesse. Puis celle-ci disparaît du récit.

Il arrive encore que Stendhal ait besoin d'une circonstance
qu'il n'a pas songé à préparer. Ainsi au chapitre XIX de la

seconde partie, au moment où Fabrice et Clélia commencent à s'aimer, l'auteur a besoin d'un projet de mariage pour Clélia, comme d'une difficulté qui sépare les deux jeunes gens. Il s'avise alors qu'il est temps d'introduire le marquis Crescenzi, sa richesse et ses prétentions. Il coupe artificiellement un chapitre, puis il met dans la bouche du père de Clélia, sous forme de récriminations, une *explication* de cette situation qu'il n'a pas assez préparée.

Dans la technique habituelle du roman, c'est une faute : rien d'utile à l'intrigue ne doit être imprévu, et ce sont des *mystères* et non les faits inattendus qu'il faut éclaircir. Mais le mouvement sentimental l'emporte ici à tel point sur l'ordre du récit, que l'auteur l'a préféré. Il n'a pas déplacé cette page (comme il lui eût été facile de le faire sur ses épreuves). Parfois, il trouve le moyen de lier une circonstance à une autre, pour accroître la vraisemblance : dans ce même chapitre, il trouve dans la mauvaise humeur du général Conti un nouveau motif pour que Clélia vienne souvent dans sa haute volière en face de Fabrice : vraisemblable après coup.

« C'était d'abord pour se soustraire à ces accès d'humeur de tous les instants que Clélia s'était réfugiée dans sa volière. » Au chapitre précédent, l'amour de Clélia pour ses oiseaux, pour la solitude et pour la rêverie avait assez bien expliqué qu'elle fût là. L'auteur nous apprenait qu'elle était ponctuelle, et arrivait chaque jour à onze heures trois quarts ; il ne s'avise pas d'une raison qui mettrait le général Conti en colère tous les jours à onze heures et demie. Le lecteur se paie d'une nouvelle vraisemblance avec autant de plaisir que lui-même. Parfois même apparaît un léger défaut de concordance. Le chapitre XXIII de la seconde partie nous dit qu'après l'évasion de Fabrice les geôliers qui le gardaient ont été renvoyés, et veulent attaquer au couteau leurs successeurs. Quand Fabrice s'est constitué à nouveau prisonnier (chapitre XXV) Clélia songe avec épouvante à la rancune des geôliers qui s'estimaient mortellement offensés.

## VIII

Ces inadvertances, très rares d'ailleurs, et qui sentent le récit parlé, surviennent quand l'auteur et le lecteur ont l'âme et l'esprit pris ailleurs : au moment du début de l'amour de Fabrice et Clélia. Au contraire dans les épisodes qui sont là seulement pour montrer le héros ou remplir gaiement le temps : l'épisode de la Fausta par exemple, les menues circonstances sont inventées avec un soin où se retrouve le plaisir de conter.

Il peut sembler singulier que l'invention se soit maintenue égale tout au long de cinquante-deux jours. D'après ses propres confidences, Stendhal était soutenu en écrivant par la difficulté d'avoir à peindre, à la fin du livre, l'amour paternel chez Fabrice et la mort de son fils. Cette image-phare dut jouer le même rôle qu'avait joué dans la composition de *Lucien Leuwen* l'exquise petite note où il avait peint le bonheur final des deux jeunes gens.

Parfois pourtant, lorsqu'il s'agit de sortir d'un épisode secondaire, l'auteur, encombré de préparations, et qui a devant lui la tâche presque mécanique de dénouer les fils qu'il a noués, essaie de s'échapper ou donne des signes de lassitude. Il cherche une diversion dans sa mémoire et fait réciter la fable du jardinier et son seigneur. Puis il renonce au parti plaisant (la fureur du traître Rassi) qu'il pourrait tirer de ce dénouement provisoire, « mais les événement nous pressent », dit-il au lecteur ; lui aussi, doit avoir hâte de changer de chapitre ; il devine que l'auteur lui promet mieux. L'improvisation réussie, où l'on voit l'auteur inventer sa pensée, fait du lecteur un confident. Pour les négligences ou les singularités, il en fait même un complice. C'est peut-être là l'explication du fanatisme des stendhaliens.

## IX

« Le lecteur est peut-être un peu las de tous ces détails de procédure », dit l'auteur au même endroit : pour le délasser il tire, en deux épigrammes, la morale du chapitre. Ainsi l'improvisateur, une fois qu'il a pris ce ton du nouveau livre qui fait de lui un autre homme, impose sa manière, prend ses aises et n'en est que plus goûté. Stendhal avait indiqué le parfait naturel comme la seule ressource en amour. Il en a fait sur la fin de sa vie et après mille réflexions sa technique de charme en littérature.

Pour que le charme soit goûté, il faut que le lecteur n'ait aucun effort à faire. Le laisser-aller doit être égal à celui de l'auteur. Or la *Chartreuse* est l'un des ouvrages les plus limpides au monde — mais pour ceux qui ont le goût de l'esprit, une certaine culture, et qui ne sont pas trop prisonniers de leurs propres habitudes et de leurs propres mœurs. Pour tous les autres il y a difficulté, le laisser-aller de l'auteur fait impertinence. Et ainsi Stendhal peut se faire haïr, pour le même livre, autant qu'il se fait aimer.

C'est à cette désinvolture, à cette même union de l'auteur et du lecteur qu'il doit de vaincre les difficultés que l'ampleur de l'action et la complexité du plan dressent sans cesse devant lui.

## X

Par quels yeux voyons-nous l'action ?

D'abord l'auteur parle en son propre nom. Puis intervient le lieutenant Robert, qui conte un instant l'histoire à la première personne. Après un bref retour au ton de l'historien, c'est la comtesse Pietranera qui devient la protagoniste, jusqu'à ce que Fabrice parte pour Waterloo. Au retour de cette expédition, Fabrice va-t-il rester, comme le Julien du *Rouge*, au centre du récit ? Non. Nous voyons l'action se dérouler fort souvent par les yeux et les pensées de la comtesse Pietranera, puis par ceux du comte.

Dans la seconde partie du livre, Fabrice retiendra davantage l'attention sur lui. Pourtant un autre personnage encore, Clélia, sera de temps en temps au centre du récit. Mais non pas au même titre que la comtesse Pietranera (devenue comtesse Mosca). Les rêves de Clélia sont résumés, seules ses actions sont contées par le menu. La partie la plus unie, la plus classique du récit, et où l'intérêt, la perspective surtout, changent le moins souvent, c'est la conquête de Clélia par Fabrice.

Ces fréquentes sautes d'intérêt, qui seraient fatales à un livre moins entraînant et moins limpide, sont dus à la formation des personnages dans la tête de l'auteur.

## XI

Fabrice n'est plus une *incarnation* comme Julien Sorel, ni une *compensation* comme Lucien Leuwen. Il sort de l'auteur plus qu'il ne lui ressemble. Il est comblé des dons que Stendhal estime le plus, de la même manière qu'un père donne sa ressemblance — mais incomplète — et couvre de cadeaux un enfant chéri né sur le tard. C'est l'enfant imaginaire que Stendhal a fait à sa maîtresse l'Italie. Il ressemble à sa mère : il a une belle figure lombarde, son visage exprime la gaieté et la volupté. Il ressemble à ce que son père voulait être par le courage, l'intelligence, la nature de son talent littéraire (car faire de Fabrice un prédicateur n'est qu'une façon d'en faire un jeune confrère, qui doit enfin son succès à ses talents). Il doit surtout à Stendhal sa manière d'aimer.

Ce qui se passe dans l'âme de Fabrice est vu avec plus de tendresse et un humour plus doux que Stendhal n'en avait pour Julien Sorel. Cet humour à chaque instant félicite le héros de ses fautes. Ce tour d'esprit apparaît parfois dans *Lucien Leuwen* par la bouche de M. Leuwen père ; Stendhal avait commencé avec Lucien à traiter le jeune premier de son livre comme son enfant ; cette paternité ne pouvait être partagée : M. del Dongo le père n'est pas seulement odieux comme le père d'Henri Brulard : c'est une caricature, un plastron qui n'est vu que du dehors et dont toutes les phrases empesées sont des mots de type comique sans rien d'individuel ni d'humain.

Comme Lucien Leuwen, Fabrice del Dongo reçoit des mains d'autrui une grande part de sa destinée. L'auteur a cru lui donner l'énergie ; il ne lui a donné que la bravoure et des caprices. Jusqu'à ce que Fabrice, enfin sorti pour toujours de prison, soit malheureux et entreprenne seul ce qui doit faire son succès véritable, c'est un enfant gâté : les pères un peu trop mûrs gâtent leurs enfants.

A ce moment où il va conquérir Clélia, il change. Sans doute l'âge et le chagrin rendent ce changement parfaitement vraisemblable. Mais il participe davantage de Beyle. Il s'agit, une fois de plus, de conter ce rêve dont Stendhal ne s'est jamais lassé : la conquête par les moyens les plus lointains d'une femme inaccessible.

## XII

Après mademoiselle de la Mole et Bathilde de Chasteller, Clélia prend la place de Métilde Dembowska. Mais à ce moment elle devient presque irréelle, nous ne devinons plus rien de ses sentiments. Nous la voyons pour ainsi dire à travers l'incompréhension de Fabrice. Ce mystère, loin de s'éclaircir de chapitre en chapitre, va s'obscurcissant jusqu'à la phrase qui délivre Fabrice et le lecteur de toutes les angoisses : « Entre ici, ami de mon cœur. » Au début du livre, Clélia était décrite ; à la fin elle parle mais nous l'entrevoyons à peine. Il arrive souvent qu'un personnage de roman soit rêvé tout d'abord par l'auteur et le lecteur et vu seulement ensuite. C'est une réussite rare qu'un personnage d'abord réel *entre dans le rêve au cours d'un livre, en même temps que son importance augmente à nos yeux*. Et c'est parce que l'auteur et nous sommes changés en Fabrice, qu'est possible cet effet unique, cette sorte d'apothéose à la Corrège.

On sait que Stendhal a connu Angela Pietragrua à deux époques différentes ; elle l'avait d'abord ébloui de loin, quand elle était une jeune femme brillante entourée des plus brillants officiers français. Plus tard — en 1811 — elle lui fut plus accessible. La première de ces deux femmes c'est la comtesse Pietranera, à Milan lors des enfances de Fabrice ou sur les lacs. La seconde, habituée de la Scala de Milan, passionnée, habile à l'intrigue, il en a changé le nom pour en faire la Sanseverina. Il y voyait plus exactement, Vandozza Farnèse en Angela.

Quand son plan l'eut mené là, et qu'il fallut donner un amant à cette femme, il songea bien aux diplomates ses contemporains pour faire le portrait du comte. Mais qui pouvait se montrer un amoureux timide devant cette Angela ? Qui pouvait être l'officier en demi-solde devenu diplomate pour vivre en se moquant de la gravité de sa place, si ce n'est Stendhal lui-même ?

Nulle autre source d'inspiration ne peut nous expliquer la scène d'une violence contenue, mais extrême, où le comte Mosca tombe tout à coup jaloux de Fabrice, croit assister à des baisers que seule son imagination lui fait voir et tâte la pointe de son poignard. Une telle scène doit être un souvenir.

Mérimée nous a raconté une scène des amours entre Beyle et Angela Pietragrua. Beyle, caché dans un débarras, y pouvait constater de ses yeux la trahison de sa maîtresse. Sur le moment, il en était plus surpris que furieux. Peut-être la fureur vint-elle ensuite, puisque la brouille fut violente et qu'Angela, au dire de Beyle, se traîna aux genoux de son amant tout le long d'une galerie sans parvenir à le fléchir. C'est sans doute cette scène de jalousie qui a inspiré la terrible scène muette de la jalousie de Mosca.

## XIII

Et par ces circonstances, Mosca, vū d'avance et de loin comme *un contraire* de l'auteur, devient une incarnation lui aussi de cet auteur ; la poudre_sur les cheveux du début, ce mélange d'esprit et de légers ridicules, disparaît pendant toute une part du livre — jusqu'à ce que Fabrice soit en danger par sa faute. Mosca reperd là une partie de l'âme de l'auteur, mais il lui en reste encore assez pour qu'il ne perde rien de son humanité. Même Fabrice à la fin du livre, est presque entièrement dégagé de ce que l'auteur y avait mis de lui-même ; la duchesse après avoir été en même temps Vandozza Farnèse et la Pietragrua, héritera d'une autre disposition encore. La comtesse Curial (Menti) après avoir rompu avec Beyle, l'avait poursuivi d'une sorte de rancune amoureuse. Pour la première fois (et semble-t-il la seule de sa vie), il avait éprouvé la rancune jalouse des femmes. Il avait songé à en enrichir le personnage de madame Grandet dans *Lucien Leuwen ;* mais le personnage avait tourné au tendre ; il y avait renoncé. Cette même rancune conviendra au contraire fort bien à la Sanseverina. Quand elle aura sauvé Fabrice et compris qu'il en aime une autre, elle fera son malheur. Mais la Sanseverina en bien d'autres occasions (comme sa rupture avec le jeune Ranuce-Ernest), ne doit plus rien qu'à elle-même. Si un personnage de roman doit être engendré par un rêve de l'auteur, les circonstances le modifient toujours un peu autrement que l'auteur ne supposait. La partie de l'œuvre qui est faite sert de modèle pour ce qui reste à faire ; plus un roman s'étend, plus le personnage s'éloigne ainsi de ses origines, puis il devient vraiment une création. Pris sur la substance de l'auteur, les personnages s'enrichissent par les *résistances* que tout roman suppose à la libre expansion du rêve et des êtres rêvés par l'auteur ; ils sont d'abord lui et rien que lui, ils sont eux-mêmes à la fin et simplement engendrés par lui : enfants émancipés.

Pour cet enrichissement des personnages, mieux vaut aussi

que l'œuvre vienne d'un seul jet. S'il faut revenir, au bout d'un temps trop long, à un personnage déjà presque oublié, l'auteur doit se soumettre presque servilement à ses données du début, sous peine de fausser les nuances. Si certaines créatures que Balzac a tirées de lui-même arrivent, elles aussi, à ce genre d'indépendance, c'est dans les œuvres qu'il a conçues et composées avec emportement : ainsi le Lucien de Rubempré des *Illusions perdues.*

## XIV

La concurrence que se font les principaux personnages pour la première place obligeait l'auteur à sortir de sa méthode de chroniqueur. Nous avons vu qu'il n'y a dans le *Rouge et Noir* qu'un seul déroulement du temps. Quand l'abbé Pirard, à Paris, s'occupe de faire entrer Julien chez le marquis de la Mole, Julien, resté au séminaire, est pour nous invisible. Dans *Lucien Leuwen*, nous ne voyons rien de madame de Chasteller à partir du moment où Lucien a quitté Nancy. Et nous savons que les chapitres intercalaires, destinés à maintenir madame de Chasteller dans l'intrigue et dans le souvenir du lecteur, devaient être des voyages de Lucien à Nancy. Dans l'*Abbesse de Castro*, Branciforte est le héros unique quand il cherche à conquérir Hélène. Puis il n'est plus question que de la seule Hélène jusqu'au retour de Branciforte.

Dans la *Chartreuse*, nous venons de voir à quelles causes sont dues les sautes d'intérêt qui nous font passer de l'intérieur d'une personnage à l'intérieur d'un autre. Mais le récit aurait risqué de perdre toute son unité, si nous devions l'apercevoir seulement au travers des yeux et des passions de divers personnages.

Il fallait que l'auteur fût toujours présent, non pas en témoin, comme à la première page du *Rouge*, mais en esprit. Et de fait, une grande partie des événements est contée comme par un historien, et avec plus d'objectivité que dans

les grands romans précédents. Le ton des *Chroniques italiennes*, si détaché, s'est retrouvé assez souvent dans la
*Chartreuse*.

Cette ressource ne suffirait pas encore. Et quand les personnages sont en scène, les digressions piquantes, si elles se
multipliaient trop, nous ralentiraient.

### XV

Ces brefs commentaires de l'auteur, plus rares que dans
le *Rouge*, servent surtout à montrer les *creux* des personnages.
Stendhal nous fait noter en deux mots *qu'ils ne pensent
jamais* à telle chose qui vient à l'esprit du lecteur : le comte ne
pense jamais à la vertu ni au bien public : c'est le creux qui
fait ressortir son honneur. La duchesse ne pense pas à se dire :
j'ai tué par le poison, je péris par le poison (au moment où
Fabrice rentré malgré elle dans sa prison, est en butte aux
embûches du général Conti). Cette idée qui lui manque fait
ressortir cette qualité d'âme si fine et si enthousiaste. Enfin
Fabrice lui-même ne pense pas qu'en obtenant par l'intrigue
un avancement ecclésiastique, il commet une simonie ; et ce
fait prouve son manque de formation logique, fait mieux
ressortir son esprit naturel. Chez les trois protagonistes, les
choses auxquelles ils ne pensent jamais sont censées représenter la différence entre la France et l'Italie.

Ces ressources négatives ne rappelleraient pas encore assez
l'auteur, unité véritable du récit. Quand les personnages
accessoires sont en scène, il est facile de rappeler l'auteur à
chaque instant : par un besoin du métier, les personnages
secondaires sont des *charges*, et l'on entend l'auteur faire
cette charge.

### XVI

Pour les protagonistes, la ressource qui est venue spontanément à Stendhal est de prendre un *ton particulier pour chacun*

*d'eux.* Ce ton dispense de longs commentaires. Paternel avec Fabrice, admiratif avec la duchesse, il prend avec le comte Mosca (sauf au moment de la folle jalousie de Mosca contre Fabrice) un ton d'admiration bien armé. On croirait entendre Gondi nous expliquer Mazarin ou La Rochefoucauld. Ainsi la vision que ces héros nous donneraient des événements est à chaque instant corrigée. Le double point de vue, nécessaire pour que le lecteur voie tout et comprenne tout, maintient en même temps la présence de l'auteur et l'unité du récit.

Ajoutons que l'auteur admire et aime tout ce qu'aiment et admirent ses héros, si différents qu'ils soient ; il ne combat pas leur âme en la peignant, comme il faisait pour Mathilde de la Mole. Ainsi cette présence, nécessaire à l'unité du récit, ne trouble pas les élans d'énergie des personnages, qui donnent au livre son mouvement.

## XVII

Les personnages secondaires sont créés de la même manière que dans le *Rouge et le Noir.* Les uns, pris dans la vie, nous apparaissent en quelques lignes comme des êtres réels, complets, qui éveillent notre sympathie et n'ont pas besoin d'être grossis par l'humour : ainsi l'abbé Blanès, le vieux colonel Le Baron, le poète Ferrante Palla. L'art de les mettre en scène a grandi depuis le *Rouge :* ils sont mieux peints que l'ami Fouqué ou madame Derville.

Les autres personnages secondaires ont des traits grossis selon la perspective du roman, pour mieux se fixer dans notre mémoire, et pour mieux représenter un milieu : ainsi le père de Fabrice, le général Conti, le marquis Crescenzi ou le bavard Gonzo.

A la faveur de son amour pour l'Italie, Stendhal a même réussi de-ci de-là dans l'humour *picaresque*, si loin de sa nature et qu'il avait cherché presque en vain dans *Lucien Leuwen :* la *mamacia* qui protège la petite actrice Marietta en est le meilleur exemple ; mais la cantinière de la bataille de Waterloo, le personnage de Ludovic, le geôlier Grillo, le geôlier Barbone en approchent de bien près. Et (comme dans le *Rouge*), pour obtenir, sans trop charger l'esprit, une foule suffisante autour des héros, certains personnages secondaires sont les *doublets* les uns des autres, la mère de Fabrice est un reflet de sa belle-sœur. Le frère de Fabrice est un reflet de leur père ; les deux comédiennes Marietta et Fausta, ne diffèrent que par le niveau de leur condition. L'archevêque Landriani et le bon prêtre don Cesare se ressemblent aussi beaucoup. Le faussaire Riscara, qui arrive à tromper Fabrice, est le doublet mâle de la comtesse Raversi, et ne diffère comme cette marquise du fiscal Rassi que par la position sociale. Le vieux maréchal des logis qui vient au secours de Fabrice pendant les rixes de la déroute est un reflet de son colonel.

Parfois encore les personnages secondaires jouent le rôle de coryphée : ils sentent et parlent pour un groupe qui se tient à l'arrière-plan derrière eux. Ludovic représente tous les gens de la duchesse comme le caporal Aubry représentait toute son escouade, où personne que lui n'a dit mot. La petite Marini, amoureuse de Fabrice quand il prêche, et qui n'apparaît que pour quelques pages, représente le succès du jeune coadjuteur auprès de toutes les femmes de Parme. Comme nous l'avons montré dans le *Rouge et le Noir*, cette disposition des personnages correspond à la manière dont nous nous rappelons des êtres dans nos propres. souvenirs. Si elle offre à l'art de riches ressources, elle est pourtant spontanée chez l'auteur. Rien de surprenant à la trouver aussi poussée dans une œuvre improvisée.

## XVIII

La présence de l'auteur, plus forte dans la *Chartreuse* que dans toutes les œuvres antérieures, sert aussi à ménager les changements dans le rythme du temps et les interruptions du récit. Dans la *Chartreuse*, certains quarts d'heure durent

plus que certaines années. Aussi l'auteur demande la per-
mission au lecteur, soit de *tout dire* (chapitre VIII de la première partie), soit de *passer sans en dire un seul mot sur un
espace de trois années* (dernier chapitre de l'ouvrage). Encore
ces reprises sont-elles toujours justifiées par quelques phrases
habiles. Ainsi, au dernier chapitre, la reprise du pouvoir par
le comte Mosca est un fait qui a demandé certainement du
temps pour s'accomplir, mais qui ne demande aucune *attention*, aucun « temps du lecteur » pour être accepté, puisque
ce retour vraisemblable ne fait que recommencer un état de
choses antérieur.

Ailleurs (au chapitre VII de la première partie) il s'assure de
la complicité du lecteur pour sauter quatre années en disant
que c'est de « détails de cour insignifiants » « qu'il faudrait
remplir l'histoire des quatre années qui suivirent » ; après
quoi une page de résumé à grands traits suffira pour que le
lecteur tienne l'auteur quitte de ces quatre années. Il refuse
les tâches pénibles, « les *landes du voyage* » qu'il acceptait
bravement de parcourir dans le *Rouge*, et qui encombraient
*Lucien Leuwen*. Mais il sait faire croire au lecteur qu'il
abrège pour lui complaire. Le retour à un style plus *parlé*
que dans le *Rouge* aide à ce genre d'interruptions ou d'excuses.


## XIX


La *Chartreuse* a son style propre ; je veux dire que le *Rouge*
et *Lamiel*, écrits avant et après ce livre, se ressemblent entre
eux par le style bien plus qu'ils ne ressemblent à la *Chartreuse*.

Les personnages n'étant peints que par leurs actions et
leurs pensées, il ne faudrait pas se tromper sur les *sublime,
délicieux* ou *affreux* qui apparaissent si souvent et les prendre
pour des morceaux de l'analyse véritable. Ces adjectifs sont
*au seuil* des analyses, ils ouvrent le récit des petits faits déci-
sifs. Ils sont là juste *pour donner le ton* et l'intensité de ce qui
va suivre, comme on écrit *allegro* ou *andante* au début d'une
phrase de musique ; de tels mots ne sont pas la musique, ne

prétendent pas l'être : ils ne servent que de guides préliminaires.

La phrase est plus abondante, la syntaxe (aussi réduite
dans le *Rouge* que celle des contes de Voltaire) est plus souple,
elle unit mieux les propositions circonstancielles d'une même
action. Les images apparaissent et l'auteur s'excuse parfois
de leur violence : « Quand son chevet avait une épine (dit-il
dans le portrait du comte Mosca) il était obligé de la briser
et de l'user à force d'y piquer ses membres palpitants. »
« Je demande pardon pour cette phrase *traduite de l'italien* »,
reprend-il. En réalité nous en retrouverions de pareilles, soit
dans la première version de *Rome, Naples et Florence*, soit
dans les anecdotes passionnées de l'*Amour*. Mais c'est bien
l'Italie qui les lui dicte. Nous supposons d'ailleurs (moins
d'après la mention faite au début des deux poètes que par la
ressemblance du ton) que Stendhal avant d'écrire la *Chartreuse*, avait relu l'Arioste et le Tasse. Il *transporte* leur ton
dans les temps modernes comme il transpose l'histoire de
Vandozza Farnèse. Et c'est par cette allure poétique que la
*Chartreuse* admet bien plus le merveilleux que le *Rouge*.

## XX

J'ai vu des lecteurs, bons stendhaliens, se choquer des prédictions de la *Chartreuse*, tant de celles que notre héros se fait
à lui-même que de celles de l'abbé Blanès. De fait, elles sont
inutiles à l'action, et semblent jurer avec le rationalisme de
l'auteur. Mais chacun (même les rationalistes) n'a-t-il pas
des crédulités qu'il n'avoue pas ? Celle-ci est la moins absurde
qu'il ait pu trouver pour peindre une âme italienne. Le vœu
de Clélia, si ingénument tourné, devient moins choquant de
par la crédulité de Fabrice. Mais ces prédictions mystérieuse-
ment réalisées donnent à l'instant où advient une événement plat ou pénible (comme l'emprisonnement de Fabrice)
une poésie singulière. Surtout *elles rapprochent encore davantage le lecteur du point de vue de l'auteur improvisant.*

En effet, l'auteur quand il écrit connaît vaguement par son intrigue d'ensemble, l'avenir de ses personnages. Il s'avance, comme il l'a dit, vers cette mort de l'enfant de Fabrice (qui dans les présages correspond à la branche arrachée de son arbre). Il achemine ainsi le lecteur à la conclusion qui est un mystère jusqu'à la dernière page de l'ouvrage. Mais il faut que nous devinions, comme lui, quelque chose de l'avenir. Il faut que, dès le début, nous pressentions quelque chose de cette destinée. Dans le Fabrice de vingt ans, Stendhal devine la mort repentie du jeune Chartreux ; pour aimer Fabrice comme le fait Stendhal, il faut que Blanès nous montre cette mort lointaine comme dans un songe.

## XXI

L'autre élément poétique doit plus à Pétrarque et aux sonnettistes du début du XIXe siècle. Stendhal a osé inventer des sujets de sonnets. Il appelle sublime celui de Ferrante Palla (où Fabrice suspendu à la corde de son évasion juge les divers événements de sa vie) et il n'a pas échoué : l'idée qu'il nous donne du sonnet est en effet sublime.

Il a osé en écrire un autre presque en entier. C'est le sonnet de Fabrice prisonnier qui s'adresse à Clélia sur les marges d'un *Saint Jérôme*. On y voyait que « l'âme séparée après des tourments atroces de ce corps fragile qu'elle avait habité pendant vingt-trois ans, poussée par cet instinct de bonheur naturel à tout ce qui exista une fois, ne remonterait pas au ciel, se mêler au chœur des anges aussitôt qu'elle serait libre et dans le cas où le jugement terrible lui accorderait le pardon de ses péchés ; mais que plus heureuse après la mort qu'elle n'avait été durant la vie, elle irait à quelques pas de la prison où elle avait si longtemps gémi, se réunir à tout ce qu'elle avait aimé au monde. Et ainsi, disait le dernier vers du sonnet, j'aurai trouvé mon paradis sur la terre. »

Pourquoi ce sonnet donne-t-il une si parfaite impression de poésie italienne ? Ce n'est pas seulement à cause de la dou-

ceur du choix des images, de la lenteur agréable avec laquelle
la pensée se déroule : le rythme aussi est italien. Ce poème en
prose se découpe de lui-même en vers de rythme impair.

Nous avions remarqué, lors des tentatives poétiques du
jeune Beyle, qu'il devait se battre avec son instinct des vers
impairs pour aboutir à des alexandrins. Ce rythme impair
propre à la poésie italienne a fait qu'à mérite égal il a goûté
les Italiens plus que les Français ; il l'a retrouvé là, d'instinct,
comme dans le *finale* de la dernière page, où ses héros meurent
selon l'euthanasie littéraire qui est sa manière — et aussi
selon une sorte d'apothéose.

## XXII

On sait que la *Chartreuse* sur les exigences du libraire fut
fortement écourtée par l'auteur — et que cette réduction
porta sur la fin du livre. Nous n'avons plus qu'un résumé de
la fin.

Le résumé (plus personnel que tout le reste puisque les
héros n'y ont même plus la parole) est assez parfait pour ne
pas nous faire beaucoup regretter la décision du libraire.
L'auteur lui-même ne dut pas la regretter : dans les corrections projetées, la fin n'aurait pas été plus allongée que le
reste. Il achève simplement le contour, de façon que nous ne
souhaitions rien de plus que cette esquisse.

Ces suppressions ne nous empêchent pas de voir que la
*Chartreuse*, elle aussi, a eu deux fins : la première selon le rêve,
et la seconde selon les forces extérieures.

(*Lucien Leuwen*, seul de tous les livres de Stendhal, devait
finir selon le rêve et c'est peut-être pourquoi il n'est point
fini.) Le livre se termine une fois sur l'entrevue accordée par
Clélia qui cède enfin à Fabrice : « Entre ici, ami de mon cœur. »
Le bonheur et la pudeur sont autour de cette première fin
comme un songe, en harmonie avec les phrases chuchotées de
ce nocturne. La seconde fin accomplit les destinées et les
prophéties. Tout à coup le ton plane au-dessus des événe-

ments, la mort de Fabrice et celle de la duchesse ne sont même pas nommées. C'est le miracle du style et de la poésie stendhaliennes que d'avoir changé tant d'amertumes en douceur. Enfin cette *Chartreuse de Parme* que le lecteur attendait depuis le début du livre se trouve nommée, déjà presque une tombe, et elle nous mène vers deux tombes. Le lecteur se dit : « Voilà où nous allions » tandis que quelques mots encore agrandissent les perspectives et transforment le regret en une rêverie.

Et cette perfection est improvisée, mais l'art le plus concerté peut-il aller plus loin ? Ce miracle ne montre-t-il pas ceci : un auteur rompu à la prose, qui a incorporé son métier, ne peut à la fin faire mieux que de s'abandonner à la chance, au péril, de cette création accomplie en une seule fois et qui n'admet plus les retouches.


## XXIII

Il y a eu des retouches projetées : ce sont celles que l'auteur, touché par l'article de Balzac, a esquissées sur l'exemplaire Chaper.

Nous les avons relues avec soin. A peu près toutes sont des corrections de sens. De toutes celles qui sont de style, il n'en est pas un dixième qu'il faille préférer à l'improvisation originale. Loin de supprimer ce que Balzac indiquait comme inutile, la rêverie de Stendhal correcteur a tenté sur le premier texte de nouvelles superfétations. Entre Waterloo et le retour de Fabrice à Milan devait se glisser un chapitre nouveau, Birague à Amiens. Si ce morceau devait remplacer le chapitre premier, Stendhal n'a rien écrit de ce qui aurait effectivement conté (après Waterloo) les enfances de Fabrice. Il a su ajouter : au moment de retrancher, la plume a dû lui tomber des mains : la longueur de cette esquisse est bien inférieure à la moyenne durée d'une dictée ou séance de travail stendhalienne.

Et quant au style, Stendhal qui avait finement et durement

jugé, dans les *Mémoires d'un Touriste*, le style à ratures de
Balzac, devait-il céder, quand il voyait les arguments de
Balzac appuyés si souvent sur des citations inexactes ?

## XXIV

Un autre exemplaire corrigé, dont le premier volume
appartient à M. Paul Hazard, porte les traces d'une révision
plus personnelle : aucune trace de conseils donnés par autrui ;
c'est selon son propre goût que l'auteur se relit et se modifie.

Il veut ajouter quelques détails historiques : sur le retour
des proscrits de Milan, en 1800, il se contente d'écrire en
marge : « *Environnés de tous, ils défilèrent dans les rues de
Milan...* » (page 22 de l'édition originale) ; et plus loin « *La
peur inspirée par l'attente de cette cérémonie touchante donna
le signal du départ aux familles les plus compromises* » développe
une indication plus brève. Page 23, l'auteur veut compléter
le portrait du ridicule père de Fabrice : « Le marquis son père,
*d'après une idée du Prévôt de Saint-Jean alla Casa... et son
confesseur*, exigea qu'on lui montrât le latin, non sur les
livres de ces vieux auteurs qui parlent toujours de République
*et des belles actions des républicains...* »

Dans le récit de la bataille de Waterloo, il s'aperçoit
(pages 71 et 72) qu'il n'a pas mis assez de fumée : il en ajoute
par deux fois : « Ils aperçurent assez bien un coin de la
bataille et la *fumée de beaucoup de coups de canon dans le
lointain* », et plus loin : « C'étaient les lignes fort étendues
d'hommes rouges *et de temps en temps des bouffées de fumée
blanche.* » Il ajoute à son bref portrait de l'Empereur au
galop une nuance de plus : « Celui *qui était en avant et* n'avait
pas d'habit brodé. » Il veut élargir, à ce moment, sa vue de la
bataille : « Fabrice *regardant du côté de l'Empereur vit des
troupes s'étendre à l'infini ; il en voyait sur un monticule qui
lui sembla à deux lieues de distance.* Il eut grande envie... »
Page suivante, il ajoute au contraire un détail concret : « Les
hussards se dirent entre eux : Ah ! voilà la division J. »

Pendant la déroute qui suit Waterloo, il s'aperçoit qu'il n'a pas laissé assez de place aux sentiments, et il veut amplifier cette rumeur de trahison qui excuse aux yeux des soldats les désobéissances dont Fabrice sera témoin ou victime. Il ajoute, avec un singulier bonheur dans la mise en place, page 101 : « Autour de l'Aigle, il n'y avait pas deux cents hommes. *Le caporal parut consterné, ses yeux se remplirent de larmes, Fabrice cherchait la cantinière, et l'eut bientôt aperçue.* » Dans la « longue discussion sur sa destinée future qui eut lieu entre le caporal et la cantinière » il ajoute : « A *chaque instant ils s'écriaient : tout le monde trahit l'Empereur ici.* Fabrice remarqua... » et de même page 109 : « *On nous trahit*, reprends ton cheval, s'écria la cantinière. » Le même thème revient encore une fois quand Fabrice essaie de garder le pont : « — Plus de colonel ici, s'écria l'un d'eux, *nous sommes trahis.* Le colonel exaspéré... » (Stendhal barre le dernier mot, qui convient peu à la tristesse digne du colonel.)

Deux autres additions ou modifications auraient été plus importantes. L'une d'elles, page 130, aurait animé le séjour de Fabrice à Paris : « *Ici Varney, l'officier anglais rogue. Ajouter 12 ou 15 pages faites à Rome.* » (Ces pages ne sont pas retrouvées.) Le supplément à la retraite, tel que nous le connaissons (Birague racontant l'avant-scène) est tout différent, et aurait remplacé le début, toute l'année 1800.

Vers la fin du tome I, page 400, Stendhal avait été choqué, comme d'un hors-d'œuvre, du duel entre Fabrice et le comte C. qui fait un peu double emploi et répète avec moins de force le combat contre Giletti : « *Supprimer ce duel* », dit une note presque illisible, où nous croyons déchiffrer : « *Jamais coadjuteur. S'il rencontre Fausta il dit ses prières latines comme L'... de R...* » Le sens est clair malgré les lacunes : une suite de duels, et un duel voulu, détruit la cohérence de Fabrice, nuit surtout à la fin de la *Chartreuse*. En se relisant, Stendhal a dans l'esprit un Fabrice achevé, et peut retrancher au début ce qui gêne la fin.

Un certain nombre de menues corrections jouent le même rôle que les corrections manuscrites portées sur le manuscrit des *Souvenirs d'Égotisme :* accentuer l'aspect physique des descriptions, et rendre plus concret tel ou tel détail. Ces corrections correspondent à la note que Stendhal a mise en tête de cet exemplaire (qu'il avait destiné à Lingay) : « *Ajouter quelques phrases pour éclaircir, aider à l'imagination du lecteur.* « (Pour éclaircir cette note même, il a jouté, aux dépens de la grammaire : « *à se figurer les choses.* »)

Tout au début, dans le portrait du lieutenant Robert (« Cet officier possédait pour tout bien ») il barre : « en entrant dans ce palais » et y substitue : « en montant le bel escalier de ce palais ». Page 14, « les montagnes du pays de Gênes » deviennent « *les montagnes désolées du pays de Gênes* ». Il avait d'abord écrit que les pêcheurs du lac de Côme se font avertir de la présence du poisson par une *sonnette* (page 33), il a substitué *clochette.* Il trouve trop abstrait l'indication de la page 48 : « Fabrice, âgé de seize ans, représentait fort bien le chef de la maison » ; il ajoute : « *et grondait les domestiques.* » Page 99, il trouve vague l'indication sur la vanité des militaires de Napoléon : « J'ai déjà remarqué cela chez le vice-roi. » Il y substitue avec bonheur : « *J'ai déjà entendu remarquer cette manie des Français chez le général Pietranera.* »

Page 107, quand la cantinière et le caporal répètent un peu trop son histoire : « Pourquoi répéter si souvent, se disait Fabrice, ce que nous connaissons tous trois parfaitement ? Il ne savait pas encore que c'est ainsi qu'en France les gens du peuple vont à la recherche des idées. » Stendhal corrige : « ce que nous *savons* tous trois » et « *Il n'avait pas encore remarqué que c'est ainsi...* » Nuances infimes, mais surcroît d'exactitude pourtant. Même page, interrogé sur son argent, « Fabrice n'hésita pas à répondre », dit le texte imprimé. La correction dit plus justement : « Fabrice n'hésita pas *sur la réponse.* » Car de toute façon il fallait répondre ; le point était de répondre vrai ou faux. Fabrice une fois séparé du régiment (page 110) : « Il ne s'éloignait pas, dit le texte, parce qu'il désirait revoir ses bons amis. » Lieu vague, espoir vague ; aussi corrige-t-il : « Il ne s'éloignait pas *de la grande route, parce qu'il avait au fond du cœur un peu d'espoir de* revoir ses bons amis. » Fabrice, dans le texte, compte son argent « dans ce blé ». Une correction précise : « *caché* dans ce blé ». Plus loin (page 112) « un soldat qui faisait manger le blé par trois chevaux » est aussi précisé : le blé devient « *les épis* », ce qui indique, non seulement la provende, mais le geste de l'homme et du cheval. Au portrait du colonel Le Baron, page 115, Stendhal ajoute « des épaulettes brillantes et toutes neuves » avant « les moustaches blanches » et le « papier plié » qui lui sert d'ordre sera, dans la correction, «plié en deux» (page 116). Fabrice (page 117) n'appelle plus « un des soldats blessés qui parut à l'une des fenêtres » : comment l'eût-il appelé sans le voir et sans savoir son nom ? « Il appela, dit la correction, un des soldats blessés qui paraissait près de l'une des fenêtres. »

Quand Fabrice blessé manque de tomber de cheval, page 124, un paysan, dans le texte imprimé, « remarqua sa pâleur », détail vague et sans vraisemblance. « *Remarqua ses mouvements* » est plus net ; à la page suivante, au lieu de « A peine descendu de cheval, il s'évanouit complètement » devient : « *Il tomba complètement évanoui* » : un geste de plus.

Plus loin, à la Cour de Parme, page 191, «la princesse avait l'air de la femme qu'on présente et la duchesse de la souveraine » devient, pour rendre l'opposition plus nette : « la princesse avait l'air... et *madame Sanseverina* de la souveraine. » Page 194, le comte Mosca dit : « la Raversi n'est pas une femme à mépriser. » La correction rétablit la nuance : une femme « *à dédaigner* », car elle est méprisable mais puissante. Page 198, « la Raversi, quoique régulièrement laide » a paru abstrait à l'auteur, qui ajoute : « *un trop petit nez et des joues pendantes.* » Page 200, interrogée sur l'avenir de Fabrice :

— Je le voudrais officier, dit la duchesse. Réponse trop générale, que Stendhal modifie heureusement :

— Je le voudrais *chef d'escadron.*

Page 205, le comte Mosca, parlant contre l'enthousiasme, dit à la duchesse : « Un caprice du cœur précipite l'homme enthousiaste dans le parti contraire à celui qu'il a suivi toute sa vie. » Mais les enthousiasmes sont surtout des fautes de jeunesse, et ne vous feraient pas pécher contre un parti qu'on servirait sincèrement toute sa vie. La correction excellemment, précipite l'homme enthousiaste « *dans un parti contraire à celui qu'il sera plus tard de sa convenance de servir toute sa vie* ».

Si toutes les corrections offraient le même à-propos et le même surcroît de précision, on pourrait presque croire que Stendhal a eu tort de ne pas revoir et refondre de bout en bout son livre avant de l'imprimer. Mais beaucoup d'autres passages (comme ceux, mieux connus, de l'exemplaire Chaper) montrent que l'auteur refroidi alourdit un peu son texte ; il se méfie de lui-même, et sacrifie la clarté de la pensée, atteinte du premier coup, à une lourde clarté grammaticale, ou à une explication inutile.

Page 13, « les semelles de ses souliers étaient en morceaux de chapeaux » doit-il céder la place à « *étaient composées* de morceaux de chapeaux » ? Même page, le lieutenant Robert continue de parler, le lecteur le sait : « Mais j'avais trop de sens, *continuait le lieutenant Robert* » : cette surcharge est de trop. Page 21, une « pauvre vieille faisant des ménages » devient une « pauvre vieille *femme* ». Page 43, madame Pietranera « retrouvait les souvenirs » et la suite du texte nous disait bien lesquels. L'auteur a cru devoir corriger : « retrouvait *quelques-uns des* souvenirs. » Page 84, pendant Waterloo, Fabrice, au lieu de se dire bonnement : « Mais je suis encore un peu ivre » se parlerait dignement : « Je suis encore *un peu troublé par cette eau-de-vie.* » Il se dit (page 106) : « Il est plus commode d'aller à cheval. » La correction ajoute: « *qu'à pied* ». Page 120, « le sabre de cavalerie de Fabrice » devient « le sabre... *porté par* Fabrice ». Le héros à Paris (page 130) espérait toujours trouver « quelque description qui lui permettrait de reconnaître les lieux ». « Qui lui permît » corrige un scrupule de puriste. Page 188, la duchesse dit familièrement : « Je connais le Fabio Conti. J'en ai eu la vision près de Côme, il se disputait avec la gendarmerie. » Correction

noble : « *Il avait un différend avec la gendarmerie.* » Page 198,
la duchesse « n'avait pas encore la discrétion nécessaire dans
une Cour absolue ». Faut-il vraiment préciser « dans un pays
de Cour absolue », puisque précisément la duchesse est à la
Cour ? Page 199, Mosca, après des objections, changeait de
ton, disait avec soumission : « Mais si vous m'en donnez
l'ordre, je tâcherai de procurer ce nerf de vie à votre neveu. »
La correction est d'un professeur d'idéologie, non de Mosca :
« *Mais qu'importent mes sensations ;* si vous m'en donnez
l'ordre... »

Page 210, la duchesse propose à son neveu « ce bonheur
vulgaire qu'elle voyait Fabrice repousser avec dédain ». La
correction qui ajoute « *le plus froid dédain* » est froide elle-
même, et rend banal le mot *vulgaire* au début de la phrase
originale. Le texte disait du prince de Parme, page 212 : « l'aspect du bonheur le rendait furieux. » Stendhal ajoute « *du
bonheur d'autrui.* » Autrui est vague : et de quel bonheur
peut-on avoir l'aspect ?

## XXV

Rien ne nous force à croire qu'il aurait gardé ces corrections inutiles ou malheureuses. Et rien ne nous permet non
plus, à nous modernes, de corriger la *Chartreuse* en laissant
quelques-unes des expressions originales, et en modifiant les
autres. Quand il improvise son texte, Stendhal en voit
l'esprit. Quand il le corrige, il ne voit plus que la lettre. Tous
les auteurs ont fait cette expérience devant leurs épreuves :
le texte qu'on a écrit semble mort, et même obscur. On corrige
selon la grammaire et le dictionnaire, alors que le contexte
éclairait bien mieux l'expression spontanée. Le moment où
la *Chartreuse* a été écrite est un moment suprême dans la vie
de son auteur — et un moment d'effort suprême. Pour se
corriger avec sûreté, avec fruit, il lui faudrait s'élever de
nouveau aussi haut : le mouvement est encore plus important pour ce style que la correction, et un mouvement peut
se refaire tout entier, mais non pas se changer en détail.

# LAMIEL

## I

Ce livre a été conçu entre le moment où Stendhal achevait la *Chartreuse de Parme* et le moment de la publication. Il n'en parle jamais auparavant (sauf l'allusion à une *mission*, vue en 1838 à Toulouse et qui fera un chapitre du début du livre). Et il fait indiquer « Lamiel » comme *sous presse* dans la liste de ses ouvrages qui figure en tête de la *Chartreuse*. Le premier plan que nous connaissions est celui dont M. Ferdinand Boyer a retrouvé la trace sur une brochure de Patin ; il est daté de Strasbourg, 7 mai 1839. C'est un plan sommaire ; Stendhal a écrit des plans sommaires en marge de livres fort avancés. Mais ici les incertitudes montrent que *Lamiel* n'est encore qu'une ébauche lointaine.

Il s'agit donc d'un livre qui succède immédiatement à la *Chartreuse*, dans l'élan créateur de Stendhal. Nous avons vu que *chaque grande œuvre a ses séquelles*, que l'imagination continue à travailler dans le même sens, tandis que l'esprit critique cherche quelque chose de différent. Les séquelles du *Rouge* n'ont pas donné de grande œuvre ; *Lamiel*, œuvre curieuse et souvent puissante, est inachevée pour les mêmes raisons qui ont arrêté *Féder* et *Mina de Vanghel*.

Stendhal a achevé les deux grandes œuvres dont la donnée et le plan lui venaient du dehors. Au contraire, le créateur hésite dans *Lucien Leuwen* ou *Lamiel* dont il invente la donnée.

## II

Il a mis en œuvre deux sortes de sujets.

Dans les sujets qu'il tire d'une anecdote, c'est l'intrigue qui l'aide à concevoir et à former les personnages.

Dans les sujets inventés, ce sont les personnages qui doivent l'aider à inventer l'action. L'imagination, après les contraintes des sujets donnés du dehors, croit se reposer par des sujets inventés. Après le *Rouge*, Stendhal tente d'inventer un roman dont le héros serait une femme ; il le tente aussi après la *Chartreuse*. Cette fois encore il réagit, en même temps, contre le grand livre précédent. Comme il tenait trop de compte après le *Rouge* des critiques moqueuses de Mérimée, il tient trop de compte, après la *Chartreuse*, des critiques élogieuses de Balzac. Mais les conseils qu'il se donne sont les mêmes qu'il s'adressait en se lançant dans son autre livre inachevé, *Lucien Leuwen*. « Il recherchait en particulier, dit fort bien M. Martineau, un sujet plus intelligible, plus d'esprit dans le style, plus de vivacité : il voulait renoncer à la forme des mémoires où les personnages n'arrivent que successivement. » Il s'était déjà dit tout cela quatre années plus tôt. Mais tout auteur original n'est-il pas accusé d'être obscur ? Le lecteur comprend-il autre chose que ce qu'il a déjà vu ?

L'autre conseil à soi-même, utile pour un homme qui réfléchit beaucoup et qui a écrit dix fois plus d'essais que de récits, c'est de raconter sans cesse par le détail.

Il se conseille lui-même, le 1er octobre 1839 (le jour même où il débute), en feignant qu'il a déjà atteint le but : « Voici le récit d'une action au lieu du résumé moral d'une action, chose qui va si mal, surtout au commencement d'un roman. »

Le lendemain, il prend à nouveau des précautions contre

sa manie d'analyse ; il faut que la poésie italienne, si heureusement suivie dans la *Chartreuse*, vienne à nouveau à son
secours contre la philosophie : « Pour chaque incident, se
demander : Faut-il raconter ceci philosophiquement ou le
raconter narrativement, selon la doctrine de l'Arioste ? »
Chaque jour il se répondra : « Conter, conter. »


### III


Et comme pour *Lucien Leuwen*, il va se contraindre pour
le premier chapitre à un ton léger, d'un agrément extrême,
mais qu'aucun auteur ne pourrait soutenir jusqu'au bout
du livre sans ôter au livre l'essentiel. D'un paysage normand
vu dans une exposition, il tire l'idée de la première page. De
sa propre malice il tire la satire de la noble madame de Miossens ; enfin le portrait du docteur Sansfin le lance dans une
singulière satire.

Car Sansfin est bossu. Mais qui donc autour de Stendhal
raisonne bien ? qui donc cherche dans l'esprit seul la source
des bonnes fortunes ? qui donc se flatte, dans les grands
moments, d'une énergie excessive et qui enfin écrit des ini-
tiales pour se rappeler des souvenirs d'amour, et s'y absorbe
tant qu'il ne rêve plus que pour lui-même ? En créant ce
dernier médecin ridicule, Stendhal se moque un peu de
Beyle.

Puis un portrait à faire l'attire : celui de madame de
Miossens pour laquelle il se souvient (d'après une note mar-
ginale de son manuscrit) de madame de Leuchtenberg. Il
s'étend sur ce second portrait à tel point qu'en se relisant il
en biffe une grande partie. Enfin il amorce son récit par le
portrait de l'abbé Lecloud et se lance aussitôt dans le faux
miracle des pétards tirés derrière l'autel pour augmenter le
succès de la mission.

Comment obéit-il, dans ce début, aux conseils qu'il vient
de se donner ? Il veut conter et déjà les portraits s'allongent,
il veut *amuser* et il y parvient — mais c'est aux dépens du

récit principal. Sans aucun doute il veut *s'amuser*. Ce n'est plus le travailleur austère de *Lucien Leuwen*, qui profitait même des moments secs, et qui s'imposait, quand il n'était pas en train, *de forcer l'animal*. Il va jouer au hasard, il fait l'école buissonnière. Il finit par peindre le village. Et se souvenant des *Mémoires d'un Touriste*, il redevient le spectateur planteur qui s'amuse à regarder la France. Il annonce sa disparition en temps que personnage : « Ainsi, ô lecteur bénévole, adieu, vous n'entendrez plus parler de moi. » Puis le livre commence, cette fois avec infiniment plus de suite et de vivacité.

C'est que Lamiel est entrée en scène, que nous allons la suivre pas à pas suivant la vieille technique stendhalienne de la chronique ou des mémoires qu'il avait en vain essayé de remplacer par de plus larges tableaux.

Jusqu'à l'épisode de Rouen inclus, nous allons nous retrouver en apparence dans un climat parfaitement stendhalien. Il s'agit d'une éducation : en même temps celle de l'esprit et celle du cœur. Là, rien de plus aisé pour lui que de pousser en avant son récit. Les mouvements des idées et le mouvement du roman vont ensemble. Stendhal ne sait pas très bien où son roman le mène. Par contre il sait très bien où doit aller l'éducation sentimentale d'une jeune fille : curiosité, horreur de l'ennui, goût des expériences et goût de plus en plus prononcé pour l'énergie, qu'elle finira par préférer à tout. Madame de Miossens et Fédor sont faciles à peindre : personnages secondaires, ils ont des modèles dans la nature. (Il est vrai que le modèle de Fédor change ; l'auteur avait d'abord songé à son ancien camarade Bellisle, puis il se souvient de Martial Daru.) Il a d'ailleurs déjà peint Fédor : par le côté polytechnicien comblé de biens et hésitant, il tiendra de Lucien Leuwen. Par ses travers de jeune grand seigneur sans énergie qui prend pour vrai guide vers le bonheur un valet de chambre déluré, il tient du jeune prince de Parme.

## IV

Enfin, comme nous l'avons montré dans nos *Sources de Lamiel*, il réemploie en partie le *Rose et le Vert* : le jeune duc de Montenotte, et sa mère, copiée sur la comtesse Beugnot, étaient noblesse d'Empire. Mais ils gardent leur manque de consistance — ce que nous appelions le *creux* des personnages — en entrant dans *Lamiel*.

Le seul personnage qui gêne l'auteur, comme parfois le lecteur, c'est encore comme dans les deux premiers chapitres, le docteur Sansfin.

Ridicule, il l'est par sa bosse.

L'auteur avait résolu d'en faire un petit personnage : « Bien établir qu'il n'y a nulle profondeur ; beaucoup d'esprit spontané et vanité incroyable qui lui font faire des folies. » Mais le personnage ne s'est pas laissé longtemps tourner en ridicule. Sans le vouloir, Beyle vieillissant lui a donné beaucoup de lui-même.

Les leçons de méfiance qu'il donne à Lamiel et ce début d'éducation intellectuelle nous rappellent les *Lettres à Pauline ;* en tout cas Stendhal croit vrai tout ce que Sansfin enseigne à Lamiel. Dans le badinage des *Privilèges* qui est comme *Lamiel* de 1840, nous voyons Stendhal vouloir entrer dans un autre corps : celui du beau Debelle, mort à Saint-Domingue. Sansfin voudrait aussi entrer dans le corps d'un beau jeune homme qu'il voit mourir. Le projet de séduire une duchesse en tuant l'ennui chez elle, c'était le projet de Roizand dans *Une position sociale* et nous savons par une note dans la marge de cette esquisse que « Roizand est Dominique idéalisé ». Et Sansfin est énergique, ce qui est pour Stendhal la suprême vertu. En même temps que son imagination créatrice donne toutes ses complaisances à Lamiel, il crée, sans le vouloir, un autre personnage à sa ressemblance — un reflet difforme et douloureux. Dédoublé déjà en Lucien Leuwen père, dédoublé à certains instants en Fabrice et Mosca, il se dédouble enfin en Lamiel, incarna-

tion féminine de Julien Sorel, et amazone de ses rêves de
jeunesse, et en Sansfin.

Plus l'une des deux images est idéalisée, plus l'autre est
réaliste.

## V

Ce phénomène de compensation (involontaire) est constant
chez Hugo, qui dans ses romans ou ses pièces est toujours à
la fois un monstre et un jeune premier, et qui s'incarne, dans
les *Misérables*, aussi bien en Jean Valjean qu'en Marius. Cette
même double incarnation (beaucoup plus consciente celle-là)
se retrouve dans les *Caves du Vatican* d'André Gide : le
jeune premier Lafcadio est un Gide idéalisé, tandis que Fleurissoire est un Gide caricatural ; on se rappelle que Lafcadio
tuera Fleurissoire. Stendhal n'a sans doute pas su combien il
mettait dans Sansfin de ses adieux pénibles à la jeunesse et à
l'amour, de l'étrangeté un peu sadique par laquelle il réveillait
ses rêves. (Sa dernière passade avec madame Lablache, ses
petites notes réalistes et douloureuses, telles que M. Robert
Vigneron nous les a fait connaître, rendent bien ce son d'adieu
à l'amour, le son des regrets.)

## VI

Lamiel elle-même, principal personnage, est facile à peindre
tant qu'elle reste l'élève ; ses premières démarches d'indépendance, où il s'agit seulement de se moquer de sa famille et de
son amant, sont faciles à imaginer *du dehors* : l'auteur pose
un personnage ridicule, et lance Lamiel sur ce ridicule.
Pupille émancipée, si elle doit son type physique (la *beauté
normande*) à des rencontres de diligence, son portrait moral
doit quelques traits à Giulia Rinieri. Giulia elle aussi était
la nièce fort libre d'un personnage semi-ecclésiastique ; elle
aussi était fort curieuse d'expériences amoureuses et de vie
intellectuelle. Beyle l'avait aimée en 1829 et 1830 ; l'événe=

ment avait déjà servi à composer le personnage de mademoiselle de la Mole. Mais à mesure que le roman avançait, il fallait
que Lamiel marchât vers l'amour comme Julien avait marché
vers l'ambition. Il fallait un motif pour qu'elle détachât, à
un moment donné, son esprit de ses maîtres, sans revenir à
son premier milieu. C'est en quoi elle diffère de Mina de
Vanghel et de Mina Wanghen, les deux amazones qui l'ont
précédée dans les projets de Stendhal. Au lieu d'une fille
noble et d'une fille riche obligées de *descendre* vers l'amour,
Lamiel n'a qu'à *monter*.

La révolution de 1830, la fuite de la duchesse et de Sansfin,
le retour dans la chaumière et le dégoût pour la vulgarité de
madame Hautemare, qui demande sa part de cadeaux, sont
des merveilles d'*intrigue psychologique*. Ces petites circonstances doivent forcément changer un caractère, l'obliger à
réagir dans une direction nouvelle, imprévue de nous et
d'elle-même. Mieux que les petites circonstances qui peignent
un personnage, nous avons cette fois-ci les détails qui le
créent. Même le *Rouge et le Noir* abrégeait et résumait bien
davantage la genèse de l'ambition. Mais ce chapitre (le chapitre VIII de l'édition Martineau) est-il tout à fait décisif ?
L'invention du caractère ne heurte-t-elle pas un peu l'intrigue ? Pour que la jeune fille soit choquée, il faut lui donner
une sensibilité et une délicatesse qu'il faudra bien lui ôter
dans ses démarches ultérieures. Parfaitement féminine au
moment où elle s'enfuit, elle redeviendra bien plus garçonnière ensuite. Et la fin du roman, qui devait nous la montrer
complice de bandits, nous aurait éloignés davantage encore
de cette scène trop fine et trop délicate.

Lamiel devait perdre sa vertu de la même façon que le jeune
Beyle avait perdu la sienne : en payant, comme un hussard.
Après avoir écrit ce chapitre (tel que nous l'avons dans son
texte suivi) Stendhal n'en a pas été satisfait. Il l'a recommencé
deux fois ; il a inventé, au lieu du paysan Jean Berville, un
joli piéton, puis un bel ouvrier tapissier. Ces personnages
doivent nous rendre l'image moins pénible. Et, *comme l'auteur est en même temps Sansfin*, cette scène lui a infligé

le même désagrément qu'il cherche à nous atténuer. Il en a
tiré la jalousie de Sansfin. Dans la dernière version, cette
jalousie pousse Sansfin à donner un coup de poignard au
jeune tapissier. Cette addition d'une confidence et d'une
jalousie est inutile à l'intrigue, et même la retarde. C'est
une réaction de l'homme sur l'œuvre.

L'artifice du vert de houx, drogue qui sert à Lamiel à
simuler une dartre et à déguiser sa beauté quand elle est en
voyage, est emprunté à *Mina de Vanghel*, autre esquisse
abandonnée d'un caractère de femme énergique. Ce personnage de Mina était impossible à peindre : l'excès des
intrigues nécessaires impliquait la bassesse. Lamiel tourne
à la vulgarité, par excès de traits masculins. A Paris, elle
apprend les mathématiques, continue, grâce au vert de houx,
à mettre et à ôter sa beauté comme un masque. Nous sommes
un peu trop loin, à ce moment, de l'enfant désolée de Carville. Nous sommes très près de penser que Lamiel est un
garçon, que sa robe et sa beauté sont des travestis. Il y a
des femmes garçonnières mais leurs traits ne sont pas ceux-
là. Ici, l'excès de réalité gêne le rêve. Ce que voulait créer
Stendhal, ce n'était sûrement pas un équivalent français de
Moll Flanders, une femme bandit sans scrupules, et trouvant
équilibre, bonheur même, dans l'épaisseur et le poids de sa
grossièreté.

Son rêve au contraire, quand il songeait à Lamiel, est un
des plus fréquents chez les poètes : une femme parfaitement
féminine par la beauté et la grâce, parfaitement masculine
par l'intelligence et l'énergie. C'est le rêve de l'Amazone
antique ; c'est le type d'Électre, si pareille à son frère Oreste
que leurs pas ont les mêmes empreintes sur la terre, Électre
telle que certaines statues nous la montrent auprès de son
frère, comme deux jumeaux étrangement pareils. C'est Clorinde, que le jeune Beyle découvrant la littérature italienne,
avait aimée platoniquement, ainsi que Bradamante.

L'homme supérieur et sensible, s'il cherche une femme qui
soit son égale, revient toujours à ce rêve de l'Amazone. De
nos jours H.-G. Wells a rempli ses romans d'amazones, et

a fort bien analysé son cas dans son *Autobiographie*. Stendhal avait presque épuisé dans ses romans le souvenir des femmes qu'il avait aimées. Il en arrive donc à créer une amazone. Mais quand Lamiel, au bout de cent pages de roman, se transforme en ce type de femme, il est déjà trop tard, les traits sont fixés.

Ainsi ce roman marchait au jour le jour, mené par une intrigue faible et un personnage fort, mais qui changeait d'épisode en épisode.

Quand il a placé Lamiel à Paris, Stendhal sent son imagination faiblir. L'épisode du comte d'Aubigné (ou Nerwinde, car le personnage a porté ces deux noms nobles, l'un vrai, l'autre inventé) ne sert qu'à compléter l'éducation et l'indépendance de l'héroïne. Mais l'intérêt ne progresse pas ; ces événements médiocres, au contraire, l'affaiblissent.

Vers le 25 novembre 1839, pendant qu'il avançait sans trop d'aisance dans cette partie, Stendhal mécontent en ébauchait la suite et la fin. Il commençait son ébauche en termes qui prouvent son mécontentement : « L'intérêt arrivera avec le véritable amour. »

## VII

Nous avons exposé dans les *Sources de Lamiel* les trois sources que nous avons découvertes.

Un procès d'enfants voleurs, dont le chef se fait nommer Cartouche, lui montre dans ce bandit un héros pour les jeunes imaginations.

Le procès de « doña Concha » lui fournit, au même moment, le personnage bien stendhalien d'une femme amoureuse du bandit qui va l'assassiner.

Stendhal a sans doute lu ce morceau, à l'époque où il entreprenait le *Rouge*. Et ce morceau lui est revenu en mémoire, comme le précédent, au moment où il entreprenait l'équivalent féminin du *Rouge*. Il ne dut pas trouver cet enlèvement une « chose incroyable » comme le rédacteur de la *Gazette*. Cette femme avait donc enfin trouvé, dans celui qui allait l'assassiner, l'homme de ses rêves ? Ce tableau faisait un pendant pittoresque à celui dont il avait rêvé dans sa jeunesse : « Renaud baptisant sa maîtresse Clorinde qu'il vient de tuer. »

C'est ainsi que Valbayre devait tomber, le couteau à la main, sur Lamiel dont il pillait l'appartement, apercevoir la gorge de Lamiel, dire : « C'est dommage », l'épargner et en être aimé.

Reste à trouver le modèle de Valbayre. Une indication, jetée comme au hasard dans le même plan, du 25 novembre 1839, l'identité des terminaisons (significative chez Stendhal) entre ce Valbayre et le nom réel, mettent aisément sur la voie. Lamiel devait trouver son grand amour et les motifs de sa mort dans une passion pour un Lacenaire un peu romancé.

Stendhal a transcrit du Lacenaire dans les quelques fragments où il peint le personnage de Valbayre : « Je fais la guerre à la société qui me fait la guerre. J'ai trop d'éducation pour travailler de mes mains à gagner trois francs pour dix heures de travail. » (La finesse des mains de Lacenaire était célèbre. Théophile Gautier leur a consacré une pièce de vers.)

Lacenaire avait dû gagner, dans l'esprit de Stendhal, une bataille posthume. Son complice François s'était montré, au dire de la *Gazette*, plus énergique que lui. Au cours d'un de leurs crimes (une tentative contre un garçon de recettes) Lacenaire n'avait pas eu la force physique suffisante pour tuer. Dans un projet du 16 mai 1839, Stendhal comptait mettre en scène deux bandits : « Pierre Varaize, voleur, joli homme blond, amour-passion pour Lamiel ; du reste pas d'énergie pour les grands crimes » et « Marc Pintard, voleur et assassin, homme énergique, horriblement couturé de la petite vérole, fort laid, cheveux noirs et crépus, mais homme hardi ». Il avait donc failli préférer François à Lacenaire. Mais Pintard offrait trop peu à son imagination ; il était donc revenu au poète et philosophe Lacenaire.

En dépit de cet intérêt à venir, qui devait donner à son œuvre un élan neuf, Stendhal n'a point écrit ou point conservé ce qui devait, dans son œuvre, succéder aux brèves et peu attachantes amours entre Lamiel et Nerwinde.

Pour achever ce livre selon ce plan, il lui aurait fallu un talent picaresque qu'il n'avait pas. (Nous l'avons vu à propos de *Lucien Leuwen ;* son humour ne peut frapper de haut en bas.) Faute de pouvoir peindre avec humour ses coquins et misérables, il aurait eu par trop l'air de sympathiser avec eux, d'écrire leur épopée. Julien Sorel avait déjà soulevé le dégoût de ses amis, Valbayre était bien pire. Pourrait-il trouver le ton ?

## VIII

Il fallait aussi, selon ce plan, montrer Sansfin à Paris. Sansfin mariait Lamiel avec le duc, devenait son amant, devait mourir de peur au rendez-vous. Il fallait peindre Lamiel consentant aux vols, Valbayre traqué tuant au hasard (détail fort exact, inspiré directement par le procès Lacenaire). C'était se lancer dans la peinture des anormaux — et non plus avec l'aide d'une histoire éclatante comme celle des *Cenci,* mais longuement, du dedans des âmes. Il fallait nous faire voir, à certains moments, les événements et les personnages par les yeux de Valbayre-Lacenaire.

Or, un Julien Sorel, une Mathilde, une Sanseverina, dépassent bien les êtres de chair par leur vigueur et leur violence, ils jouissent d'une clarté intérieure que nul ne possède, mais ils ne sont pas *anormaux.* Ils sont exceptionnels, suprêmes dans la ligne normale. Ce que montrent au naturaliste le grossissement et la lumière concentrée du microscope, c'est la nature même ; cette étrange transparente irisée des choses le renseigne sur la vie normale. Tels étaient jusqu'à *Lamiel* les grossissements et les artifices de Stendhal.

Cette fois, par contre, il fallait « se mettre dans la peau » de ces monstres — un Musée Dupuytren de l'âme. Stendhal a hésité, ou, après avoir dicté à son manuscrit une suite que nous n'avons plus, il y a renoncé.

## IX

Quelques jours après avoir porté son manuscrit au point
où nous l'avons, il discuta avec lui-même, dans un fragment
qu'il nomme *Cours de Littérature*, le développement des
passions comme conflits d'après les classiques et l'histoire.
Puis il pose brièvement telle modification qui rend ces situations comiques ; l'ambition par exemple ou l'amour
deviennent comiques quand ils cherchent leur satisfaction
malgré la peur. Et il songe alors à un épisode comique : la
peur de Sansfin aux rendez-vous de Lamiel mariée.

Des *Notes sur les personnages* (que je crois, avec M. Martineau, de janvier 1840) relèvent singulièrement le personnage
de Sansfin qui cherche un salon sur lequel s'appuyer à Paris :
« Comme Archimède, une fois ayant ce point d'appui, je puis
soulever le monde ; en peu d'années, je peux me faire un
grand homme comme M. V. Hugo, connu du gros marchand
de Nantes... ».

Stendhal avait demandé une préfecture à un salon et
n'avait obtenu qu'un consulat ; la comparaison avec un
homme de lettres, Victor Hugo, souligne encore cette ressemblance secrète de Sansfin avec Stendhal. Le roman pouvait-il repartir avec l'ambition de Sansfin comme ressort
principal ?

Reprenant un an après son projet de roman, Stendhal voulait tout à fait se séparer de ce fâcheux double, mais ce
n'était pas sans effort :

« Dominique aura-t-il assez d'esprit pour avilir Sansfin ?
Sansfin n'a pas comme Dominique la bravoure et la vertu
(être utile à son propre péril). Ainsi je ne laisserai à Sansfin
que le talent de M. Prévot » (le médecin de Stendhal).

Il aurait donc ôté toute son âme du personnage pour ne lui
laisser que le métier et la vanité. Quelques jours après il
tentait de nouveau un début du roman beaucoup plus sec
que le précédent, il supprimait les premiers chapitres et nous
jetait d'emblée dans la révolution de 1830 ; en effet Sansfin

était bien réduit — mais le fragment s'arrête au bout de quelques pages. Et quelques jours avant sa mort, Stendhal rendait vigueur, énergie et grandeur à Sansfin, inventant l'épisode du coup de poignard.

Ainsi ce roman qui ne pouvait être mis en mouvement par une vue nette des personnages, Stendhal n'a pu en trouver le ton.

## X

Au début, il s'était forcé à décrire. Le 25 mai 1840, quand son élan fut arrêté, il se le reprocha :

« Ne faisant guère de plan qu'en gros, j'apaise mon feu sur les bêtises des expressions et des descriptions souvent inutiles, et qu'il faut effacer quand on arrive aux dernières scènes. Ainsi, en novembre 1839, j'ai apaisé mon feu à décrire Carville et le caractère de la duchesse (dans *Lamiel*). Que faire ?

« Je ne vois d'autre moyen (le 25 mai 1840), que d'indiquer seulement en abrégé l'*exposition* et les *descriptions*, car si je fais un plan, je suis dégoûté de l'ouvrage... »

C'était revenir à la méthode qu'il se fixait après le *Rouge et le Noir*, lorsqu'il s'essayait à ces œuvres mineures que nous avons nommées les *séquelles* du grand roman. Le besoin de réserver son « feu » pour l'essentiel donne à penser qu'il n'avait pas assez de « feu » et explique assez bien que cette méthode ne l'ait conduit ni en 1832 ni en 1840, à une œuvre achevée. Lorsqu'il hésite sur les grands événements de son sujet, il se jette dans les détails, parce que l'avenir, la grande scène à faire, ne le tire pas assez en avant. Et l'incertitude met partout du flou. Il n'avait vu nettement qu'une partie de son ouvrage : la petite paysanne instruite par hasard, son énergie garçonnière, l'amour traité par une femme comme une curiosité et un grand jeu. C'est aussi la seule partie qui, par la netteté, la grâce et le mouvement soit au niveau des grandes œuvres.

L'état d'âme de Stendhal, quand il imagine les détails

13

matériels, est tout l'opposé de ce qu'il était, un an auparavant, lorsqu'il composait la *Chartreuse*. Pour ses cadres
italiens, il s'efforçait de trouver de la beauté ; il s'y exhortait
par cet *allegro* et ce *vivace* que sont, à l'ouverture de ses
descriptions, certains mots convenus comme *touchant* et
*sublime*.

Dans *Lamiel*, l'imagination au contraire s'efforce de
descendre, même pour peindre le château de la duchesse
« qui n'avait pas moins de dix-sept croisées de façade et un
toit d'ardoises, profondément sérieux et ressemblant à un
éteignoir ». La « vile chaumière » de l'oncle est aussi désagréable à l'auteur qu'à la petite Lamiel. Au contraire de Balzac,
dont les yeux acceptent tout, Stendhal ne décrit bien que ce
qu'il préfère. Et il ne s'est pas accordé, en écrivant *Lamiel*, le
plaisir d'inventer d'agréables détails.

## XI

Il n'avait de plaisir qu'à peindre les mœurs de son héroïne.
Aussi, à mesure que nous avançons dans le livre, la part laissée
au monde extérieur diminue — et non seulement dans ces
descriptions où il ne veut plus « user son feu » mais dans
l'intrigue même et dans la vie de Lamiel.

C'est un tableau réduit aux relations humaines, et où la
société même ne forme pas un ensemble solide, *faute de
cadre*.

Le métier de consul, que Beyle exerçait plus ou moins en
écrivant, et dont il devait au moins jouer le personnage,
nuisait à l'invention. Mais ce qu'il dit là-dessus, dans les notes
en marge des *Souvenirs d'Égotisme*, ne laisse supposer que
la fatigue due à des interruptions fréquentes, une difficulté à
remettre en train l'invention.

On nous excusera de risquer ici une explication plus générale. La psychologie de la création est une étude encore bien
incomplète.

Les écrivains qui exercent, en dehors de leur art, un métier

fort sérieux : homme politique comme Disraëli et Frédéric II ;
grand savant comme Charles Nicolle ; industriel comme Italo
Svevo, ou M. André Maurois dans ses premiers ouvrages, ou
Pierre Lièvre ; médecin pratiquant comme M. Georges Duhamel avant 1914 ou M. Luc Durtain encore aujourd'hui,
mettent plus de fantaisie dans leurs romans : ils s'y délassent ;
leur humeur et leur rêve se délivrent la plume à la main et
vont à leur guise. Cette contre-partie au rêve, ce poids du
monde, ils ne les sentent que trop à leurs heures de métier ;
ils s'en soulagent dans leur vie d'écrivain. C'est pour les
mêmes raisons que *Lamiel*, œuvre d'un fonctionnaire ennuyé
et un peu las, porte des traces d'amateurisme.

Seule une reprise, une refonte à Paris, durant le dernier
congé de Beyle, auraient pu rendre de la substance, du sérieux,
un monde jusqu'au bout cohérent à ce livre qui au bout de
cent pages part à l'aventure. Peut-être la profonde application qu'il avait mise à *Lucien Leuwen* (où l'univers a pourtant moins de poids que dans le *Rouge*) l'aurait sauvé de cette
légèreté du décor. Cette légèreté, loin de lui donner son élan,
rendait factices les luttes de Lamiel contre le monde qui
l'entoure.

Ainsi ce livre si neuf, parfois si fort, d'une invention hardie
et amère, n'est pas seulement inachevé dans son récit ; il est
incomplet dans sa substance, et par des fautes de métier.
Quand un métier est avant tout, comme est le métier d'écrire,
la conscience des difficultés à vaincre, on oublie aisément le
métier.

# DU STYLE DE STENDHAL

## I

L'apprentissage, dans les métiers créateurs, étonne toujours ceux qui en gardent souvenir vers la fin de la carrière. Gœthe rappelle, à la fin de *Wilhelm Meister*, l'aventure de Saül, fils de Cis, qui partait chercher des ânesses et qui trouva un royaume. Là comme dans les sciences s'applique la formule de Paul Valéry : L'homme est fou par ce qu'il cherche, grand par ce qu'il trouve. C'est le cas de Stendhal.

Aucun jeune écrivain ne s'est si complètement fait lui-même : il s'est même donné, à force de soins, un excès d'originalité dont il n'était plus le maître, et qui a retardé son succès. Mais que cherchait-il au début ? A recommencer la carrière de ses devanciers. Il voulait être un Molière et s'inspirait de Fabre d'Églantine. Et dans cette carrière il n'arrive même pas à devenir le rival de Picard. Il est nourri de toute la rhétorique et de toute la critique classiques. Il semble qu'il ne les connaisse que pour s'en écarter.

## II

C'est par cet échec dans la carrière théâtrale que sa carrière se distingue de celle de Voltaire. Voltaire, lui aussi, a évité la rhétorique classique d'autant mieux qu'il la connaissait plus à fond. Mais Voltaire avait d'abord réussi dans son entreprise. Ses tragédies, sa *Henriade*, étaient des triomphes — et des triomphes de la rhétorique.

Voltaire a senti que cet art factice ne lui permettait pas de s'exprimer. En cherchant un art qui lui permettait les audaces de la pensée et de l'humeur, il s'est permis toutes les autres : il va jusqu'à briser (dans *Pot-Pourri*) l'unité du récit, il dépasse la mesure plus qu'il ne croit lui-même. Quand les règles lui manquent, il a le diable au corps ; il secoue le monde comme une épave, d'où son esprit fuit avec le vol prompt et le rire aigu de la mouette. Il dépouille cette prose moqueuse à tel point qu'il ne peut plus exprimer, dans ses romans, les sentiments qui le font écrire : son enthousiasme se cache après les *Lettres Anglaises*, et sa pitié n'ose même pas s'étaler dans les écrits sur les Calas. Quand les trois unités ne lui servent plus à composer, et qu'il veut rester grave, comme dans le *Siècle de Louis XIV*, il sait composer chaque chapitre, mais non point l'ensemble de l'œuvre. Privé de règles, il les remplace enfin, tard dans sa carrière (après 1760), par une nouvelle sorte de rythme — tout entière en esprit, celle que Stendhal essaiera de retrouver. Mais, parce que cette prose si nue, si animée, si forte, n'est pas son instrument *unique*, c'est un instrument trop étroit, un clavecin à trois octaves, d'où les sons graves sont absents.

III

Stendhal, autre grand créateur de prose, a dû tout exprimer, tout mettre dans sa prose. Il lui faut redire, sans rhétorique, tout ce qui est du domaine de la rhétorique, il lui faut trouver pour les passions tragiques un langage nouveau. Rousseau a l'éloquence et ses ressources connues, Chateaubriand a toutes les ressources des poètes lyriques. Stendhal veut tout dire par la prose classique, la prose nue.

Par son rythme intime, trop éloigné de notre prosodie, par la rareté de ses images, il ne pouvait devenir qu'un prosateur. Par l'éducation qu'il se donnait, toute de théorie et de réflexion solitaire, il n'apprend pas le théâtre, comme il le croit, mais le style des idées et du commentaire. Il devine seulement l'art de serrer une intrigue dramatique. Il apprend à choisir et à mettre en valeur, dans ses commentaires, les meilleurs mots du dialogue : tout cela l'aidera à créer, non pas ses pièces, mais le roman stendhalien, où tout se passe au présent comme dans les scènes de théâtre, et où le créateur peut ensuite se commenter lui-même, et se mettre de l'autre côté de la rampe pour juger ses héros.

Dans sa *Philosophie nouvelle*, il croit chercher un art de vivre et des vérités universelles. Mais il n'aime pas ses maîtres pour les vérités qu'ils contiennent : il les suit pour l'utilité qu'il en retire ; il découvre des vérités esthétiques. Il croyait apprendre, en 1802, à dominer les hommes et à séduire les femmes. En réalité, il mêle sa propre expérience à ce qu'il tire des moralistes et des dramaturges classiques ou de Shakespeare : il en pétrit la glaise dont il tirera ses héros.

Il croit étudier les Beaux-Arts pour leur emprunter des effets de peinture et de sculpture dans les lettres, des effets

musicaux dans ses impressions d'amour. Ses huit volumes
sur les Beaux-Arts font ainsi partie de ses apprentissages.
Mais au lieu d'emprunter, il est amené à transposer ; il lui
faut égaler l'impression musicale par des récits et des idées,
égaler par le mouvement de son style les effets de la peinture
immobile.

## IV

Il n'est pas comme Diderot, comme Gautier ou Hugo, qui
ont confiance dans l'art oratoire, dans l'art descriptif, dans
la métaphore poétique ; il ne peut non plus ni moraliser ni
démontrer, car cette logique-là n'est point la sienne ; il ne
regarde pas les mots comme une noble matière première
en laquelle on peut avoir une confiance illimitée. Il n'a qu'une
ressource : inventer un récit intérieur, trouver des nuances de
sentiment ; c'est aussi la seule ressource qu'il aura devant la
nature. Ce qu'il apprend, dans ses pages admirables sur la
*Cène* ou le *Jugement dernier*, sur telle œuvre musicale, sur
tel paysage de *Rome, Naples et Florence*, c'est à *suggérer le
monde en ne décrivant que l'esprit.*

## V

Or il a appris à décrire l'esprit. Il a cru, quand il commençait son *Journal*, en faire un bulletin de conquêtes et de
victoires, il s'est refusé à en travailler la forme. Par cette
illusion, par cette négligence, le *Journal* est devenu son véritable exercice de style. Il y apprend, en quinze ans de pratique, l'art de recommencer exactement ses propres états
d'âme, l'art de serrer à l'extrême le monologue intérieur et
les rêveries sur le proche avenir.

Jamais il n'a voulu apprendre à conter. Ses premiers
récits, dans ses notes, dans ses vies d'artistes, dans l'*Amour* et
dans *Rome, Naples et Florence*, doivent être des anecdotes
significatives ; la pensée y sera d'autant mieux suggérée

qu'elle sera mieux cachée. Le seul secret, dans l'art de l'anecdote, c'est qu'il faut dépasser l'anecdote. L'art du récit lui viendra tout naturellement quand tous les talents qu'il s'est donnés pourront se réunir.

Que cette union ne puisse se faire du premier coup, c'est ce que prouvent les imperfections et les gaucheries d'*Armance ;* c'est dans le *Rouge et le Noir* seulement que sa manière de conter est entièrement neuve, que sa puissance est faite de ressources inconnues avant lui. Et ces ressources — se faire croire, nous entraîner, nous identifier à lui — ne sont pas celles qu'il suffit de connaître pour les pratiquer à son tour.

## VI

1º D'abord des pointes indifférentes et éloignées du sujet : des détails abondants, des précautions d'historien pour enraciner le récit dans le réel. (Seul *Lucien Leuwen*, sous l'influence de Fiedling, se dégagera de ce souci.)

2º Puis le récit prend le rythme même de la pensée et de l'action. L'auteur s'oblige ainsi à une vitesse extrême de la phrase, il s'oblige à un choix serré des détails. Il n'admet pas de chapitres ou d'événements simultanés. Cette loi qui régit les chapitres est aussi presque toujours vraie pour ses pages, ses lignes prises en détail : *pour chaque moment, un détail et un seul.* Comme un récit ne pourrait supporter sans cesse ce galop, ni cette étroite concentration du point de vue, l'auteur réapparaît ; il pense devant nous : éveillée par une ligne, notre réflexion nous fait ralentir l'allure, un regard plus tranquille approfondit le paysage.

3º Le récit, une fois lancé, devient et reste parfaitement transparent à la pensée. Auteur et lecteur dominent le récit à grands coups d'aile ; infatigables, comme des Dieux, leurs regards traversent les héros et les choses. Nous avons montré, à propos du *Rouge et Noir*, comme Stendhal se donne cette puissance. Presque toujours nous sommes dans l'âme du héros, au centre même de la pensée principale, toujours tendue vers le proche avenir. Nous voyons les choses et les événements par les yeux du héros — ou, pour mieux dire, nous croyons foncer sur eux avec lui. Parfois un éclair de jugement, où l'auteur se sépare de ses créatures, nous ouvre en un clin d'œil une autre perspective, et crée le relief des choses. Tous les auteurs (depuis les comparaisons d'Homère) ont ces regards de côté, qui ramènent l'univers dans l'action et élargissent le tableau. Les poètes comme Hugo s'en servent avec une franchise presque candide :

> « *Et Roland par moments songe dans la mêlée :*
> *Pense-t-il à donner à boire à mon cheval ?* »

Ce que ces retours au monde (ou à l'objectivité de l'auteur) ont de frappant chez Stendhal, c'est qu'ils ne semblent pas nous détourner de l'action, ni du héros : ils restent au centre tandis qu'autour d'eux le monde apparaît. Ainsi chaque jugement sur Julien pendant ses amours avec madame de Rênal ou pendant ses rêveries sur Mathilde. Ainsi les parenthèses, plus longues et plus souriantes, sur Fabrice.


## VII

Dans les anecdotes, la pensée transparaissait à travers les choses. Dans les romans, nous voyons les choses à travers un esprit. Le premier procédé existe chez tous les faiseurs d'apologues, et Stendhal l'a trouvé parfait dans les contes de Voltaire. S'il a trouvé dans les Mémoires (et en particulier dans les *Confessions* de Jean-Jacques) des exemples du second, il l'a créé de nouveau pour l'adapter à sa formule du roman : seul il nous montre ses héros, et le monde à travers le héros, comme un Van Eyck nous montre à la fois les personnages, une chambre et, par la fenêtre, une ville. Rousseau décrit ce qu'il a vu ou cru voir ; il cherche à retrouver ce monde qu'il voit à travers ses passions. Stendhal au contraire se sert de cette ressource pour éviter de décrire. Il échappe à ce que les descriptions ont d'opaque et d'immo-

bile ; il supprime l'impression de fausseté théâtrale que nous
donne l'arrivée des héros dans un lieu décrit, comme des
acteurs se plaçant dans le décor. Le récit stendhalien fond
les choses et la pensée dans son mouvement prompt et son
unité continue. Nous sommes à cent lieues du xviii<sup>e</sup> siècle,
où l'auteur commande le mouvement du récit, où les héros
sont devinés par leurs paroles et leurs gestes comme des personnages de théâtre, où, quand le monde extérieur n'est pas
oublié, il est peint séparément. *Tom Jones* est le roman dont
Stendhal a le plus admiré l'art et le métier, mais il sentait que
la dispersion de *Tom Jones* était aux antipodes de sa propre
manière. Si les Mémoires fondent mieux ensemble l'homme
et le monde, c'est dans le vague d'une perspective lointaine :
Stendhal jette dans une action présente, toute tournée vers
un avenir inconnu, ce qui fait la substance des Mémoires ;
par ses changements audacieux de protagoniste, dans le
*Rouge* et surtout dans la *Chartreuse*, il fond dans un seul
récit les Mémoires de plusieurs personnages. Et ces personnages, pour l'intérieur, doivent être des âmes plus riches et
plus fortes que le commun des hommes. « ... De la profondeur,
un inconnu effrayant et c'est tout cet inconnu qu'il s'agit
de rendre transparent... » « Si je ne suis pas clair, tout mon
monde est anéanti. » Depuis Shakespeare, conclut M. Charles
Andler, aucun écrivain n'avait lutté contre de telles difficultés.


## VIII


Et ce sont ces difficultés cherchées, acceptées, qui font le
style de Stendhal. La clarté française est aisée à qui n'a que
peu de chose à dire. La brièveté des phrases peut s'obtenir
par un travail de prote, en remplaçant les virgules par des
points. Et même la concision, quand la substance qu'il s'agit
de resserrer est une, semble une tâche qui n'a pas besoin d'un
esprit créateur, et à laquelle un traducteur exercé suffirait
parfaitement. La difficulté commence lorsqu'il faut fondre,
dans un texte bref, des éléments différents ou opposés.

Quand on loue Stendhal, comme l'a fait Taine, d'avoir préservé la langue aisée et vive du xviii<sup>e</sup> siècle, ce n'est que le quart d'un éloge. Ce n'est pas une grande prouesse, que d'écrire comme Marmontel ou de conter comme l'abbé de Voisenon. L'aisance n'a de mérite qu'en proportion des difficultés qu'elle a vaincues — et qu'elle nous fait vaincre. La clarté d'un style n'a de mérite que par les étendues qu'elle nous fait traverser.

## IX

Rappelons brièvement quelle est la matière première de ce style, quel langage a parlé Stendhal.

Il subsiste, pendant quelques années, des locutions grenobloises dans son style : M. Paul Arbelet a noté le « à demi-heure » qui, plusieurs fois dans le *Journal*, indique une distance. On trouve aussi, surtout dans les mauvais poèmes du premier séjour en Italie, des traces de cynisme et de langage soldatesque. Le retour à Paris, les études du jeune Beyle lui font adopter le langage abstrait, mais sans jargon, des idéologues. Un éditeur du *Journal* pourrait relever aussi l'influence des comédiens et de la comédie sur la manière de peindre les gestes et de souligner les tons de voix. Après les emprunts à l'italien, apparaissent les emprunts à l'anglais, qui dureront toute la vie dans le jargon que Stendhal se parle à lui-même, et dans sa *Correspondance*. Certaines images usées de la langue poétique et théâtrale de l'époque ont disparu du *Journal* dès 1808, et pourtant reparaissent plus tard dans les œuvres timides : dans certaines affectations d'*Armance*, dans certaines anecdotes de l'*Amour* (en particulier *Ernestine*). *Époux* au lieu de *mari*, *brûler* pour *être amoureux* disparaissent définitivement des grandes œuvres, à partir du *Rouge et Noir*.

Dans cette langue sobre, apparaissent quelques néologismes. Deux mots anglais dont il modifie le sens : touriste et égotisme, passeront par lui dans la langue. Il crée deux mots : l'un par métaphore, c'est *cristallisation*, l'autre par préfixe :

c'est *anti-sympathie*, qu'il n'a employé qu'une fois et où on a cru voir une simple faute de français. Au total, un grand respect du langage. Peu d'effort pour mettre en valeur un mot isolé : les mots ne prennent de valeur que par leurs alliances, par la pensée.

## X

Stendhal a-t-il une esthétique du langage ?

Dès sa jeunesse, à l'en croire, de tous les éléments de la phrase, il préfère le verbe. La formule « La liberté ou la mort » lui plaît moins que « Vivre libre ou mourir ». Cette préférence se sent dans quelques-unes des formules stendhaliennes les plus connues : « Tout bon raisonnement offense » (*Le Rouge*), « Songez à ne point passer votre vie à haïr et à avoir peur » (préface de *Lucien Leuwen*). On remarquera, en particulier, que Stendhal dit presque toujours *vouloir* et presque jamais *volonté*. Une statistique prouverait, croyons-nous, que les phrases où le verbe joue le rôle prédominant sont chez lui un signe de pensée réfléchie. Au contraire, les mots qui arrivent soudain à l'esprit, les illustrations, les saillies ou les élans intérieurs sont exprimés par des phrases sans verbes : les « Aux armes », « Gare au sort d'Abélard », « La voilà donc, cette orgueilleuse, à mes pieds... Lui faire peur », de Julien Sorel en seraient les meilleurs exemples.

Personne n'a été plus classique que Stendhal pour l'emploi des temps. Il est remarquable que des récits qui donnent à un si haut degré l'impression du présent soient toujours écrits au passé défini. Le présent de narration (assez fréquent dans les anecdotes ajoutées aux récits de voyage, et qui contribue à leur donner une valeur générale et constante plutôt qu'à accélérer l'action) n'est employé que très rarement pour donner à l'action une allure plus vive et plus dramatique. L'escarmouche de la retraite de Waterloo où Fabrice est blessé par des fuyards est au présent, par exception.

Dans les *Chroniques italiennes*, le souci de calquer ou de pasticher ses modèles amène Stendhal à employer plus qu'à l'ordinaire le participe présent, avec le sens et la valeur de l'ablatif absolu latin, pour introduire dans la phrase une sorte de parenthèse.

## XI

Le substantif joue chez Stendhal un rôle plus grand que chez les auteurs du xviiie siècle. Non seulement il sert à désigner les choses, mais encore il doit exprimer tous les jugements de valeur. Notre auteur préfère introduire dans une phrase les mots de *grâce, beauté, charme,* plntôt que les adjectifs *gracieuse, belle* et *charmante*. Faut-il juger que cette haine de l'épithète n'aboutit en ce cas qu'à une transposition facile et mécanique ? Point exactement : l'adjectif n'admet guère d'être nuancé, depuis que nous avons perdu l'habitude de lui joindre des adverbes ; nous ne disons plus guère, comme au xviiie siècle, honnêtement gracieuse, hautainement belle, etc... Le substantif, au contraire, peut être modifié ou précisé par des épithètes qui en restreignent et en aiguisent le sens.

Stendhal a hérité des Anglais l'habitude typographique de souligner dans une phrase les mots importants. Il a quelque peu la manie de l'italique. On ne voit pas bien pourquoi il souligne, au second volume du *Rouge,* fin du chapitre xxvii : « Il y avait *jalousie de secte* entre l'austère janséniste et le salon jésuitique... », ou encore, même volume, chapitre xxxv, vers la fin : « Les *trois coups* sonnaient... le clerc sonna pour l'*élévation.* » Ce goût se renforce encore dans les *Mémoires d'un Touriste* ; on lit, au chapitre *Lorient :* « Si le petit libraire qui vend des *Almanachs populaires* a eu la patience de suivre mon raisonnement... il trouvera au bout d'un quart d'heure qu'il a moins de *haine impuissante...* » Mille autres exemples de mots soulignés indiquent, nous semble-t-il, que l'auteur essaie plutôt, lorsqu'il souligne, de rendre les différentes intonations de la langue parlée ; parfois ironiques aussi bien qu'appuyés, ces soulignements rappellent ce que Mérimée nous rapporte de son ami et de sa façon insistante de prononcer les mots en détachant les syllabes : (la lo-gique).

## XII

Quand il veut réellement appuyer sur un substantif (ou parfois sur un verbe) Stendhal le met à la fin de sa phrase. Effet simple et sûr chez lui, parent aussi de la phrase parlée. Chacun sait que pour un étranger un Français qui parle vite semble n'accentuer ses phrases que sur la dernière syllabe du dernier mot. Stendhal, qui dicte ses grandes œuvres et qui écrit les petites, accentue en esprit chaque phrase sur la fin. « La tempête soufflait presque tous les jours chez cet être singulier », serait une phrase de Voltaire ou de Musset. Balzac ou Hugo, dont la phrase est « pyramidale », avec les mots importants au milieu, diraient : « Chez cet être singulier, la tempête soufflait presque tous les jours. » La phrase typiquement stendhalienne, où le verbe précis est sacrifié à l'effet final, sera : « Chez cet être singulier, c'était presque tous les jours tempête. » Ses antithèses (nombreuses) sont entre substantifs, et le plus important est aussi à la fin : « Tous ses plaisirs étaient de précaution. » « La voilà donc, cette orgueilleuse, à mes pieds. »

Une autre manière d'insister sur un mot, qui joue le rôle d'attribut, est pour Stendhal de supprimer l'article : « Il y eut échange de regards entre le jeune diplomate et son ami. » (*Le Rouge*, second volume, chapitre VI.) On pourrait supposer que ces suppressions d'articles viennent de l'anglais. Mais en anglais elles n'ont pas le même sens. Ces suppressions d'articles, après la formule « il y a » sont sans doute des emprunts à la langue du droit : « Il y a dol lorsque... » Ce même « il y a » suivi d'un nom sans article, introduisant la définition, donne au mot sans article une certaine solennité.

## XIII

Enfin, pour donner plus de valeur à un nom, Stendhal se sert assez fréquemment de *ce* ou *cet*, dans le sens de l'*ille* latin : « Il enviait cette force, il enviait cet isolement. » Mais

il ne s'agit pas d'un procédé mécanique. L'auteur a d'abord
introduit l'idée en termes différents, et ici (*Rouge*, I^re partie,
chapitre x, *in fine*), en termes physiques : « Quelque épervier
parti des grandes roches était aperçu par lui, de temps à
autre, décrivant en silence ses cercles immenses. L'œil de
Julien suivait machinalement l'oiseau de proie. Ses mouvements tranquilles et puissants le frappaient. Il enviait *cette*
force, il enviait *cet* isolement. » La dernière phrase traduit
brusquement ce tableau physique en terme moraux ; les
mots *cette force, cet isolement* éclairent d'un coup l'image et
l'idée ; nous la découvrons subitement, nous avons l'impression de l'inventer en même temps que Julien. Il ne s'agit
donc pas d'un latinisme de grammaire ; mais une fois de
plus nous voyons que Stendhal tend toujours à unir en un
seul élan le héros, l'auteur et le lecteur.


## XIV


De même il ne faut pas prendre comme des principes de
rhétorique les hostilités de Stendhal contre les adjectifs. Car
il se permet des adjectifs de la plus complète banalité.
M. Albalat remarque que, dans le *Rouge*, Stendhal emploie
le mot *affreux*, et va même, chose horrible, jusqu'à le répéter.
Nous avons montré que pour Stendhal ces adjectifs donnent
seulement la couleur du fond à telle scène, à tel état d'âme :
les détails et les nuances viendront des dialogues, de l'action.
*Affreux* indique au lecteur, en un cinquième de seconde,
l'atmosphère intérieure du reste de la scène. Toute épithète
recherchée aurait arrêté le lecteur, détourné son attention de
l'action, l'aurait fait songer à l'auteur. La phrase aurait eu
l'air raturée, retouchée. Stendhal déteste les phrases que le
lecteur regarde au lieu de les faire simplement passer en lui.
Le lecteur sait bien qu'il ne pourrait pas dire : « J'ai pris un
rhume en regardant la cime indéterminée des forêts. » A
partir du moment où il admire l'épithète, le lecteur n'est plus
dans le livre, il est devant.

Stendhal devine fort bien, et il croit que tout le monde devine comme lui, qu'une phrase de Balzac n'est jamais écrite de premier jet. Ce n'est pas à l'épithète, ni à la métaphore qu'il s'en prend, c'est à la superfétation des ornements étrangers :

« Je suppose, dit-il de Balzac, qu'il fait ses romans en deux temps, d'abord raisonnablement, puis il les habille en beau style néologique, avec les *patiments de l'âme, il neige dans mon cœur*, et autres belles choses. »


## XV


Comme l'épithète, l'adverbe est sacrifié. Il y aurait un petit lexique à faire d'adverbes qui sont pris par Stendhal dans un sens particulier : *apparemment*, par exemple, est chez lui un mot d'ironie amère. Nous avons noté, à propos des *Chroniques italiennes*, la difficulté de trouver des superlatifs assez vigoureux et assez expressifs pour la langue française, et quels adverbes Stendhal avait appelés à son secours. La lutte avec un texte étranger qu'il faut égaler en l'adaptant, est la seule recherche de style purement formelle qu'il se soit permise.


## XVI


Faut-il trouver bizarre qu'un style si plein de mouvement soit plus avare qu'un autre de particules de liaison ? Le XIXᵉ siècle use et abuse de la conjonction *et* au début des phrases. Chateaubriand, prodigue de *et* dans ses *Natchez*, en sera plus ménager dans sa maturité. Mais Lamennais, Edgar Quinet, plus tard Flaubert, multiplient les *et* au début des phrases ou des paragraphes, à tel point qu'on finit par se dire : voilà un artifice pour mettre du mouvement où il n'y en a pas. *Et* au début d'une phrase, chez Stendhal, n'est pas un lien, c'est une manière d'insister, qui correspond à *et même*, qui marque la surprise ou l'ironie.

De même qu'il faut renouveler les superlatifs, il faut renouveler les petits mots qui indiquent dans un récit la succession du temps. *Puis* ou *ensuite*, ou *après*, sont habituellement remplacés chez Stendhal par *bientôt*, qui presse davantage le le récit, et n'est pas expressément une liaison.

Quant aux articulations logiques du discours, il s'en sert peu ; il tient du XVIIIᵉ siècle l'habitude de les remplacer par une simple juxtaposition des idées, dans leur ordre le plus parfait. Les formes logiques et oratoires servent surtout à remonter de l'effet aux causes, et deviennent inutiles quand l'on montre la cause avant l'effet. Stendhal fait de *car* un emploi assez fréquent, et très personnel. *Car* sert à sauter une idée intermédiaire. « Cette habitude (de ne pas se laisser payer de vaines paroles) est un crime ; *car* tout bon raisonnement offense. » (*Rouge*, tome I, chapitre XXVII.) Il y a de l'ironie dans cette façon de dire ; de l'ironie aussi dans l'emploi que fait Stendhal d'*or* et de *donc :* « Le bien dire de Julien lui fut *donc* un nouveau crime » (même chapitre).

## XVII

Cet emploi ironique de la logique est courant chez les libéraux de la Restauration ; il mène à l'antiphrase, dont Paul-Louis Courier (que Stendhal admirait) use presque uniquement. Mérimée en gardera des traces. Stendhal fait parfois parler ses personnages par antiphrases (la *sublime* Mathilde, dit Julien Sorel quand il la croit son ennemie). Mais jamais il ne pousse l'antiphrase comme Courier : ce serait un procédé comme les autres, et qui empêcherait toute émotion vraie dans l'âme du lecteur.

Nous avons dit qu'*Armance* abondait en formules de précaution. Elle en est ralentie, et la phrase est moins nette que nulle part ailleurs dans cette œuvre ; il faut faire la part du pastiche volontaire, celle aussi de la gaucherie d'un nouveau

début et de la timidité. Pour un lecteur académique ou habitué
à la rhétorique classique, ce livre pourrait passer pour mieux
écrit que les autres : il est moins sec et moins brusque. Mais
ces qualités négatives coûtent à l'auteur une part de ses
qualités vraies, même de ses qualités mesurables, comme la
décision, par exemple.

## XVIII

Toutes ces particularités du langage, des mérites mêmes
comme la concision, l'emploi ou l'abstention des images,
telle brièveté des phrases qui allège l'allure, ne sont pas plus
le style que des pierres ne sont l'architecture.

Si l'on veut s'en rendre compte, que l'on compare Stendhal
à Mérimée. Il y a pourtant eu autre chose de commun entre
eux que le langage dépouillé, le récit rapide en forme de
chronique, la propriété des termes et le langage classique mis
au service d'un léger exotisme. Ils sont parents par l'esprit,
l'influence de Stendhal s'est exercée sur son cadet (qui de
son côté a appris à l'aîné un peu de son art à conduire une
nouvelle). Pourtant l'on n'imagine pas Mérimée écrivant une
page du *Rouge* ou de la *Chartreuse*. Quand il cesse de présenter en esthète des âmes grossièrement simples, quand au lieu
de *Colomba* ou *Carmen* il écrit la *Double Méprise* ou le *Vase
étrusque*, l'art cruel avec lequel Mérimée ménage le malentendu et l'émotion est bien à lui. Mais il ne sait pas du tout
nous faire croire que son héros, lui et nous, ne faisons qu'un.
Nous ne voyons pas le héros inventer sa pensée : nous ne
surprenons jamais un rêve à l'état naissant. L'*Enlèvement
de la Redoute* et *Matteo Falcone* dépassent Stendhal en réalisme
et en horreur élégante, mais n'atteignent jamais à la furie,
à l'élan des combats de la *Chartreuse*.

Et les récits de voyage de Mérimée (je parle de ses lettres
sur l'Espagne à la *Revue de Paris*, où il ne joue pas à l'érudit)
nous donnent l'impression de regarder des images. Les *Promenades dans Rome* ou les *Mémoires d'un Touriste* nous
donnent l'impression de penser d'après nos propres souvenirs

— Mais, dira-t-on, Mérimée, formé dans un milieu d'artistes et illustre avant Stendhal, n'a pas cherché à le suivre.

## XIX

— Prenons alors un disciple qui cherche tant qu'il peut à ressembler à Stendhal : Taine dans son *Voyage aux Pyrénées* s'inspire autant qu'il peut des *Mémoires d'un Touriste*. Il tente d'en prendre le ton alerte, de faire alterner descriptions, paysages et idées. Mais le rythme plus lent et plus large de la pensée de Taine, ses descriptions insistantes le mettent à cent lieues de son modèle. Dans *Étienne Mayran*, il a tenté l'équivalent laïc du séjour de Julien Sorel au séminaire. Cette ébauche nous intéresse parce que nous y découvrons un peu de Taine — de sa candeur appliquée. Mais le roman est morne. Ce que nous voyons de l'âme de Mayran ne dépasse pas ce qu'un élève peut confier dans les paragraphes d'une bonne dissertation. Et l'on s'aperçoit, en reprenant le *Rouge et le Noir* pour faire la différence, que l'excès d'énergie aussi bien que l'excès de conscience claire des personnages de Stendhal créent le mouvement de chaque page, et créent son style.

Cette énergie même, est-ce un procédé de stylisation qui puisse s'imiter, et qui donnerait aux auteurs qui l'imiteraient quelque ressemblance avec Stendhal ? Un moment de réflexion montre qu'il ne suffit pas, à un auteur, de souhaiter que ses personnages soient énergiques pour qu'ils le soient. A ce compte, les personnages de Georges Ohnet battraient ceux de Stendhal : on ne donne pas à ses héros le caractère que l'on veut, mais celui que l'on peut, celui dont on porte en soi les possibilités.

## XX

Et un auteur de génie, qui donne à presque tous ses héros une énergie débordante, ne leur donnera pas la même.

Balzac fait, lui aussi, tous ses personnages plus forts que
nature. Comme le dit fort bien Baudelaire, « tous les acteurs
de sa *Comédie* sont plus âpres à la vie, plus actifs et plus rusés
dans la lutte, plus patients dans le malheur, plus goulus dans
la jouissance... que le vrai monde ne nous les montre... Toutes
les âmes sont des armes chargées de volonté jusqu'à la
gueule ». Et Baudelaire trouve aussitôt la raison esthétique
de cette déformation : « Marquer avec plus de force les lignes
principales, pour sauver la perspective de l'ensemble. » Les
héros de Dostoïevski ont, eux aussi, leur excès d'énergie qui
les tire du commun. Un romancier n'arrive à des types inou-
bliables que par cette énergie, que par des déformations cari-
caturales (celles dont Stendhal use pour les personnages
secondaires) ou en réduisant l'être à un type creusé, modelé
par ses entours. De cette dernière sorte sont les héros de
Flaubert, qui ont peu de caractère et beaucoup de relief,
parce que ce sont justement les entours que Flaubert sait
peindre.

Mais cette stylisation des personnages, condition du mouvement, des dialogues et du style d'un roman, varie avec
les auteurs. Les héros de Balzac luttent d'abord contre le
monde ; les héros de Stendhal luttent surtout contre leur
sensibilité, et sont sans cesse en difficulté avec eux-mêmes.

XXI

Ainsi, chaque fois que l'on cherche un procédé, une caractéristique du style, on doit rester insatisfait, chercher plus
loin, au fond même, si toutefois ce mot de fond a un sens. Il
faut chercher plus près de l'esprit.

Est-ce là le cas du seul Stendhal ? Faut-il dire, comme on
l'a dit, que ce mépris des procédés, ce dépouillement complet,
cette absence d'art, qui le font échapper à toute définition
formelle, sont justement sa manière propre ? Nous ne le
croyons pas.

Prenons un exemple parmi les poètes, pour qui l'expression

compte beaucoup. Choisissons même des poètes qui ne brillent pas par des idées trop neuves, pour ne pas confondre l'originalité du penseur avec celle de l'écrivain : ainsi nous serons bien loin de Stendhal.

La prose de Musset devrait ressembler à celle de Nerval : tous deux ont le même vocabulaire hérité du xviiie siècle, modifié seulement, quand ils parlent de religion ou d'amour, par le mélange romantique du sacré et du profane. Ils ont même syntaxe, mêmes coupes de phrases : deux auteurs qui aimaient également en vers la chanson et le sonnet devaient avoir même oreille pour la prose. Ils ont les mêmes mots-clefs : *rêve* et *folie ;* on pourrait même en dépit des apparences, trouver le mot *folie* plus souvent dans Musset. Ils ont cru aux mêmes lieux communs de leur époque : l'unification des croyances, l'amour rédempteur. Pourtant qui pourrait confondre une page de Musset avec une page de Nerval ?

Les mêmes mots, les mêmes phrases, prennent chez Musset une allure plus nette, un tour plus piquant, et, dès qu'il le veut, une vigueur dramatique. Le style de Nerval, au contraire, est léger sans être rapide ; c'est qu'il doit à l'allure de la pensée cette légèreté surnaturelle : l'idée semble chez lui toujours à son premier moment, et sa page semble faite de commencements. Musset nous violente et nous bouscule, sans nous mener bien loin de nos idées habituelles. Nerval au contraire nous mène sans violence dans des chemins perdus. Les départs simples et précis de ses phrases se poursuivent par des images ou des allusions qui élargissent les perspectives... Moins de feu que Musset, mais plus de lumière. Là où la prose de Musset crépite, dans les fins de chapitre, Nerval lance un lent feu d'artifice qui se disperse et ne semble pas retomber. Musset nous inspire un bon sens meurtri, Nerval insinue en nous l'étrangeté. Une phrase de l'un, glissée au hasard dans l'œuvre de l'autre, changerait de sens, d'accent et de valeur de par tout ce qui l'entoure : elle changerait d'esprit. L'étude de l'art de la prose ne peut être qu'une étude de l'esprit.

## XXII

La vieille règle de simplicité du style était d'écrire comme on parle, de ressembler à la conversation. Mais un homme cultivé lit trois fois et demie plus vite qu'il ne parle ; de plus, la typographie de la page fait que bien des mots parlés sont inutiles à écrire. La prose de Stendhal essaie d'égaler en nudité, en promptitude, les découvertes de la pensée. Seul Pascal, sans le vouloir, indiquait ce chemin dans ses *Pensées*. Montrer le monde dans le mouvement d'une pensée agile, faire que l'auteur se prenne pour le héros, que le lecteur même s'identifie avec l'auteur, Stendhal y arrive par vingt ans d'exercices, qui lui permettent d'improviser ses grandes œuvres. Cette extrême présence du récit, cette pensée et ces caractères toujours à l'état naissant, parfois cette harmonie de sentiments qui égale la musique par l'évocation intérieure, font-ils un style inimitable ? Le prosateur ne se donne qu'un outil, qui est lui-même ; il puise dans son cœur sans cesse fouillé, pétri par lui et repétri. Art d'écrire, art de vivre, art de penser, se fondent en une seule création.

# TABLE

*Troisième Partie*

## L'ÉPOQUE DES CHEFS-D'ŒUVRE

Joseph FLOCH, Maître-Imprimeur à Mayenne - 28-5-1971 - n° 4132
N° édition : 5384